本书为 2012 年度教育部人文社会科学研究青年基金项目

《清代私牢问题及其治理研究》（立项号：12YJC770010）的最终成果。

清代私牢

QINGDAI
SILAO YANJIU

研究

陈兆肆 著

人民出版社

目　录

绪 论

一、研究缘起及旨趣

起初选定"清代私牢"这一论题,纯由兴趣使然。2006 年,在我进入人民大学清史所读研的第二个年头,我的导师张世明教授在一次课后谈话中,问我是否愿意以"清代班房"为题来做点研究。当时我简单地认为此即"清代监狱",因我在童年时期,常听乡人谈及某某曾因械斗或抗税而被拉去"坐班房"的逸闻故事。不过,当费去一个月的时间,完整读完张师给我的相关资料后,始知若以历史眼光审之,将"班房"简单等同于监狱,实则大谬不然。今人口耳相传的"班房"一词,原与监狱无涉,乃明清官府衙役值宿之地,后因以此私禁犯证,而逐渐演为今义。是故,我儿时对"班房"的残存印象以及对"班房"语义史的关注,刺激了我对该论题发生持久的兴趣。此后,张师也始终鼓励我在此"一亩三分地"上深耕细作。随着所搜集资料与日增多,我以"班房"历史的关注为基础,又将研究范围拓展至有清一代的所有私牢设施。

在研读相关文献的过程中,对近事乃至现实问题渐启观照之心,其间又颇受《灰牢考略》[①]一文之影响。严格而言,该文并非一篇严谨的学术论文,但其由今而溯古,言近而旨远,将当代史中所出现的一干准监禁设施(如学习班、"小黑屋"、"牛棚"等)与清代班房作勾连比较,察其同而辨其异,在对昔日法律实践进行批判之余,又对未来法制之昌明怀揣期待。受此影响,我在写作过程中,遍览原与本题无涉的民国以迄当代有关非法监狱[②]之史料(尤其是坐过"小黑屋"、"牛棚"之人的回忆性资料),以求古今对照的贯通认知和思考。细心之读者,自可从我的相关注释中发现此一用意。近年来,社会层面以及狱政管理中

---

① 吴思:《隐蔽的秩序》,海南出版社 2004 年版,第 155—174 页。

② 或可言"非正式监狱"。——笔者注。

的非法拘禁（以超期羁押为主）①等问题，亦屡屡见诸媒体②而为世人诟病。因此，本书研究的些许管见，或能为当下司法部门及狱政管理机构提供借鉴和取资。此外，清代私牢研究中所涉人证管理、未决人犯羁押等诸多司法弊病，对当今司法之实践而言亦不无警示之效。不过，言及至此，我们须谨记太史公所发出的告诫之辞：居今之世，志古之道，所以自镜，然亦未必尽同。③ 我们以历史之镜，鉴昔知今，观往知来，若能给予今人稍许察弊、反思及应对的智慧则足矣，而洵非将历史与现实完全混同。实际上，透过本书的研究可知，就清代私牢而言，其与今日所言之"非法拘禁"尚有诸多区别，如清代私牢除去今古一致的诸多非法"黑狱"特征外，在当时既定制度及司法生态之下，尚有"万不得已而用之"的合理性一面，乃至清中期以后渐有"合法化"的趋向。

本书尝试采取法律社会学的视角及方法，尤为措意于相关群体权力运作与

---

① 非法拘禁，系指以拘押、禁闭或者其他强制方法，非法剥夺他人人身自由的行为。而超期羁押是指办案机关依法羁押犯罪嫌疑人或被告人后，超过了法定的羁押期限而继续羁押的行为。从广义而言，超期羁押也是非法拘禁的一种。参见陈瑞华：《超期羁押问题的法律分析》，《人民检察》2000年第9期。

② 20世纪八九十年代，中国基层私牢问题一度还很严重。例如，1991年10月7日，最高人民检察院下发《关于严肃查处以私设"黑牢"等手段非法拘禁他人案件的通知》，指出：据群众反映，湖南省新田县骥革镇政府"自1982年来，私设'黑牢'两间，每间约三平方米，'黑牢'门上方仅开一小洞，用于给被关押的人送饭、送水，至今已非法关押多人……虽然象骥革镇政府这样私设"黑牢"非法关押迫害无辜群众的尚属少数，但采取类似于'黑牢'式的非法手段，或随便非法抓人，任意严刑拷打群众的现象，却并非罕见。近几年来，非法拘禁案件一直呈上升趋势……这类案件大多数发生在农村，其中，乡、镇基层政府组织等国家工作人员滥用职权、非法拘禁无辜群众的案件占有一定的比例。"该通知要求各级检察机关，"切实履行职责，对所辖地区进行一次全面检查。对一切私设的'黑牢'或类似于'黑牢'式的各种非法设施，要坚决予以拆除、取缔，并明令绝对禁止。如有再违者，严惩不贷"（参见最高人民检察院：《关于严肃查处以私设"黑牢"等手段非法拘禁他人案件的通知》，高检发[1991]50号，1991年10月7日）。据新闻媒体报道，近年来许多私牢滥押的案例，似多与计生及上访问题有关，且所押者大多非为"待罪"之计生对象或上访者，而是其亲属家人（即为清人口中的"干连人"），如利辛县计生干部设私牢拘禁村民敲诈勒索（参见《江淮晨报》2000年10月7日）；惠安县设立"人口学校"，非法拘禁超生妇女的家人作人质（http://crd-net.org Article/ShowArticle.asp? ArticleID=3674-43k，2010年6月3日）；邳州港上镇计生站私设"牢房"事件（http://bbs.tianya.cn/post-free-2622424-1.shtml，2015年7月11日访问）；《因拆迁上访被关私牢》（http://www.sinoca.com/news/china/2014-07-16/349209_2.html，2015年7月10日进入）；《黑监狱》（http://bbs.tianya.cn/post-no04-1806293-1.shtml，2015年7月10日访问）；《建湖县一台属住宅黑夜被拆毁上访进"黑牢"》（http://bbs.tianya.cn/post-no06-187112-1.shtml，2015年7月10日访问）。

③ 《史记》，中华书局1964年标点本，第878页。

规则生成之间的关系。时下，受社会学研究范式的影响，加之对现实司法问题的自觉省思，法史学界对司法（或言"审判"更切合传统语境）领域的研究，蔚为可观，尤以清代方面的研究为突出。① 钱穆先生早在《中国历代政治得失》一书中，便尤为重视"制度"和"人事"之间的互动关联，其曰："人事比较变动，制度由人创立，亦由人改订，亦属人事而比较稳定，也可以规定人事，限制人事。"② 钱穆此论是基于历史实证研究之上的心得，但与社会学中探讨"规则"与"行动"之关联的"结构化"理论，亦幽契冥合。对司法审判领域的关注，或可为研究"制度"和"人事"之关系，提供一个较好的视角。既往关于清代司法审判制度的研究，勾勒出了清代案件审判的大致流程（即郑秦所说的"逐级审转覆核制"或滋贺秀三所言"必要覆核制"程序），其间也颇涉幕友、讼师、衙役等诸多群体的活动，此点相较于"去人事"的纯制度研究，应当说是一种纠偏和弥补。但仍感不足的是，当下对清代司法审判领域的研究，多数仍不脱制度研究（或曰"结构"研究）之窠臼，其旨在构塑一种对群体的单向约束性以及高度普适化的司法制度，而忽视群体在整合、汲取既有资源之下，对制度所作的"适己化"及"权变性"地利用甚或反制，以及由此所产生的隐性权力和潜行规则，同时也遮蔽了司法制度在实践中的地方样态。

实际上，清代司法实践研究和清代司法制度研究，是两个既相关又不同的研究领域。清代司法实践研究，当以司法制度研究为前提，须对清代审判制度的法律规定知之甚悉，但在此基础上，更应关注以下两点：首先，探讨既定法律文本对

---

① 20 世纪 60 年代末 70 年代初，台湾学者陶希圣首次对清朝司法审判制度作出梳理和探究（参见《清代州县衙门刑事审判制度及程序》，《食货月刊》1972 年第 1 卷）。至 80 年代始，海峡两岸先后有两位出色的学者，对清代审判制度展开较系统而深入的研究，一为大陆郑秦（参见《清代司法审判制度研究》，湖南人民出版社 1988 年版），一为台湾地区那思陆（《清代州县衙门审判制度》，文史哲出版社 1982 年版；《清代中央审判制度》，文史哲出版社 1992 年版）。上述研究主要关注传统审判制度，而近几年的研究，则偏向于晚清司法改制，尤以李启成《晚清各级审判厅研究》（北京大学出版社 2006 年版）和韩秀桃《司法独立与近代中国》（清华大学出版社 2003 年版）两书为突出。此外，涉及清代传统审判制度以及近代司法转型的专著尚有：张从容：《部院之争：晚清司法改革的交叉路口》，中国政法大学出版社 2007 年版；蔡永明：《清末司法改革的社会考察：以大众传媒为视角》，厦门大学，2007 年博士学位论文；章育良：《清末诉讼文化转型研究——以清末修律为中心》，湘潭大学 2007 年博士学位论文；李凤鸣：《清代州县官吏的司法责任》，复旦大学出版社 2007 年版；章燕：《清代法官的司法观念》，吉林大学 2008 年博士学位论文；肖世杰：《清末监狱改良》，法律出版社 2009 年版；王素芬：《明暗之间——近代中国狱制转型研究》，中国方正出版社 2009 年版。

② 参见钱穆：《中国历代政治得失》，生活·读书·新知三联书店 2001 年版，前言，第 1—2 页。

人或群体的约束性;其次,分析人或群体的"反行为"①对法律文本的变异、滋生所产生的影响。本书作为清代司法实践研究之一种尝试,其旨趣即在群体的权力行为与法律(或曰"规则")生成之间互为制约的关系。书中借对清代私牢作具体而微的考察,进而观察私牢周围的诸多群体是怎样依违于既有法律之间,进行竞争、妥协,从而使私牢成为恰如费埃德伯格(Erhard Friedberg)所言之各种权力群体的"竞技场",②并最终使私牢规则呈现出复杂的多元图景。

二、相关学术研究述评

作为法史学和监狱法学的组成部分——中国监狱史的研究,长期以来被"双重边缘化"。无论是在历史学还是法学领域,对其研究都显得比较薄弱。20世纪80年代后,一批有关中国监狱通史类专著的接踵出现,才打破了这种学术荒寂局面。即便如此,就清朝监狱史研究而言,迄今尚无质量上乘的综合性专著问世,唯散见于有关论文及中国法律通史、中国监狱通史或地方监狱史、清朝法律史等著述之中。清代狱制既是中国古代狱制的集大成者,同时又是现代狱制的发轫之处,理应受到学界高度重视。职是之故,笔者曾以清代监狱史研究中的诸多问题为线索,对近三十年海内外的相关研究作过详尽述评。③ 应当看到,清代监狱既包括律文明载的正式监狱,也包括"律所不著"的非正式牢狱;既包括历代承沿的古典监狱,亦包括清末深受外来狱制影响的现代监狱。有清一代,这四种监狱形态之间互有关联,并非截然相分。因本书主旨所限,下文主要针对清代私牢的研究状况,做一梳理、评析。

无论是在士人的笔记小说下,还是于官方的实录政书中,清代"律所不著"的非正式牢狱名目繁多,有班房、自新所、卡房、饭歇、官媒、差带等。大陆郑秦、

---

① 此处援用高王凌教授所发明的词语。按照高王凌教授的解释,"反行为"是处于某种压力之下的"弱势"一方,以表面"顺从"的姿态,从下面悄悄获取一种"反制"的位势,以求弥补损失、维护自己利益的一种个人或群体的行为;它若隐若现,可以说是中国人的"拿手好戏"。可参见高王凌:《中国农民反行为研究(1950—1990)》,香港中文大学出版社2013年版,第308页。

② "竞技场"概念是由法国组织行为社会学家埃哈尔·费埃德伯格首先提出,旨在说明组织内的群体之间通过竞争和妥协,而使用组织内的规则呈现多元的倾向,这一观点对本书的写作尤具启发性。[法]埃哈尔·费埃德伯格(Erhard Friedberg):《权力与规则》,张月等译,上海人民出版社2005年版,第49页。

③ 陈兆肆:《近三十年清代监狱史研究述评》,《史林》2009年第5期;《人大报刊复印资料·明清史》(2010年第4期)全文转载。

台湾地区戴炎辉、澳大利亚陆鸿基（*Luk Bernard Hung-kay*）、日本太田出、可见弘明等人的著述，对清代私牢的功能、性质、类型、产生原因等问题，皆略有论涉。而近来张世明及笔者的研究，则将该问题的探讨引向深入。

关于班房等私牢的功能和性质，郑秦认为是"由三班衙役的值房发展成为羁押未决人犯及干连证佐的场所"。① 实际上，清代法定监狱主要也是羁押未决人犯的场所，若依郑秦所述，则班房等私牢与法定监狱似无所区别。相较之下，瞿同祖的界定则较为准确，其言班房是"听候审讯期间暂羁紧要人证和轻罪人犯的场所"。② 不过，作为清代私牢形态之一的"自新所"，收押一部分已决笞杖刑的"鼠窃狗偷"，以促其"改过自新"，这与班房等私牢主要收押未决轻犯的情形则显有不同，已然带有"自由刑"的特质。台湾学者那思陆认为班房是"清律允许州县官看押轻罪人犯及人证"的地方。③ 这种笼统的表述并不准确，因为班房曾为清例所厉禁，即便是清代律文，也并无允准之明文。与清代私牢的功能问题相牵连者，其性质为何？台湾地区戴炎辉考察清代旧设"押馆"（亦称"头门馆"、"从善所"、"外室"）时，似乎倾向认为其属于"轻罪犯的行刑场所"。④ 但据笔者的考察，总体而言，清代私牢既非单一同质的"候讯待质"场所，亦非纯粹的"行刑"设施，而是往往兼具"候讯"、"行刑"的双重性质，至其后来性质、功能趋同，则与实践中的变异以及人为建构不无关联。实际上，学者从各自搜集的资料出发，对清代私牢性质作出颇不相同的论断，在某种程度上也折现出清朝私牢自身混杂不一的特性。

关于私牢的具体类型，郑秦在其书中，简要列举了卡房、自新所、候质所等几种，但并未详述，唯寥寥百余言。张世明则对卡房、铺仓、饭歇等私牢形态作出了较细致的梳理，并考察了各自的原初功能及异变过程。⑤ 柏桦在论及明清

---

① 郑秦：《清代司法审判制度研究》，第 166 页。
② 瞿同祖先生的英文原著，对班房作如下解释："a place where material witnesses or peole guilty of minor offenses were detained temporarily."范忠信等译者将此段译为："班房是听候审讯期间存放物证和羁押轻罪犯人的场所"。显然，译者将"material witnesses"误译成了"物证"，实则为"紧要人证"。故瞿著此段英文的准确翻译为："班房是听候审讯期间暂羁紧要人证和轻罪人犯的场所"。关于上述译文及对应英文，参见瞿同祖：《清代地方政府》，范忠信、晏锋译，法律出版社 2003 年版，第 115、136、378 页。
③ 那思陆：《清代州县衙门审判制度》，第 96 页。
④ 戴炎辉：《清代台湾之乡治》，台北联经出版事业公司 1979 年版，第 600 页。
⑤ 张世明：《清代班房考释》，《清史研究》2006 年第 3 期。

州县监狱时,重点提到了"铺、仓",并将其纳入非正式监狱的范畴。① 日本学者对中国史研究之微,往往令人惊叹。太田出曾对江南地区自新所的初创过程作过梳理,但惜其未能详尽自新所曲折流变的过程,也未能将考察视域拓宽至全国范围。② 可见弘明对道光、同治年间的班馆现象也作过一定的探讨,但所用资料亦属有限,主要以实录为据。③ 对清代私牢的各种形态,多数学者未能做到既察其同而又辨其异。实际上,清代私牢的具体形态存在鲜明的地方性特征,如带有"兵刑合一"色彩较浓的"卡房",普遍存在于四川一地,肇因于该地长期动荡扰攘、社会秩序紊乱,也典型而微地再现了传统司法理念,即"大刑用甲兵,小刑用鞭扑"。又如,发轫于江南地区的"自新所",或称"知过亭",或称"迁善所",其创立之初,不无"迁人为善"的"良法美意",此与江南地方经济及慈善思想相对发达亦密切相关。正因缺乏对清代私牢地方性特征的认知,日本学者太田出才错将一些"羁铺"等设施,列入自新所的范畴之中。④ 而庄吉发也误将四川地方的卡房等同于班房乃至正式监狱,并剿袭旧说,对"卡房"作出了望文生义的解释。⑤ 关于私牢的几种重要的形态,如自新所、官媒、差带、民间私押等,既往研究均未深入论及。不可否认,受后现代思潮、人类学方法的影响,复因学人凿空补白的天然冲动,以及可用之地方档案资料与日增多,故近年来强调地方差异性的区域史研究蔚为可观,尤其是在经济史、社会史研究等领域,学人的"辨异之趣"似远大于"求通之旨"。于制度史领域而言,求得"地方性知识"的口号也渐入人心,村规、族约、省例、乡治等方面的研究,在这几年呈井喷之势。笔者认为,制度实践史的研究往往会引向区域制度史的研究,但是,区域制度史的研究却未必就等同于制度实践史的研究。因为"藩篱自设"的区域制度史研究,往往缺乏制度实践史的区域比较、统合求元的方法自觉,进而自甘丧失"求通"意愿及"全

---

① 柏桦:《明清州县官群体》,天津人民出版社 2003 年版,第 254—259 页。
② [日]太田出:《"自新所"的诞生》,《史学杂志》2002 年第 111 期第 4 号。
③ [日]可见弘明:《清末の班馆に関する留书》,《史学》五八·三·四,1989 年。
④ [日]太田出:《"自新所"的诞生》,《史学杂志》2002 年第 111 期第 4 号。
⑤ 庄吉发在文中误以为"清代县衙充当缉拿盗贼的捕役,习称捕快,州县监禁人犯的处所叫做卡房,又称为班房"(参见庄吉发:《故宫档案与清朝法制史研究》,《法制史研究》[台北]2003年第 4 期,第 275—278 页)。庄先生对卡房的解释亦有望文生义之嫌,其称"人犯要上不能上,要下不能下,卡在墙边,这种私监,就叫卡房"(参见氏文《清代捕快和私刑》,《历史月刊》[台北]1990 年第 25 期,第 125 页)。实际上,清代卡房原为社会治安及军事性质的哨所,后来才逐渐兼具监禁色彩。

国"视野。缺少"域际"比较、统合的区域史,如同一地秋叶,炫则炫矣,但终究无以收束,进而使得本作为一种方法的"碎片"研究,变成了一种作为终极旨归的"碎片化"研究。笔者对清代私牢于实践中的地方形态,致力于辨其异而察其同,究其名而责其实,力求以一种"统合求元"的方法,展示一种"全国"视野。

关于清代私牢长期存在的原因,陆鸿基(Luk.Bwend Hung-kay)曾从审案便捷、避免案延受罚以及勒索便利等层面,探讨了清代私牢对地方吏役的意义所在。① 而张世明则着重指出乾隆以后人口膨胀带来官方资源紧张、讼案增加,法定监狱人满为患,以致外溢之非法牢狱层出不穷。前者采取"法律的内部视角",偏向于主观因素的分析,而后者则诉诸"法律的外缘思路",集中于客观因素的探讨,但两者均给笔者提供了有益的启发。

上述学人的相关成果为本书的开展奠定了基础,但总体上存在以下几点明显不足,此亦为本书努力突破的重点所在:

首先,既有研究对清代地方私牢的功能、性质、类型的判定和分析,不是言人人殊,即为语焉不详,缺乏全面而深入的探讨。大多研究只注意到清代私牢较为一致的主体功能,而未辨析各自的流变过程及地方差异。至于官媒、自新所、民间私押等清代私牢的重要类型,前人均未能深入论及。

其次,既往研究未能从"法律规则"和"权力运作"两个层面,全面分析清代私牢禁而不止的原因。本书拟详尽考释清代律例中有关羁禁犯证的规定,进而以"法律的内部视角"来分析私牢存在的制度性原因,同时对各种群体围绕私牢的竞合关系进行,揭示清代私牢存在的人为性原因。

最后,既往研究对清代上下各层治理私牢的举措缺少梳理和分析,而本书拟以地方务实官幕及中央层面的态度和举措为重点分析对象,进而比较其对私牢态度之同异及背后之深层缘由。

三、关于"私牢"概念及本书研究范围之界定

清人对律外羁押场所的称谓不仅繁杂,且之间的种属关系极为混乱。嘉庆

---

① *Luk.Bwend Hung-kay*, *Illegal Detention in the Local Government of Qing China*, Eastern Asia: History and Social Sciences, Lewiston, N.Y.: Edwin Mellen Press, 1992, pp.253-257.

年间,刘衡称:"所谓班房者,三江谓之自新所,四川谓之为卡房,广东谓之为羁候所。"①此处,班房为属概念,而自新所、卡房、羁候所等则为种概念。道光年间,湖广总督讷尔经额又曰:"湖南宝庆府属之邵阳县,设立卡房三所,一名为外班房,一名为自新所,一名为中公所。"②此处,卡房又为属概念,而班房、自新所、中公所则为种概念。同治年间,御史李郁华称:"羁所又名班房,又名保歇。"③显然,此处羁所、班房、保歇等名称,皆可互换使用。诸种私牢设施名称不一及其种属关系混乱,折现出各自原初功能有异,而于实践中其功能及流弊又趋同。本书鉴于清代律外设施名称繁杂,不便以其中一称以赅其余,故以"私牢"加以统称。实际上,清人自己亦曾使用"私牢"和"私监"④等称,来对班房、捕卡、铺仓、歇店等律外设施加以概括。本书弃"私监"而用"私牢"一称,大体是为了符合今人的用语习惯。

必须指出的是,在中国语境下,"私"字语义极为复杂:有时指称与"公家"(或言"官家"⑤)相对立的主体身份,大致可理解为"非官方";有时又指涉行为,有"暗地"、"潜行"等含义,大致是指"于律无征"而上不了台面的非法行为。作为文学家的邵燕祥,曾据当代历史及其亲身经历,指出中国语境中"公"、"私"概念所指的不确定性,提出了极堪玩味的"私设公堂"和"公设私堂"等概念。⑥ 在邵燕祥看来,前者是指在司法机关之外,由"群众"所设立而本该只有官方才有资格设立的审判机构,此处之"私"主要指"非官方"的"群众"。而后者则是指

---

① 刘衡:《蜀僚问答》,载盛康辑:《皇朝经世文编续编》卷101,台北文海出版社1979年版,第4625页。

② 湖广总督讷尔经额等:《奏为查明邵阳县及各属实无私设事》,道光十五年七月二十四日,档案号:03-2642-036,中国第一历史档案馆藏。

③ 《羁所改作章程》,载余治:《得一录》,载刘俊文主编:《官箴书集成》(八),黄山书社1997年版,第712页。

④ 如河南道监察御史李郁华:《奏为湖南州县勒索陋规设立私牢请旨严禁事》,光绪七年八月十四日,档案号:03—5668—004,中国第一历史档案馆藏;陈乐山:《呈恤刑疏》,见《军机处档·月折包》,第2437箱,82包,68050号,道光十四年五月,台北"故宫博物院"藏。

⑤ 据日本学者尾形勇的考察,早在汉代时,即出现"官家"与"公家"等同使用的例证,不过在汉时皆是指称"皇家"或"帝室",此后其外延才扩大为所有"官府"。尾形勇指出,这两词的等同使用,可使人即刻想到"公"、"官"以及"国"三者之间的关联,尤其是与"私"字对比的场域,两字尤可以通用。故而尾形勇言及:"重新注意到这一点,自然会联想到'国家'一词可能也和'公家'、'官家'两个词处于相同的位置。"参见[日]尾形勇:《中国古代的"家"与"国家"》,中华书局2009年版,第193页。

⑥ 参见邵燕祥:《大题小作集》,上海文艺出版社1994年版,第224页。

一帮"官家人"非法设立审判机构,此处之"私"则主要指行为之"非法"。若依现代法律来判断合法与非法,则重在行为而不在主体,因此"私设公堂"和"公设私堂"都属于非法行为,本质上并无二致。但在特重身份差异的传统法律实践中,不同行为主体的同种行为,往往获得不同的法律处置,此种同罪异罚的现象在彼时所在多有。因此,"私设公堂"和"公设私堂"的"罪性"则大为不同,后者显然要轻于前者。此种司法实践推行既久,逐渐形塑了民众的一种法律意识,即"官府(公家)即王法"。"公"、"私"等语词的灵活使用,与权力所结成的联盟关系,由此可窥一斑。

就与本书相关的清代语境而言,"私"字语义亦多元而多变。康熙四十五年定例规定禁革一切律外羁押设施,其中提及:"如有不肖官员,擅设仓、铺、所、店等名,私禁轻罪人犯,及致淹毙者,该督抚即行指参,照律拟断。"①在此例文语境中,"私"字大致用来指涉行为之"非法"。而在地方督抚的上奏中,往往将上述例文中的"私"字,从主体层面去理解为"非官方",而将"私禁"行为仅仅指涉为"公署"之外的"私禁",如差带至家、民间私押等,而对衙内"公署"(或曰"官房")羁押犯证行为则持认可的态度,颇有一点"只许州官放火"的意味。在此,地方督抚正是利用传统语境下"公"字语义的暧昧性(虽常与"官"字互用,但似又带有天然的"公正"之义),故意将"公署"私禁视为合理甚或合法行为,进而限缩了例文中"私"字所指。本书总体上将"私"字界定为"非法",即取清朝名幕汪辉祖笔下"律所不著"之义,但同时也特别留意"私"字语义的内部分裂,及其背后的"知识型"权力策略。若依设立主体来分,清代私牢实际上包括官方的公署内私牢,吏役的公署外私牢以及民间私牢三种,而本书的重点则在前两者,即总体上具有官方或准官方背景的私牢。这种私牢大致是在官员默许、纵容甚或参与之下,吏役等群体主要用以羁押未定嫌犯、现审轻犯以及干连证佐的非法设施,同时也是吏役滥押无辜、借端需索的黑暗场域。总之,"私牢"作为属概念,可涵盖班房、自新所、饭歇、铺仓、卡房、差带私家、民间私牢等种概念。

附带提及的是,一般而言,人们似乎本能地将"私牢"等同于"黑狱"。但本书中的"私牢"一称,更多的是据清代的一手资料而作出的判定,笔者并不预设一种"非白即黑"的价值判断,对具体问题尚须作具体论析。正如正文中所提及

---

① 薛允升:《读例存疑》卷48,《刑律》24,《断狱上》,《故禁故勘平人律附例》4。

的,清代私牢未可一概斥之为"黑狱",在既存的制度之下往往还有一定的合理性,甚或如"自新所"等设施,因其原初的良法美意,而于清末狱制改良时被倍加关注和利用。此外,书中对清代私牢"律所不著"性质的判定,是仅就其有清一代总体特征而言,并不忽略其于清代中晚期所出现的"制度化"、"合法化"的倾向。

本书主要以西方狱制狱理进入中国之前的本土狱制为研究对象,但为了解清代班房、自新所等私牢设施在晚清的结局,故对晚清狱制改良状况亦有所涉及,因此本书所涉时限可谓有清一代。至于所涉空间范围,本书并不采取纯粹的地方史研究路径而限于一地一隅,但实际上也无法观照到清代所有辖区,主要关注内地各省及州县的私牢。至于清代边疆地区的监押情况,因材料有限而暂且不论,以俟来日再做探讨。

四、理论、方法及资料

本书借鉴法律多元理论以及社会学中关于权力与规则的探讨,尝试将法律史和社会史的研究视域相融合,在每一章中力求对"制度"和"人事"两个层面统摄兼观,以求对清代私牢规则多元及群体权力竞合之间的关系有所理解和总结,并借晚清仕宦的相关言论对之作一定的价值分析。

在写作过程中,笔者围绕自己的研究旨趣,有针对性地精读了一些法学及社会学方面的论著,对自己思考相关问题饶多助益。例如,美国学者布莱克在《法律的运作行为》一书中,探讨了法律与社会分层、文化形态、组织性、社会控制等各方面的变量关联,[①]这对笔者思考私牢周围的群体竞合与规则多元之关系不无启发。又如,英国社会学家吉登斯的"结构化理论"试图超越传统意义上结构和行为二元对立,[②]法国学者费埃德伯格对权力运作与规则制约及变异之间的关联的精彩阐释,[③]皆对本书探讨规则之于群体的约束性及工具性,提供了某种智识参考。不过,在写作时,笔者避免削足适履地使用任何理论,力求在解读资

---

① [美]布莱克(Donald J. Black):《法律的运作行为》,唐越、苏力译,中国政法大学出版社1994年版。

② [英]安东尼·吉登斯(Anthony Giddens):《社会的构成——结构化理论大纲》,李康、李猛译,王铭铭校,三联书店1998年版。

③ [法]埃哈尔·费埃德伯格(Erhard Friedberg):《权力与规则》,张月等译,上海人民出版社2005年版。

料的基础上,提出切合本书但又具一定普遍解释力的概念。此外,本书在写作过程中,重视文本解读,尤为关注历史书写、官方表达以及吏役言语中的权力考量和话语策略。笔者服膺"治史如断狱"的理念,虽不能至,但心向往之,故始终以偏信之暗为戒,冀望能在充分征引各类文献的前提下,做到互证互纠,参伍错综,理清事实,再作析论。此外,笔者对制度和人事的统摄兼顾的设想,也决定了本书除利用律例典章(如《大清律例》、《清会典》等)以作制度方面的探讨外,亦十分注重搜集其他能直接反映清代私牢周围各类群体活动的资料。

国家清史编纂委员会和中国第一历史档案馆合作,对清代档案所作出的整理,嘉惠学林,厥功甚伟。透过相关档案资料,我们可以了解到清廷上层(主要是君主、刑部官员和御史)对私牢问题的总体态度,以及地方督抚与清廷围绕一些具体个案而展开的有趣对话。时有遗憾的是,档案中为数甚多的地方督抚题奏乃例行化的报告,众口一词,千篇一律,其所述内容的真实性往往大有可疑之处。但是,笔者认为,即便督抚所奏为伪饰之辞,仍可将之视为督抚欺上庇下的资料而加以深入解读。此外,通过辨析各地督抚题奏内容的细微差异,仍能发现清代法律中"字中玄机"和"话外之意",比如某一督抚说本地并无私牢,而坚称轻罪人犯及干连证佐皆依康熙四十五年定例"取保候审",而另一督抚虽亦说本地并无私牢,但却坚称已遵雍正三年的定例而"羁押外监"。这一差异性本身,即可折现出清代例文内部互有抵牾,以致各方依违其间而作有利于己的辩词。尤有进者,档案中有关私牢的京控材料,以及少数地方督抚对失察官员的奏参,皆有助于了解清代私牢运作之实况。

明清所修方志蔚为大观,本书征引了由台北成文出版社出版的方志系列、台北学生书店出版的方志丛书以及江苏古籍出版社等三家合作出版的《中国地方志集成》。三种志书系列,内容上时有重合,亦多有互补。通过有针对性地翻阅数百种清代方志资料(主要集中于"衙署志"),笔者勾勒出清代各直省州县监押设施的大致轮廓,借此也确证和加深对清代私牢地方性特征的有关认知。此外,通过将督抚上报奏折内容与该省方志资料参看、比对,亦可对某些督抚所奏内容的真实性形成一个基本判断。在"本地有无私牢"这一问题上,当地方督抚上奏与方志所载产生"此无彼有"的矛盾时,笔者一般视方志为"优位证据"(superior evidence),因为在笔者看来,方志的撰写者较少作伪之动机,其真实的可能性要远大于督抚所奏。

　　清代致仕官幕每每总结其为政阅历及心得,留下了大量官箴资料。刘俊文主编的《官箴书集成》将清代大部分的官箴囊括其中,本书取资于此者实多。除官箴外,本书还利用了一些官场见闻录、政务性的笔记以及公牍等类的资料,但这类见闻录、公牍等资料,相较官箴而言,缺少为官一方的经验总结与心得体悟,一般流于年谱式的记录或整理。总体上,借助上述资料,可知清代私牢的既存合理性及其屡禁止不止的结构性原因,亦可见地方务实官幕对私牢之态度和举措,往往较恪守律例教条的高层官僚,更趋务实,然也更趋保守。

　　前述律例典章、档案、方志、官箴等资料,具有很强的官方色彩。而至于民间对待私牢之态度,则鲜有反映。因此,除了利用带有"官方立场"(Official position)的资料以外,笔者尚注意搜集能反映"民间立场"(Civil position)的资料。在法史研究领域,文学作品似乎越来越受青睐,学者们在讨论"作为文学的法律"(Law as literature)的同时,亦对"文学中的法律"(Law in literature)给予充分的重视。① 国内在此方面研究较为突出者,有徐忠明②、苏力③等学者。史学求"真",也未必拒斥想象。文学求"美",但未必全然虚构。受上述学人的启发,本书也采用了一些较具纪实色彩的文学作品,如《活地狱》等清末谴责小说。这些作品对吏役群体运作私牢往往有着入木三分的刻画,体现出作者对清代私牢"贬厌憎惧羡"的复杂观感,在某种程度上亦能反映民间立场。

　　治史者常言:"证其是,十条史料不为多;言其否,一条史料便足够。"这一治史箴言时刻提醒我们:对孤证立论警惕的同时,对默无一言的历史(或曰"可能之历史")也应保持几分敏感和敬畏之心。我们研治历史,固以已出现的证言、证词为依据,进而考索历史真相。但我们必须留心:某段历史(即便为"可能之历史")容或因各种主、客观之由,出现资料上盲点或欠缺,历史的研习者未可遽作"或无或少"等率尔之论。在对历史客观内容的探究时,往往需要我们折回对历史资料编写的"主观性"的分析之中。就本题而言,有关清代私牢的资料密集分布于乾隆朝以后,我们对此惯常的设问方式是:"清代私牢为何在乾隆朝以后

---

　　① 关于法律与文学关系的理论论述,可参见冯象:《木腿正义——关于法律与文学》,中山大学出版社 1999 年版。

　　② 参见氏著《法学与文学之间》,中国政法大学出版社 2000 年版;《包公的故事——一个考察中国法律文化的视角》,中国政法大学出版社 2002 年版。

　　③ 苏力:《法律与科技问题的法理学重构》,《中国社会科学》1999 年第 5 期;苏力:《法律与文学:以中国传统戏剧为材料》,生活·读书·新知三联书店 2006 年版。

而趋于严重化？"但有时我们实须将设问反转到资料本身，以作这样的思考："清代私牢的资料为何密集分布在乾隆朝以后？有无缘由以使乾隆朝之前的相关资料湮没无闻？"对于"默无一言"的历史，我们可否凭借推理去作谨慎重构？如可以，又何以做到？傅斯年言"一分材料一分话"，那么没有材料可否也能说话？又如何避免在推理的过程中"过犹不及"？笔者对这些问题的思考，也时或体现在本书的正文写作之中。

　　本书在资料使用方面，存在一个突出的困境，即作为非官方（或曰"准官方"）的吏役群体，受其自我书写能力及话语权的限制，加之书籍刻印权始终控制在官绅精英手中，因而遗留至今而能代表吏役群体"自我立场"（Self postion）的资料，甚少见及。目前，有关吏役群体品行、身份、地位等方面的资料，大多间接来自官绅之口。而在某种程度上，官绅精英已习惯将这些于技术层面颇受其依赖的吏役群体，描绘成极端狡诈贪婪的"他者"（The other）形象，以彰显自我清廉及道德上的优越，其间亦不无透过卸责之嫌。① 因此这些有关吏役群体的描述，是否存在夸大或伪饰，就不能不成为一个需要思考的问题。通过本题的研究，我们发现：一直以来，"吏治腐败"这一惯常话语，存在着一个极易误导人的陷阱——似乎问题所在全然"在下而不在上"，在"吏"而不在"官"。实际上，"官治腐败"往往是"吏治腐败"之根，或者说两者同根同源。我们不当紧随拥有绝对话语权的官方资料亦步亦趋，进而将所有弊病都聚焦于"吏"或"役"的身上。我们循着相关的刑事档案和京控资料，逐层"向上"检视，发现在私牢问题上，大量官员实与底层吏役存在着利益一体的关联和勾结，甚至是官员而非吏役需对弊病丛生的私牢问题负主要之责。当然，其间的"制度之恶"，亦不可轻忽。

五、全书框架

　　清代私牢是相对于法定监狱而言，故第一章拟对清代法定监狱的有关律例条文作一梳理。而监狱又与刑制、审判制度如影随形、互为表里，故对清代刑制和审转制度亦须略作检视。清代以五刑为正刑，决定了当时监狱并非独立的刑罚实施工具，而主要承担羁押待审未决人犯的功能。而清代烦琐的逐级审转覆

---

　　① 黄宗智在解释"衙蠹"一词时，亦有类似说法。参见黄宗智：《清代的法律、社会与文化：民法的表达与实践》，上海书店出版社 2001 年版，第 176—180 页。

核程序,又强化了监狱这种羁押待质的功能。明清关于监狱的律文,在沿袭唐宋规定的基础上稍有损益,即认可对笞杖以上一切人犯及紧要干证的强制羁押。然而,清代例文则因时而变,康熙四十五年定例和雍正七年定例之间产生严重分歧:对于笞杖轻罪并干连证佐,前者主张取保候审,而后者则规定散禁外监。后世乾隆朝及道光朝的相关例文,竭力弥合康雍两朝之间的例文冲突,大体形成了这样的惯例:对紧要之干证或无人具保之犯证,规定应散禁看押,而对其他无关紧要的犯证或有亲识具保者,则要求一律取保候审。

第二章重点探讨清代私牢的各种类型及时空分布。乾隆以降,对笞杖轻犯和干连证佐的处理,在实践中大多既未能依循康熙四十五年定例而"交保候审",也未能遵照雍正七年的定例而散禁外监。相反,却每每出现班房、卡房、自新所、羁所、饭歇等名目各异的羁押设施。无论是依康熙年间的定例抑或照雍正年间的定例来看,这些设施都是"有干例禁"的"私牢",故雍正后历朝都有谕旨加以禁革。这些私牢设施初始功能各不相同,然而在实践中逐渐演变为羁押未审嫌犯、现审轻犯以及干连证佐的场所,亦时时成为衙役藉端需索的利窦。类似于上述私牢设施,最早可追溯至有唐一代,唯并不普通。就清代而言,私牢现象无朝无之,而嘉道以后,问题似更趋严重。关于私牢的空间分布,全国内地各省所在皆是,但资料显示广东等地名目极多,分布尤广。这种私牢时空的分布特征,皆与狱讼繁兴、积案如山而致使法定监狱不敷使用的时代性和地域性紧密相关。当然,相关利益群体对私牢的运作,亦往往转而成为积案不清、私牢长存的原因所在。

第三章重点探讨衙役等群体如何协同运作私牢,以达到逐权济私的目的。清朝审判的复杂性,不仅在于具有漫长的审转程序,还在于审判活动周围存在着以衙役为中心而游离于官民之间的诸多利益群体(包括刑名幕师、衙役、胥吏、讼师、地保等)。漫长的审转程序给衙役群体借私牢而舞弊营私,提供了有利的"配置型资源"。衙役运作私牢,即主要利用对羁押时空等资源进行操控,具体有"营造劣境"、"私牢分等"、"滥押久羁"、"以酷济私"、"择肥而噬"等手段。仅就"滥押"而言,衙役或借命案"罗织"干连证佐,清人称其为"放野火";或借盗案"诬攀"无辜平民,清人名之为"贼开花"。最终,私牢成为衙役群体"福堂"的同时,却成为民间百姓的"炼狱"。衙役群体正是通过上述手段,衍生出一份"隐性权力",从而突破官方和法律对其所设定的重重限制。而这份隐性权力与官方权力及基层士绅权力等"显性权力"相比较,具有明显之不同。

第四章主要论述清廷和地方官幕对私牢的态度及具体治理措施。地方私牢黑幕重重,甚至常常引发命案,多数情况下通过京控案件而"上达天听"。顺、康、雍、乾四朝,清廷在衙役私牢的问题上,总体持严行禁革的态度,尤其是乾隆朝后期,弘历亲自发动了一次规模浩大的查禁运动,著令将班房、土地祠等名目永行禁革。后世之嘉、道、咸三朝,对私牢问题的处理,也基本上秉承乾隆朝严行禁革的做法,唯其对失察官员的惩戒措施日趋严密。多数督抚大员对禁革私牢的煌煌圣谕阳奉阴违,对所属下官百计庇护,基本上对私牢问题持听之任之的态度。而一些励精图治的地方务实官幕,对私牢痼疾深抱殷忧,但碍于审案所需,又不能不在有限承认私牢羁押犯证的合理性,因而试图在清廷与地方官役之间寻求某种平衡,不断推动对私牢的制度化和规范化的管理,其中既有羁押前的预防措施,如慎重收状以止诬告、摘释无辜以防株累、严治贼诬以禁牵攀等,又有羁押后的规范治理措施,如委派专人管理以责考成、设立管押簿册以防遗忘、推行信息公开以杜欺蒙、改善私牢环境以杜瘐毙等。正是在这种规范化的制度设计过程中,使得地方私牢又逐渐呈现出"事实合法化"的趋向。然而,面对一些规范化的举措,地方吏役又总是百计对抗,以求化解规范之约束。

第五章主要阐述清代传统私牢与清末狱制改良之间既断裂又承续的双重性关联。长期以来,地方务实官幕承认班房等私牢在羁押未审嫌犯、现审轻犯以及紧要犯证方面的合理性,冀望通过对其规范化管理来消弭衙役滥设滥押的弊病,然而在衙役的隐性对抗下,"多一番防范,即多一番欺蒙"。传统的规范管理的举措,到了清末似乎走到了历史的尽头。是时,在西方新式狱制、狱理的激诱下,时贤希望通过引入"邻壁之光",对"汉家故物"改弦更张,以期脱胎换骨。但实际上,晚清狱制改良实践的历史表明,新式狱制与旧式狱制之间并非截然相分,而是断裂与延续相互交织。仅就清代传统私牢之一的自新所而言,即与晚清狱制转型之间呈现出这种颇为复杂而吊诡的关联。

最后在余论部分,笔者想就前五章的内容进行社会学层面的实证概括和提炼,并尝试借助时人言论,作一定的价值性的分析和反思。清代大量私牢之存在,固然与是时结构性的因素有关,如传统审判效率对强制羁押嫌犯及佐证的依赖、合法监狱的空间有限、人口与资源矛盾激发讼案增加等,从而凸显出私牢在既定司法生态之下的某种合理性。但私牢周围所存在的大量"倚狱为市"的官场边缘利益群体,成为私牢得以长期大量存在的重要推手。开创于马克斯·韦伯的权力社会学的诸多研究已然证明,权力并不为某一人或某一类人所独擅和主宰,即便是在"生杀予夺在彼一人"之时代,一切人都可能有所凭恃而掌握获得权力的途径,或起于暴力,或依恃智识,或合于惯例,或经由官定(或法定)。因此,清代私牢周围不同的权力主体(如君主、官宦、幕师、胥吏、讼师等)围绕各自的权与利,时而竞争,时而妥协,进而使得清代私牢规则呈现出有趣的多元化的图景。依照原则上的管辖范围之大小,清代私牢规则呈现出"层级"(Hierarchy)特征:体现在康熙四十五年定例和雍正七年定例之中的禁止性规则(亦即"国家法"层面的规则),原则上管辖范围最广,此为"上位规则";其次是通过官箴所体现出来的地方务实官幕的限制性规则,可称为"中位规则"(亦即"地方法"层面的规则);最后是地方吏役群体在实践中所体现出来的利用性规则,是为"下位规则"(亦即不为官方或法律所明文认可的"通行大例")。通过分析,上位规则的效力递减性、不同规则之间的流通性以及群体权力竞合下的私牢规则多元性,构成了清代私牢规则"活性"(Activity)特征的三个具体维度。换言之,清代私牢规则的"活性"特征,必须放在规则变迁中(如前两者)和群体权力竞合中加以考察(如后者),方能获得全面理解。尤有进者,规则既可成为"约束"人之"资源",同时亦可成为人化解"约束"之"资源",并在化解约束的过程中,变异规则,繁殖规则。清朝有识之士常常谈及"例"(规则)、"吏"(权力运作主体)、"利"("利益驱动")三者之间的紧密关系,精准地表达出规则与权力主体之间丰富的关系意涵:官可以"例"约束"吏"谋"利",但"吏"亦可借"例"以取"利",且在取"利"过程中以改"例"。

权力社会学的细致分析,往往会消解了我们对"法律至上主义"的迷思。晚清之际,一批官宦士人对"有治法而尤贵有治人"的反思,值得后人省思。

第一章　仁慈与务实:清代律例有关
监羁犯证的歧异规定

　　"私牢"概念,总体上是相对于法定监狱而言。因此,本章首先对清朝有关法定监狱监羁犯证的律例条文,做一整体性的考稽,以便接下来的讨论。

　　自晚清狱制改良以迄今日,新式监狱(或言"现代监狱")成为自由刑的执行场所,而狱中监禁则被视为独立的、也是现代最主要的一种刑罚方式。[①] 然而,清代传统监狱的功能却并非如此。有清一代,笞、杖、徒、流、死为五种法定正刑,此外尚有诸多派生刑和附加刑,或由五刑衍化而为独立刑,或附丽于正刑以实施,而狱中监禁并无独立刑种之资格,洵如美国学者布迪(Derk Bodde)等人所指出:"(清代)监禁不是正式被认可的独立的刑种,在正式判决之前,有可能被监禁一段时间(有时监禁期长达数年),但对于他们的判决却从来不包括监禁这一内容。"[②]既则清代狱禁总体上并不具自由刑的性质,那么其主要功能为何?《清史稿·刑法志三》对此称:"监狱与刑制相消息,从前监羁罪犯,并无已决、未决之分。其囚禁在狱,大都未决犯为多。既定罪,则笞、杖折责释放,徒、流、

---

　　① 林纪东:《监狱学》,台北三民书局1977年版,第76页。
　　② 美国学者布迪等人也指出如下内容:在18世纪末19世纪初的西方国家,除了对债务人的监禁之外,监禁本身也不作为正式刑种。实际上,在晚清狱制改良之前,清朝也有类似于现代监狱,而将监禁作为独立刑罚方式的情况存在,如妇女犯罪,被处以流刑或死刑监候者,可分别以就地短期监禁或终身监禁取代,不过这种情况极少(参见[美]布迪、莫里斯:《中华帝国的法律》,江苏人民出版社2003年版,第58页)。按,有清一代,对或因疯杀人或为父复仇而杀人等犯,一般被处以永远监禁并枷号;此外,对皇家宗室犯罪一般处以"圈禁"。诸如此种情况,笔者认为皆属独立刑罚方式,唯并不普遍而已。关于永远监禁并枷号,参见《赦典章程》之"永远监禁并枷号议限查办",载杨一凡、田涛主编:《中国珍稀法律典籍续编》(第7册),黑龙江出版社2002年版,第310—313页。

军、遣即日发配,久禁者斩、绞监候而已。"①"并无已决、未决之分"一语表明,在清朝监禁实践中,已决犯和未决犯往往同禁一狱,并不作区隔处理;但并不能就此说明在彼时的法律意识中,全无"已决"和"未决"相分的概念。实际上,在清朝法律文献语境中,常可见到将"人犯"和"犯人"(或"囚犯")两词对举,从而揭示出彼时已有将"未决犯"和"已决犯"模糊相分的法律意识。② 在上述语境中,"决"乃判决之意,③已决犯是指业经终审定罪而等待最终执行的囚犯,而未决犯则系已拟罪名而等待终审判决之现审人犯。经终审定罪之已决犯,原则上会被迅速处理,所谓"笞、杖折责释放,徒、流、军、遣即日发配,久禁者斩、绞监候而已",故而"囚禁在狱,大都未决犯为多"。准今日法律以视之,清代监狱诚如那思陆所言:"犹如今日之看守所。"④民国时期的监狱学家王元增也曾指出,清末改良前的清代监狱"不外乎缧绁桎梏,使犯人不至逃亡为毕事"。⑤

前揭《清史稿》的扼要描述,大体勾勒出清代监狱的两大主体功能:一为羁押业经拟罪而等待终审判决之"人犯";二为羁押业经判决而等待执行之"囚犯人"。如上所述,清代监狱与刑制有形影表里之关系,在笞、杖、徒、流、死为主的刑制体系下,监狱自无独立刑之资格,而在审判罪犯和执行刑罚的过程中,其更多地承担着羁押犯证的重要功能。下文将略述清代刑制和审判制度,以明了清

---

① 《清史稿校注》卷 151,《志》126,《刑罚志》3,台北商务印书馆 1999 年版,第 3994 页。

② "人犯"与"犯人"在法律表达上有异,而于司法实践中无殊。这种现象存续时间很长,如已故经济学家杨小凯,在谈及自己"文革"时被押于看守所的经历时称:"一位狱吏时以'人犯'呼之,起初甚感不解,后来方知,'人犯'是指处于'预审'阶段,还未最后定罪之人,有别于'犯人'。"但同时,杨小凯也指出:"'文革'中'人犯'与'犯人'的待遇早已没有区别,但这位老狱吏慎重其事地称'人犯',大概显示了他对司法秩序的尊重。"从今人的法律认知来看,"人犯"大致等同于"嫌疑犯"。又如王学泰所言,"嫌犯"这个词是后来搞"法治"和"无罪推定"后才使用的,而过去是"有罪推定",凡人一被抓起来就是"罪犯"。正是基于这种"凡人一被抓起来就是'罪犯'"的长期司法实践,民间对"监狱"一般作宽泛化的界定,即"把政府关押人的地方都称之为'监狱'"。参见杨小凯:《"中国向何处去"大字报始末》,参阅网址:http://www.21ccom.net/articles/lsjd/article_20100120798.html,访问时间:2014 年 7 月 20 日;王学泰:《监狱琐记》,生活·读书·新知三联书店2013 年版,第 10—12 页。

③ 在清朝语境下,"决"或指判决(或审决),或指"断决"(执行判决),唯有视具体情况,作具体分析。——笔者注

④ 那思陆:《清代州县衙门审判制度》,中国政法大学出版社 2006 年版,第 97 页。

⑤ 王元增讲述:《朝阳大学法律讲义·监狱学》,李祖荫等校勘,1927 年(出版地不详),第2 页。

代监狱的总体性质及功能。

第一节　清代刑制和审判制度略论

承明之制,清以"笞、杖、徒、流、死"为正刑,并将其列于清律开卷"名例篇"之首,①体现出"以刑统罪"的鲜明特征。② 此种立法安排,产生了深远的影响:首先,以五刑为主的刑罚手段,成为调整所有狱讼案件的主导工具,昭示着清代(包括整个中国古代)法律的"泛刑化"的特征。③ 其次,将刑名列于"名例篇"之首,也导致了"刑名"概念远比"罪名"概念发达,故而清代常以"刑"名"罪"。如判"徒刑"者,即称犯有"徒罪",判"流刑"者,即称犯有"流罪",判"死刑"者,即称其犯有"死罪",至今亦然。而清代判定"罪行轻重",一般并不直接以"罪性"大小本身为定,转以所拟"刑罚"为凭,如拟笞杖等刑者即属"轻罪",而拟斩、绞等死刑者则属"重罪"。不过,清代轻罪、重罪之所指亦非绝对固定,如相对笞杖而言,徒、流及充军、发遣等犯罪,可称为"重罪";但相对斩绞而言,则又属"轻罪"。这种罪、刑模糊以及"轻重罪"界定不确的做法,充斥于清代官方文牍之中,在下文的原始资料中会一再遇及,因此必须据其具体语境来确定其所指。此外,在清代律例中,常以"某罪以上"或"某罪以下"来指涉刑罪范围,但由于"以

---

① 郑秦、田涛点校:《大清律例》(乾隆五)卷 4,《名例律上》,《五刑》,载杨一凡等编:《中国珍稀法律典籍集成丙编》(第 1 册),科学出版社 1994 年版,第 75 页。

② 中国刑法史学家蔡枢衡先生认为:"刑书的主要内容是罪名、刑名和罪刑联系(即何罪处何刑)。刑名总是有限的。而在初期刑书中,罪名都很具体而不概括。概括的罪名还不曾出现。因之,最易形成的刑书体系是'以刑统罪'。"参见蔡枢衡:《中国刑法史》,中国法制出版社 2005 年版,第 96 页。

③ 笔者认为,在清代乃至整个中国古代法律中,"泛刑化"是其最重要的特征。实际上,"泛刑化"这一概念,刑法学家陈谨昆等学者早已提出,但大多借以证明"中国古代刑法发达而民法虚无"。本书提及"泛刑化"的概念,只是从法律调整手段而言,而非着眼于法律所调整的内容,亦即"泛刑化"的适用对象,既可能是类似于今天的刑事案件,也可能是类似于今天的民事案件,而曩时刑罚处置的轻重有殊,则体现出两种不同性质之案件在当时的模糊分野。因此,此处的"泛刑化"概念,与徐忠明所提出的"刑治主义"(而非"刑法主义")概念倒更为契合,正如其一面承认传统"官制法律乃至民事法律的极度刑法化"现象,认为他们皆"以刑罚来制裁",但另一方面又认为仅仅"从制裁手段的狭隘角度"来判别法律体系的基本性质则是片面的。参见陈谨昆:《中国刑法总义》,吴允锋勘校,中国方正出版社 2004 年版,前言;徐忠明:《"刑治主义"与中国古代法律观念》,《比较法研究》1999 年第 3、4 期。

上"或"以下"词汇本身带有极强的模糊性,①所以这种表达的具体含义亦颇难清晰界定。

有清一代,除了笞、杖、徒、流、死等五种正刑以外,尚有诸多派生刑和附加刑,或由五刑衍化而为独立刑,或附属于正刑以实施。如由死刑派生而来的,有凌迟、枭首、戮尸等刑;②由流刑派生出的则有充军和发遣刑。③ 对官员而言,清时尚有发"军台效力"一条。④ 至于传统刑罚中常见之枷、杻,本为羁囚的戒具,后逐渐转为常与笞杖并用以示重惩的刑罚手段。⑤ 除了作为加重惩罚的手段外,枷号刑还成为旗人身罹重罪时的替代刑罚。⑥ 嘉道以降,因山东、两湖、福建、广东等地窃贼、盐匪日多,清律又增设了一种戴铁杆、石墩的附加刑,较枷号刑为严酷。⑦ 于性质而言,上述枷号、铁杆、石墩等附加刑罚,与监押人犯所用铁链、枷杻、铁锁等戒具相较,自有不同;而与审讯所用夹棍、拶指、讯囚杖等拷讯刑具,亦有区别。刺字是清朝律例中广为采用的附加刑,初始仅对贼盗之犯刺字,如窃盗初犯刺右臂,再犯刺左臂,后逃军、逃流、外遣、改发、缘坐等犯,均须刺字。所刺内容,或为发配地名,或为发配事由。其所刺部位,或臂,或面。⑧ 此外,除了以上派生刑和附加刑以外,还存在替代刑——赎刑。在关于五刑的律文中,有

---

① 关于清朝律例中"以下"、"以上"这种模糊表达,给条文适用所带来的困难,清人已有所认识。比如,清代窃盗律文关于计赃定罪的规定中,多处使用"以上"来表达赃数的多少。嘉庆五年(1800)云南巡抚初彭龄,对此即提出过异议,希望通过明确界定起止范围以替代"以上"之类模糊表达,但最终遭到部驳。或许刑部正希望通过"以上"、"以下"等语言解释的巨大空间,为承审官提供一定的自由裁量的余地。但无论如何,这些词语的模糊界定已给审判时适用法律条文带来困难。参见薛允升:《读例存疑》卷28,《刑律》4,《贼盗中》2,《窃盗律》,翰茂斋光绪三十一年刻本。

② 清末沈家本曾对这三项刑罚作过总结,参见氏著《寄簃文存》卷1之"奏请删除律例内重法折",载《续四库全书》(1563)集部、别集,上海古籍出版社2002年版,第438—440页。清初王明德亦言:"虽云五刑之外,仍有凌迟、枭示、戮尸等类,初非国之常刑,要皆因时或为一用者,终不可以五刑之正名。故此散见于律例各条中,或备诸乎律例各条外,卒不得与五刑正目同侪而并列"。参见氏著《读律佩觿》,何勤华等点校,法律出版社2001年版,第135页。

③ 参见沈家本:《历代刑法考》(第3册)之"充军考",邓经元等点校,中华书局1985年版,第1271—1295页。

④ 官员犯贪,初始有完赃减等之例,后于乾隆六年(1741)定例规定,刑罪较重者发往军台效力,以为黩货营私者之戒,但此后逐渐演变成对官员身犯重罪者的从轻处理措施。参见沈家本:《历代刑法考》(第4册)之"军台议",邓经元等点校,第2052页。

⑤ 薛允升:《读例存疑》卷1,《名例律》,《五刑律附例》3,薛按。

⑥ 郑秦、田涛点校:《大清律例》卷4,《名例律上》,《犯罪免发遣》,第84页。

⑦ 薛允升:《读例存疑》卷28,《刑律》4,《贼盗中》2,《窃盗律附例》29—30。

⑧ 薛允升:《读例存疑》卷31,《刑律》7,《贼盗下》2,《起除刺字律例》。

可赎、应赎之条款，具体分为：纳赎（无力依律决配，有力者可照律纳赎）、收赎（老幼废疾、天文生以及妇人折杖者应照律收赎）、赎罪（官员正妻及例难的决并妇人有力者，可照律赎罪）。①

由上述可知，就清代刑罚手段而言，主要包括身体刑、劳役刑、经济刑，前者包括枷、刺、笞、杖、死（广义而言，生命刑亦属身体刑范畴），中者包括徒、流、军、遣（亦含有耻辱刑成分），后者则包括纳赎、收赎、赎罪等。总之，清代律例将上述身体刑、劳役刑、经济刑视为法定刑种，而监禁（或监狱）本身并不具独立行刑之资格，唯为辅助五刑执行之暂押工具。而尤有进者，清代极其烦琐的审判程序，又时时强化了监狱羁押待审未决人犯的功能。如前所述，在清代刑制体系中，并无监狱"一席之地"。实际上，清代监狱的主要功能在于羁押等待终审定罪之未决犯或已终审定罪而等待执行之已决犯，诚如陆鸿基（ *Luk. Bwend Hung-kay* ）所言："清代监狱委实是清代审判制度之一部分。"②

晚清变法修律之前，于地方层级而言，除省级臬司外，并不存在专理狱讼的司法机构。③ 多数学者认为，省级以下的基层政府普遍实行"行政兼理司法"的模式。不过，亦有学者鉴于"刑名"之事在地方官职责中的关键地位，而认为名之以"司法兼理行政"更为准确。④ 那思陆认为，以今日术语言之，地方官的职责是行政与司法合一，审判与检察合一。⑤ 甚或如瞿同祖先生所谓，地方官之职责

① 薛允升：《读例存疑》卷1，《名例律上》，《五刑律附例》7。

② *Luk. Bwend Hung-kay*, *Illegal Detention in the Local Government of Qing China*, in *Bernard Hung-kay Luk, ed. Contacts between Cultures.* Vol.4 Eastern Asia: History and Social Sciences. Lewiston, N. Y.: Edwin Mellen Press, 1992, pp.253-257.

③ 晚清修律时，沈家本为推动司法独立，竭力证成中国古代已有司法专业化（按，实则与权力分而制衡的司法独立概念有异）之"朕兆"，其称："不知司法独立非惟欧西通行之实例，亦我中国固有之良规，按宋之提点刑狱，元之廉访司，俱专掌刑狱，即明之按察使与布政使分职而理，其初各行省未设督抚，按察使独任刑名之事，初未尝有人节制之也。"参见修订法律大臣、大理院正卿沈家本：《奏为调查日本裁判监狱情形事》，光绪三十三年四月十一日，档案号：03—5619—008，中国第一历史档案馆藏。

④ 谢冠生认为，对于中国古代司法组织，与其说是行政官兼理司法，不如说是以司法官兼理行政，更切实际（参见谢冠生：《中国司法制度概述》，载张其昀等编：《中国政治思想与制度史论集（二）》，台北中华文化出版事业委员会1955年版，第193页）。有意思的是，康熙年间的黄六鸿也曾表达过与谢冠生相类似的看法，其曰："有司以钱谷刑名为重，而刑名较钱谷为尤重。夫钱谷不清，弊止在于累民输纳，刑名失理，害即至于陷人性命。"参见黄六鸿：《福惠全书》，载刘俊文主编：《官箴书集成》（三），黄山书社1997年版，第216页。

⑤ 那思陆：《清代州县衙门审判制度》，中国政法大学出版社2006年版，第269页。

无所不包,包括法官、检察官、警长、验尸官的职责。① 无论何种看法,大致皆谓地方官"集司法与行政职务于一身"。笔者认为,清代既无相对于行政权而言的独立司法权概念,亦缺乏类似于今天专理纠纷的司法机构,故不必使用"司法"②一词,而可尝试使用清代官牍中常见的"审判"二字以描述之。如下文将述及,"审"和"判"两字颇能尽清代"司法"之真意。不过,清代虽无独立的关于诉讼程序的成文规定,但从有关律例条文中,仍可以爬梳出清代较为完备的"实质程序法"。依照清代语境,我们姑且可称其为"审判制度"。对清代的审判制度,前辈学者如陶希圣、那思陆、郑秦等都作过开拓性的研究,成果颇为丰硕。③ 本书并不打算对清代审判制度进行详细展开,而是在前人论述基础上,择其要点作一概述,以便于本章接下来的讨论。

清代包括州县在内的各级官衙之正印官,皆有审拟或判决案件之权责。一般而言,州县为初审衙门,对所呈告的诉状,据其案件是否年长久远、上司是否批结、证据是否充分、呈控者是否符合资格等项,作出"准"与"不准"的批词处理。④ 对于"准词"受理的案件,又分为情节轻、重两种,据而对有关原被告及干证实施传唤或拘提。据台湾张伟仁的研究,情节轻者以"传票"唤被告到案受理。⑤ 而从当时巴县地方官签差的传票来看,原被告及干证均在传唤之列(见咸丰年间四川巴县传票之一:"为派役传唤黄天盛具告杨通和卖后另售案人证事票")。

---

① 瞿同祖:《清代地方政府》,第 193 页。

② 其实,关于"司法"一词,即便行至今日,对其内涵的界定也是聚讼纷纭。学者一般认为司法概念有广义和狭义之分。狭义者系形式意义之司法,特指法院的权限及其审判活动。而从广义上来看,除法院以外的许多国家机关或机构,也承担着一定的准司法功能(参见范愉:《司法制度概论》,中国人民大学出版社 2003 年版,第 1—2 页)。由于划分标准不一,亦有学者将司法内涵界定为三个方面的内容:第一种观点认为司法即审判;第二种观点认为司法即执法;第三种观点认为司法即为司法机关依法办理诉讼案件和非讼事件中的执法活动。于此,司法机关不唯指公安机关、检察机关、审判机关、司法行政机关,亦包括由司法行政机关领导的监狱、律师、公证、调解等众多的司法专门组织(参见章武生、左卫民主编:《中国司法制度导论》,法律出版社 1994 年版,第 1—2 页)。

③ 陶希圣:《清代州县衙门刑事审判制度及程序》,食货出版社有限公司 1972 年版;郑秦:《清代司法审判制度研究》,湖南教育出版社 1988 年版;那思陆:《清代州县衙门审判制度》,中国政法大学出版社 2006 年版。

④ 黄六鸿:《福惠全书》之"批阅",载刘俊文主编:《官箴书集成》(三),第 329—330 页。

⑤ 张伟仁:《清季地方司法》,《食货月刊》1971 年第 6 期,第 41 页。

为派役传唤黄天盛具告杨通和卖后另售案人证事票

巴县正堂觉罗祥庆为卖后另售事。案据忠埋八甲民黄天盛具告杨通和等一案。据此,除验明黄天盛伤痕外,合行差唤,为此票仰该役前去,即将后开有各人证,限□日内逐一唤齐,依限随票赴县以凭审讯,去后毋得藉票需索,滋事迟延,如违重究不贷,速速须票。

计开:被告杨通和、杨玉顺等,干证黄天辅等,原告受伤黄天盛。

咸丰二年十月二十二日①

对于情节较重者,以"拘票"拘提犯证②。拘票与传票一样,一般也开有原被告以及干证等人(参见咸丰年间巴县的拘票之一:"为赵施氏告赵应尧差役拘唤人证事拘票")。

为赵施氏告赵应尧差役拘唤人证事拘票

巴县正堂姚宝铭案据孀妇赵施氏具首赵应尧一案拘唤,为此票仰该役,前去协同约保,即将犯证逐一分别,拘唤齐全,依限票赴县,以凭讯究。去后毋得藉票需索,滋事迟延,如违重究不贷。

计拘:被首赵应尧,并唤词内龚花子,抱首赵应尧,原首孀妇赵施氏。③

对于传唤或拘提的原被告及干证,州县固然须在法定审限内审理完毕。但在州县一审开审之前,县衙对原被两造及有关干证作如何处理,律例虽无明文规定,但依照惯例,皆一体收押候审。

经州县初审后,一般会出现三种情况:(1)无罪者即予释放;(2)对于拟罪者,分别轻重而处置,答杖轻罪者一般责罚后,即予释放;(3)徒刑以上重罪者,

---

① 《为派役传唤黄天盛具告杨通和卖后另售案人证事票》,咸丰二年十月二十二日,档案号:清6—04—01748,巴县档案馆代码451001。

② 张伟仁:《清季地方司法》,《食货月刊》1971年第6期,第41页。

③ 《为赵施氏告赵应尧差役拘唤人证事拘票》,咸丰六年八月二十二日,档案号:清6—04—04790,巴县档案馆代码451001。

则须监禁,以待审转覆核。① 对于前两种案件,州县官既有审理权,亦有判决权,可谓"审、判合一"。而州县官对于拟徒以上(含徒刑)的重案,在拟具以"看语"为核心的招解详文后,与人犯一道,需向上级层层审转,直至终审。对于此等案件,州县等初审衙门,唯有审拟权,却无最终的判决权,可谓"审、判分离"。总体而言,徒刑案件,由督抚最终"批结";流刑(包括充军、发遣)案件,由刑部最终"核复";②而死刑案件,则由皇帝对"三法司"(刑部、大理寺、都察院)的具题进行核准,以确定是立决还是监候秋审,故生杀大权可谓"在彼一人"。因此,总体而言,对于所有未获最后一个审级批结或核复的案件,都可称为待审未决之案件。

清朝审级与行政级别大体契合,一般直省均以州县为必经之初审,但其间审级究系四级抑或五级,学界迄今未成定谳,主要聚讼于"道"是否具备独立审级之资格。③ 清末曾受命考察列国司法制度的徐谦曾言及:"我国旧制最繁,如县、府、司、院、部,凡五审,院部皆为终审。"④在徐氏看来,地方审级显然只有县、府、司、院四级,而道不为独立之审级。近人萧一山则认为:"各道职司风宪、综核官吏,为督抚布教令,以率所属。故刑名事件,除府所理流罪以上直达按察使外,其余案件必

---

① 审转,含"审理"与"转报"之意,即由上司衙门复审后转报再上一级衙门。参见那思陆:《清代州县衙门审判制度》,第 145 页。按,清末沈家本在奏折中所提及之"勘转",与"审转"之意相同。参见修律大臣沈家本:《奏为调查日本裁判监狱情形事》,光绪三十三年四月十一日,档案号:03—5619—008,中国第一历史档案馆藏。

② 外省徒罪案件,如有关涉人命者,均依照军、流人犯解司,审转至督抚,专案咨部核复,仍令年底汇题;若寻常徒罪,各督抚批结后,即详叙招供,按季报部查核(参见郑秦、田涛点校:《大清律例》卷 37,断狱,有司决囚等第律附例,第 473—474 页)。又据郑秦先生的研究,普通徒罪,由督抚"批结",每季咨报刑部备案;有关人命的徒罪和军、流罪,由刑部"核复",年终"汇题"于皇帝。但是后来徒罪的"咨部"、军流罪的"汇题"制度渐趋松弛,徒、流罪分别至督抚和刑部即可批准审结。参见郑秦:《清代法律制度研究》,中国政法大学出版社 2000 年版,第 130 页。

③ 不独在审级问题上"道"的地位备受学界争议,即在关于"道"能否成为清代独立之行政级别这一问题上,学界亦有不同意见。多数学者持肯定态度,唯略有不同的是,如吕思勉先生主张清代为省、道、府、州、县五级制(参见吕思勉:《中国制度史》,上海教育出版社 2005 年版,第 412 页),而另有学者主张清代为省、道、府、县四级制(萧一山:《清代通史》(一),华东师范大学出版社 2005 年版,第 428 页)。朱东安则提出,道并非为清代独立行政级别之一,唯为省级派出机构而已,清代实为省、府、县三级制。参见朱东安:《关于清代的道和道员》,《近代史研究》1982 年第 4 期。

④ 《法部代表会员徐谦等考察各国司法制度报告书折》,《政治官报》宣统三年六月初十日,第 1321 号,中国人民大学图书馆旧报刊室藏。

申详于道。若直隶厅州之案件,则无论性质如何,皆必经道,然后达之按察使。"①萧氏指出,除府所理流罪以上不必经道审转以外,余则皆由道审转至上。而郑秦则认为:"直隶厅州本身的案件不便于直接报司,应经道台审转。而其属县则又不必经道,可由直隶州直接报司。"②可见,郑秦认为府辖州县所董理的案件,皆无须经道,由府直接呈转按察使司。郑秦还认为唯有直隶厅州作为初审的本管案件,才必须审转经道。总之在郑秦看来,清代地方始终保持四个审级。在关于府所辖案件无须经道审转这一观点上,台湾学者那思陆与郑秦看法相似,但仍略有分殊,那思陆指出:"清代直隶州及直隶厅徒罪以上案件,无论是否本管均须由道审转,薛允升即曰:'直隶州一切案犯由道审转解司,此定章也。'故由道审转之案件,并不限定于直隶州及直隶厅之本管案件。直隶州及直隶厅无属县时,道为第二审,直隶州及直隶厅有属县时,道为第三审。"③在那思陆看来,经道审转的案件,可能有四级,亦有可能为五级。本书采取那思陆所论,认为随案件初审管辖主体之不同,地方审级或有四级,或有五级,大体有县、府、道、司、院等审级,具体情形如下图所示(图1-1:清代"逐级审转覆核制"一般模型)。

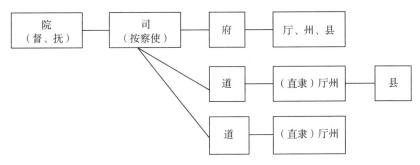

图1-1　清代"逐级审转覆核制"一般模型④

通过上述可知,清朝诸多案件因审级过多、程序烦琐,碍难迅速审结,因此势必有大量现审人犯"制度性"地(与下文"人为性"的诸多做法自有不同)被长期

---

①　萧一山:《清代通史》(一)之"道府州县之官制",第440页。

②　郑秦:《清代司法审判制度研究》,第36页。

③　那思陆:《清代中央司法审判制度》,文史哲出版社1992年版,第194页。

④　之所以称其为"一般模型",则是将一些例外情形排除,比如清代有些案件并不遵行逐级审转覆核程序,如"就地正法"的案件即是。关于"就地正法"研究的系统梳理,可参考娜鹤雅:《清末"就地正法"操作程序之考察》,《清史研究》2007年第3期。

羁禁,以等候最终审结。前述《清史稿·刑法志三》所言"笞、杖折责释放,徒、流、军、遣即日发配,久禁者斩、绞监候而已",将清代烦琐的审转程序一笔抹去,不免过于理想化。实际上,"久禁在监者"绝非仅仅为"斩、绞监候而已"。对于自理之细故案件,州县官名义上拥有既审且判的权力,但此类案件究经几审方成定谳,律无明文规定,实际往往需要往复覆讯,相关犯证时需长期羁押。就拟徒以上的案件来说,经过州县初审拟罪以后,例须层层审转,直至最终审结,程序之烦琐更甚前者,其羁押时间亦长于前者。除了上述以外,由于州县所审案件或情节"不实",或拟罪"不妥",或详文格式"不符",皆会在招解或民人上控时,遭遇上司的驳审或委审。① 若州县"审判不公",当事人还可循级"赴上司衙门呈告,再有冤抑,准来京呈诉"。② 而在嘉道之前,省级尚未设有专理驳案、京控案件及提审案件的"发审局",③是时上控或京控案件,大多发往原州县或遴委别的州县重审。由此可见,驳审案件、上控案件及京控案件,相较一般案件的审转程序,则更显复杂。凡此种种,复杂的程序,在客观上造成州县对案件"管而不决,审而不结",一应犯证在在需要羁押。与审转覆核程序相关联的,还有解囚问题。解囚,一般由原审州县派遣差役,直到上司审完批回,原差仍将人犯带回原州县监押。按照解审惯例,拟徒人犯终至解府,军、流终至解司,死犯则终至解院。④ 因

① 清人王又槐认为审转之案可能被驳者,大致有如下几种:报词与口供不对者;填伤与《洗冤录》所载不符者;验伤与凶器不对者;伤与犯供不合或遗漏错误者;供情含混游移者;供不周密而疏漏者;前后彼此供情迥异者;供情和看语不符、拟议未协者;复审与初报翻异者;事无情理、无证据者;顾此失彼轻重不平者。参见王又槐:《办案要略》,载张廷骧辑:《入幕须知五种》,文海出版社1982年版,第518页。

② 《光绪会典》卷55,刑部3,线装书局2006年版,第510页。

③ 据李贵连、张世明等人的研究,嘉道以降,因人口多而资源少的结构性矛盾尖锐,社会关系趋于紧张,复因嘉庆一朝对京控实行弛禁政策,遂造成讼案尤其京控案件骤增,原先的逐级审转覆核制以及京控案件审理模式,难以适应形势所需,故专理驳案、京控案件以及提省奉委案件的发审局逐渐产生,设于省城首府首县。参见李贵连、胡震:《清代发审局研究》,《比较法研究》2006年第4期;张世明、冯永明:《"包世臣正义"的成本:晚清发审局的法律经济学考察》,《清史研究》2009年第4期。

④ 这一惯例反映在乾隆二十六年(1761)广西巡抚熊学鹏的奏折中,其言:"向来各府州县承审案件,斩绞重罪由司解省巡抚审理。军流则将案情详报,其人犯止解按察司,而不解巡抚衙门。徒罪以下人犯,则为各府州县自行审理,不过将案情详报核批,其人犯即臬司衙门亦不解审。此向来办法也,而例无明文。"广西巡抚熊学鹏:《奏为军流人犯由司即行解往巡抚衙门复审敬陈管见事》,乾隆二十六年九月初七日,档案号:04—01—01—0250—017;另见薛允升:《读例存疑》卷48,《刑律》24,《断狱》上,《鞫狱停囚待对律附例》10,薛按。

此,这些解府、解省的人犯,显然亦需羁押。而省级之中,唯按察使司设有监狱,例称司监或司狱,而督抚衙门向不设狱。对于一些州县招解、委审、驳审、巡查等诸多案件,巡道衙门自有受理之责,但其一般仍将此等案中人犯,交由原审州县羁押,故亦无须自设禁所。①从上述可知,州县一级所承担的羁押任务十分重要,但往往不堪负重。下文将详述的县级替代性的非法羁押空间层出不穷,亦与此不无关联。此外,曩时交通不便,许多押解目的地并非朝夕可至,故而递解之人犯在中途停息时,应安置于何处,清朝律例对此亦无特别之规定。如此,法律上的缺位,在某种程度上,给押解之差役提供了巨大的非法操作空间。后文所提及的店歇等非法羁押场所,与此亦有关涉。

尤须提及的是,府省的首县监狱,往往分担解往府或省以待审转复核或委审、提审案件中的人犯,借此缓解府监和司监的收监压力。尤其是嘉道以降,作为省城首府,一般皆设立"谳局"(即发审局),以处理发交的驳案、京控以及提省委办案件等,②因此,一省首府之首县监狱的羁押人犯任务,尤为繁重。有清一代,大量逸出正式监狱之外的非法牢狱(虽于法未合但又承担着羁押人犯的合理性任务)每每出现在府省的首县地区,则不为无因。除了地方监狱以外,在中央,刑部有刑部监狱,自雍正五年(1727)后分南北两监,主要拘系京师外省死囚及现审重犯。当然,中央监狱除了刑部监外,还有宗人府空房、慎刑司监以及步军统领衙门监狱、盛京刑部监等特设监狱。③

据《大清律例》及上述分析来看,地方监狱所羁押人犯主要有:业经州县拟定徒罪以上而等候审转的现审人犯;途经本地的其他州县拟徒以上的递解人犯;监候秋审的斩、绞犯。以上大致为《清史稿·刑法志》中所言之"未决犯"。而对于业经审结而等待执行的因犯,地方官出于考成压力,一般会迅速发配而释放出监,否则便被视为"淹禁"行为而受到严惩,如《大清律例·断狱·淹禁》载:

> 凡狱囚情犯已完,(在内经)法司,(在外经)督抚,审录无冤,别无追勘(未尽)事理,(其所犯笞杖、徒、流、死罪)应断决者,限三日内断决。(系徒流)应起发者,限一十日内起发。若限外不断决、不起发者,当该官吏过三

---

① 陶希圣:《清代衙门刑事审判及程序》,第 106 页。

② 张世明、冯永明:《"包世臣正义"的成本:晚清发审局的法律经济学考察》,《清史研究》2009 年第 4 期。

③ 参见薛梅卿:《中国监狱史》,群众出版社 1986 年版,第 160—164 页。

日,笞二十。每三日加一等,罪止杖六十。因(过限不断决、不起发)而淹禁致死者,若囚该死罪杖六十,流罪杖八十,徒罪杖一百,杖罪以下,杖六十,徒一年(惟重囚照例监候)。①

由此可见,业经审结的已决囚犯,地方官理应迅速断决或起发,至迟不得超过十日。《清史稿·刑法志三》所言"既定罪,则笞、杖折责释放,徒、流、军、遣即日发配,久禁者斩、绞监候而已"②,虽与清代实践做法差之甚远,但大体亦与清律规定相契合,唯其中"即日发配"③一语,似有夸大之嫌。

上述表明,清代监狱羁禁之人主要为拟定徒罪以上者。但如同前文指出,对于一些州县自理词讼中笞杖案件,往往亦需往复覆讯,那么这些轻犯是否也需被羁押呢? 如无需羁押,又当如何管控呢? 如需羁押,其羁押地点和羁押方式,是否与徒罪以上的重犯有别呢? 此外,与案件相关的干连证佐,又当如何处理? 关于这些内容,清代正式律例中有无明文规定呢? 由于监禁在清代不属于刑制范畴,因而缺乏关于监狱的单行法规。但是,因监禁属于审判制度之组成部分,故而相关规定散布在《大清律例》断狱、捕亡二门之下的有关律例之中。因此,笔者借助"断狱"、"捕亡"二门之下的相关律例,拟对上述问题做一较详细的梳理。

总体而言,清代律文中的相关规定源远流长,且前后变化不大,但例文中的有关规定则因时而变,前例与后例亦时有抵牾。故下文分作律文规定和例文规定两部分来解析。

第二节 清代有关监羁犯证的律例规定④

一、清代律文中有关监羁犯证的规定

清律总体上因沿明律而来,少有损革。⑤ 就监狱方面的律文而言,亦是如

---

① 郑秦、田涛点校:《大清律例》卷 36,《刑律》,《断狱上》,《淹禁》,第 455—456 页。

② 《清史稿校注》卷 126,《志》151,《刑法志》3,第 3994 页。

③ 笔者认为,依据清律有关规定,此处"即日"应改为"限日"为妥。——笔者注。

④ 本节主体内容先前已发表,参见陈兆肆:《仁慈抑或务实:清代律例之间有关羁押犯证的歧义规定》,《杭州师范大学学报》(哲社版)2012 年第 4 期;《人大报刊复印资料·明清史》(2013 年第 1 期)全文转载。

⑤ 关于此点,郑秦先生已有详尽的考证,见《顺治三年律考》,载氏著《中国法律制度研究》,中国政法大学出版社 2000 年版,第 1—21 页。

此。甚至,有些规定承续唐宋律条而未有大变。

(一)明清律文中有关应禁人犯的规定

明洪武三十年(1397)颁布的《大明律》中"囚应禁而不禁"律文规定:

> 凡狱囚应禁而不禁,应枷、锁、杻而不枷、锁、杻及脱去者,若囚该杖罪,(当该官司)笞三十。徒罪,笞四十。流罪,笞五十。死罪,杖六十。若应枷而锁,应锁而枷者,各减一等。若因自脱去及司狱官、典狱卒私与囚脱去枷、锁、杻者,罪亦如之。提牢官知而不举者,与同罪。不知者,不坐。其不应禁而禁及不应枷、锁、杻者而枷、锁、杻者,各杖六十。若受财者,并计赃以枉法从重论。①

此律本自唐律。唐朝《狱官令》规定:"禁囚死罪枷、杻,妇人及流以下去杻,杖罪散禁。"②以此可见:在唐代,犯笞者不禁,杖以上方禁,而流以上则锁禁,这是唐代应禁与不应禁以及应枷、锁、杻与不应枷、锁、杻的分界所在。至于明代应禁者的具体范围,《大明律》并无明确规定,唯时人律解对此作出了一定的解释。

明嘉靖年间,雷梦麟《琐言》称:"凡男子犯笞以上,亦应收禁。"③此处所言之收禁应包括散禁在内。④ 由此可见,明朝应禁人犯的范围已然扩大到所有五刑犯人,而较唐律为苛严。另据明万历年间王肯堂的《律例笺释》,"男子犯徒以上,妇女犯奸及死罪,皆应收禁。其在禁内,徒以上应杻,充军以上应锁,死罪应枷,凡枷者兼锁、杻,凡锁者兼杻,惟妇人不杻"。⑤ 据此,一般徒罪以上者应收禁,但此处并没有明确提及散禁者是否应当包括在收禁之列。

晚清薛允升提出自己的不解:"《琐言》不特与《笺释》不符,而律所云不应禁而禁,不知又何项言之矣?"⑥在薛允升看来,若依《琐言》的解释,即包括笞杖在内的五刑犯全部应禁,那么明律"囚应禁而不禁"条中之"不应禁而禁"者,必然

---

① 《大明律直解》卷28,《刑律·断狱》,囚应禁而不禁律,载刘海年、杨一凡主编:《中国珍稀法律典籍集成乙编》(第1册),科学出版社1994年版,第17页。

② 长孙无忌:《唐律疏议》卷585,《断狱》,《诸囚应禁而不禁》,刘俊文点校,法律出版社1999年版,第585页。

③ 雷梦麟:《读律琐言》,怀效锋、李俊点校,法律出版社2000年版,第477页。

④ 薛梅卿认为:"散禁者,即不施用戒具而囚禁之"。参见薛梅卿:《中国监狱史》,第78页。

⑤ 王肯堂:《律例笺释》,转见薛允升:《唐明律合编》,第777页。

⑥ 薛允升:《唐明律合编》卷29,怀效锋点校,法律出版社1999年版,第777页。

会无所指,①故而薛氏认定《琐言》解释有误。然而,笔者认为薛允升所疑惑的问题并不成立。

　　首先,《琐言》与《笺释》之间的解释并不存在矛盾。之所以两人针对同一律文的解释看似不同,原因在于各自对"收禁"的定义有所不同。透过王肯堂的解释,其所说之"收禁"专指戴有戒具之羁禁,而不包括散禁,但雷梦麟所言之"收禁"显然包括不戴戒具之散禁。笔者在本书中,亦将"收禁"一词界定为包括散禁在内的所有监禁行为。

　　其次,有证据表明明初法律中确曾规定笞杖刑以上者皆应收禁,如明洪武元年(1368)的《大明令》规定:

　　　　若狱囚患病,即申提牢官验实给药治疗,除死罪枷杻外,其余徒流杖罪囚人,病重者开疏枷、杻,令亲人入视,笞罪以下保管在外医治,病瘥依律断决,如事未完者,复收入禁,即与归结。②

　　该令专为囚犯患病治疗而设,但由此也可间接看出,当时笞罪及笞罪以下者(应指下文将要述及之"干连证佐")都应"入禁"。

　　《大明令》还规定:

　　　　凡牢狱禁系囚徒,年七十以上、十五以下、废疾,散收。轻重不许混杂。枷杻常须洗涤,席荐常须铺置,冬设暖床,夏备凉浆……有官者犯私罪,除死罪外,徒流锁收,杖罪以下散禁,公罪自流以下皆散收。③

　　从这则大明令中可以看出,杖罪以下皆在收禁之列。其规定徒流以上锁收、杖罪以下散禁,这较唐律"非杖罪以上并不散禁、非流罪以上并不锁收"的规定,明显有所加重。④

　　大抵而言,明律虽推崇唐律之"简核",但不如唐宋律之"宽厚",如明建文帝所言:"《大明律》,皇祖所亲定,命朕细阅,较前代往往加重。"⑤依此来看,雷梦

---

　　①　此处"不应禁而禁"不会是指无辜平人,因为本律下条"故禁故勘平人"即专言此。下文将述及。

　　②　《大明令》之"司狱",载刘海年、杨一凡主编:《中国珍稀法律典籍集成乙编》(第1册),第38页。

　　③　《大明令》之"牢狱",载刘海年、杨一凡主编:《中国珍稀法律典籍集成乙编》(第1册),第44页。

　　④　明朝中后期以来,如王肯堂所言"充军以上应锁",而明初徒流已锁收,显然原先处置要重于后来。——笔者注。

　　⑤　张廷玉等:《明史》卷93,《志》69,《刑法》1,中华书局2000年版,第1527页。

麟的解释无疑与明律的总体特征相契合。

最后,即便明律中的应禁者,如同雷梦麟所言包括笞杖犯,律文中的"不应禁而禁"者,也不会出现如同薛允升所言无所指的情况,因为《大明律》对妇人犯罪,曾作出这样特殊规定:"凡妇人犯罪,除犯奸及死罪收禁外,其余杂犯⋯⋯不许一概监禁",①应责付本夫收管,无夫则由有服亲属或邻里保管。因此,此处律文中的"不应禁而禁"者,亦有可能是指非犯奸罪和死罪之女性人犯。

顺治三年(1646)承明而来的《大清律》亦列有"囚应禁而不禁"条,其曰:

> 凡(鞫狱官于)狱囚应禁而不(收)禁,(徒犯以上妇人犯奸收禁,官犯公私罪,军民轻罪,老幼废疾散禁)。应枷(死罪惟妇人不枷)、锁(充军以上)、杻(徒罪以上),而不用枷、锁、杻,及(囚本有枷、锁、杻,而为)脱去者(各随囚重轻论之)。若因自脱去及司狱官、典狱卒私与囚脱去枷、锁、杻者,罪亦如之。提牢官知而不举者,与同罪。不知者,不坐。其不应禁而禁及不应枷、锁、杻者而枷、锁、杻者,各杖六十。若受财者,并计赃以枉法从重论。②

小注为顺治三年所加,基本上照抄了王肯堂《律例笺释》中的解释,其认为徒犯以上者方才收禁。仍需注意的是,此处"收禁"并不包括"散禁"在内,因为康熙年间沈之奇的《大清律辑注》,曾对此条做过明确解释:"男子犯徒罪以上,妇人犯奸及死罪,皆应收禁;若官犯私罪杖以下、公罪流以下,军民杖以下,妇人犯流以下,及老幼废疾,皆散收押禁。"③可见,这里的收禁和散禁是互为补充的关系,而不是包含与被包含的关系,即收禁者为徒罪以上,而散禁者一般为杖罪以下的轻犯。

雍正三年(1725)对顺治年间的律文有所删改,主要是将原先戒具"枷、锁、杻"三种变为"锁、杻"④两种,此后该律一直沿用至清末修律之际。雍正三年该条律文如下:

> 凡(鞫狱官于)狱囚应禁而不(收)禁,(徒犯以上,妇人犯奸收禁,官犯

_____

① 《大明律直解》卷28,刑律,断狱,妇女犯罪,载刘海年、杨一凡主编:《中国珍稀法律典籍集成乙编》(第1册),第626页。

② 郑秦、田涛点校:《大清律例》卷36,《刑律》24,《断狱上》,《囚禁而不禁律》,第453页。

③ 沈之奇:《大清律辑注》(下),刑律,断狱,囚应禁而不禁律,律后注,怀效锋等点校,法律出版社2000年版,第984页。

④ 关于枷、锁、杻三种戒具,晚清沈家本认为,前者系于足,中者系于颈,而后者则系于手。参见沈家本:《历代刑法考》(第3册)之"刑具考",邓经元等点校,第1193—1206页。

公私罪,军民轻罪,老幼废疾散禁)。应锁、杻,而不用锁、杻,及(囚本有锁、杻,而为)脱去者(各随囚重轻论之)。若囚该杖罪(当该官司),笞三十。徒罪,笞四十。流罪,笞五十。死罪,杖六十。若应杻而锁,应锁而杻者,各减(不锁、杻罪)一等。①

于此,枷不再作为戒具之一种。后世也因此律而逐渐形成"徒罪以上锁禁,杖罪以下散禁"②的监禁格局。实际上,这种局面与明中后期以来充军以上才加以"锁禁"的情形相比,又有所加重。

须提及的是,清代"狱囚衣粮"律附例中,有一则关于锁禁和散禁的例文,经乾隆五年(1740)删并而于乾隆四十八年(1783)改定,其规定:

> 凡牢狱禁系囚徒,年七十以上十五以下、废疾散收,轻重不许混杂,锁杻常须洗涤,席荐常须铺置,冬设暖床,夏备凉浆。凡在禁囚犯,日给仓米一升,冬给絮衣一件,病给医药。看犯支更禁卒,夜给灯油,并令于本处有司在官钱粮内支放,狱官预期申明关给,毋致缺误。有官者犯私罪,除死罪外,徒流锁收,杖以下散禁,公罪自流以下皆散收。③

该例一部分源自前揭之《大明令》而来,雍正三年(1725)将其中的"枷杻"为"锁杻"。另一部分则源自康熙十三年(1674)间例文。该例总体上秉承既往对老幼、废疾以及官犯公罪格外体恤的法律传统,而作出除死罪以外一概散收而不予锁禁的规定。如果仅从上述清朝律文来看,似乎徒流以上者才锁禁,而笞杖犯等散收者则不加锁禁。监狱史家薛梅卿甚或认为:"散禁者,即不施用戒具而囚禁之。"④然而,据清朝会典事例来看,笞杖轻犯有时亦加铁锁一道,如顺治十七年(1660)议准:"凡徒罪以上,带铁锁三条;笞杖以下轻罪止带铁锁一条。"⑤康熙十二年(1673)题准:"凡关系强盗人命等重罪人犯,脖项手足应用铁锁、杻、镣各三条;其余人犯,用铁锁、杻、镣各一条"。⑥ 雍正三年又重申:"凡强盗人命

---

① 薛允升:《读例存疑》卷48,《刑律》24,《断狱上》,《囚应禁而不禁律》,律后注。

② 《清史稿校注》卷151,《志》126,《刑法志》3,第3994页。

③ 薛允升:《读例存疑》卷48,《刑律》24,《断狱上》,《狱囚衣粮条律附例》3。

④ 薛梅卿:《中国监狱史》,第78页。

⑤ 光绪朝《清会典事例》卷838,《刑部》116,《刑律》,《断狱》1,囚应禁而不禁,中华书局1990年影印本,第1110页。

⑥ 光绪朝《清会典事例》卷838,《刑部》116,《刑律》,《断狱》1,囚应禁而不禁,第1110页。

等案重罪人犯,项及手足用铁锁、杻、镣各三道;其余人犯,俱用铁锁、杻、镣各一道。"①会典中所载容或为各朝现行例,后来可能在集中修例时被删。乾隆元年(1736)对戒具作出了更加具体细致的规定:"除强盗、十恶、谋故杀重犯,用铁锁、杻、镣各三道;其余斗殴、人命等案罪犯,以及军流徒罪等犯,止用铁锁、杻、镣各一道;笞杖等犯,止用铁锁一道。如狱官禁卒,将轻罪滥用重锁,重罪私用轻锁,及应三道而用九道,应九道而用三道,将狱官题参,禁卒革役,受贿者照枉法从重论。任意轻重者,照不应锁杻而锁杻律治罪。提牢官失于觉察,交部议处。"②该条此后于乾隆五年(1740),纂入《大清律例》断狱门"凌虐罪囚条"律附例之中。③ 尽管此条定例明确规定笞杖等犯亦用"铁锁一道",而与前述定例规定笞杖犯等散禁者不加锁禁,有所区别,但总体上来看,此条定例仍在戒具方面,对锁禁重罪者与散禁轻罪者进行区别对待,即轻罪不得"滥用重锁",重罪不得"私用轻锁"。

上文近乎烦琐的考证意在说明,明清律文规定对拟定笞杖罪以上所有现审人犯,不论罪之轻重,皆应禁羁在监,总体上较唐律"笞罪者不禁"的规定有所加重。此外,明清律根据罪之轻重,来确定是否加戴戒具以及何种戒具,并最终形成了"锁禁"和"散收"相分的格局。

(二)明清律文中有关干连证佐的规定

前揭咸丰年间的巴县地方的传票和拘票显示,有关证佐都在强制性的传唤或拘提之列。那么,这一地方性的司法实践,是否于法有据呢? 作为清朝最基本的法律文本,《大清律》又是如何规定的呢?

《大清律》中的"故堪故禁平人"律规定:

> 凡官吏怀挟私雠、故禁平人者,杖八十。(平人系平空无事与公事毫不相干,亦无名字在官者,与下文公事干连之平人不同)因而致死者,绞(监候)。提牢官及司狱官、典狱卒,知而不举首者,与同罪。至死者,减一等。不知者,不坐。若因(该问)公事干连平人在官,(本)无招(罪,而不行保管)误禁致死者,杖八十。(如所干连事方讯鞫)有文案应禁者(虽致死),勿

---

① 光绪朝《清会典事例》卷840,《刑部》116,《刑律》,《断狱》3,凌虐罪囚,第1130页。
② 光绪朝《清会典事例》卷840,《刑部》118,《刑律》,《断狱》3,凌虐罪囚,第1130页。
③ 薛允升:《读例存疑》卷48,《刑律》24,《断狱》上,《陵虐罪囚律附例》2。

论。若故堪平人者,杖八十;折伤以上,依凡斗伤论,因而致死者,斩。同僚官及狱卒知情共勘者,与同罪;至死者,减一等;不知情及依法拷讯者,不坐。若因公事干连平人在官,事须鞫问,及罪人赃仗证佐明白,不服招承,明立文案,依法拷讯,邂逅致死者,勿论。①

此律袭自明律所创。唐律以迄宋元,并无故禁故勘平人之条文。明人夏敬一的律解《读例示掌》言称,"因应禁而不禁"律中有"不应禁而禁"之文,是针对"误禁轻人罪犯"而言,而此条则是针对"故禁无罪之平人致死者",②故有所不同。

从顺治三年(1646)所加的小注可以看出,当时将平人分为两种:一种是"平空无事与公事毫不相干,亦无名字在官者",即无辜之平民;另一种则是"与公事干连之平人",而按康熙朝晚期的沈之奇的解释,此亦即"证佐"③之类。对这两种人,律文的规定颇不相同。对于前者,律文严禁羁禁和刑讯。而对于后者,则又大致分为两类:一类是无招无罪者应"先行释放保候",④如果衙役不行保候而误禁致死,其亦不过处以杖八十的处分;另一类则是与文案关涉又系"紧要干证之类难以保候者",⑤则可以羁禁,虽"邂逅致死,亦不论"。对这一类紧要干证,如果事须鞫问拷讯,"虽致死,亦不论"。

由上述来看,明清律文严厉禁止对无干公事之平人羁禁和拷讯;对一般无招无罪的干连证佐,应要求先行取保候审;而对那些紧要之干连证佐,则规定可以进行羁禁和拷讯。

实际上,有关人证的管理制度,唐宋之际已现雏形。如唐律中即有"拷证人"⑥、"证人减二等"⑦、"全无证人"⑧等说。当其时,官府对施于重要证人的监

---

① 郑秦、田涛点校:《大清律例》卷36,《刑律》,《断狱上》,《故禁故堪平人》,第453—454页。

② 夏敬一:《读律示掌》,转见薛允升:《唐明律合编》,第777页。

③ 沈之奇:《大清律辑注》,《刑律》,《断狱》,《故禁故堪平人律》,沈按,第988页。按,何谓"证佐"?依照南宋时人张𫍒所言:"夫谓之证者,旁证之谓也;谓之佐者,助己之谓也。曰证、曰佐,自是二事,苟有其一,皆可以表杀人之然否。"张𫍒认为,见证人和干连人皆可作证,两者所提供的证言,都具有证明力。参见马端临:《文献通考》卷170,《刑考》9,《考》1478,中华书局1986年版。

④ 雷梦麟:《读律琐言》卷28,第477页。

⑤ 沈之奇:《大清律辑注》,《刑律》,《断狱》,《故禁故堪平人律》,律后注,第987页。

⑥ 长孙无忌:《唐律疏议》卷23,《斗讼》,第465页。

⑦ 长孙无忌:《唐律疏议》卷25,《诈伪》,第505页。

⑧ 长孙无忌:《唐律疏议》卷29,《断狱》,第591页。

禁甚或拷讯行为,采取默许的态度,唯尚无允许之明文。在鞫谳制度空前发达之宋代,有关证人的法律条文逐渐成形。宋代鲜见"证人"一称,但证佐、见证人、干证人、干照人、照证人、干连人、干系人、干碍人、牵连人等称法,则所在多有。据郭东旭等人的研究,见证人、照证人是指与案件并无利害关联,但能对案件提供真实证据的证人。而干连人、干系人、干碍人虽非犯罪主体,但与案件当事人却有一定利益牵连,具有当然的作证义务。而干证人、干照人、证佐等称呼则应是"见证人"与"干连人"的合称。① 由此看来,宋代"干证人"一词要比唐代"证人"一词的内涵丰富。两宋法律规定对"紧切干证"(即明清时期所言"紧要干证")允许勾禁,这在《宋会要》天禧二年(1018)和天圣二年(1024)等多条诏敕中可以看出。② 宋人陈襄亦提出:"如婚田斗殴之讼,择追紧切者,足矣!"③当然,宋代诏令尽管大多规定对"紧切干证"可行羁禁狱中,但亦规定必须尽快释放而防淹禁。④

由上可见,明清时期的法律对"紧要干证"实行强制羁押的规定,实际上是沿袭宋代以来的有关规定。而明清语境下,常会出现的"干连证佐"或"干证",大体上等同于宋代的"干证人"。不过,清朝"干连"和"证佐"的界限已变得十分模糊,单独使用其中任一称谓,往往即可表达宋代"干证人"一词的全部意蕴。依据清人所言,"干连证佐"的范围很大,"或由牵涉,或被诬指,或属尸亲,或系词证"。⑤ 可见,明清时期的"干连证佐"不仅包括人证,甚至还包括受牵连和被诬陷者,甚及原告本人。在清代呈状上,呈状人一般必须开列"干证"一列,以便地方官核准后,定夺是否需拘传到官讯问。⑥

① 首次对宋代"干证人"作较为深入分析者,是郭东旭等人所撰《宋代"干证人"法制境遇透视》一文(参见《河北大学学报》(哲学社会科学版)2008 年第 2 期)。对宋代证人问题有所论涉者,有如下著作:王云海主编:《宋代司法制度》,河南大学出版社 1992 年版;郭东旭:《宋代法制研究》,河南大学出版社 1997 年版;蒋铁初:《中国古代证人制度研究》,《河南省政法管理干部学院学报》2001 年第 6 期;张友好、张春利:《论我国古代证人之作证责任》,《中国刑事法杂志》2006 年第 4 期。

② 徐松辑:《宋会要稿辑》刑法 3 之 58,刑法 3 之 60,中华书局 1957 年版,第 6606—6607 页。

③ 陈襄:《州县提纲》之"判状勿妄追人",载刘俊文主编:《官箴书集成》(一),第 47 页。

④ 陈襄:《州县提纲》之"勿轻禁人",载刘俊文主编:《官箴书集成》(一),第 63 页;徐松辑:《宋会要稿辑》刑法 2 之 78,第 6534 页。

⑤ 汤用中:《暂系平民受害最酷议》,载盛康辑:《皇朝经世文编续编》卷 101,刑政,文海出版社 1979 年,第 4678 页。

⑥ 唐泽靖彦、牛杰:《清代的诉状及其制作者》,《北大法律评论》2009 年第 1 期。

一方面,在物证技术尚不发达的清代,证人证言几与当事人的口供一样,对案件定谳尤显重要;另一方面,长期受"厌讼"、"畏讼"等法律观念的影响,司法实践中民众避证、拒证等现象比比皆是。职是之故,在国家权益本位(司法权益亦为其中之一)的古代,为使审判高效,强制羁押干连证佐则几成惯例。

(三)大明令中有关分监的规定及明末清初地方实践

明清两代律文,皆没有明确提及分监的情况。不过,唐律曾规定囚徒"贵贱、男女异狱",①而元代亦规定"诸狱囚必轻重异处,男女异室,毋或参杂。司狱致其慎,狱卒去其虐"②。明洪武元年(1368)颁布的《大明令》曾明确指出:"其男女罪囚,须要各另监禁,司狱官常切点视。"③并规定"轻重不许混杂"。④尽管明初的《大明令》已规定依照"男女不同、轻重有别"的原则,主张实行"异狱"制(即分监制),但实际上久未推行。不少地方直至万历以后,才出现"内监"羁押重犯而"宽羁"羁押轻犯的区分,如福建长泰县"(从前)一切犯者,不问巨细,同锢圄中,瘐死之冤,时或不免。万历二十九年,按院刘檄诸郡各设'宽羁',以处轻犯……自是犯罪者轻重始分"。⑤又如万历四十四年(1616),广东琼州府始有"重监"、"轻监"之分。⑥万历年间的山东东明县"始有犴狱三所,一重禁、一轻禁、一女禁"。⑦明末的翁源县"监,轻重二间,重监在仪门内右,轻监在县堂右"。⑧

这里值得注意的是,明末时期的深监、浅监的羁押对象,是否即与前文所述的锁禁、散禁的对象正相重合呢?明末清初的李渔(1611—1680)曾言及:"罪有

① 欧阳修等:《新唐书》卷48,《志》38,《百官》3,《狱丞》,中华书局1975年版,第1257页。
② 沈家本:《历代刑法考》(第3册)之"狱考",邓经元等点校,第1186页。
③ 《大明令》之"司狱",载刘海年、杨一凡主编:《中国珍稀法律典籍集成乙编》(第1册),第38页。
④ 《大明令》之"牢狱",载刘海年、杨一凡主编:《中国珍稀法律典籍集成乙编》(第1册),第44页。
⑤ 张懋建修、赖翰颙纂:乾隆《长泰县志》卷2《规制志》,丛书,1975年,第119、134页。按,以下由台北成文出版有限公司影印的中国地方志丛书系列简称为"丛书",而由江苏古籍出版社(后改为凤凰出版社)、上海书店、巴蜀书社三家出版社联合影印的中国地方志集成系列,则简称为"集成"。
⑥ 欧阳璨等纂修:万历《琼州府志》,日本藏中国罕见地方志丛刊,书目文献出版社1996年版,第88页。
⑦ 储元升等纂修:乾隆《东明县志》,第143—144页、第148页。
⑧ 谢崇俊等纂修:嘉庆《翁源县志·建置志》,成文,1974年,第266页;康熙《翁源县志》卷2《营建志》,日本藏中国罕见地方志丛刊,书目文献出版社1996年版,第322页。

重轻,则监有深浅。非死罪不入深监,非军徒不入浅监,此定法也。"①可见,深监只禁死罪者,而浅监只禁军徒等罪者。依前文对明清律文所考,徒罪以上锁禁,而笞杖轻罪并紧要干证一般皆应散禁,故而李渔口中之深、浅监与锁禁、散禁之地并非完全相重合。既如此,明清之际散禁的地点又何在呢? 明清律文对此并没有给出明确的规定。下面我们借助清初的一些资料对这一问题略作考证。

顺治年间,有人奏言各府州县在监狱之外,"更有仓铺、有所棚、有店,各处地方名目不同,其名虽将人犯暂羁公所,实则高墙密禁、筹锁巡防,与监狱无异"。②此处要问,清初时的铺仓之类场所,何以与监狱无异呢? 铺,系唐宋之际开始出现的邮递机构。明清因循此制,并据地理形势之不同,设置铺、驿站、塘台等机构,管理邮递事宜,统归兵部所辖,并由地方官负责具体指挥和监督。铺中设负责传运军事文书及物品之兵役,也时为地方官所调遣,承担若干地方治安事务。明朝中叶,时局板荡,铺兵常参与盗犯追捕。此时,在铺内关押盗犯及干证,渐为官方所允。殆至清初,这一做法已习为惯例。如,清顺治十六年(1659),江宁巡抚朱国治"以苏、松、常、镇四府钱粮抗欠者多,分别造册,绅士一万三千五百余人,衙役二百四十人,请敕部察议",③因牵连人数过多,各州县的监狱已不敷使用,便"分三等羁管,全完者羁玄妙观、承天寺,完半者羁铺,全欠者监禁"④。仓,为储粮之地,设有仓夫负责看守。自明朝以降,民户在仓房缴纳粮米,而地方官常将未交钱粮之"顽户"拘禁于此,勒其纳粮,这便使"仓"具备羁押场所的功能。此外,明嘉靖年间,佃农抗租抗粮活动频繁,讼案不断,因既有的监狱人满为患,一些地方官时将一些欠粮逋租的轻罪人犯及其亲邻,羁于仓中,以求勒交。⑤长此以往,仓也成为一种非正式拘禁设施。据明末余自强所言,"各州县每仓上必有空房,各州县及佐贰,每将人犯拘系此处,谓之监仓"。⑥ 在其看来,"要紧人

---

① 李渔《论监狱》,载贺长龄辑:《皇朝经世文编》卷 94,刑政,文海出版社 1973 年版,第 3344 页。

② 周清源:《清狱省刑疏》,载葛士浚辑:《皇朝经世文续编》卷 414,文海出版社 1979 年版,第 1732 页。

③ 《清史稿校注》卷 495,《列传》275,第 11249 页。

④ 徐珂辑:《清稗类钞》,中华书局 2000 年版,第 109 页。

⑤ [日]滨岛敦俊:《明末东南沿海诸省的牢狱》,载《东アジア史における国家と农民——西嶋定生博士还历记念》,山川出版社 1984 年版,第 473—486 页;柏桦《明州州县监狱》,《中国史研究》2002 年第 4 期。

⑥ 余自强:《治谱》之"监仓之害",载刘俊文主编:《官箴书集成》(二),第 171 页。

犯系情罪重大者,府县发在大监,其次等人犯,势不得不发在监仓,谓之收仓"。① 可见,仓有时是与"大监"相对应的一种羁押设施,所收者为"次等人犯"。② 此外,仓又时常成为衙役凌虐无辜、借端苛索的工具,正所谓"监仓者,其刑拷磨贱,禁绝饮食,索求钱财,不减县狱,而佐贰官妄准词状,提摄害人,不便寄之县狱,尤多发在此间"。③ 及至清代,"抗粮顽户,及公事未完,恐其逃逸,不得已而拘系者,但须寄仓"。④ 仓此时已成为例设的监禁设施。康熙中期广东巡抚朱宏祚,即提及广东向来设有"监仓"。⑤ 清代有的地方,甚至还有"仓女人"、"仓男人"等设施的区分。⑥

顺康年间,铺仓所羁者多为"次等人犯"。以此来看,铺仓极可能即为轻犯散禁的惯常地点。而康熙中期黄六鸿的有关言论,则印证了这一推测。康熙三十三年(1694),黄六鸿在其《福惠全书》中,根据"犴狴之设,原以禁重囚,非是不可轻监,即重囚之中,有强盗、有人命,有已审结,未审结"⑦的原则,将监狱分为如下几层:

> 第一层近狱神祠者为软监,一切重案内从轻问拟者、应追赃未完及拟徒候遣者,居之;第二层稍进者为外监,流罪及人命窝逃正犯、偷窃未结者,居之;第三层又进者为里监,所谓重监是也,人命正犯、已结拟辟及强盗审明情可矜疑者,居之;第四层最深邃者为暗监,所谓黑狱是也,强盗、历年缓决及新盗拟辟者,居之。

此外,黄六鸿还提及:"女监不可不备,亦于外监之侧另置一所,高其墙垣,榜曰'女监',毋与男监相比……仓犯虽系轻羁,出入须有仓簿,仓门日须锁闭,

---

① 佘自强:《治谱》之"监仓之害",载刘俊文主编:《官箴书集成》(二),第 171 页。
② 佘自强:《治谱》之"监仓之害",载刘俊文主编:《官箴书集成》(二),第 171 页。按,明朝正德十二年(1517),葡萄牙使团来华,后在广州为明朝官员所扣押,其使团成员之一维埃拉后来在叙述其入狱经过时指出,其最初被扣押处正是"在粮仓内"。可见,当时这一干使团成员是被明朝官员视为轻犯而羁押于此的。参见张海鹏:《中葡关系史料集》(上册),四川人民出版社 1999 年版,第 162—163 页。
③ 佘自强:《治谱》之"监仓之害",载刘俊文主编:《官箴书集成》(二),第 171 页。
④ 黄六鸿:《福惠全书》之"监禁",载刘俊文主编:《官箴书集成》(三),第 359 页。
⑤ 朱宏祚:《清忠堂抚粤告示》,江苏周厚堉家藏本。
⑥ 黄思藻等纂修:道光《广宁县志》卷 5《建置》、《衙署》,集成,2003 年,第 68 页。
⑦ 黄六鸿:《福惠全书》,刘俊文主编:《官箴书集成》(三),第 359 页。

仓夫时加看守,不许远离仓屋。"①黄氏口中之重监、暗监,相当于李渔所说"深监"。而其所说软监、外监,大致相当于李渔所说的"浅监"。前者主要羁押死刑等重犯,而后者则羁押徒流等犯。至于此处之"仓犯",则系散禁在"仓"的笞杖轻犯以及紧要干证,与前述铺仓之类所羁者相同。因此,这里的仓铺之属,即为明末清初散禁轻犯及干证的地点所在。总之,明末清初有的地方的分监格局,实际大体上形成了三级牢狱体系,即深监羁禁死罪等重犯,浅监羁禁徒流等犯,而仓铺等场所羁禁笞杖犯及紧要干证等。

当然,从现有的资料来看,尚不能对明末清初地方三级牢狱体系所推行的普遍程度,作出明晰判断。虽则明中后期有的地方逐渐形成了深浅监相分的局面,但明清律文对此皆缺少相应反映。明末以来的地方分监实践,仅从名称来看,或依照罪犯性质大小而命名为"轻监、重监",或按照监狱地理位置而分为"里监、外监",而"深监、浅监"的命名,似乎又暗含着上述两种标准。命名的混乱,其实也昭揭出,当时关于"轻重不许混杂"规定,尚属笼统,并未衍生出更为明确划一的制度设计。尽管如此,明末以来地方上有关"轻重不须混杂"的实践,却为下文将提及的雍正年间所推行"内外监"制度,提供了某种经验和范本。

上述有关羁禁犯证的明清律文,基本上与唐宋以来律文规定陈陈相因,但在既往基础上仍有一定的变化,突出如:在人犯监禁范围方面,明清律文规定"凡笞罪以上者皆应收禁",较唐律"笞罪者不禁"而显得更为严苛。而在人证是否应禁的问题上,明清律文大体认可宋代以来对"紧切干证"可行短期监禁的做法。至于分监,则在唐宋以来"异狱"制的基础上,初步形成了三级牢狱体系。考述至此,我们已然可知,明清律文允许对一切与案件关涉之犯证的强制羁押。

不过,有清一代,律为定宪而例为变章。清朝关于监禁的例文规定,并没有因康雍乾三朝律文体系渐趋稳定而停滞,②后世不断以例文的形式,对律文加以补充,甚或两者之间时有抵牾不合。

二、清代例文对既定监禁律文的守与变

顺治年间至康熙四十年(1701)之前,律文允许对笞杖以上所有罪犯实行监

---

① 黄六鸿:《福惠全书》,刘俊文主编:《官箴书集成》(三),第361—362页。

② 关于大清律的修订过程,参考郑秦先生的三律考,即《顺治三年律考》、《雍正三年律考》、《乾隆五年律考》,载《清代法律制度研究》,第1—22、34—73页。

禁,而对紧要干连证佐亦可行羁押,基本承沿唐宋之旧规。然而行至康熙四十五年(1706),上述监禁制度始因一项例文的出台,而悄然松动,并对后世产生深远的影响。

是年,都察院左副都御史周清源在上奏中,发覆监禁中所存在的种种弊病,其曰:

> 不肖官员,凡遇殷富可啖之户,及地方宿仇或被势豪嘱托者,一切填入(铺仓所店等公所),以为恐吓报复之地。倘遇廉明上司偶尔稽查,则诡以暂寄公所为辞,违例虐民,莫此为甚。臣愚以为,嗣后各州县除监狱外,其一切私禁之处,似应饬令尽行拆毁。①

当时一些不法官员,出于挟私报复以及谋取私利的目的,将一干无辜平民擅押铺仓所店之中(亦即黄六鸿所言之"仓羁"之属),显然正违背了顺治三年(1646)所定"凡官吏怀挟私仇,故禁平人(与公事毫不相干之平人)者,杖八十"的惩处规定。但问题在于,按照此前顺治三年的律文规定,平人又可分"平空无事与公事毫不相干"与"与公事干连之平人"两种,而后者则可处以散禁(散禁地点即为"铺仓所店"等公所)。如此一来,不肖官员一旦遇到贤明上司的稽查,完全可通过将在押"与公事毫不相干之平人",说成"与公事干连之平人",再诡以"暂寄公所"之辞。可见,顺治三年有关平人的两种分类及对各自不同的处遇规定,存在巨大的法律解释空间,便于官吏缘法为奸,上下其手。

此时御史出于慎恤民命的道德性考虑,提出"尽行拆毁一切私禁之处"的极端主张,引来了素以仁君自期的康熙帝的赞同,最终在康熙四十五年(1706)的定例中,一采端本澄源之法,提出将所有轻罪人犯以及干连证佐都排除出应禁之列,其规定:

> 凡内外大小问刑衙门,设有监狱,除监禁重犯外,其余干连并一应轻罪人犯,即令地保保候审理。如有不肖官员,擅设仓铺所店等名,私禁轻罪人犯,及致淹毙者,该督抚即行指参,照律拟断。②

---

① 周清源:《清狱省刑疏》,载葛士浚辑:《皇朝经世文续编》卷414,第1732页。
② 薛允升:《读例存疑》卷48,《刑律》24,《断狱上》,《故禁故勘平人律附例》4。按,"取保候审"这一名词虽晚至清朝才正式出现,但类似于"干连并一应轻罪人犯即令地保保候审理"的法律规定,在宋代即已存在。参见黄道诚:《宋代与中国古代取保候审制度的形成》,《河北学刊》2009年第3期。

此前明清律文所规定可行羁禁的紧要干连及轻罪人犯,在该例规定中则只允许"取保候审"。因此,明清律文中所认可的散禁行为,一变为康熙四十五年定例中理当受到参劾和惩罚的私禁行为。自此,康熙年间这一"强制性"①定例,便成为后世历朝对私禁场所加以申禁的最主要的法源性规定。

然而,时隔未久,锐意改革的雍正帝,便否定了康熙四十五年的定例,而大体回归到明清律文的规定,即认可对笞杖以上的所有刑犯并紧要干证应行羁押,并在明末以来即已逐渐形成的"深浅监"的基础上,发展出"内外监"制度。雍正帝的这一定制,缘起于雍正三年(1725)刑部尚书励廷仪的奏请,其称:"监禁罪犯宜分别内外,以杜弊端。内监,以居重囚并紧要人犯。外监,以居现审轻犯并案内听审之人。其女监,另作墙垣隔别。庶防范严肃,亦不致有串通口供之弊。"②迟至雍正七年(1729),终经九卿议定,将"内外监"之制,正式纂入相应的附例之中,其规定:"各处监狱俱分建内外两处,强盗并斩绞重犯俱禁内监,军流以下俱禁外监。再另置一室,以禁女犯。"③实际上,刑部尚书励廷仪主要是从审案便利及防止串供等务实性角度考虑,提出分监之制,并主张将轻犯及案内听审人证一并纳入外监羁禁之列,这种务实性的主张得到了素来重视"工具合理性"④的雍正帝的认可。

---

① 此与"可为性"或"应为性"定例有别。——笔者注。

② 《清世宗实录》(一)卷39,雍正三年十二月,第574页。按,内外监之分,是为了防止串供。而男女监之分,主要出于伦理大防。女监之所以无分内外,是因为"妇人非犯重辟。不得轻易收监……妇人有必不可宽之罪势必系狱者,惟谋杀亲夫殴杀舅姑二项,亦必审实定案,而后纳之,此外,即有重罪,非妻稳婆看守,即发亲属保回"。参见李渔:《论监狱》,载贺长龄辑:《皇朝经世文编》卷94,《刑政》,第3344页。

③ 薛允升:《读例存疑》卷45,《刑律》21,《捕亡》1,《脱因脱监及反狱在逃律附例》1。

④ "工具合理性"概念,由韦伯在研究新教时所提出,系相对于"价值合理性"而言。韦伯将世俗的工具合理行动的成功,与虔诚的新教徒宗教上的价值追求基本对立,认为前者追求功效的最大化,而后者则"对某种价值的追求往往是不计成本的、甚至是不计成败的"(参见[德]马克斯·韦伯:《新教伦理与资本主义精神》,于晓等译,生活·读书·新知三联书店1987年版,第142—143页;童世骏:《现代社会中理性与非理性之界限的相对性与绝对性》,《哲学研究》1996年第7期)。应当指出,韦伯关于"合理性"概念的提出,是针对西方现代工业社会的。其是否具有普适性,学界尚有争论。况且,作为对雍正皇帝的一个本质主义的定性,"工具合理性"这一概念本身是否具有"合理性",亦值得深入探讨。应加说明的是,笔者援引此概念,意在指出雍正皇帝不同于康熙皇帝之处在于,他往往会淡化儒家理想价值而颇重视功效方面的考量。关于这一点,我们从有关康熙皇帝和雍正皇帝的综合研究和比较研究中,能够得出这样的总体印象,尤其从雍正摒弃乃父康熙"担心圣名之累"的做法及御史的儒家理念,力排众议而实行"耗羡归公"的举措中,可窥一斑。参见[美]曾小萍:《州县官的银两——18世纪中国的合理化财政改革》,董建中译,第三章"火耗归公",中国人民大学出版社2005年版,第68—107页。

雍正年间的"内监",大体上即为明中期以来地方上早已形成的"深监"之属。但此时的"外监",是否即等同于清初李渔所述之"浅监"呢？雍正七年的定例称"军流以下俱禁外监",而身处明末清初的李渔则明确述及："非军徒不禁浅监",显然外监所收人犯的范围较浅监为广。《清史稿·刑法志三》亦称："各监有内监以禁死囚,外监以禁徒流以下。妇人别置一室,曰女监。"①晚清官至刑部尚书并任过提牢官的赵舒翘,在其《提牢备考》一书中,也言及："强盗并斩绞重犯,俱禁内监。军流以下,俱禁外监。再另置一室,以禁女犯。"②显然,一个合理性的解释是,雍正年间的外监之设,已开始有意识地对此前用以锁禁军徒等犯的浅监及用以散收笞杖轻罪的"官房"(铺仓所店之类),加以整合收编。至此,从制度上来看,明末以来的三级牢狱体系,一变而为雍正以后的内、外监的两级牢狱体系。

值得提及的是,雍正六年(1728)曾定例规定："对侵欺钱粮数至一千两以上、挪移移钱粮数至五千两以上者,令该管官严行锁禁监追,而对其侵欺在一千两以下、挪移不及五千两者,散禁官房严加看守,勒限一年催比。"③可见,雍正六年的定例,对利用"官房"散禁轻罪人犯的做法,无疑还是允许的。此处要问,雍正三年(1725)已动议设立内外监,何故迟至雍正六年,例文对轻罪者仍规定散禁"官房",而不要求散禁"外监"呢？笔者认为,此时内外监之制动议未久,制度未备,设施未广,故仍权宜使用一些官房散禁轻犯。外监之制,从雍正三年励氏奏议,到雍正七年(1729)九卿议定并正式纂入例文,中间仍经历了刑部和御史之间长达四年之久的争论。

雍正三年动议而于七年定例的"内外监"制度,后来在地方有无得到落实呢？据笔者所检阅的数百种方志来看,相当多的州县都设有内外监设施④(参见附表一:清代各省监押设施一览表)。从一则较为典型的方志材料来看,当时州县官对设立内外监的谕令奉行不违,如远在南隅的广东和平县即遵谕

---

① 《清史稿校注》卷151,《志》126,第3994页。

② 赵舒翘:《提牢备考》卷2,附载于白曾焯:《庚辛提牢笔记》,薛梅卿等点注,中国政法大学2007年版,第211页。

③ 郑秦、田涛点校:《大清律例》卷36,《刑律》,《断狱上》,《应禁而不禁条律附例》2,第453页。

④ 需说明的,许多州县方志的建置类或衙署建置图中,只写绘有监狱,而并无内外监或男女监细致的区分,但这并不一定表明该州县即未遵行内外监、男女监分监之制,亦有可能是写志者采取一种笼统概括的方式来写志或绘图。——笔者注。

而行:

> 雍正八年三月内,钦奉上谕事,议得囚犯罪有轻重不同,收禁有内外各
> 异。混禁一处,则易于生奸。嗣后监狱,俱令分建内外两处,将强盗并斩绞
> 重犯俱禁内监,军流以下俱禁外监,再另一室以禁女犯……知县捐建外监三
> 间,原监七间,内修葺一间为女监。①

雍正年间通过煌煌上谕的施压,内外监之制在地方尚能得到切实推行。那
么,就中央层面而言,刑部监狱是否也严格地遵循内外监之制呢?

顺康年间,沿袭明制,刑部原初只有北监而无南监,当时北监分内外两
所,一羁重罪人犯,一羁轻罪人犯。雍正初年,因督捕衙门已归并刑部,②始
将督捕监牢改为南所,自此始有南北之分,北监称老监,南所称新监。南所初
系专为收禁八旗人犯而设,然例无明文。南所未设之前,旗人有犯均礅锁于各
城门,并不监禁在刑部。自南所并入刑部监以后,旗犯遂监禁于此。雍正四年
(1726),经刑部尚书励廷仪所奏而后议定:"已定重罪旗、民人等及现审民人,
俱收老监。其旗人犯罪未经审定者,俱收南监。"③实际上,收入北监中的已
定罪之旗、民等犯,很快便被发落而离监,因此留于北监者多系现审民犯,故
后来总体上形成了"北监羁民人,南监羁旗人"的格局,雍正十一年(1733)
十月定例即称:"八旗内务府高墙原因旗人定罪之后,不便与民人一处监禁,
是以暂于各旗设立高墙分禁。今遇恩赦,一切杂犯俱已宽免,其余重犯,仍
应归入刑部监内,分别旗、民收禁。其八旗内务府高墙不必安设。"④雍正十
一年以后,刑部南北监分禁旗民的规定,似乎十分严格而不容有丝毫更动。
乾隆五年(1740)二月,有御史奏请"南监专收官犯,北监专收民犯",意欲以
"官民分禁"取代此前的"旗民分禁"格局,但刑部驳道:"本部南北两监,南
监羁禁旗人,北监羁禁民人。另有板房数十间,监禁一切官犯,是官贱原有分
别,体统未始不存。且官犯少,而民犯多,若将南监专禁官犯,其余罪犯不分

---

① 曾枢修:民国《和平县志》卷3《建置》,第58—59页。
② 据薛允升考述,康熙三十八年十一月庚子,裁兵部督捕衙门,督捕事务归并刑部管理。参
见氏著《读例存疑》卷53,《督捕则例》上。
③ 吴坛:《大清律例通考》,《户律》,《户役》,《点差狱卒》,雍正十一年定例(乾隆五年删除),
光绪十二年刻本。
④ 吴坛:《大清律例通考》,《户律》,《户役》,《点差狱卒》,雍正十一年定例(乾隆五年删除),
光绪十二年刻本。

旗民,悉行并归北监,则北监人多,必致拥挤。"最终,对御史所奏,刑部以"毋庸议"而打发。① 大量的新清史著作已然揭示出,尽管时至乾隆初期,满汉矛盾趋于缓和,满汉于文化上之分殊,亦逐渐消减。但在清廷看来,要保证满清王朝的本色和威严,满汉有别的体制,仍须得到维持;满族之特性,仍应得到强调。职是之故,终乾隆一朝,除在文化层面上,一再鼓吹复兴作为满人根本特征的清语和骑射技艺以外,在法律上亦恪守满汉有别的体制,"旗民分禁"的监禁格局凛然而不可改,即为其表现之一端。② 乾隆七年(1742)六月,御史邹一桂在视察北监、南所后,发现两监"混杂互收"现象严重,即"南所之中多已结之囚,而北监内有未结之犯",且"南所中实多民犯,北监内又不少旗人",因而奏请嗣后回归原例,"各司将罪犯收禁之时,逐一分清,画归南北"。③

总体而言,刑部之"南北监"洵非与"内外监"一一对应,实际上为"旗民分禁"而非"轻重异狱"的产物。那么,刑部监狱是否也曾依据雍正年间的内外监之制而施行过呢?据乾隆三年(1738)御史苏霖渤的上奏来看,当时尚未形成正式的外监设施④。但据《光绪会典》载,南北监房各四所,每所五间牢房,内监关押强盗和斩、绞重犯;外监关押军流以下轻犯;此外,还有现监、病监一所,内围官监一处,北监增一女监。于此可见,乾隆三年以后,刑部监狱亦逐渐贯彻了轻重相分、男女有别的分监原则。⑤

三、相关律例之间的矛盾及调处策略

饶有兴味的是,上述雍正七年关于内外监之制的定例,分明是关涉监禁人犯的条例。但在修订律例之时,未放入"囚应禁而不禁条"律下,反置于"脱囚脱监及反狱脱逃条"律下。对此,晚清薛允升也曾发出疑问:"此监禁人犯之通例,与

① 吴坛:《大清律例通考》,刑律,断狱,狱囚狱粮,光绪十二年刻本。
② "满人"和"旗人"固有别,"汉人"与"民人"亦未尽是,是故"满汉关系"自不能简单转换成"旗民关系"。但在历史语境和清人意识中,两者在一定程度上具有互换性。——笔者注。
③ 云南道监察御史邹一桂:《奏报刑部南北两监宜分别收禁人犯事》,乾隆七年六月初九日,档案号:03—1378—002,中国第一历史档案馆藏。
④ 巡视南城协理山东道事江南道监察御史苏霖渤:《奏为陈明刑部现审内有锁禁班房无保领人犯病毙事请旨救部确议章程设法取保事》,乾隆三年十二月十四日,档案号:04—01—28—0001—061,中国第一历史档案馆藏。
⑤ 白曾焯:《庚辛提牢笔记》,薛梅卿等点注,第156页。

本门专言越狱脱逃不同，似应移于'应禁不禁门'。"①笔者认为，这极可能是雍正朝有意避免与相互抵牾的康熙朝定例并置一处而惹人注目，故采取这种拉开纸面距离的策略。然而，这亦非解决两者冲突的根本之道。

有清一代，一方面依照传统政治原则，祖宗之法需要严守凛遵，因此由前朝上谕转变而成的定例，后朝一般不轻易加以删汰。② 但是碍于实务所需，本朝定例又往往事实上与往朝定例发生"不能画一"的冲突。因此，作为成文法的《大清律例》，尤其是在例文之中，往往会出现两朝互有抵牾的例文并存的局面。清朝没有"旧法从新法"的规定，所以不论先朝之例与后朝之例如何冲突，对后世而言，只要例文不被删除，都原则上具有法律效力，如此便出现这样的棘手问题：面对答杖轻罪人犯及干连证佐，是依康熙四十五年定例取保候审，还是按照雍正朝的设置而收禁外监，后世当何所依从呢？据有关材料来看，终乾隆一朝都面临着上述似乎不易解决的困境，最终试图通过灵活的变通解释，以求缓减康雍两朝例文之间的内在冲突。

乾隆元年（1736）的定例，继续将干连证佐分为"平空无事并无名字在官之人"和"干连人犯"两种。③ 乾隆十八年（1753），为提押参审之案犯人证到省审办事宜，例文特别规定："凡参审之案，督抚于其题后，即行提人犯、要证赴省，其无关紧要之证佐，及被害人等，止令州县录供保候，俟奉旨到日，率同在省司道审理"。④

此例言外之意，督抚具备对紧要人证进行强制拘提和羁禁的权力，尽管也禁止对"平空无事"者及"无关紧要人证"滥施羁禁。

---

① 薛允升：《读例存疑》卷45，《刑律》21，《捕亡》1，《脱囚脱监及反狱在逃律附例》1。按，黄宗智指出："（例文）往往又在不甚引人注意的地方，增添了众多新订的关键性的条款，这些条款常常又是牵强附会于原先的概念，甚或置于误导性的标题下面。"笔者认为，例文的编排技术，容或未达到现代高度抽象、凝练的程度，但例文的安排，并非全然是毫无目的性的，即便于例文本身应有体系不合，但或许亦有其他方面的考虑。参见黄宗智：《清代的法律、社会与文化：民法的表达与实践》，上海书店出版社2001年版，第103页。

② 在清朝的立法中，删汰旧例的情况时有发生，但一般并不轻易作出，如薛允升曾言及："朝廷功令，凡条例之应增、应减者，五年小修一次，十年及数十年大修一次，历经遵办在案。同治九年修例时，余亦滥厕其间，然不过遵照前次小修成法，于钦奉谕旨及内外臣工所奏准者，依类编入，其旧例仍存而弗论。自时厥后，不特未大修也，即小修亦迄未举行。"参见氏著《读例存疑》，自序。

③ 薛允升：《读例存疑》卷48，《刑律》24，《断狱》，《故禁故勘平人律附例》5。按，系乾隆元年刑部议覆尚书傅鼐条奏定例。

④ 薛允升：《读例存疑》卷48，《刑律》24，《断狱上》，《鞫狱停囚待对律附例》5。

乾隆年间,刑部每每据康熙四十五年定例而将有关犯证发回五城①,令其为犯证取保,而刑部有司书吏往往将南城之犯不发交原城而发交北城,导致无亲保可取,进而说合托人为其作保,以求营私舞弊。乾隆四十一年(1776),山西道监察御史刘锡煆鉴于此弊而奏请:"嗣后凡取保者,即仍发交原城司坊,切实取保",唯有如此,"则居址在其所管地方,其亲识必多,取保较便,即吏胥之认识,亦觉耳目难掩,日后设有逃匿,即可踪迹缉获"。② 当年刑部议覆该奏,并据此定例:

> 刑部发城取保犯证,如系五城送部之案,其案犯住址,即在原城所管地方,仍发交原城司坊官取保。其余各衙门移送案内,应行取保人证,俱按其居址坐落何城,发交该城司坊官,就近取保。其由外省州县提到人证,即令本人自举亲识寓居所在,交城就近发保,仍将保人姓名报部查核。其并无亲识者,酌量交城看守。③

该条专指"刑部发城取保犯证"而言,其中提到"无亲识保人,酌量交城看守"(即交给坊差),虽然与前述康熙四十五年定例内的"干连及轻罪人犯,令取保候审"的规定看似相违背,但"交城看守"亦以"无亲识保人"为前提,实际上也是承认"取保候审"这一例文的优先适用效力。

将上述两条例文与康熙四十五年的定例合看,前后例文不相统一,固为事实。但实际上,乾隆朝的这两条例文,并没有在康熙朝和雍正朝的相关规定之间,取非此即彼的态度,而试图折中调处,即一般无关紧要之人犯证佐,必须取保候审,而对紧要犯证和被害人,则可以强制羁押。此外,对于一些进城无亲识作保的轻犯及人证,亦可以"交城看守"。这种折中调处的做法,亦为道光朝的定例所沿用。道光十二年(1832),刑部议覆京畿道监察御史宋劭谷奏请后定例:

> 差役奉公暂行看押人犯,有在押身死者,无论有无陵虐,均令禀明本管官,传到尸亲,眼同验明,不得任听私埋。……至差役私押毙命之案,应令禀

---

① 清代五城察院(简称"五城")是隶属于都察院的机构,分巡京师东、南、西、北、中五城。同时,各城设兵马司,掌宣传教化、审理词讼、缉捕盗贼等事务。各城对命盗案件进行初步审理后,例行向刑部审转核覆。参见周勇进:《清代五城察院研究》,南开大学 2007 年硕士学位论文,第 21—24 页。

② 山西道监察御史刘锡煆:《奏请定轻犯发城取保之例事》,乾隆四十一年三月十四日,档案号:03—1199—007,中国第一历史档案馆藏。

③ 薛允升:《读例存疑》卷 48,《刑律》24,《断狱上》,《鞫狱停囚待对律附例》9。

请邻封州县,传到尸亲,眼同验明究办。若有私埋匿报,以及一切凶徒挟雠谋财,致毙人命,私埋灭迹者,经尸亲告发之后,如业将致死根由,究问明白,毫无疑义,而尸伤非检不明者,亦即详请开检,按例惩办,均无庸取具尸亲甘结。①

按薛允升的解释,此处"奉公暂行"看押的人犯,"或系紧要案证,或系轻罪人犯,且有无人保领者",②如同刑部发城取保而又无亲识作保之犯证。该定例分"奉公暂行看押致死"和"差役私押毙命"两种,在一定程度上也承认了官方短期羁押轻犯及人证的合法性。

综上而言,明清律文有关监禁的规定,总体在承沿唐宋基础上,稍有损益,即允许对笞杖以上一切人犯并紧要干证的羁押,徒以上锁禁,杖以下散禁。锁禁地点在监狱,而散禁地点何在,律无明文规定。明末以来,在"大明令"所规定的笼统的分监原则基础上,不少地方逐渐形成三级牢狱体系,即"深监"羁押死罪等重犯,而"浅监"羁押军流徒等犯,而"仓羁"等则散禁笞杖轻罪并紧要干证等。律文虽"万世不易",但例文却"因时而变"。康熙四十五年(1706)和雍正七年(1729)的定例,对律文中关于监禁的规定或作修改,或作完善,从而既体现出律例之间相合和抵牾的双面性,同时也反映出两朝例文之间的冲突。康熙四十五年的定例一反"常态"(即明清律文规定),试图将所有笞杖轻犯并干连证佐全然排除出官方羁押范畴,而令其一概取保候审。"令其一概取保候审",其意有二:一以避免官方羁押"笞杖轻犯并干连证佐"所带来的种种弊病,如民间谴责其"不应禁而禁"、禁后衙役的百般勒索以及监狱资源不足等;一以民间保人作担保和约束,防止"笞杖轻犯并干连证佐"畏讼脱逃,做到随时传审,便于及时结案,这一点与雍正年间意欲以外监强制收押轻罪人犯及证佐的想法,并无本质差异,即主旨都是为了审案高效,也都强调对轻犯与证佐做程度不一的身体管控,所不同者在于管控之主体有官、民之别。但"令其一概取保候审"的规定,不免过于理想,一因前文已述,有时确无"地保"或"亲识"具保,但例文规定必须有"具保人",如此便激逼出名目繁多的"保人",突出如后文所提及的以犯证所居饭店为"保歇"(或称"店歇");二因下文将述,在实践层面中,有时"保"之为恶,

---

① 薛允升:《读例存疑》卷49,《刑律》25,《断狱下》,《检验尸伤不以实律附例》20。
② 薛允升:《读例存疑》卷49,《刑律》25,《断狱下》,《检验尸伤不以实律附例》20,薛按。

有甚于"差"。总之,雍正七年的定例又基本上回归到明清律文规定之中,并在明末以来地方上深监、浅监、仓羁等三级牢狱体系的基础上,整合为内外监的二级牢狱制度,事实上仍认可官方对"徒流以下轻犯并案内听审之人"的强制羁押权。

从上述来看,乾隆朝和道光朝都试图调和雍正七年关于内外监的定例与康熙四十五年定例之间的紧张关系。姑且不论雍正而后的历朝各级问刑衙门,在遇到这一问题上会感到怎样的棘手,仅就民国初年负责《清史稿·刑法志》编纂的张尔田①而言,在审及书写清朝监狱制度的文字时,亦遭遇同样的困境,最后只好采取"前后倒置、两不否定"的做法,含混其词,以期弥合两者缝隙。其所审定的《清史稿·刑法志》中,有如下这一段:

> 各监有内监以禁死囚,有外监以禁徒、流以下。妇人别置一室,曰女监。徒以上锁收,杖以下散禁。囚犯日给仓米一升,寒给絮衣一件。锁杻常洗涤,席荐常铺置。夏备凉浆,冬设暖床,疾病给医药。然,外省监狱多湫隘,故例有轻罪人犯及干连证佐准取保候审之文。②

这段文字大致是说:"轻罪人犯及干连证佐"本是散禁外监,后来由于地方监狱"湫隘",才不得不定下"轻罪人犯及干连证佐准取保候审"之例。依此逻辑,以外监收"轻罪人犯及干连证佐"之例在先,而"轻罪人犯及干连证佐准取保候审"之例在后。这显然与前文所考历史事实不符,因为"轻罪人犯及干连证佐准取保候审"的例文,是在康熙四十五年(1706)所定,而外监之制始议于雍正三年(1725)而定立于雍正七年。曾任刑部主事的张尔田③本不应犯此低级错误,为何非得如此去书写历史呢? 显然,这种写法乃有意为之,其妙处在于:既不否定雍正年间将"轻罪人犯及干连证佐"收入外监并加以制度规定的做法;同时又承认在"外省监狱多湫隘"的情况下,康熙年间"例有轻罪人犯及干连证佐,准取保候审之文"所具有的合理性。这样一来,便较为巧妙地规避了康熙朝和雍正朝在"轻罪人犯及干连证佐"上规定互有抵牾的问题。这种倒置两例时间的做法,与前述乾隆及道光朝竭力将两例释解为互补关系的做法,虽手段有别,但用

---

① 参见张笑川:《张尔田与清史稿纂修》,《清史研究》2007 年第 2 期。
② 《清史稿校注》卷 151,《志》126,第 3994 页。
③ 关于张尔田的生平,参见邓之诚:《张君孟劬别传》,载卞孝萱、唐文权编:《民国人物碑传集》(第 6 辑),团结出版社 1995 年版,第 450—451 页。

意则一,即试图缓解康雍两朝例文之间内在的冲突。

康熙四十五年的定例,源于御史周清源的奏议。御史出于慎恤民命考虑,提出"尽行拆毁一切私禁之处"的主张,从而引来了惯以仁君自期的康熙帝的认同。而雍正七年(1729)的定例,直接来源于刑部尚书励廷仪的上奏。刑部尚书励廷仪主要从审案便利及防止串供的双重角度出发,提出分监制,并主张将轻犯及听审之人证纳入到外监收押之列。这种务实性的主张,最终得到素来"不重虚名而图实效"①的雍正帝的认可。是故,康熙朝的定例与雍正朝的定例的殊异,直接透露出御史"价值合理性"和刑部官员"工具合理性"的冲突,同时间接昭揭出康雍两朝君主个性的不同及为政风格的差异,也深刻地反映出儒家慎恤民命的仁慈理想与法家便于审案的务实思维之间的内在紧张。这种内在的紧张和冲突,在后文的论述中将会一再遇及。

撇开律文不谈,无论是康熙朝定例,还是雍正朝定例,对后世之历朝而言,同为祖宗之法。如何通过灵活解释而竭力缓和康雍两朝之间的例文冲突,便成为审判实务中时时需要面对的问题。总体而言,雍正之后各朝例文大致形成了这样的"惯例":对于紧要或无人具保之轻罪人犯和干证,可以散禁管押;而对其他无关紧要的犯证或有亲识具保者,则一律要求释放或取保候审。

---

① 参见李国荣:《雍正的务实作风》,《领导科学》2006 年第 6 期。

第二章　名异与实同:清代各类官房
　　　的私牢化

　　如前章所述,清代律例对拟徒以上重犯,皆规定羁押在监。唯在对笞杖轻犯和干连证佐的处理问题上,律例存在未协之处。仅就例文而言,康熙朝和雍正朝的做法即各不相同,前者主张"交保候审",后者则主张"散禁外监"。然而,从清代地方实践层面来看,因衙役人等需索之欲及外监资源有限,多数情况下,既未能秉遵康熙定例而交保候审,亦未固守雍正朝定例而散禁外监。相反,却出现"每有班馆、差带诸名目,胥役藉端虐诈,弊窦丛滋,虽屡经内外臣工参奏,不能革也"①的局面。这些名目各异的羁押场所,无论是以康熙年间的定例,抑或以雍正年间的定例来看,都是不被允许的法外设施,因此历朝都有谕禁。正是有鉴于此,本书以"私牢"②一词,统称清代主要用以羁押现审笞杖轻犯及干连证佐的非法羁押设施。此外,如第一章所提及,清朝律例对州县准词之后而等候初审的嫌犯作如何处置,并无明文规定,是故此等人犯一般亦被收入班馆等私牢之中。总体而言,清代私牢呈现出混押的特征。

　　透过数百种方志可知,清代管押犯证的私牢设施极为繁杂,有班房(或曰班馆)、卡房、自新所、羁所(或曰羁候所)、翼房、官媒、待质所(或曰候质

---

① 《清史稿校注》卷 151,《志》126,第 3994 页。
② 关于古代"私"字的语义,比较复杂,有时与"公"字相对应,有时又指非法之意。本书倾向将其界定为非法之意。另外,今人几乎条件反射性地认为"私牢"即黑狱、恶狱。须当说明的是,本书的"私牢"只是对一些"律所不著"的设施,进行事实界定,其本身并无价值上的预判。就清朝私牢而言,其既有其恶性的一名,又有其善性(合理性)的一面,后文将详述。——笔者注。

所)①、黑窑②等诸多名目,且极具地方性色彩,如清人刘衡曾言:"四川曰卡房,三江曰自新所,广东曰羁候所。"③私牢名称各不相同,一定程度上也折现出各自原初功能不一,唯其在后来的实践过程中功能相近而流弊趋同,故而当时上谕或时人言论,一般皆将上述设施纳入"私牢"或"私监"这一"本质化"的概括之中。上述设施大多是衙役利用一些官屋(或曰公所)进行管押,地点多在衙署附近(图2-1:光绪朝《阜宁县志》衙署图)。除此之外,尚有差役勾串讼棍、地痞而设立"歇店",或直接将涉案犯证押带回家,以为勒索之便。

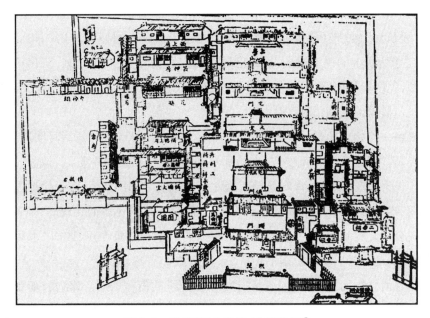

图2-1　光绪朝《阜宁县志》衙署图④

①　关于待质所或候质所,出现较晚,详见第五章中相关内容。——笔者注。
②　关于"黑窑"的称法,至今仅见一则材料,故不作为一种典型私牢形态加以分析。张正明先生在《晋商兴衰史》一书中,描述一则官府强迫商人"自愿"捐款的例子,其中提及:嘉庆五年,山西有一县的捐输派至10万两,勒令限期交上,未能上交者即行掌责,甚至锁闭"班房",名曰"黑窑"(参见张正明:《晋商兴衰史》,山西古籍出版社1995年版,第262页)。清朝陕西、山西一带,不少房屋以窑为居,故当时有的州县班房又有"民快、皂役石窑"等称。参见道光《吴堡县志》卷2建置、衙署,学生书局1968年影印本,第85页。
③　刘衡:《蜀僚问答》,《官箴书集成》(六),第151页。
④　阮本焱等纂修:光绪《阜宁县志》县署图,光绪十二年刊本,学生书局1968年影印本。按,此图涉及之羁押设施有"图圄"(正式监狱)、"仓房"、"二帝祠"、"待质公所"、"自新所"、"班房"等,因此图极具典型性。

本章拟对前人研究的几种私牢略作交代或补充,但重点考察前人并未深入研究的其他几种私押类型,即"自新所"、"寺庙观坛"、"官煤"、"差带",对与公署私牢有所区别的民间私牢略有论及。

第一节　清代私牢类型考释

一、班房管押考

"坐班房"(或坐班)即指"蹲监牢",此已成为今人习以为常的用语。而对"班房"于历史上的语义演变,世人已无意深探。实际上,明清以来,班房语义几经重塑,先由衙役值宿之房,变为非法羁押轻罪人犯及证人的羁押场所,继而再变为法定监狱的民间俗称。

班房一称始自明朝。明末清初的李清(1612—1683),在其所著《明珠缘》一书中提及:"虽不得出外玩耍,却也与那些同事备酒,在班房中赏灯,饮酒,猜拳,行令。"①此处班房,是指官府衙役值班之所(或称"差房")。② 据明代地方志的衙署图,缪全吉认为,一般州县衙署大堂之前,仅有房科吏舍而无班房,唯各州县之布政分司及察院衙舍中,除吏舍外另有东西皂隶房或隶卒房,或曰"承房",或曰"班房"。③ 可见,明朝班房的设立,是从省级衙署逐渐扩散至州县衙署之中。就清朝官衙结构而言,班房一般是指"三班衙役"的值宿之房。作为官衙中的执役人员,衙役主要分为皂、快、壮三班。④ 衙役的主要职责是缉捕人犯和执行刑罚两项,具体有拘传、搜捕、起赃、站堂、行刑、解囚等。其亦可受地方官遣派,协

① 李清:《明珠缘》,第 21 回,金城出版社 2000 年版,第 257 页。按,关于此书的作者及成书年代,向有争议。不过,缪荃荪《藕香簃别钞》、邓之诚《骨董续记》皆推测其为明末清初李清所著。欧阳健还从时代、史才以及文中对明末党争的宽恕、对李清祖父李思诚的回护、对苏北里下河地区的地理风俗人情及语言极为谙熟等诸多方面,进一步论证此书确为李清所作。笔者从欧阳健之说。参见欧阳健:《〈梼杌闲评〉作者为李清考》,《社会科学战线》1986 年第 1 期。

② 缪全吉:《明代胥吏》,台北嘉新文化水泥基金会 1969 年版,第 67—69 页。

③ 缪全吉:《明代胥吏》,第 67、69 页。

④ 黄六鸿:《福惠全书》,载《官箴书集成》(三),第 247 页;又见葛士浚辑:《皇朝经世文续编》卷 21,第 12 页。

同乡里调处民讼,故为地方官所不可或缺。① 在清代,皂隶更多系指专司站堂行刑之役,即地方官升堂审讯时,列于大堂两侧的公差,棰楚求供和执行刑罚乃其主要职责所在。② 快班(或称"快手")主要负侦查案情、追捕盗贼、拘提人犯等责。③ 清代有的地方,于快班之外,尚设有职能相近之捕班,如浙江臬司所定《缉捕章程》提及,地方衙门于皂班、壮班、快班之外,复设有捕班。④ 清朝"捕快"一词,实系对"捕班"和"快班"的并称。关于两者职能重合,清代常有官员致以不满,如乾隆年间凌燽即对马快、捕役职能趋同而颇有微词,其称"马快原系捕役"。⑤ 晚清陕西临潼县"向有民、快、皂、捕四班",时任陕西臬司的樊增祥也认为:"其实'快'即'捕'也! 快捕对峙,是一事而两班,甚属无谓!"因而下令:"此后不准规复捕班名目。"⑥"民壮"则负有守卫监狱、护送罪囚以及传唤细故案件犯证等责,向由孔武之人充任。有清一代,"三班"人员并未完全实现职能之专门化,故而彼此之界限有时显得模糊。

光绪年间,闽浙总督何璟依照上谕指示,派属员调查(某府首县)长汀县署有无私设班房一事,嗣后该属员的一段回禀,颇能准确揭示出三班值房异变为非法管押场所的过程,其谓:

> 长汀县署向有三班住馆三所,一民壮,一捕快,一皂隶,看管词讼人证及轻罪案犯,并外县解府管押犯证。该三班均有值日之分,十日一换。每换班时,向看管犯证需索使费在所不免,并无确数。⑦

可见,原系三班值房的班房,后来因看管词讼人证、轻罪案犯以及外县解府管押犯证,久之则变成了一种羁押场所,又如光绪年间《东安县志》称:

> 班房之名,隶卒祗候之所,止也! 后遂为门禁置守,隶为私狱,例严禁,终不能止!⑧

① 郑秦:《清代法律制度研究》,第145—146页;瞿同祖:《清代地方政府》,第97页。
② 徐栋:《牧令书》,载刘俊文主编:《官箴书集成》(三),第479页。
③ 李渔:《资政新书》卷2,清康熙年间刻本,第6页。
④ 《治浙成规》之"缉捕章程",载刘俊文主编:《官箴书集成》(六),第662页。
⑤ 凌燽:《西江视臬纪事》,载《续修四库全书》(882册),史部,政书类,上海古籍出版社2005年版,第70页。
⑥ 樊增祥:《樊山政书》之"批临潼县禀",载刘俊文主编:《官箴书集成》(十),第175页。
⑦ 《奏为遵旨查明长汀县署内并无私设班馆勒虐差役等情事》,光绪八年十一月初四日,档案号:03—7410—090,中国第一历史档案馆藏。
⑧ 黄菊修、胡元士纂:光绪《东安县志》卷4建置,第105页。

　　清代地方官下车伊始,如同稽查监狱一样,将稽查班房纳为其重要职责之一,故而当时的官箴书中,常见"监狱、班房"①连称者。于此可间接看出:在清代地方,班房实际上取得了如同法定监狱一样羁禁人犯的正式身份。

　　语言学家索绪尔在谈及语言符号的"任意性"特征时指出:语言"能指"和"所指"之间没有"自然的联系","既没有固定的普遍的概念,也没有固定的普遍的能指","各种语言的历史都充满了概念的变化,改变其界限的例子"。② 福柯也曾深刻地指出:"语言有时不过是能指和所指之间的游戏,因为能指一出现,就开始处在动荡之中……每个话语都具有言非所言和包含多层意义的能力。每个语言皆有延异、播撒的功能。"③诚如此论,抛开宏观的社会及文化变迁所带来的语义变化不论,仅从微观层面来说,言辞并非是绝对静止不变和绝对同质的符号,它受到陈述主体、陈述时空、陈述方式、陈述对象等一系列的因素的支配,往往充满了歧义的空间,"某个话语的单位是否不是有一个对象的持久性和特殊性决定,而是由多种多样的对象在其中形成并不断地转换的空间所决定"。④因此,语言符号本质上不是纯一的、自足的,而是一个多维的层级符号装置。意欲准确把握"所言何物",离不开对话语群(陈述主体和话语对象)的实践意识以及话语情景的洞悉和体认。对"班房"一词的理解,也概莫能外。

　　清末民初时期的谴责小说,往往以讥议时弊为己任,在提及班房时多视其为监禁场所,且不乏黑狱色彩。是时,也正是通过这些受众广泛的小说媒介,将此种语义意义上的"班房"一词广泛传播,以致其在民间心理中不断常识化、集体化、规约化。⑤(参见表2-1:清代和民国小说中关于班房描写简表)。如《歧路

---

　　① 文静涵:《自历言》,载刘俊文主编:《官箴书集成》(六),第715页;觉罗乌尔通阿:《居官日省录》,载刘俊文主编:《官箴书集成》(八),第7、125、130页。
　　② [瑞士]索绪尔(F.D.Saussure)等编:《普通语言学教程》,高名凯译,商务印书馆1980年版,第22、23、69页。"所指"是实体,即福柯所言之"物"。"能指"是符号,即福柯所言之"词"。
　　③ [法]米歇尔·福柯(Michel Foucault):《词与物》,莫伟民译,生活·读书·新知三联书店2001年版,第63页。
　　④ [法]米歇尔·福柯:《知识考古学》,谢强等译,生活·读书·新知三联书店1999年版,第34页。
　　⑤ 尽管语言符号本质上具有任意性的,但在特定的人群集体中间却有固定所指,这便是索绪尔所言及的,"语言又有其约束性,能指对它所表示的观念来说,看起来虽然是自由选择的,但对使用它的语言共同体来说,却是固定的,不自由的","社会所用的每一种表达方式,原则上都是以集体行为基础的"。笔者认同索绪尔对语言符号的两个特征的洞见,即语言符号既有任意性,又有规约性。比如,"班房"一词本质上是多重语义装置符号,但在特定的集体范围内,它却是有规定性的所指。[瑞士]索绪尔等编:《普通语言学教程》,第68、71页。

灯》的第三十回所云:"小姚兄弟,先把这两个费油盐的押到班房去。"①《二十年之目睹怪现状》第十回提及:"他还要申诉时,已经有两个差人过来,不由分说,拉了下去,送到班房里面。"②俞万春在《荡寇志》之第八十三回写道:"阮其祥又买通白胜,诬扳刘防御父子作梁山内线,拷逼刘防御的财帛。大公子不招,已吃了刑法,连刘母也下在班馆",该书第八十四回述及"老伯母竟于十四日戌时,在班馆仙逝"③。尤其是晚清著名小说家李宝嘉,以其惯用的讥讽笔调,如实描述班房中的恐怖景象:"大堂之中,公案之上,本官是阎罗天子;书吏是催命判官;衙役三班,好比牛头马面;板子夹棍,犹如剑树刀山——唉,上有天堂,下有地狱!阴曹的地府虽没有看见;若论阳世的地狱,只怕没有一处没有呢?"④李氏在文中已将当时的"班房"讽喻为人间的"活地狱"。

表2-1　清代和民国小说中关于班房描写简表⑤

《白圭志》第4回(嘉庆十年初刊)	主考命南昌县将美玉锁押,等候发落,自进贡院。翌日出牌,示定考期。庭瑞等三人,因美玉被押,来到班房询知缘由,无法就出,只好自己打点进场。
《补红楼梦》第18回(约于清嘉庆十九年成书)	贾珠笑问冯渊:"刚才喊冤的女孩,押在那里?"冯渊道:"发送女禁子押到班房里去了。我只稍问了她几句,她说了被人破坏婚姻,夫妇双亡的事情。"
《大八义》第14回(编创于清末)	来至门前,点明交给那里班头。当下有当差之人将簸萝搭了下来,抬至班房,收在狱中。
《狄公案》第8回(清时作品)	此时狄公已安歇,差人先将毕顺母亲带进班房,暂住一夜。次日一早等狄公起身,禀到完毕,随即升坐大堂,将人带上。
《二度梅全传》第27回(清时作品)	总督想一想道:"本院年纪高迈,两眼昏花,今夜将你们三人暂且押入班房一宿,明日上堂还有细话问你。"又向众役嘱道:"尔等好生照应他三人,不可刁难。如有情弊,本院知道,重处不贷。"
《二十年之目睹怪现状》第54回(清末作品)	那佥爷闻听是当铺里来的,立即翻转脸皮,大骂门上人都到哪里去了?怒道:"可是瞎了眼睛,贪夜里放人闯到衙门里来!还不快点给我拿下!"左右听到这话,便忙将当事拿下,交由差役,往班房里一送。

① 李绿园:《歧路灯》,齐鲁书社1998年版,第175页。
② 吴趼人:《二十年之目睹怪现状》,人民文学出版社1959年版,第71页。
③ 俞万春:《荡寇志》第83回,中华书局2004年,第151页;第84回,第191页。
④ 李宝嘉:《活地狱》,上海古籍出版社1997年版,第2页。
⑤ 此表制作依据台湾"中研院"汉籍电子文献资料库整理。清人写本朝事时,班房一词十分常见。而清人写往朝之事时,亦常使用作者当时语境下的"班房"一词。民国时人写小说,更对班房记忆犹新。——笔者注。

《粉状楼》第 31 回(清时新创)	侯登知是祁家豆腐店,猛然动念:"要害祁子富,就在抓住这个机会!"心中暗喜,一路走到府门口,侯登向捕快言及:'你们先慢些禀太爷,先带他进班房,让我先问问看。"
《官场现形记》第 57 回(清末作品)	想来想去,这凶手放在县里总觉不妥。倘或在班房里叫他受委屈,将来被他本国领事说话,总是我们的不好。不如将他软禁在职道局子里,不过多费几个钱供着他。
《闺门秘术》第 23 回(清时作品)	那差人去后,这里预备刑具。来到堂上站班,忽听"威武"一声,开了暖阁。洪鹏程第二次升堂,随后传人将犯人带上。衙役答应后,到了班房,将兆琨拖上堂来。
《红楼梦影》第 13 回(清时作品)	孰料这天买了几样东西却是贼赃,被地方访着,锁进锦衣府里,衙门里都知他是薛大呆子的腻友,谁不想弄他的银钱用,所以押在班房且不过堂。
《红楼圆梦》第 25 回(清时作品)	两旁喝道"拖下去",如数打完才放,绑着衣带上来,又吩咐明日再审,已退堂了。该房矫命将邢、王、马发入班房;至于宝蟾,则收管官媒。
《花案奇闻》第 1 回(清时作品)	莫说对那朋友如此这般,就是那衙门里胥吏,尽管与他联交,班房中皂快,何妨认作至戚;藉当渔父之引,用作狐假之威。阿兄小弟,个中大有便宜;盟长契翁,就里不无作用。你看势利二字,自古为然,于今更甚。
《花月痕》第 30 回(清时作品)	翌日破了案,府县都碰了钉子,这一晚围住捉拿,一个都没走脱,士规也挂上链,不敢认作官,只得坐进班房去。可怜宝书跟他受这场横祸,倘认真办起来,士规是要问罪的,宝书还不晓得如何下落!
《宦海钟》第 17 回(清时作品)	听见上海这个纺织厂出了事,想这次不知要吃多少亏,这个宁波的庄子怕也站不住,万一倒了,肯定要带累我下班房、坐监牢,弄得不好还要吃板子,都说不定。
《黄绣球》第 12 回(清末作品)	刚才同你说,他妻子因放小脚,被放到女班房里的,就是他,怎么还不明白?
《绘芳录》第 17 回(清时作品)	沈若愚来到衙门,张政将他押进班房,派王洪同伙计看管。自己来到宅门回说:"被告若愚今日回家,伍氏母女可不赴案,已将沈若愚带到,请太爷升堂。"
《活地狱》第 2 回(清末作品)	赵三果在身旁拿出两条链子,替他二人戴上,一手牵着,就想带回班房……史湘泉始终让他二人坐下,吃了一开茶,便安慰他二人一番道:"待你家员外一到,就可以保出来的。"说完之后,将二人带到班房里来。
《活地狱》第 3 回(同上)	史湘泉的伙计赵三将黄员外家人黄升和佃户王小三押进班房。这班房即在衙门头门里,大堂底下有三间平屋,坐西朝东。……虽说这时才刚二月,天气却着实严寒,然而那一种脏肮气味,未进得栅栏已使人难撑。
《活地狱》第 4 回(同上)	史湘泉说道:"若要要周全,我何尝不想周全,将你放在笼子外头呆半天,稍会查班房的苟大爷来看到,就要怪罪了。你要舒服却也容易,里边屋里有高铺,有桌子,要吃什么有什么。你不信,我领你去看。"

续表

《活地狱》第 5 回(同上)	黄升同王小三被锁入班房栅栏之后,与众犯人同处一室。众犯人因他不懂规矩,不拿钱孝敬,为此一齐动手,将他二人殴打。
《活地狱》第 9 回(同上)	新任阳高县县令姚太爷……不时亲自去查看班房,每日夜里亲到点名,因此各差役不得有私自贿纵之事。班房犯人都是一样的,亦无高下之分。后来班房里面犯人愈聚愈众,渐渐容不下。以后审案,他便于发落完毕后立时开释。
《活地狱》第 15 回(同上)	刘老大是乡下人,城里路东西南北,他一概不知,况且这时早已吓昏,只好任人摆布。原来押他的地方,并不是班房,而是皂头的家里。这时皂头还未回家,由皂头家小开门将刘老大接了进去……这房里并无灯火,刘老大进房后,发现已有一个人蹲在地下,一声不吭。
《金钟传》第 2 回(清时作品)	责毕,智玉田高声叫道:"昏官无知,待吾去本府鸣冤。"说罢,挺身便走。县令又差人将智玉田拉回,一句不问,又掌他二百嘴,并令收禁。将贾尚德押在班房,退堂而去。
《李公案》第 9 回(晚清作品)	进了衙门,复开公座,排衙已毕,吩咐掩门回宅。这张富有、黄道梅、裴道运三人,权在班房候讯不提。

　　清末民初大量描写班房的文学作品因其普及性和可读性,从而使监禁意义上的"班房"一词,在民间思维中逐渐根深蒂固,渐使其原初之意不为后人所察。清代小说中所描写的内容,并非向壁虚构。有些作者曾侧身官场,对刑名诸事了解颇深,如对清代班房之弊揭露颇详的《活地狱》一书,其作者李宝嘉即生于世宦之家。伯元曾祖父、伯祖父、伯父皆科第出身,多有地方牧令经历。对其抚养的伯父李翼清,曾任山东肥城、济阳、黄县知县,后升任东昌府知府、山东候补道员。李宝嘉自幼便随伯父在山东长大,[1]对衙署班房弊病了解深切,故形诸笔端者真实可信。如其在《活地狱》第九回中所提及新任阳高县姚县令不时亲自夜里去班房点名,"因之各差役不得有私自贿放之事"[2],即可与乾隆末期汪辉祖在《学治说赘》一书中所述官长尤应在夜晚查点班房"以防贿纵"[3]的主张相契合。

　　在清朝官方文牍中,习惯将羁押轻罪人犯及干连证佐的班房,称为"班馆"。对此,有学者认为,这是"有意将作为衙役值宿的普通班房与用以羁押轻微人犯

---

①　王学钧:《李伯元的家世与诞生地》,《明清小说研究》2009 年第 2 期。
②　李宝嘉:《活地狱》,第 42 页。
③　汪辉祖:《学治说赘》,刘俊文主编:《官箴书集成》(五),第 307 页。

和干连证佐的班房相区分,意在强调形成规模并且情节特别严重的班房管押现象"。① 笔者认为,班馆或许是对"班房管押"简称后的一种异变,如同"监狱收禁"被简称为"监禁"一样,因此"班馆"有时又被称作"班管"。清末候补直州判蔡振洛,在呈报给袁世凯关于改良直隶监狱的条陈中,即曾指出:"所谓'班管'者,则湫隘龌龊、秽恶难堪。倘加以役卒勒索之威,更不可言状,是被告人之苦,反甚于罪人。"②此外,同治年间《衙役职事》一书中亦有"班管"一称,可资佐证。③ 实际上,清代有的班房大门之上,直接书有"管押"两字。④

二、卡房管押考

有清一代,卡房的原初功能不一,大体上属于社会治安管理一类的设施。"设卡房,建栅栏"是清代地方衙门兵房书吏的主要职责。如乾隆中期的徐文弼,对当时卡房内部规约有详细的介绍:

> 一、属境东西南北四隅,遍设守望卡房。计地方横直五里内外,共设一卡。每卡管若干村,每村若干户,每户若干丁,务据现在地主及佃作居民,细查户口,逐家开列;一、安设守望卡房,择于高坡要路、总会之处值立……墙上大书"守望卡房、查匪捕盗"八字,内设梆锣灯笼各一,以备守夜之用。⑤

对于卡房,当时州县负有明确的责任,如拿获盗贼逃人、审查窝赃之家、失火之时飞驰协助、赈贫穷疾死、劝解争斗口角、规劝游惰浮荡之少年。⑥ 又如陕西扶风县的卡房,"东西大路卡房二十七座……时沿路栽种树木,拨夫看守,且给予资本,令其轮流支更,以便稽查盗窃也。"⑦可见此处卡房是类似于地方治安管理一类的机构,主要承担查捕盗贼之责。

① 张世明:《清代班房考释》,《清史研究》2006 年第 4 期。
② 《候补直州判蔡振洛上直督袁改良直隶监狱陈并批》,载《北洋公牍类纂正续编》(第 4 册)卷 5,吏治 3,监狱·习艺,全国图书馆文献缩微复制中心 2004 年版,第 425 页。
③ 《衙役职事》之"稿案事由"以及"监卡事宜",载庄建平编:《近代史资料文库》第 10 卷,上海书店出版社 2009 年版,第 322、335 页。
④ 光绪《靖江县志》县公廨图,1983 年影印,第 22 页。
⑤ 徐文弼撰,《吏治悬镜》(下),广文书局有限公司 1976 年版,第 906—907 页。
⑥ 徐文弼撰,《吏治悬镜》(下),第 917 页。
⑦ 宋世荦等修:嘉庆《扶风县志》卷 2 城廨,清嘉庆二十三年刊本。

绿营的塘汛防兵和州县巡检的弓兵,负责社会治安,亦常于关津要隘之地,设立卡房,①以拘捕贩卖私盐、逃匪等违禁之人。如乾隆六年(1741),湖广总督史贻直疏言:湖南常宁县腊园地方,靠近行销粤盐的桂阳州,因而私盐常常渗透到此地,故"请填建卡房,并设巡丁二十四名"。② 除了两湖地区以外,广西地处边境,处处皆山,西南与滇黔交界,东南与湘粤毗连,匪徒容易出没,往往此拿彼窜,故广西巡抚亦奏请在要隘处设立卡房,以缉逃匪。乾隆十五年(1750),两广总督陈大受奏称广西镇安府所辖坡利后山,"地处偏僻……又无兵勇哨巡,以致奸徒得以乘间潜行出入,事关边防,不得不加意慎重",因而建议"于坡利后山择地势高平之处,设立卡房一座,抽拨兵丁、土勇,驻扎防守……庶边防严密而内奸外匪不致再有潜出窜入之事"。③ 嘉庆十五年(1810)广西巡抚奏称,平乐府属富川县、贺县的姑婆山,"与广东、湖南壤地相接,路径皆通",请求设立卡房,"严加防堵,以绝匪迹"。④ 道光年间,湖南巡抚鉴于洪崖洞"为逸匪必由之路,亟应设立卡房,以防逃窜"。⑤ 卡房有时建在商旅要道,旨在杜防抢劫事端,以保护商人安全和贸易的正常进行。⑥ 总之,清朝卡房原初主要是用来查捕盗贼、稽查走私、抓获逃犯等治安事宜的岗亭。乾隆末期,作为省按察使副手的分巡道,在案件审转递解犯证的过程中,发挥着日益重要的作用,是时驻重庆的川东巡道即饬令所辖州县,在每隔一定路程之处,建造卡房,以收禁递解人犯。⑦ 于是,卡房又兼具收押递解人犯的功能。

---

① 朱景英《台阳见闻录·全台论》中提及到的"卡房",即具有此种性质,载《台湾文献丛刊》第七辑(122),大通书局1987年版,第1—2页。

② 《高宗纯皇帝实录》(二)卷149,乾隆六年八月下,中华书局1986年复印本,第323页。

③ 两广总督陈大受:《奏为于广西镇安府所辖坡利后山安设卡房事》,乾隆十五年十月二十二日,档案号:04—01—01—0190—040,中国第一历史档案馆藏。

④ 《奏为严缉匪徒在广西边界地带设立卡房派拨兵役巡逻事》,嘉庆二十五年,04—01—01—0597—019,中国第一历史档案馆藏。

⑤ 湖南巡抚吴其浚:《奏为洪崖洞为逸匪必由之路亟应设立卡房事》,道光二十三年六月十五日,档案号:04—01—01—0814—014,中国第一历史档案馆藏。

⑥ 《高宗纯皇帝实录》(四)卷265,乾隆十一年四月下,第438页。

⑦ 吴吉远根据四川巴县档案中有关川东巡道的大量札饬,认为清朝守巡道一项重要的司法职责是:按察所属司法行政事务,如刑具是否合适、监狱是否牢固,以及驿站、卡房修缮概况和奖惩缉捕。参见吴吉远:《试论明清时期的守巡道制度》,《社会科学辑刊》1996年第1期。

上述卡房在两湖地区设立较多,如嘉庆年间,御史高翔麟曾奏"湖北襄阳县周以焯设立卡房,押毙多命"。① 道光年间,湖广总督讷尔经额等在奏折中提及:"湖南宝庆府属之邵阳县,设立卡房三所。"②又如湖北利川县,"四境皆山,其关隘可守者,有石板顶卡、马鬃岭卡等二十余卡房"。③ 本设于关隘之地的卡房,后来也渐渐蔓延至官衙之内,并与其他非法羁押设施混一。道光十二年(1832),湖南武冈州民刘尊贤在京控呈状上如是写道:"一卡名曰'新廒卡',收田土杂案,继则绅耆并收。去年又于州堂左边,大建'新廒',名曰'慎公所',容收多人。"可见,此处同作为非法羁押设施的"仓廒",与"卡房"合为一体。刘尊贤之父因违背差役之意,最终瘐毙廒卡之中,为此他在京控中泣诉十冤:

> 嘱现任杨州锁拿,一冤也;蠹役朋殴逆拖,二冤也;杨州置伤不验,三冤也;……贼廒非刑索命,六冤也;门丁勒钱拔廒,七冤也;门丁禁匿莫调,八冤也;民请代羁不准,九冤也;父尸藏匿未见,十冤也。④

十冤颇能再现刘父从被锁拿到瘐毙卡房这一过程中的关键性场景。此则材料突出反映卡房所收押者,有时并非窃盗犯,亦非递解囚犯,而是涉及细故词讼并被非法羁押之人。于此,衙役所美其名曰的"慎公所",与残民以逞的黑狱,融为极具反差性的统一体。

卡房设立最为普遍者尚属四川地区。乾隆五十一年(1786),叶世倬出任四川长宁县知县,是时该县私设卡房现象十分严重,所系犯证经年不释,后叶氏至,"一日释三百余人,民情大悦。"⑤可见,乾隆后期,四川州县利用卡房滥禁滥押的现象已十分严重。嘉庆年间的御史韩鼎晋,本为四川长寿人,于嘉庆九年(1804)至十六年(1811)因母老乞请在家奉养,乡居期间他察及当地卡房痼疾已

---

① 河南道监察御史高翔麟:《奏请严禁各省州县私设班馆事》,嘉庆二十年八月二十三日,03—1638—019,中国第一历史档案馆藏。

② 湖广总督讷尔经额等:《奏为查明邵阳县及各属实无私设班馆事》,道光十五年七月二十四日,03—2642—036,中国第一历史档案馆藏。

③ 黄世崇纂修:光绪《利川县志》卷11《营缮志》,第314—319页。

④ 湖南武冈州民刘尊贤呈状:《呈为具控武冈州贪利连尾减税措契串诈吏目私设班卡身父被刑禁毙命等事》,道光十二年七月初六日,档案号:03—3768—008,中国第一历史档案馆藏。

⑤ 朱彬:《兵部侍郎兼都察院右副都御史巡抚福建叶君神道碑》,载《续碑传选集》,台湾文献丛刊系列,台北大通书局1984年版,第40页。

十分严重,遂在后来《疏陈四川积弊六事》一折中,特提"查卡房以全民命"①一项。前述道光年间逃离配所而京控之四川陈乐山,在其疏文中亦提及,川东道重庆府巴县、成都府华阳县以及湖北所属州县,均设有卡房。② 道光二十八年(1848),时任四川臬司的张集馨,曾指出卡房酷虐事端,大县卡房被羁禁数百人,小县亦不下数十人及十余人不等,甚至将田土户婚、钱债细故、干证人等,逮入其中,"每日给稀糜一瓯,终年不见天日,苦楚百倍于囹圄。……前此通省瘐毙者,每年不下一二千人"。张集馨获知每年瘐毙一二千人的惨状后,立即严令各州县清理卡房犯证,"卡房全部拆毁,以后如再有私设卡房者,定即严参"。③然而,四川卡房私禁现象,并非为张集馨的严词训令所能轻易革除。光绪年间,仍有人奏称:川省因盗贼最多,各州县均设有卡房,名目繁多,有捕卡、自新所、良卡、外监、待质所,且"历任相沿,并非今始"。④ 有清一代,四川省动乱频仍、盗匪横行,清廷和地方皆倾向于重典治川,故而对颇具军事色彩的卡房多所倚重(与"大刑用甲兵"之古语契合),这也是卡房设施在四川泛滥、变异的重要原因所在。

三、庙观寺坛管押考

沿袭往朝,明清监狱往往设有狱神庙,如濮文暹在《提牢琐记》中提及刑部狱有诸神,有总司、分司,统尊之曰"狱神",中龛祀皋陶,旁龛所祀者包括关帝、龙神、门神、药王等,尚别置侧殿,祀前明故人,"诸神朔望则祀,履任则祀,报赛日(神的生日)则祀,勾决日则祀",其用意在于"神道设教,用佐良箴"。⑤狱官、狱卒和人犯等长年拜祀狱神,各求所愿:囚徒冀得狱神庇佑而获公正、公平之判决,并期早脱牢狱之苦;而狱官、狱卒则望借助狱神之威,震慑在狱因犯,以求监狱安宁。不过,州县监狱一般并不像刑部大牢一样诸神皆备。

---

① 《清史稿校注》卷361,《列传》141,第9599页;另见李桓:《国朝耆献类征初编》(七)卷109,广陵书社2007年版,第4215页。
② 《陈乐山呈恤刑疏》,《军机处档·月折包》,第2437箱,82包,68050号,道光十四年五月,台北"故宫博物院"藏。
③ 张集馨:《道咸宦海见闻录》,中华书局1981年版,第1页。
④ 朱寿朋编:《光绪朝东华录》,中华书局1958年版,第3354页。
⑤ 濮文暹:《提牢琐记》,载盛康辑:《皇朝经世文编续编》卷101,《刑政》,《治狱上》,第4670页。

从方志来看,一般州县皆设有狱神庙(或曰狴狱神祠)、萧王殿(或曰萧曹祠、萧王堂)①、阴骘房、皋陶祠之类的场所(参见附表一:清代各省监押设施一览表)。

有清一代,狱神庙常因其毗邻监狱,而成为衙役非法羁押犯证及牵连之人的便利场所。关于有清一代狱神庙是否具备正式羁押设施的性质,长期以来文学界以《红楼梦》等小说为理据,聚讼纷纭。吴世昌等人将狱神庙理解为正式监狱,②虽言之有过,但亦承认其具有羁押设施的性质。另有学人为了淡化甚或否定狱神庙的羁押色彩,而硬将"狱神庙"释读为"岳神庙",③则显为不经之谈。胡晨与吴晓龙据明末《三刻拍岸惊奇》及清代《三侠五义》、《小五义》、《描金凤》、《赛红丝》等小说中有关狱神庙的情节,大体认为:狱神庙有时是"安置案件有关人员(包括证人、涉嫌者、首告等)的一座庙宇,以使'归案备质'之人有听候传讯的栖身之所"④。尽管胡吴两人在文中一再指出,狱神庙是"庙"而非"狱",不是关押狱囚的场所,但两人的考证本身,无疑都说明实践中的狱神庙兼具羁押功能,甚至吴晓龙本人亦承认庙中在押者多为"未决犯"。⑤ 康熙年间,陆莘行撰《秋思草堂遗集》,叙及该朝初年因受庄廷鑨《明史》一案牵累,查、陆、范等三姓"主犯",先后被逮入刑部大牢候审,三家亦旋遭籍没,亲属悉被拘押,当时"男子发按察司监……女子发羁候所……上宪之意,将各家男子亦归羁候所。七所对

---

① 吴世昌认为,自汉朝始,狱神一直为皋陶,但至清初,始由萧何"接任"(参见吴世昌:《〈红楼梦〉后半部的"狱神庙"》,载《红楼梦学刊》1982年第3期,第255—262页;另见吴世昌:《再论〈红楼梦〉后半部的"狱神庙"》,《红楼梦研究集刊》第5辑,上海古籍出版社1981年版,第211—215页)。按,吴说有两处错误:首先,尊萧何为"狱神"并非始自清初,早在宋代业已出现,如宋人洪迈在《夷志坚》中称:"宜黄县狱有庙,相传奉事萧相国,不知所起如何也?"而据近人张建智的考证,新旧狱神之交接,约在五代(参见氏著《中国神秘的狱神庙》,上海三联书店2000年版,第31页)。此外,从清代方志来看,清朝狱神一般为萧何,但有时又为萧何与曹参并祀。实际上,历史上的狱神并非如吴世昌所言,是循由皋陶而至萧何这般此灭彼起的线性轨迹发展。清朝有的州县亦设有皋陶祠,而广东有的地方自明末以来却又尊亚蕴为狱神(参见附表一:清代各省监押设施一览表)。又据张建智的考证,大致在光绪三十一年(1905)《现行刑律》以后,狱神庙及狱神皆相继没落(参见《中国神秘的狱神庙》,第47页)。

② 吴世昌:《红楼梦探源外编》,上海古籍出版社1980年版,第406—415页;吴世昌:《〈红楼梦〉后半部的"狱神庙"》,《红楼梦学刊》1982年第3期,第255—262页。

③ 梁归智:《石头记探佚》,山西出版社1983年版,第60—61、204—205页;李金波:《"狱神庙"辨》,《上海师范大学学报》1987年第2期,第148—150页。

④ 胡晨:《关于"狱神庙"的性质——读〈红楼梦〉札记》,《红楼梦学刊》1989年第3期。

⑤ 吴晓龙:《"狱神庙"脂评新探》,《红楼梦学刊》2005年第4期。

照一间狱官之堂;又三间,中供狱神,内三姓男子所居。"①这里所述"中供狱神内三姓男子所居"之处,即为狱神庙,此庙实际上已变成羁押犯人家属之地。

此外,明清时期,监狱等衙署内外,除了狱神庙以外,尚有土地庙、树神庙、风神庙、观音厅、天后宫、仙爷楼、城隍庙等其他庙宇。② 明清两代,诸多庙宇的存在,不断向官员和民间散播着鬼神报应观念,而这一观念对官员审判行为有一定约束之效。明清律解及幕学著述中,常提及"即使始终屈抑成招,而天良何在?冤枉必报,秉笔者不可不慎"③等诸如此类的忠告。此外,鬼神观念也时能有助于提高官员审判效率。在传统观念中,鬼神似能洞察一切,褒善惩恶,正如瞿同祖先生所言:"在古人观念中,鬼神是不可欺的,邪恶的行为可以逃过人间耳目,却不可以欺骗神明。人类的行为无论善恶,都必为鬼神所洞悉,如察秋毫。为了弥补法网的疏漏,为了维护更多的公平,于是对鬼神有极大的期望和信心。"④正因如此,清朝地方官幕不时借助城隍神的威灵,而迫使犯证招供,从而成功折狱。⑤ 有清一代,城隍等神庙与官员审判实践的互动关联尤为密切,如清人秦蕙田指出,官民往往为"衔冤牒诉,辩讼曲直,幽明谴责,丽法输罪"等事,"莫不奔走归命于城隍"。⑥ 正因城隍等神在官方折狱过程中发挥的重要作用,因此一些犯证常被羁押此等候听审,从而赋予具禁狱色彩。道光年间,曾任四川按察使的张集馨曾揭露:四川省城差役将人犯"押至东门大街城隍庙,于神前揲爻,若

---

① 陆莘行:《秋思草堂遗集》,载于浩辑:《明清史料丛书》(第6种),北京图书馆出版社2005年版,第325页,第327页。

② 《新竹县采访册》卷2廨署,载《台湾文献丛刊》第145种,台北大通书局1984年版,第78页。

③ 王又槐:《办案要略》,载刘俊文主编:《官箴书集成》(四),第756页。

④ 瞿同祖:《中国法律与中国社会》,中华书局2005年版,第273页。关于瞿先生对鬼神观念在司法中的运用中"可以弥补法网的漏洞,维护更多的公平"这一点,顾元作了进一步发挥,并将其与英美法系的"衡平法"作了形式上的类比,其论述道:"这种观念已经成为民族心理的积淀,因而会一方面在广大民众之中产生普遍的心理暗示作用,这种心理暗示会对衡平司法起到相当程度的促进作用。另一方面,统治者可以借助于鬼神观念来宣扬善恶报应,加强道德教化的效果。"参见顾元:《衡平司法与中国传统》,中国政法大学2000年版,第198页。

⑤ 汪辉祖:《学治臆说》之"敬城隍神"、"敬土神",载刘俊文主编:《官箴书集成》(四),第280—281页;刘衡即认为将疑犯"锁至城隍庙东西柱,真情乃得"。刘衡:《署僚问答》,载盛康辑:《皇朝经世文编续编》,《刑政》,《治狱》,第4630页。

⑥ 秦蕙田:《五礼通考》卷2《吉礼》45,文渊阁《四库全书》第135册,上海古籍出版社2003年版,第1154页。

阳爻则免死,若阴爻则立毙。官踞于上,严刑惨酷,脑裂骨折者不知凡几"。① 阴阳之爻,本是城隍庙中求签占卜之具,但在此却成为生死系于一线之间的凭依。

实际上,如康熙年间的黄六鸿曾言及:"凡寺庙观坛"无不可作为州县羁押轻罪人犯及干连证佐的场所。② 乾隆年间,以土地庙为禁狱的做法,一度十分普遍。乾隆四十四年(1779)和五十一年(1786),福建督抚遵照乾隆帝的谕旨,数次饬令地方官员严禁包括土地祠等在内的各类私禁名目,并提出"拆毁结报,以除民害,倘敢阳奉阴违,定即官参役处,断不宽贷"等严厉要求。③ 乾隆五十四年(1789)三月,甘肃安化县生员郑大智赴宁州焦村探望其侄女,路经宁州李家庄,被宁州捕役马登蛟"诬窃妄拿",即拴锁于土地庙之中。④ 乾隆五十六年(1791),闽浙总督伍拉纳奉旨查禁属境班馆名目时称:"据各府州属报,闽省班馆一项及囤房、土地堂之名异而实同者,俱已禁绝"。⑤ 而在后来的几年中,闽浙总督伍拉纳和福建巡抚浦霖,也一再具奏闽省土地堂(或土地庙)之类的私禁设施,已完全废革。⑥ 但直至道光十一年(1831),仍有人奏报福建闽县等处,"有土地堂各目,罔法横行"。⑦ 道光年间,广东地区班馆林立,其中"番禺县之班馆,则在该县署前后左右一带庙内为多"。⑧

上述皆为衙役将衙署附近现有的庙坛寺观,当作羁押人犯及无辜者的方便场所。而尤有甚者,亦有衙役将私造差馆诡名为庙宇,进而营私舞弊。据道光朝《新会县志》记载,道光八年(1828)广东新会县在班房之外,另有私造差馆,"分立八门,冒称七庙,对峙县衙之首,栋宇隆崇,控握官街之喉,堂构绮丽,其额曰'武庙'、'祖庙'、'关帝庙',阳假托于立像奉祠之名,别其房曰'皂班'、曰'快

---

① 张集馨:《道咸宦海见闻录》,第 96 页。

② 黄六鸿:《福惠全书》之"设便民房",载刘俊文主编:《官箴书集成》(三),第 334—335 页。

③ 《饬禁滥差滋扰,一票只许一差》,载《福建省例》之刑政例下(五十八案),《台湾文献丛刊》一九九,大通书局 1987 年版,第 952 页。

④ 《军机处档·月折包》,第 2778 箱,173 包,41679 号。

⑤ 《明清史料戊编》第 4 本,中华书局 1987 年版,第 338 页。

⑥ 福建巡抚浦霖:《奏为禁革差役并无私设班馆事》,乾隆五十六年十一月初七日,档案号:03—0362—048,中国第一历史档案馆藏;闽浙总督伍拉纳:《奏报禁革差役私设班馆事》,乾隆五十七年十月二十七日,档案号:03—0363—100,中国第一历史档案馆藏;福建巡抚浦霖:《奏为禁革差役私设班馆事》,乾隆五十八年十一月十五日,档案号:03—1445—031,中国第一历史档案馆藏。

⑦ 《宣宗成皇帝实录》(四)卷 219,道光十二年九月上,第 272 页。

⑧ 《宣宗成皇帝实录》(四)卷 251,道光十四年四月,第 805 页。

班'、曰'民壮班'……往往一票差出,两造获拿,未禀审于公堂,先勒诈于私馆"。当时地方乡绅联名上控,指责衙役借庙为名而私设班馆,乃为"慢神虐民,人人得而首告"的恶行。①

"庙坛寺观"本是祈福还愿之地,而清代有些庙宇的设立,亦不无伸张正义、扬善惩恶的初衷。然而,在明清地方审判实践中,这些庙坛寺观在对官方或民间发挥着监察、威慑和教化的同时,亦时常成为法定监狱之外关押现审轻犯及人证的羁押设施,甚至成为胥役藉端敲诈渔利的场所,呈现地狱鬼蜮般的幽暗色调,严重亵渎了庙宇的神圣性,正如一位地方乡绅在控状中写道:"假立庙之名,不知:勒枷锁备三牲之供,神灵不飨;列圣帝于两观之侧,人心奚安?"②

四、自新所管押考③

乾隆以后,在申禁私牢的历朝谕旨中,常会提及自新所这一设施。日本学者夫马进先生据《乐善录》一书,称自新所创设于光绪五年。④ 此说不确,自新所实系乾隆十年(1745)由苏州府吴、长洲、元和三县首创。对此,乾隆十三年(1748)时任江苏按察使的翁藻,在上奏中曾提及:

> 前据苏郡长、元、吴三县议详,建屋十余间,环以垣墙,名曰自新所,各将犯过一二次及无嫡属可交之旧贼,拘系于内。……试行以来,已逾三载,虽宵小未绝于境内,而失窃较减于从前。⑤

从翁藻奏折中约略可知,自新所的创设,乃缘起于当地严重的窃盗再犯问题。但此则材料,并没有提供该所建立的更为详细的背景。结合清朝律文以及另一江苏按察使陈宏谋的有关言论,可对自新所初创过程作一勾勒。

对于窃盗问题,早在顺治三年(1646),清律即作出较为详细的规定:"凡窃盗已行而不得财,笞五十,免刺。但得财,以一主为重,并赃论罪。……初犯,并

---

① 林星章等纂修:道光《新会县志》卷14,事略下,第412页。
② 林星章等纂修:道光《新会县志》卷14,事略下,第412页。
③ 关于清代自新所更为详尽的考释,参见拙作《清代自新所考释——兼论晚清狱制转型的本土性》,《历史研究》2010年第3期;《人大报刊复印资料·中国近代史》(2010年第10期)全文转载。
④ [日]夫马进:《中国善会善堂史研究》,伍跃、杨文信、张学锋译,商务印书馆2005年版,第472—473页。
⑤ 《奏为苏郡长元吴三县创建自新所拘羁旧匪所需口粮请将岁收赃赎银两拨充事》,乾隆十三年三月初八日,档案号:04—01—28—0001—015,中国第一历史档案馆藏;另见乾隆《元和县志》县署图及卷4《建置》,丛书,1970年影印,第98页。

于右小臂膊上刺窃盗二字。再犯，刺左小臂膊。三犯者，绞，以曾经刺字为坐。"①据此律，窃盗犯一般附加刺字之刑，而刺字位置的不同是判定初犯还是再犯的依据。"一主为重"和"计赃论罪"则为惩处窃盗的基本原则。至于计赃定罪具体标准，康熙十一年（1672）修订的律文，又作出较为详尽的规定：赃数在五十两以下者，处以杖刑；在五十两至一百二十两之间者，则于杖刑之外另加徒流等刑；一百二十两以上或三犯者，绞监候。②

修订后的律文对窃盗问题的规定看似周详严密，然而实行起来却有轻重失衡之弊，正如乾隆年间陈宏谋所言：

> 窃盗之律，计赃定罪，虽在五十两以下，罪止于杖，数案并发又以一主为重，未免法轻易犯。即有偶然失志之徒，事犯之后或萌悔心，而窃盗二字显刺面旁，③明列招牌，乡邻不齿，佣工手艺人咸畏惧，谋食已自艰难，加之破案之后即为坊捕鱼肉，索取例规。虽欲改弦，终难迁善，因而成为积匪。④

对初犯到官而数案并发者，只以一主为重计赃定罪，处置失之于轻，对窃犯缺乏应有的惩戒力；而对偶然初犯之徒，即刺字于面，处置又失之于重，无疑断其自新之路，因此在陈氏看来，这种畸轻畸重的法律，往往是导致窃盗初犯流为再犯的重要原因。初犯之贼或"尚有悔心而易于约束"，而对"一息尚存惟偷窃是计"的再犯，则如何处置呢？前揭律文并没有对再犯作出特别规定，实际仍与初犯同科。对此，乾隆五年（1740）云南巡抚张允随曾提出异议，认为："窃盗初犯或因一念之差，或由一时被诱，误蹈匪僻，情犹可矜。若至再犯，是刺字、追赃之后并无改邪归正之心，及被获到官按律科罪，仍与初犯无殊，诚恐莠民罔知畏惧，渐至三犯，不免缳首之惨。"

由此可见，清朝窃盗律文存在重大缺陷：首先关于初犯的规定即有畸轻畸重

---

① 沈之奇：《大清律辑注》，第592—593页。

② 薛允升：《读例存疑》卷28，《刑律》4，《贼盗中》2，窃盗律卷首。

③ 承明而来的清律规定，对窃盗初犯、再犯皆刺字于臂，但在康熙三十六年，改刺臂为刺面。乾隆元年，郭朝鼎奏请回归刺臂之例（江南苏州按察使郭朝鼎：《奏为条酌修窃盗刺臂等条律例事》，乾隆元年九月初二日，档案号：04—01—01—0011—018，中国第一历史档案馆藏）。直至乾隆六年三月，张垣熊还在奏请变通初犯刺面之例以予窃犯以自新之路（云南按察使张垣熊：《奏请变通窃盗初犯刺面之例以予自新事》，乾隆六年三月，档案号：03—1247—029，中国第一历史档案馆藏）。因此，可以肯定的是，陈宏谋在任江苏按察使时，刺面之例尚未废除。

④ 陈宏谋：《弭盗议详》（上），《培远堂偶存稿》文檄卷10，光绪年间刻本，第6—7页。

之弊,易致初犯流为再犯;而对较初犯为重的再犯,清律又无特别规定,实际仍与初犯同科,无法令再犯有所警惧,难免渐罹三犯拟绞之罪。

正因清律缺乏加重处置窃盗再犯的统一规定,进而导致全国各地对此做法各不相同。前述云南巡抚张允随主张"嗣后窃盗再犯若罪以至杖罪,递加二等;徒罪以至流罪,本罪已重,递加一等,至于充军而止",①冀对窃盗再犯加等惩处,达到刑期无刑的效果。与此相异,江苏则诉诸亲邻具保、定期报到和枷铃充警②三者相结合的方式,冀对窃盗再犯形成某种规约,具体做法为:

> 刺字发落之后,惟有仍照前例,钉戴枷铃充警,朔望赴官点卯,倘有亲族乡邻愿保者,仍准保回,免带枷铃。遇有事犯,即将乡邻亲族查处。乡邻亲族预先报官,免其坐罪。有愿雇佣手艺者,亦准令乡邻亲族公保,事犯不复干累。③

江苏省的做法相较云南巡抚的主张,显得仁慈。然而,这种做法也只能管束一时,并不能防范于久远。它无法从根本上治理因贫为盗的问题。陈宏谋认为,若不替行窃者考虑谋生之道,其最终还将复犯。因此,他提出将再犯之贼分派各处,作看守栅栏、④打更之用,以谋得生计。陈氏认为如此安置"可使各有执业,又使其有所羁縻,或不至于行窃"。但若打更、看栅无须人手,当如何处置? 何况此措施并不能有效拘束窃犯。此种困境激逼陈宏谋进一步提出:

> 各州县于头门内外左近地方,寻觅闲房数间,作为羁候所,将此等积贼拘束在内,拨役看守,每名捐给食米,令其手艺工作,晚间加谨锁闭。⑤

可见,早在陈氏司臬吴门期间,实际已设计出专羁积贼并"令其手艺工作"的固定场所——羁候所。这虽在当时尚属积贼无业可谋时的权宜之策,亦未加以推广,但却为此后自新所的创设提供了某种经验和启发。

对于先前对积贼"或枷铃充警、或朔望点卯、或交保管束"的做法,陈氏有过

---

① 云南巡抚张允随:《奏请严窃盗再犯之条事》,乾隆五年九月二十六日,档案号:03—1195—004,中国第一历史档案馆藏。

② 薛允升:《读例存疑》卷31,《刑律》7,《贼盗下》2,起初刺字律卷首。按,此做法起源甚早,元朝时即已出现。参见刘晓:《元朝的警迹与警迹人》,《北大史学》(2),北京大学出版社1994年版,第239—245页。

③ 陈宏谋:《弭盗议详》(上),《培远堂偶存稿》文檄卷10,第7—8页。

④ 此处栅栏,系指当时维护地方社会治安的卡房设施。参见徐文弼:《吏治悬镜》(下),第906—907页。

⑤ 陈宏谋:《弭盗议详》(上),《培远堂偶存稿》文檄卷10,第8—9页。

反思：

> 若止带枷充警，而可以乞食即可以行窃；即令朔望回风，而每月两次回风之后，余皆可以行窃之时，徒为捕役下乡传唤、需索规例之资；若止交地保管束，则地保岂能日夜跟随使其不复行窃；若令并夜间管领，则地保又无如许闲房供贼栖止，势必听其夜宿车棚、古庙，益为勾伙肆窃之地。

陈宏谋认为，凡此举措难有实效，原因在于窃盗仍拥有行动自由，有行窃之机。因此，他主张："惟有加以拘系，并为计其资生，庶不致勾引行窃也。"随后陈氏饬令江苏各州县就本地情形议定安置之法。长洲、元和、海州等地方议定：对积贼"或带小枷长枪，或钉木狗，止能移步，不能奔逸。听其日间在城乞食，夜则归于衙门班房内，将门封锁，拨役轮流看守，责成捕衙，早夜查点"。至于城中不甚繁华而积贼乞讨困难的铜山、桃源等县则主张："（将贼）分散于驿丞、巡检驻扎之村镇收管，日则于附近村庄乞食，夜则归于本处班房，不许远出不归，一切照县城分别拘管。"另如本地有充当纤夫差事的阳湖等县则议定："（贼）归驿雇，作纤夫，按给工食，交罡头管束。"①

陈宏谋关于安置窃犯再犯的设想不断深入，但始终有两个重点：一求管束之法，二图谋生之道。即强调既要使其"有所羁縻"，又要使其"各有执业"，两者不能偏废。鉴于窃盗之风日炽，管束之法不断趋于严格，先是"枷铃充警，朔望点卯，亲邻作保"，继则"小枷长枪，或钉木狗，止能移步，不能奔逸"，终而利用固定场所如羁候所、班房等专羁积贼以限其自由。谋生之道亦由消极转向积极，先是为其寻找差役之事，或听其日间乞食，最终设想"令其手艺工作"。陈宏谋最终认为对待旧贼问题，"其上则安置之，使不必为窃；其次则约束之，使难于为窃；又其次乃穷诘而惩创之，使其知有犯必惩而不敢为窃。"②陈氏这种突破单纯的惩创和约束对策而寻求安置举措的想法，实际上成为后来自新所设立的基本指导思想。翁藻对乾隆十年（1745）苏州三县创设自新所的做法深表激赏，认为自新所的出现最终将"管束之法"和"谋生之道"有效结合起来，并在羁候所的基础上常态化和制度化：

> 每名照囚粮例日给米一升，钱五文，并酌给资本，教习学绩纻、纺绵、捆

---

① 陈宏谋：《弭盗议详》（下），《培远堂偶存稿》文檄卷10，第20—21页.
② 陈宏谋：《弭盗议详》（上），《培远堂偶存稿》文檄卷10，第4页。

缕、织席等事,俟其技艺娴熟、糊口有资,即将口粮住支。一年之后,察其果能悔过迁善,查交切实亲邻保释。每晚责令典史查封,并拨妥役看守。①

上述制度虽援引了关于正式监狱的囚粮例文,作出"日给米一升"②的规定,但所不同的是,自新所并未像传统监狱那样仅停留在"养"这一层面上,它还"教"犯人以技艺。这种教养兼顾的措施,乃是对传统监狱的一种超越。实践亦证明自新所行之有效。翁藻曾从反面加以论证,曰:"一旦将原羁之贼略分去留,旋即城市之中渐增狐鼠。"③

此后,江浙其他地方纷纷效仿苏州三县,设立自新所(参见表2-2:清中期江浙地区自新所分布表)。

表2-2 清中期江浙地区自新所分布表

设置地点及时间		资 料 出 处
江苏苏州	昆山(乾隆二十二年)	光绪《昆新两县续修合志》监狱图、卷3《官署》,丛书,1991年影印,第53页。
	新阳(嘉庆年间)	同上,第56页。
江苏松江	华亭(乾隆十二年)	乾隆《华亭县志》卷2《建置》,丛书,1983年影印,第127页。④
	娄县(乾隆二十五年)	乾隆《娄县志》卷2《建置》、《公署》,丛书,1970年影印,第124页。
	南汇(乾隆二十九年)	光绪《南汇县志》卷3《建置》,丛书,1970年影印,第264页。
	上海(嘉庆二年)	同治《上海县志》卷2《建置》,丛书,1974年影印,第162页。
江苏太仓州	宝山(乾隆二十三年)	民国《宝山县续志》卷3《公署》,丛书,1970年影印,第217页。
	嘉定(乾隆二十二年)	嘉庆《直隶太仓州志》卷4《营建上》,《续修四库全书》(697),上海古籍出版社2002年版,第64页。

① 《奏为苏郡长元吴三县创建自新所拘羁旧匪所需口粮请将岁收赃赎银两拨充事》,乾隆十三年三月初八日,档案号:04—01—28—0001—015,中国第一历史档案馆藏。

② 薛允升:《读例存疑》卷48,《刑律之》24,《断狱上》,《狱囚衣粮例》3,乾隆五年改。

③ 《奏为苏郡长元吴三县创建自新所拘羁旧匪所需口粮请将岁收赃赎银两拨充事》,乾隆十三年三月初八日,档案号:04—01—28—0001—015,中国第一历史档案馆藏。

④ 另见麦林华主编:《上海监狱志》,上海社会科学院出版社2003年版,第91页。

续表

设置地点及时间		资　料　出　处
江苏常州	靖江(乾隆年间)	光绪《靖江县志》县公廨图,丛书,1983 年影印,第 22 页。
	宜兴(嘉庆二年)	嘉庆《重修宜兴县志》卷首县治图,丛书,1983 年影印,第 19 页。
江苏扬州	高邮州(乾隆四十七年)	嘉庆《高邮州志》卷 1 公署,丛书,1991 年影印,第 287 页。
浙江温州	永嘉(乾隆三十年)	光绪《永嘉县志之》《建置》,丛书,1983 年影印,第 352 页。

　　乾嘉时期的汪辉祖对其同乡茹三樵设立自新所的做法十分推崇,①并赋予其极强的"道德性"色彩,认为这是一项功德无量的善政。② 道光年间的山东邹人孟莲友尝"游于闽而迁于浙",③因而对茹氏设所一事亦有耳闻,他的看法与汪氏颇为相似,甚而认为这是一项庇佑后嗣的"阴德",其获子"茹古香尚书棻"即为明证,④其曰:

　　　　茹古香尚书棻之尊人三樵先生,为县令时,设自新所,专羁邑中窃匪,按名日给口粮半升,盐菜钱三文,以典史总其事,不时亲自稽查,或提至中庭,谆切开导,十年如一日。多知感悔审释为良民者,不可胜计……素有阴德……应得贵子。⑤

　　之所以自新所首度出现在江浙一带,是因为当地发达的商品经济以及特殊的地理环境,使窃盗问题相较别地严重,而乾隆初期苏州边邻地带灾害频发导致大量流民涌入,更加剧当地窃盗问题的严峻性。此外,不可忽视的是,江浙地区发达的手工业及商品经济,无疑又成为自新所中推行诸习艺迁善措施(如制草

---

　　① 汪辉祖,浙江萧山县人;茹三樵,浙江会稽人。前者参见汪辉祖口授、汪继培等记录:《病榻梦痕录》,《续修四库全书》(0555),上海古籍出版社 2002 年版,第 608 页;李桓辑:《国朝耆献类征初编》第 255 卷,第 297 页。
　　② 汪辉祖:《续佐治药言》之"押犯宜勤查",商务印书馆 1937 年版,第 27 页。
　　③ "幕宾孟莲友(国经),本山东邹人,亚圣裔也,迁于浙而游于闽。"见徐宗干:《斯未信斋杂录》,台北台湾银行经济研究室 1960 年版,第 2 页。
　　④ 此处古香,即茹三樵之子茹棻,乾隆年间状元,曾官至兵部尚书。参见李慈铭:《越缦堂读书记》集部,别集类,上海书店出版社 2000 年版,第 1036 页。
　　⑤ 梁恭辰:《北东园笔录续编》卷 1"茹氏阴德",进步书局民国校引,原书无出版时间,第 4 页。

鞋、绳索、纺绵等)的动力及前提条件。正是在这种背景之下,专羁窃盗再犯并极富矫正色彩的自新所才一步步被推上历史舞台。如同本书第五章将会述及,自新所中的诸多制度设计诚可谓法良意美,并与西方近代新式狱制多有暗合之处,而这一点恰恰成为晚清之际地方士宦引为回应外来狱制的本土资源。

自新所创设之初,立意本善,以至被汪辉祖视为地方官的一大"善政",而夫马进正是从地方官行善、积善的角度,将自新所纳入善堂的范畴之中。① 从梁其姿的研究可知,明清时期的善堂组织及慈善观念,亦属江南地区最为发达。因此这种兼善堂和新式监狱特征于一体的设施,初现在苏杭等江南地区,则不为偶然。

不过,嘉道以降,吏治日弛,司法腐败,尤其是衙役群体巧极心思、倚狱为市,遂造成自新所逐渐异变成滥押久羁、以酷济贪的利窟,呈现出黑狱色调。

自新所的黑狱色调,早在乾隆末期已初露端倪,乾隆四十四年(1779)和五十一年(1786),均曾谕令地方官员严禁"差馆、囤房、自新所、土地祠"等名目,提出"拆毁结报,以除民害。倘敢阳奉阴违,定即官参役处,断不宽贷"等严厉命令。② 但行至嘉道时期,自新所的"黑狱化"倾向更加突出,以至嘉庆四年(1799)七月上谕特别指出:

> 外省州县于审办案件,延搁不讯,藉端需索。又复纵役病民,株连搜剔。种种情弊,皆朕所深知。前已明降谕旨,严行饬禁,以肃吏治而儆官邪。至私设班房及自新所名目,滥拘滥押之事,本干例禁。从前久经声明,入于汇奏,近年改为汇咨,或地方官日久玩生,视为具文,又复萌其故智,拖累无辜,不可不严行查察。着通谕各督抚饬属一体查禁。如有阳奉阴违私行设立者,即当严参究办。若大吏纵庇属员,有心徇隐,一经查出,必当一并治罪,不稍宽贷。③

嘉庆四年八月,湖北安陆县生员赴京控告知府私设班馆及自新所,后经都察院奏闻,上谕又重申上述禁令。④

嘉庆帝的两则谕旨将自新所与衙役私牢等同看待,实因两者在实践中的滥

---

① [日]夫马进:《中国善会善堂史研究》,伍跃、杨文信、张学锋译,第 472—473 页。
② 《饬禁滥差滋扰,一票只许一差》,载《福建省例》刑政例下,第 952 页。
③ 《仁宗睿皇帝实录》卷 49,嘉庆四年七月壬午,第 611—612 页。
④ 《仁宗睿皇帝实录》卷 50,嘉庆四年八月丙午,第 633 页。

押需索情弊如出一辙。自新所的黑狱化倾向,不但没能被有效禁止,反而愈发严重。如嘉庆十二年(1807)山东道监察御史杨健所奏:"小民一入其中,窘辱百端,苦累之状,过于囹圄……乡里小民以田土户婚及钱债斗殴细故,冀州县之剖断,而州县复为无端之拘系,因之不肖胥役从中勒索,所欲不遂,肆行凌虐。"①

嘉庆二十四年(1819),监察御史袁铣提及(湖北)江夏百姓称自新所为"枉死城","有财力者犹得行贿释放,无财者或数月数年不得脱,往往以铁索联拴数人,缀以猴儿重石,百般困辱,甚或械其手足,昏夜敲呼,酷刑恶气与饥病交迫,瘐毙其中者相继不绝。迨押毙之后,则令县倒提年月,书立保状,总以在保病毙为词,弥缝销案,以致小民含冤,无路控告"。② 福建各地亦不例外,蠹差恶役常与匪徒、讼棍朋比为奸,合谋将被诬之人"拘拿到官,随即押禁二门内囤房,诡名'自新所',令其与应审贼犯共处",进而致使"邻里为之惊惧,鸡犬亦俱不宁"。③

自新所在实践中的"黑狱化",致使其原初的良法美意逐渐湮没不彰,其与班房等私牢之间的应有界限日益模糊,最终时人将两者完全等同。如道光年间曾在四川巴县任事的刘衡所言:"三江谓之自新所,四川谓之卡房,广东谓之羁候所,实则例禁之班房也。"④而清人张诚曾一语中的揭示出自新所的异变过程:"此自新所以命名原与囹圄不同,立意固甚善也!后来其弊日甚一日,先之以锁链,链之不已,继之以镣铐,镣铐之不已,继之以木笼,于是收自新所者,始无异入狱矣。然始而入其中者,但有窃贼耳,久之而争讼者亦入其中,生员监生皆有时不免。衣冠士族几与盗贼为伍,乡党自好者屏之不齿,从此永绝自新之意。"而对于自新所的黑狱特征,民间百姓有切肤之感,当时有"宁入监毋收所"之谣,故每有上谕勒令拆毁自新所之时,"士民额手称庆";一旦地方官设立,则"阖邑人情皇皇"。⑤

除了自新所专羁窃盗再犯以外,当时还有一种类似的设施,名为"翼房",如

---

① 《奏为剔弊而治肃清吏治敬摅管见事》,嘉庆十二年十一月初六日,档案号:03—2498—024,中国第一历史档案馆藏。

② 《奏请饬禁江夏汉阳两县违例押禁事》,嘉庆二十四年十二月十三日,档案号:03—2415—037,中国第一历史档案馆藏;另见《仁宗睿皇帝实录》卷365,嘉庆二十四元年十二月,第827—828页。

③ 《查禁棍蠹串害》,载《福建省例》刑政例下,第943页。

④ 刘衡:《蜀僚问答》,《官箴书集成》(六),第151页。

⑤ 张诚:《与王咸斋太守论自新所书》,载葛士浚辑:《皇朝经世文续编》卷84,《刑政》,第2149页。

清中后期曾任兰溪知县等职的王凤生在《清贼源》一文中提及：

> 翼房专羁贼犯，不可令与管押人杂处。并于冬令，将各乡之迭经犯案刺
> 匪拘而置诸此地，按日每名捐给口粮盐菜一分。为之打扫洁净，多置草荐，
> 免其冻馁。另置一簿，注明收押月日，不时亲往抽查，勿令出外，则肆窃之
> 风，亦可稍靖。然此特暂行之法，而未足以清其源也。惟贼匪①有犯罪止杖
> 枷者，务于发落之先，确切查明其家属亲戚，尚可收留，即传其到案具领，严
> 加管束，勿令复窃。倘敢不遵，准予随时禀究，提押翼房，不使受累。……察
> 看两年，心果坚定，准其亲属地保切实保结，令其安业，即于卯内除名，倘领
> 钱之后，滥费朋分，仍复为匪，一经觉察，定惟该保追赔重究，贼则押于翼房，
> 决不复放。惟簿内各犯虽系旧匪，然既经分别交管，冀其改过自新，必须当
> 堂谕禁捕役，毋许再向索规，以免受罪。②

从上述举措来看，无论是从收押对象、设置初衷，还是从制度设计来看，翼房
皆与自新所如出一辙。另据方志和官箴来看，翼房所在县份亦是自新所早期分
布的江南一带，如浙江永嘉县和平湖县。③ 据光绪《阜宁县志》上的衙署图可知，
自新所大致位于衙署右侧，介于头门和仪门中间，与衙署左侧的监狱两相对
峙。④ 很可能因为自新所在仪门边侧，故有时又别称为"翼房"。乾隆十五年
（1750），李化楠初官浙江余姚县令，时余姚多盗贼，狱满为患。李氏建"枉生
所"，延聘"梓师、饼匠"等，教习小贼及流民技艺以凭谋生。⑤ 此"枉生所"亦"自
新所"之别名。

清代专羁窃贼的羁禁设施，尚有"羁所"一称，如同治年间沈葆桢提及广东

---

① 小窃屡教不改，成为积窃（惯犯），渐入于"匪"列，故清朝后来又有"积匪猾贼"例，予以严
惩。此处"贼匪"并列，与此有关。从另一则资料来看，翼房后来亦收押一般性的匪徒。参见田涛、
许传玺、王宏治：《黄岩诉讼档案及调查报告》（上卷），法律出版社 2004 年版，第 237 页。
② 徐栋辑：《牧令书》之"清贼源"（王凤生），载刘俊文主编：《官箴书集成》（七），第 486—
487 页。
③ 张宝琳等纂修：光绪《永嘉县志》，第 351—352 页；《养捕比捕章程》（刘默园观察人平湖
县），载何耿绳：《学治一得》，载刘俊文主编：《官箴书集成》（六），第 697 页。
④ 阮本焱等纂修：光绪《阜宁县志》，光绪十二年刊本，学生书局 1968 年影印，第 51—52 页。
张宝琳修、王棻等纂：光绪《永嘉县志》，丛书，1980 年，第 351、352 页；张主敬等纂修：光绪《定兴县
志》卷 2《官廨》，丛书，1969 年，第 80—83 页。
⑤ 李调元撰：《童山文集·补遗》卷 18，中华书局 1985 年版，第 198—199 页；另见李调元等纂
修：《罗江县志》卷 8，商务印书馆 1936 年版，第 86—87 页。

电白、海康两县"羁所贼犯,最易久押。"①同光年间,在广州专门从事向狱囚传教的美国传教士嘉约翰(*J.G.Kerry*)医生,提及"羁所"收禁窃盗等犯。②晚清张之洞与刘坤一合奏的变法第二折中,亦提及羁所主要用以管押窃贼地痞等犯。③据前文考述,苏州自新所的前身就是羁候所,而羁所可能即为羁候所之简称。从方志来看,以羁所(或羁候所)命名的设施,尤以广东为多(参见表2-3:清代广东省羁所简表;图2-2:清代广东海阳县署班馆、羁所图)。

表2-3　清代广东省羁所(羁候所)简表

地　点	时　间	监押设施	出　　处
保昌县	乾隆三年	有狱、羁候所	乾隆《保昌县志》卷5公署,陈志仪等纂修,集成,2003年,第620、621页。
陆丰县	乾隆十年	内监、女监公七间,外监并狱堂公六间,班房二间、民壮房二间、号房一间(县署图上又有"监"与"羁"之别,似指内监与外监)	乾隆《陆丰县志》卷3建置、衙署,沈展才等纂修,集成,2003年,第33页。
赤溪县	同治八年	有监房二间、号房一间、羁所一间、女监房一间,值日差馆、差房各一间,狱卒房一间	《赤溪县志》卷3建置、廨署,王大鲁等纂修,集成,2003年,第64页。
怀集县	同治年间	有监房、羁候所	民国《怀集县志》卷2建置、公署,周赞元等纂修,集成,2003年,第497页。
四会县	光绪二十二年	有内监一间、外监一间、女监二间,有羁候所	光绪《四会县志》编二上、廨署,陈志喆等纂修,集成,2003年,第136页。
罗定州	雍正八年	有男监三间、女监一间、羁所三间、看守所一间,拨兵五名巡守	民国《罗定州》卷2廨署,周学仕修,陈树勋续修,集成,2003年,第291页。
普宁县	康熙四年	有内监十二间、女监一间、外羁三间、狱神祠一间	乾隆《普宁县志》卷2公署,萧麟趾等纂修,成文,1974年,第134页。
海阳县	康熙二十六年	有狱房,有羁留所	光绪《海阳县志》卷18建置略2,卢蔚猷等纂修,丛书,1967年,第148页。

---

①　沈葆桢:《羁所宜改活板说》,载盛康辑:《皇朝经世文编续编》卷101,《刑政》,《治狱》,第4675—4676页。

②　The Prisons of Caton, *Chin Review*,卷4(1875)。

③　张之洞、刘坤一:《奏江督刘鄂督张会奏条陈变法第二折》,载杨凤藻辑:《皇朝经世文新编续集》卷1,通论上,台北文海出版社1972年版,第52—67页。

续表

地 点	时 间	监押设施	出　　处
新会县	乾隆四年	有监狱六间、羁所六间(深八丈一尺、宽四丈三尺)	道光《新会县志》卷3公署,林星章等纂修,丛书,1966年,第72页。
东安县	道光三年	有狱、有羁房、有便民房	道光《东安县志》卷1舆图、县治图,丛书,1975年,第20—21页。
长乐县	康熙二年	有大监、羁铺,有女监	康熙《长乐县志》卷1县署图,孙胤光等纂修,集成,2003年,第21页。

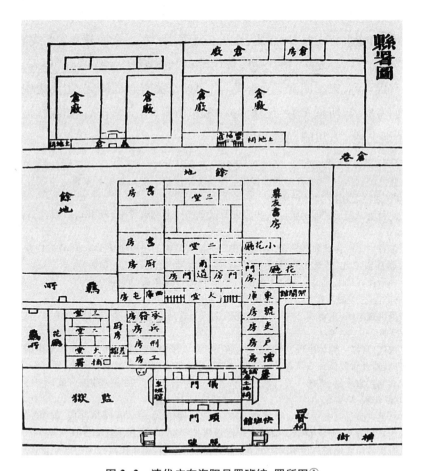

图 2-2　清代广东海阳县署班馆、羁所图①

① 卢蔚猷等纂修:光绪《海阳县志》卷18,《建置略》2,丛书,1967年,第148页。

自新所、翼房、羁所，虽初为羁押窃贼而设，但后来在实践中都呈现出滥押久羁的倾向，如晚清张之洞指出羁所管押窃贼外，尚羁押"地痞及案情干涉甚重而供情未确、罪名未定、保人未到者，定律虽无明文"。① 可见在实践中，羁所往往与班房等私牢并无显著的区别，所以又有人将其视之为班房之更名、别名，如沈葆桢即言："当晓以现今'羁所'，即'班馆'之更名。"②

五、官媒管押妇女考③

官媒一词，古已有之。初仅为官方婚姻媒介机构或带有官方色彩的媒人，最早的相关记载出现在《周礼》之中，其曰："媒氏掌万民之判（即婚配）"，"凡男女自成名以上，皆书年、月、日、名焉，令男三十而娶，女二十而嫁。"④此类官媒，三国吴称"媒官"⑤、唐复称"媒氏"⑥，宋代始称"官媒"⑦，元代时有"媒互人"⑧之称。而官媒一称，宋迄明清最为常见。⑨ 目前有关官媒的研究，主要集中于此类婚俗方面考察，且所据多为《红楼梦》、《醒世恒言》等文学作品，如陈顾远先生的《中国婚姻史》⑩、方川的《媒妁史》⑪。

---

① 张之洞、刘坤一：《奏江督刘鄂督张会奏条陈变法第二折》，载杨凤藻辑：《皇朝经世文新编续集》卷1，《通论上》，第52—67页。

② 沈葆桢：《羁所宜改活板说》，载盛康辑：《皇朝经世文编续编》卷101，《刑政》，《治狱》，第4675—4676页。

③ 该目主体内容此前已发表，参见陈兆肆：《清代官媒的法律功能及其流弊》，《内蒙古师范大学学报》（哲社版）2013年第2期。

④ 孙诒让：《周礼正义·地官·媒氏》，中华书局1987年版，第1050页。

⑤ 陈寿：《三国志》卷53，中华书局1982年版，第1251页。

⑥ 唐贞观年间，重申周公"命媒氏之职"意。王溥：《唐会要》卷83，嫁娶，中华书局1955年版，第1527页。

⑦ 宋代，官媒一称始出现，且设此初为解决宗室女子婚姻问题。而方川在考察中国历史上的官媒制度时，对此重要阶段有所忽视。史载："近世宗女既多，宗正立官媒数十人，掌议婚，初不限阀阅。富家多略宗室求婚，苟求一官，以庇门户，后相引为亲。"参见朱彧：《萍洲可谈》卷1，上海古籍出版社1989年版，第4页。

⑧ 参见宋濂等：《元史》卷185，《列传》72之吕思诚传，中华书局1976年版，第2834页。清人韩泰华认为："媒互人，疑官媒也。"俞樾：《春在堂丛书》第6册，凤凰出版社2010年版，第511页。

⑨ 方川曾简要地梳理过中国历史上的官媒制度，唯其注重于探讨作为婚姻媒介意义上官媒，而对其他类型的"官媒"则语焉不详，且在资料征引和解释方面多有讹误，此已为龚世俊所指出。方川：《中国历史上的官媒制度》，《文史知识》1997年第1期；龚世俊：《文化史研究中运用文献资料的问题——读〈中国历史上的官媒制度〉》，《固原师专学报》（社会科学版）2000年第4期。

⑩ 陈顾远：《中国婚姻史》，上海文艺出版社1987年影印本，第148页。

⑪ 方川：《媒妁史》，上海文艺出版社2000年版，第90—101页。

明清之际,官媒的功能发生了重大变化,即在婚姻媒介之外而兼具若干法律功能。上述学者对此亦略有论涉,如陈顾远先生言及:"各地方官遇发堂择配之妇,交充官役之妇人执行,称曰'官媒';同时各地方官鉴于管辖区内贫女婢女,婚嫁为难,由官代为媒妁,杀礼以成其婚,亦曰'官媒'。"①陈先生指出官媒可为堂判有罪之妇代为择配,但对此事之详尽原委未加申述,至于法律上的其他功能则未提及。此外,陈先生将法律意义上的官媒与媒妁意义上的官媒歧为二人,实则与历史事实有违,"州县之有官媒,兼充稳婆者也"。② 方川在柳存仁先生的见解基础上指出:"到了明清,媒官演变成官衙中专门承办女犯的婚姻择配或贵族之家放出女奴的婚配,及看管送押女犯的女差役。"③方川的观点表明,明清官媒在承担婚姻媒介及买卖人口等事务之外,尚有其他功能。然而,出于史料不足征,上述两位学者的论断多有不确和未尽之处。而其他学者有关官媒的论述文字,大率剿袭陈说,鲜有突破。下文借助律例、档案以及《申报》等资料,对清代官媒的法律功能及作为私牢的种种流弊作一考述。

既往研究皆忽视一点,即在清代合法的人口买卖中,官媒起到至关重要的中证作用,如雍正五年(1727)定例就明确规定:

> 凡外省民人有买贵州穷民子女者,令报明地方官用印准买,但一人不许买至四五人带往外省。仍令各州县约立官媒,凡买卖男妇人口,凭官媒询明来历,定价立契,开载姓名住址,男女年庚,送官钤印。该地方官豫给循环印簿,将经手买卖之人登簿,按月缴换稽查。倘契中无官媒花押及数过三人者,即究其略卖之罪。倘官媒通同棍徒兴贩及不送官印契者,俱照例治罪。至来历分明而官媒掯索,许即告官惩治。④

该例规定"官媒花押"成为人口买卖契约成立的要件之一,否则便构成"略人略卖人罪"。⑤ 不过,"官媒通同棍徒兴贩及不送官印契"之弊,从未因此例而

---

① 陈顾远:《中国婚姻史》,第148页。

② 《论轻发官媒》,《申报》第二千九百四十三号,第一版,光绪辛巳六月十七日(1881年7月12日)。

③ 邓云乡:《〈红楼〉趣谈》,《文学报》1993年3月11日;方川:《中国历史上的官媒制度》,《文史知识》1997年第1期。

④ 薛允升:《读例存疑》卷30,《刑律》6,《贼盗下》,《略人略卖人律附例》5。按,薛允升所言此例定于雍正五年有误,今依会典而定于乾隆五年。

⑤ 关于此罪的有关律例条文,参见薛允升:《读例存疑》卷30,《刑律》6,《贼盗下》,《略人略卖人律及附例》18条。

停止。直至乾隆三年(1738),户部尚书海望仍对此弊严加指责,要求禁止棍媒串通以买卖人口。①

除了上述,在法律上,清代官媒还负责押禁女犯及其他相关事务。对此,光绪三十四年(1908)御史王履康作过较为详细的梳理,其称:

> 查例载,妇女有犯奸盗人命等重情及别案牵连,除正犯仍行提审,其余小事牵连,提子侄兄弟代审(注:例文一)。又,妇女除实犯死罪例应收禁者另设女监羁禁外,其非实犯死罪,承审官拘提录供后,即交亲族保领,听候发落,不得一概羁禁,诚以妇女名节为重(注:例文二)。非实犯奸盗及案内正犯,概不轻予提审。非实犯死罪,于提审录供后,即交亲族保领,概不轻予羁押。至官媒一项,除例载妇女犯斩绞重罪应行解勘者,于经过地方派拨伴送外(注:例文三),并无准其将涉讼妇女发交看管明文。例载当官嫁卖妇女,历来办法虽由官媒承领此项犯奸妇女,故判罪后交其领卖(注:例文四),并非寻常妇女一经涉讼,即使之收押也。②

职司风宪的御史对清代律例颇为熟稔,其所提及的"例文一"系顺治十六年(1659)所立,而由乾隆元年(1736)改定。③ 该例表明,妇女犯有奸盗人命重案之正犯,方可行提审公堂,其余细故案件及牵连人犯,则由女犯子侄或兄弟代上公堂。此外,御史所提及的"例文二"系乾隆九年(1744)经刑部议覆湖南巡抚蒋溥条奏后而定例。④ 由此可见,妇女除实犯死罪者设女监羁禁外,其余皆应交亲族保领候审,不得羁禁。该条规定与前述康熙四十五年(1706)的定例可相互参看。康熙四十五年的定例是针对男犯而定,其中只规定对笞杖轻罪人犯及干连证佐取保候审而不得概行拘系,对于徒流以上人犯则仍行羁押。此处乾隆九年的定例系对女犯而言,交保候审的门槛则大为降低,即死罪以下者俱行保领而概不得羁禁;其次,康熙四十五年定例所言男犯之"保"系为地保,而乾隆九年定例所言女犯之"保"乃为族亲。上述对女犯异于男犯的特殊规定,反映出清律对女犯在羁押和取保方面的慎重。据此可知,清代妇女若涉及犯奸盗人命等重情以

---

① 户部尚书海望等:《请定官媒禁止棍媒买卖人口一折事》,乾隆三年五月十八日,档案号:04—01—01—0024—008,中国第一历史档案馆藏。
② 刘锦藻:《皇朝续文献通考》卷247,《刑》6,《考》9927,浙江古籍出版社2000年影印本。
③ 薛允升:《读例存疑》卷49,《刑律》25,《断狱下》,《妇人犯罪律附例》2,及薛按。
④ 薛允升:《读例存疑》卷49,《刑律》25,《断狱下》,《妇人犯罪律附例》2,及薛按。

及与别案牵连,正犯方可提审羁押。至其羁押地点,则在官媒。外此则俱由其族亲担保候审,一律不准提审羁押。

身犯重案的女犯例当层层审转,由此产生了解勘女犯的问题。上述御史所言之"例文三"为乾隆二十五年(1760)刑部议覆四川按察使永泰条奏后定例。① 此处"伴送"者即为"官媒婆",这乾隆二十四年四川按察使永泰的原奏中可以看出,其称:"秋审女犯应拟斩绞监候,情罪显然无庸改拟者,一次后即停解审。应行解送者,令金解有司及经过州县,选择老成妥役管解,仍派官媒婆伴送。"② 乾隆二十五年的定例,规定此后秋审解勘女犯一律由官媒伴送,是受到明朝以来"(女犯)散寄女监,由官媒看管"③ 这一既有经验的启发。实际上,先前解勘女犯向来由男役解送,但乾隆九年(1744)有人提出,在长途押解之中,"恶劣解役阴加侮辱,明肆欺凌"。有鉴于此,山西按察使多纶奏称:"查各省州县均有官媒婆一项,监禁女犯,俱系伊等轮流值守,应即于此等媒婆内金派伴押,逐程交替……如此则军流犯妇得免解役侮辱之虞。"④ 此后,女性解犯由先前的男役押送,变成了女性官媒解送。此举起初旨在保护女犯免受男役的欺凌侮辱,但如同下文将述,由女性官媒解送后,此类凌辱并未减少,甚或变本加厉。

清初承袭明律而规定:"凡妻妾与人通奸,而本夫于奸所亲获奸夫奸妇登时杀死者,勿论。若止杀死奸夫者,奸妇依和奸律断罪,入官为奴。"⑤ 乾隆五年(1740),将"入官为奴"一句改为"当官嫁卖,身价入官"。⑥ 犯奸之妇女,一旦对簿公堂后,身败名裂,奸夫被强制拆散,而夫家又弃之如敝屣,故上述御史所提及的"例文四"规定,犯奸之妇女"例定入官",而由官媒为其嫁卖,意在剥夺其自由择夫权以示惩戒之外,初始亦有为其寻找出路的善意寓于其间。不过,也正是由于官媒对犯奸妇女拥有领卖权,才为前文所述官媒常勾结棍徒买卖妇女,提供了

---

① 光绪朝《清会典事例》卷852,《刑部》,《刑律》,断狱,妇女犯罪,第1254页。

② 《高宗纯皇帝实录》卷619,乾隆二十五年八月下,第964—965页。

③ 光绪朝《清会典事例》卷728,《刑部》,《名例律》,《流囚家属例》,雍正十三年十一月,第58—965页。按,利用官媒看管女监的做法,始自于明。至于具体时间,待考。

④ 署理山西按察使多纶:《奏请令官媒婆伴押军流金解妻室事》,乾隆九年十二月,档案号:03—1349—029,中国第一历史档案馆藏。

⑤ 薛允升:《读例存疑》卷32,《刑律》8,《人命》1,杀死奸夫律卷首。

⑥ 光绪朝《清会典事例》卷801,《刑部》,《刑律》,《人命》,《杀死奸夫律》,第767页。

若干便利。据巴县档案中的相关资料显示,领卖奸妇,需履行较烦琐的法律程序:首先,奸案由官方坐实后,原夫尚需出具是否愿与其妻离异并交由官媒择嫁的甘结。① 待履行过官媒择嫁手续后,愿领犯妇者还需提交领状,以说明其确实经过"官媒案证说娶"、原夫之家情愿休退以及原夫、犯妇两家并无勒索等事,此时地方官方准其承领。② 清代小说《姑妄言》中曾提及一例,嬴氏犯奸入官后,差役欲传其夫邬合,但"不知何往,无从寻觅",知县遂说道:"料道这样妇人,他丈夫哪里还要?……今晚暂收监,明早传官媒领卖。"③此处县衙寻找邬合,即是为了令其出具是否愿将其妻交由官媒另嫁的甘结。由上述可见,方川称官媒"专门承办女犯的婚姻择配"无疑过于笼统,实际上清代官媒只对那些犯奸且本夫拒领之女犯,才有权为之择嫁。

综上所考,清代官媒除了做婚姻介绍人之外,尚充当法律上人口买卖的中证人,并承担看管女性重犯、解勘女犯以及为犯奸女犯择嫁等法律事务,其间女犯既有已决之犯,亦有未决待定之犯。应当看到的是,清代对女犯羁押方面,自始即作出了许多相较男犯更为宽松的规定,主要是出于礼教方面的考量,即如薛允升所言:"妇人犯罪,法原不轻于男子,而不许径行提审者,所以励廉耻、厚风俗也。"④不可否认,这些规定对遏制有司侵凌女犯权益,确也起到了一定之效,而这在当时的司法生态环境下,亦不失良法美意。在清代的官方文牍中,上司常如是告诫地方官:"不知妇人幽系一宵,则终身不能自白。无论乡邻咸訾,里巷交传,即至亲于父母,恩爱如良人,亦难深信其无他事。"⑤此言指出法律上之所以对女犯作慎重羁押的规定,实有出于礼教之防的合理性。然而,此类话语⑥亦暗示着女犯"一入官媒之手即无异于羊入虎口"的悲惨境遇。

---

① 闵上云:《为甘愿与陈氏离异将其交原差发交官媒择户另嫁事结状》,巴县档案馆,档案号:清6—04—05658,咸丰十年六月十九日;廖正广:《为甘与廖王氏离异发交官媒择嫁不得阻滞翻滋事结状》,咸丰十一年六月初一日,巴县档案馆,档案号:清6—04—05767。

② 曾世全:《为凭官媒领欧氏为室事领状》,巴县档案馆,档案号:清6—04—05635,咸丰十年闰三月十五日。

③ 曹去晶:《姑妄言》卷7,金城出版社2000年版,第307页。

④ 李渔:《论监狱》,载贺长龄辑:《皇朝经世文编》卷94,《刑政》,第3344页。

⑤ 如有人言及:"妇女因案一涉此中,百口难分,微瑕莫涤。"参见《论刑官造福》,《申报》第八千五百十六号,第一版,光绪二十二年八月二十六日(1886年12月30日)。

⑥ 李渔:《论监狱》,载贺长龄辑:《皇朝经世文编》卷94,《刑政》,第3344页。

如前所述,清代律例中对提审和羁押女犯一事本极慎重,非犯奸盗人命等重情及别案牵连之正犯,一般不轻予提审;非实犯死罪者,一般不轻予羁监。① 总之,依照律例规定,并非妇女一经涉讼,即对之羁押。然而,在实践中,官媒羁押女犯的情况泛滥至极,"妇女有犯奸发交官媒,照官价发卖,其未曾断结之前,或有罪不至于收禁而押于班房,则又虑男女混杂,因亦交官媒羁押。"②官媒对本应交给族亲保候的轻罪女犯乃或女证,进行非法羁押的现象屡屡发生,如御史王履康所言:"无如日久弊生,州县既惮于交保之烦,书差更乐于看管之便,官媒从而居间。妇女无所伸冤,一经涉讼,轻则倾家破产,重且含垢蒙羞。"③清代"诱拐妇女"之案本分为二类,一曰"奸拐案",一曰"拐带案",前者发生"奸情",而后者虽行"诱拐"但并未"成奸"。依照律例,后者案件中的妇女本当取保释放,但"有书役瞰其或年少或美色,可以图淫,可以图利,通用无人敢保为词。问官少不留意,亦听从官媒官押。是该妇女尚未自陷于奸淫,而有司反以奸淫陷之也"。④清代的小说也常常记载,官媒总是在地方官的默认之下,利用自家屋舍,或衙外官房,非法羁押轻罪女犯以及女性证佐。⑤

官媒之弊(或言女性犯证羁押问题)存乎有清一代,但如同后文将示,在晚清这一问题似乎更显突出。当其时,男女交往开始摆脱传统礼教之樊篱,渐趋开放,但以礼入教的清朝律例,却难能亦步亦趋,骤然而改,因此业已松动的社会观念及行为,渐与刚性的法律制度之间产生紧张,是故此时奸案数量也呈井喷之势,尤以身处十里洋场而得风气之先的上海一地为甚。在此背景之下,主要管押犯奸女犯的官媒,亦随之而成为全国上下瞩目之对象。在日益发达的晚清报刊的发隐摘伏之下,这一问题暴露得较前更为彻底而全面。是时《申报》等报刊对此痼疾不遗余力地揭露和声讨,亦与晚清外来狱制映照和激逼下的狱制革新以及女权意识的萌发密切相关。

---

① 薛允升:《读例存疑》卷49,《刑律》25,《断狱下》,《妇人犯罪律附例》2,及薛按。

② 《妇女勿轻易交官媒说》,《申报》第二千七百九十四号,第一版,光绪辛巳正月十五日(1881年12月13日)。

③ 刘锦藻:《皇朝续文献通考》卷247,《刑》6,《考》9927。

④ 《录近日见闻录》,《申报》第四百三十号,第一版,同治癸酉七月二十九日(1873年9月20日)。

⑤ 吴趼人:《狄公案》第25回,华夏出版社1995年版,第302页;李宝嘉:《官场现形记》第13回,长城出版社1999年版,第85页。

六、饭歇等私家管押考

就地点而言,上述多为衙署内的"公所"管押,而清代亦出现了"私家"管押的现象,其中衙署外的"饭歇"①管押尤为突出。

明清时期饭歇介入司法的方式,胡铁球做过较详细的梳理,其指出饭歇利用为乡民提供食宿服务之便,渐具包揽词讼、干预审判的功能,并言"保歇"看管驱使犯人,成为"监狱制度重要组成部分"。② 言外之意,胡铁球认为看管犯人之"保歇",具有某种官方专门化职能的色彩,实则非也。清朝饭歇虽承担着羁押解犯和候审犯证的功能,但并未官方化和专门化,其店主仍以民人为主(或衙役为其幕后主人),而羁押犯证始终为其诸多功能之一种。

解犯在递解途中须滞留食宿,一般重罪解犯则例行收监。而对于笞杖轻罪解犯,出于轻重有别以及法定监狱酷虐之事多有,乾隆五年(1740)谕令:州县遇犯有笞杖轻罪者,应送回原籍或案件犯事所在地衙门,应于接递人犯移文票内,注明该犯罪名以及"不应收监"字样;中途接递州县,应将轻犯押交坊店歇宿,禁止滥行收监。③ 此后,该谕旨被纂入定例之中。④ 乾隆二十六年(1761),盛京刑部侍郎朝铨奏称:山海关外至威远堡边门之间的通衢大路,常有往来递解人犯,而此段路程不比直省州县城临近大路,可按站"寄监"。每押人犯至晚上,唯有投宿坊间歇店,但由于坊店门户不够严密、墙壁有欠完固,解犯逃脱者日多,故而"山海关外往来解送人犯住居歇店,该店主即通知该屯领催、乡约,按户

---

① 关于明清时期的"饭歇"或"歇家",学界已有相当丰富的研究,主要有:王致中对清代青海地区的"歇家"进行研究,认为其系经官方认可的"招住蒙番"的客店,因有人常在买卖蒙番之货,故又具有"货栈和中间商"的性质;日本学者太田出认为,歇家在明清词讼过程中,具有重要的媒介担保作用;日本学者谷口规矩雄则认为,明代歇家是包揽赋役事务的准官方机构。总之,学者们往往从自己的学术旨趣及所搜集资料出发,对饭歇的某种功能进行研究。而近年来,胡铁球在对歇家进行综合性研究的基础上,别有新创,提出了一些深有见地的观点。笔者总体上认同胡铁球的看法,即:饭歇或歇家原本为供人餐宿之所,因人烟往来辐辏,故而许多事务在此进行,逐渐赋予其客栈之外的其他多重身份,尤其兼有催纳完赋、延揽词讼等方面的中介性功能。本书并不欲将"饭歇"完全界定成司法管押场所,进而否认它的原初功能及别项功能,只欲从其一个侧面对其进行观察。有关研究,参见王致忠:《"歇家"考》,《青海社会科学》1987年第2期;胡铁球:《明代仓场中的歇家职能及其演化——以南京仓场为例》,《史学月刊》2012年第2期。

② 胡铁球:《"歇家"介入司法领域的原因与方式》,《社会科学》2008年第5期。

③ 《高宗纯皇帝实录》卷119,乾隆五年六月下,第741—742页。

④ 薛允升:《读例存疑》卷48,《刑律》24,《断狱上》,《囚应禁而不禁律附例》2。

派夫,帮同押解"。① 后来上谕同意此法,并将之纂入定例之中。② 山海关外幅员辽阔,与内地不同,且州县较少,无监可寄,是以定立此条,全国其他直省州县本非可以一概而论,但由于内地各省有的地方资源亦属有限,未能遍设监狱,故乾隆二十九年(1764)在安徽巡抚奏议基础上,又定例规定:"直省并无监狱地方,该管官遇有解犯到境,即行接收,多拨兵役,于店房内严加看守,毋致疏虞。"③如此一来,以坊间歇店作为临时"寄监"的做法,由山海关一地而迅速播及全国。

由上述几则定例可知,或为示以轻重有别,或鉴于法定监狱酷虐,或因法定监狱未能遍设,因而例文多次规定以歇店暂羁递解人犯。

此外,如前所述,因轻罪人犯及证佐一般需在审前取保候审,以便随传随到,但涉讼乡人一旦入城,往往又出现"无亲识取保",因此衙役往往强制轻罪人犯及证佐发交饭歇,以其作为取保候审之地④。是故,歇家又时被称为"保歇"或"委保人"。⑤ 明人佘自强在一则文书中提及,隆庆四年(1570)徽州府衙署前的歇家(指饭歇主人)郑助受"押保皂隶王锁"之托,将从歙县押解来的犯人范训(即所谓"的保人")"保管"在饭歇之中,以候审理。顺治年间,有人奏言:"各府州县于监狱之外,更有仓铺、有所棚、有店。"⑥此处之"店",即为饭歇。康熙年间,此类羁押设施为例文所厉禁,但在后世却屡禁而不止。乾隆末期,江苏省处理轻犯措施时,虽然规定"例不应禁人犯,俱任自觅店居,出具店保"。⑦ 但实际上,更多的时候,差役将一应犯证强行发交歇店,正所谓"凡遇传质人证,先交饭店。"⑧饭歇有时虽非为差役所开,但店家往往与差役沆瀣一气,结为党羽。而更多

① 盛京刑部侍郎朝铨:《奏为防止山海关外至威远堡往来押解犯人脱逃事》,乾隆二十六年九月十六日,档案号:04—01—01—0248—044,中国第一历史档案馆藏。

② 薛允升:《读例存疑》卷48,《刑律》24,《断狱上》,《囚应禁而不禁律附例》4。

③ 薛允升:《读例存疑》卷48,《刑律》24,《断狱上》,《囚应禁而不禁律附例》5。

④ 美国法史学者麦柯丽认为,这种饭歇居停作保的功能正类似于乡间保甲,只不过他们是针对城市中的流动人口的。参见[美]梅莉莎·麦柯丽(Melissa Macauley):《社会权力与法律文化:中华帝国晚期的讼师》,北京大学出版社2012年版,第127页。

⑤ 钰欣、周绍泉主编:《徽州千年契约文书·宋元明编》第2卷,花山文艺出版社1993年版,第454页。

⑥ 周清源:《清狱省刑疏》,载葛士浚辑:《皇朝经世文续编》卷414,第1732页。

⑦ 江苏巡抚长麟:《奏报查明本省差役并无私设班馆事》,乾隆五十六年十一月初十日,档案号:03—0362—032,中国第一历史档案馆藏。

⑧ 《宣宗成皇帝实录》(一)卷18,道光元年五月,第344页。

的时候,饭歇作为一种垄断性资源为衙役所直接控制,正如刘衡曾指出:"饭店人等亦与差役通气,或即系差役开张,遇有人证到此,差之凌虐之者,无所不至"。① 乾隆年间,闽浙等地的胥役即往往"私开店铺,羁候人犯,供其饭食,重利剥算。其无力贫民,则拴锁木墩,不给衣食,往往因冻饿伤生,或凌逼自尽"。② 道光六年(1826),安徽巡抚张师诚指出,慑于近年班房禁令极严,有的州县虽不敢私行设立,但"惟闻各处饭歇店铺,往往有衙役开设者。此等饭店请人出名,沿街门面招牌与民间饭店无异,而每有私自押人情弊"。③ 可见,乾隆朝以后,衙役大量私设的歇店,不过是对禁令极严的班房进行改头换面而已。道光十二年(1832)五月,前述陈乐山到达安徽太湖县配所后,就曾目睹县捕役将被诬之人"拘至旅店",诈索钱财,以致该人"畏惧私刑,身带刑具,投河自溺"。④ 同治年间,直隶省"案证提到省城,分别保押,听候审办……有取店保者,店家居奇勒掯,择肥而噬"。⑤ 同治年间,江苏巡抚丁日昌查出,如皋县用来羁押犯证的饭歇,就有"庆和堂客寓及南盛楼官饭庄"⑥等数处。一直到晚清之际,张謇尚谓:"外省州县拖累干连,店所侵虐,甚于监狱。"⑦晚清新政改革之际,河南臬司在给抚院的详文中指出,"省城一带设有专羁人犯的'红差店'二处,一张钺店,一左照壁店……有违定例,且其中不无弊端。"⑧

应当指出的是,除了衙役私设饭歇以外,尚有讼师设立饭歇,并与衙役勾串为奸。据明后期余自强所述,徽州府的讼师往往利用所开饭歇,诡骗寄居此处的争讼各方,称其与官府熟识,可代为打理,唯要求两造皆须提前交纳一定银两,结果"负家原银虽还,胜家则被此辈哄去"。这种"吃了原告又吃被告"的做法,在

---

① 刘衡:《蜀僚问答》之"收呈时先讯原告之法",载刘俊文主编:《官箴书集成》(六),第151页。

② 《胥役舞弊》,载《福建省例》刑政例(上),第891页。

③ 安徽巡抚张师诚:《奏为查革州县积弊事》,道光六年二月初三日,档案号:03—2849—002,中国第一历史档案馆藏。

④ 陈乐山:《呈恤刑疏》,《军机处档·月折包》,第2437箱,82包,68050号,道光十四年五月,台北"故宫博物院"藏。

⑤ 曾国藩:《直隶清讼十条》,载盛康辑:《皇朝经世文编续编》卷102,《刑政》,第4715页。

⑥ 丁日昌:《抚吴公牍》卷34,华文书局1969年版,第1045—1046页。

⑦ 张謇:《变法平议》,载邵之棠:《皇朝经世文统编》卷102,通论部3,文海出版社1979年版,第4292页。

⑧ 甘厚慈辑:《北洋公牍类纂正续编》(第4册),第2184页。

明后期已十分普遍,蜀滇黔等地称其为"顺风旗",中州吴楚地区称之为"撞太岁",而京城一带则称为"撞木钟"。① 在徽州府衙门前居住而专靠"做歇家糊口"者,通过与书吏、差役的勾结,肆意拖延讼案,最终造成"凡是结讼的士客乡民,在他家里寄居,无一不破家荡产"。② 更有甚者,由于歇家和吏役勾结而故意拖延讼案,导致原告"累月经年,奔驰守候,累死于途中者有之,淹毙旅店者有之,则是强盗未正典刑,失主先登鬼录"。③ 由于远道进城的原告,每每因人地两生而不能成功实现控告,故往往投住讼师所开饭歇而听其谋划,实际上将其视作自己的诉讼代理人。而一旦这些歇家的主人成为诉讼代理人,则"颠倒是非,变乱黑白,架词饰控"。④《西江政要》中记载:"劣生恶监作歇包讼,最为民害也",其"专开歇店,乡民赴控者必须先投歇家讲定,方可递状,经承、原差悉听指挥。其议定作词、出票发签以及挂牌铺堂之银钱,与书差等四六分肥"。⑤ 或许是出于歇家往往替原告"架词饰控",因而清代有的地方承沿明后期的做法,⑥要求状纸上必须写明"具歇家"一栏,如咸丰年间四川冕宁县的状式即有这样的要求。⑦之所以这样设计,主要是想让歇家担保"所控不诬",并承担诬告连带之责。这种做法既能通过提高诉讼成本而来限制词讼数量,同时又能对告状人背后的实际诉讼代理人(即歇家)起到一定的警示和约束之效。

面对讼师和衙役勾结而私设饭歇,地方官员亦深悉其弊,如曾在广东为官的黄六鸿即指出:

> 讼事入城,必投歇家。歇家,非包揽官司之人,即希图赚打官司入钱之人。鸿初到某任时,每公事出入,见县前酒肆饭馆甚多……乃为有势绅衿所开,凡乡人讼事至,无论原被,俱必寓此……乡人舍此,亦更无他驻足,且既为之居停,一切衙门料理,辄有纪纲之仆。至于求情嘱托,又皆主人居奇,以故乡人亦因有所凭依,而群然投止焉。其酒肴饭食,值贵数倍,自告状候准,

---

① 佘自强:《治谱》卷4之"衙役不许作保",载刘俊文:《官箴书集成》(二),第111页。

② 钰欣、周绍泉主编:《徽州千年契约文书·宋元明编》第2卷,花山文艺出版社1993年版,第454页。

③ 李之芳:《李文襄公奏议》卷2,《台谏集》,康熙年间刻本。

④ 严辰等纂修:光绪《桐乡县志》卷2。

⑤ 《西江政要》卷36,光绪年间江西布政司藏本。

⑥ 参见佘自强:《治谱》卷4之"自理状式",载刘俊文:《官箴书集成》(二),第109页。

⑦ 《冕宁县清代档案》,转引自李艳君:《从冕宁县档案看清代民事诉讼制度》,云南出版社2009年版,第124页。

以及投到听审发落，动辄经年累月，而所饮之食之，则干证、原差、在事诸人而外，又有随来之子弟，探望之亲友，因其进于县署，则原差之帮差头役，该管之承行贴写，与夫藉名讲劝之市间，插科打诨之白嚼，日不下数十人，及事完结算店账，已累至数十金，而他费不与焉……①

由上可见，清代以饭歇作为递解人犯的暂时羁押之地，于法有征。但是，差役强制将轻罪人犯及证佐发交歇家候审，甚或勒逼钱财，则于法无征而备受诟病。此外，饭歇作为三教九流汇聚之地，时常成为讼师、衙役等群体延揽词讼、勾串为奸的非法场域。有清一代，饭歇的司法功能总体上仅是其众多功能之一种，而其主要属性仍为乡民食宿之地。不过，据日本学者太田出的研究，清末也逐渐出现了专涉法律事务的"官司饭店"、"讼店"之类。②

有清一代，于衙署之外，除以饭歇管押犯证外，尚有衙役将犯证带至自己家中，以实施非法看管。在李宝嘉笔下，有一名叫刘老大的人，因被地保诬陷，由县官发落至班房候审，而实际上则是被差役私押至皂头家中，文中言道：

刘老大是乡下人，城里的路，东西南北一概不知，况且此时早已吓昏，只得任人摆布。原来押他的所在，并不是什么班房，乃是一个皂头的家里。……这房并无灯火，刘老大进得房来，已先有一个人蹲在地上一声不响。众人把刘老大推了进去，就辞别皂头的家小，一径出门。③

其实，衙役另立私房以为管押之所，并不拘于上述两种地点，如据康熙年间的广东，"更可异者，监仓之外，另设伙房、私监，以为蠹役与本官说事诈财之地。无问原被、干证、老幼、男妇以及株连亲属里邻，到即送入此中，逐名勒索，不厌不已"。④ 嘉庆二十三年（1818），山东省一名散役（非正式衙役）林逢太，擅自将被告张山带至"私寓"进行看押，最终使之押毙。⑤ 道光年间，奉天"辽阳州捕头李

---

① 黄六鸿：《福惠全书》，载刘俊文主编：《官箴书集成》（三），第335页。
② ［日］太田出：《明清时代"歇家"考——以诉讼为中心》，载《日本学者中国法论著选译》，中国政法大学出版社2012年版，第527页。
③ 李宝嘉：《活地狱》，第64页。
④ 朱宏祚：《清忠堂抚粤告示》卷1，江苏周厚堉家藏本。
⑤ 《衙役私将被告锁押寓所病故》，载祝庆祺等编：《刑案汇览》，《刑案汇览三编》（三），北京古籍出版社2003年版，第2210页。

宗成擅立班馆,挟嫌捏禀,滥捕无辜。……该捕役擅立班馆,名称‘老虎班’……”①之所以称其为“老虎班”,不独因为此名可以彰显衙役之凶残,且因长相似虎之“狴犴”,自古以来便是监狱的象征符号。古代监狱门上往往刻画“狴犴”的图像,故是门常被称作“虎头门”,而监狱则被习称为“虎头牢”、“虎头大牢”。②

受到差役私押示范性影响,清代民间亦时时出现一些恶棍捏充王府庄头而私立班房的情况,如道光年间,“武清县属大长亭村有恶棍杜一,绰号‘东霸天’,带领伊子及手下多人捏充王府庄头,并有伙匪串通县役人等,在本村关帝庙内私立班房,滥行拷打”。③ 恶棍捏充王府庄头之名,试图借助官方头衔以作掩护,说明其尚有所顾忌。至于当时一些“乡曲平民,敢于附近京城地方,私置锅伙住房④,安设棘墙,围禁工人,毒殴陵虐,致有伤残”,地方官对此种“公然藐法,竟已至此”⑤的情形,表现出更大的愤怒。地方官役私设班房、擅用非刑,尚且为例所严禁,乡曲平民竟也胆敢公然私设,无疑令政府颜面和威信扫地以尽。对包括地方官员在内的整个统治阶层的权力而言,民间私设比衙役私设更具挑衅意味。实际上,民间出现此种私押,虽不乏恶棍地痞借此敲诈勒索者,然而有时亦是由于民间对官役解决纠纷失去信任所致,如时人所言:“若从付诸班馆,以为胥吏之饱,久而不治,则民仍不如执而私刑之为愈。”⑥可见,班馆需索凌虐的地狱镜像,以及官方有效解决纠纷能力的缺失,导致民间欲控生畏,或宁愿以私押私刑解决纠纷,而不肯相信官断。从这种意义上来说,官方非法往往会造成民间非法与之互动相映,以致恶性循环。

晚清,一度出现犯法者冒充执法者,设立私馆、任意拿押,如“京控命案首

---

① 都察院左都御史奎照等:《奏为奉天民人盛立业李化一分别控告李宗成擅立班馆私押索赃非刑毙命并擅用官物等事》,道光二十二年九月二十二日,档案号:03—3810—046,中国第一历史档案馆藏;《宣宗成皇帝实录》(六)卷381,道光二十二年九月下,第869—870页。

② 如清代小说中记载:“(艾虎)来到监牢狱的门首……往里一走,奔正西,有个虎头门,上头画着个虎头,底下是栅子门,正字叫貔犴门,虽画着虎头,乃是龙生九种质内,其性好守,所以画在监站之上,取其有守性的意思。”参见石玉崑:《小五义》第69回,云南人民出版社1981年版,第248页。

③ 《宣宗成皇帝实录》(五)卷317,道光十八年十二月,第955页;兵部尚书兼管顺天府尹卓秉恬、曾望颜:《奏为遵旨拿货扰害居民私立班房滥刑拷打恶棍杜元瑞等请交刑部审讯事》,道光十八年十二月二十七日,档案号:03—3797—029,中国第一历史档案馆藏。

④ 即棚户房。——笔者注。

⑤ 《仁宗睿皇帝实录》(四)卷224,嘉庆十五年正月,第5—6页。

⑥ 《泉漳治法论——掳禁》,载《治台必告录》卷2,《台湾文献丛刊》17,第104—106页。

犯,诈死变名,充当马快,自设私馆,任意拿押,入门先索水礼、烧金、差礼,多则数百圆,少亦须数十圆,如不交银,立加锁拷桎梏"。① 有清一代,犯匪("流寇")与衙役("坐寇")之间互相转化,乃至彼此引为奥援,并非鲜见。是时,基层政权的合法性和非法性之间的界限,往往模糊不清。

需要注意的是,嘉道以降,时局板荡,国家经制武装如八旗、绿营等无力应对叛乱,也无法维护正常的统治秩序,因此不得不倚重于地方乡绅自保力量,如团练等。而一俟局势稳定后,这些溢出官方权力的乡绅控制力量未能在短期之内骤然消解于无形,相反却日益坐大,甚至拥有自己的审判机构或牢狱设施。如太平军失败后,贵州省一些地方的团练头目,即恃势擅设私牢,以行不法。同治四年(1865),贵筑县青岩赵国霖接任其阵亡之胞弟团首一职后,"初尚为敛戢,嗣后气焰日张,私设公堂刑具,擅出签票拘人,私设班馆押入,倚势横行,诛求勒索,附近乡人,畏之如虎"。② 这些大乱方靖后地方私牢,严重侵蚀着中央权威,从而也成其亟须取缔的对象。

透过对清代私牢的各种类型的考察可知:班房、卡房、饭歇、自新所、庙观寺坛等各种设施,皆具各自的原始功能,且立意本非不善,如班房原初本为三班衙役的值宿之房,卡房则是地方社会治安岗亭或关津要隘之处的缉私设施,自新所原初专羁窃盗再犯冀使习艺迁善,庙观寺坛则是祈愿求福之地,而饭歇为乡人提供食宿,初始皆与羁禁一事无涉。然而在衙役的实践运作中,这些"清白空间",皆异变为未决轻罪人犯及干连证佐的管押地带,甚至成为衙役滥施卑伎、逐权济私的利窟。此等彼此原本互不相干且极具地方性色彩的设施,由于在实践中的功能趋同,故而各自称谓在清代的语境之下,竟可互换使用,如嘉庆年间刘衡称:"所谓班房者,三江谓之自新所,四川谓之为卡房,广东谓之为羁候所。"③此处,班房为属概念,而自新所、卡房、羁候所等则为种概念。道光年间,湖广总督讷尔经额上奏称:"湖南宝庆府属之邵阳县,设立卡房三所,一名为外班房,一名为自新所,一名为中公所。"④此处,卡房又为属概念,而班房、自新所、中公所则为种

---

① 《审明蠹役诈赃疏》,载《黄爵滋奏疏》卷15,道光二十年四月二十一日。
② 《教务教案档》(第一辑),咸丰十年至同治五年,台北"中央研究院"近代史研究所编,精华印书馆股份有限公司承印,1974年,第1489页。
③ 刘衡:《蜀僚问答》,载盛康辑:《皇朝经世文编续编》卷101,第4625页。
④ 湖广总督讷尔经额等:《奏为查明邵阳县及各属实无私设事》,道光十五年七月二十四日,档案号:03—2642—036,中国第一历史档案馆藏。

概念。同治年间，"羁所又名班房，又名保歇。"①本书鉴于清代"律例所不允"的羁押设施名称繁杂，不便以其中一称以赅其余，故以"私牢"来加以统称。实际上，清人自己即曾明确使用"私牢"和"私监"②等称，对班房、捕卡、新仓旅店等非法羁押设施，加以概括。本书弃"私监"而用"私牢"一称，大体上是为了符合今人的使用习惯。就清代某些私牢类型的历时性发展来看，存在着彼伏此起的前后承沿关系：明末清初出现的铺、仓等设施，遭康熙四十五年定例禁止以后，班房设施遂普遍出现；而在下文将提及的乾隆五十三年班房禁令下达后，其他各种名目的私牢设施（如歇店、差带私家、卡房等）则又如潮涌现，总体上呈现出"此私牢禁而彼私牢出"的延异现象。就这些私牢与清代官衙的地理及关系远近而言，又分为衙署内私牢和衙署外私牢两种，前者一般包括班房、卡房、自新所、土地祠等，而后者一般是指歇店、差带私家等。但这种划分亦非绝对，若征得地方官的认可或默许，衙署外私牢又可成为衙署内私牢空间的自然延伸。

第二节　清代私牢的时空分布

如前所述，清代实际上出现了各种名目的私牢设施，用以羁押轻罪人犯和干连证佐，甚及无辜平人。此类私牢最早出现的时间，已难考订。唐朝后期，淮南地区有的地方，除官府牢狱之外，设有私牢，如盐铁使、度支使可自行捕人，私置牢院，每年常千百数。③ 从现有材料来看，宋时出现了大量类似于清朝私牢的羁押设施。宋神宗元丰八年（1085）十一月，下诏严禁私置"厢狱"。④ 宋哲宗也有类似的禁令，并规定："应官司擅置狱者徒一年；公私诸色人因公事追捕人，未解所属，私以杻锁之类关留者，杖一百。"⑤宋人口中的"关留"，即清人所言之"管

---

① 《羁所改作章程》，载余治：《得一录》，参见刘俊文主编：《官箴书集成》（八），第712页。

② 朱宏祚：《清忠堂抚粤告示》卷1，江苏周厚堉家藏本；陈乐山：《呈恤刑疏》，见《军机处档·月折包》，第2437箱，82包，68050号，道光十四年五月；河南道监察御史李郁华：《奏为湖南州县勒索陋规设立私牢请旨严禁事》，光绪七年八月十四日，档案号：03—5668—004，中国第一历史档案馆藏。

③ 《谷霁光史学文集》第3卷，《隋唐宋元史》，江西教育出版社1996年版，第138页。

④ 李焘：《续资治通鉴长编》卷361，元祐四年八月癸未。

⑤ 李焘：《续资治通鉴长编》卷477，元祐七年九月壬午。

押"。北宋胡太初在《昼帘绪论·治狱篇》中言及:"每有私忿怒,辄置人于圄,两争追会未圆,亦且押下,佐厅亦时有遣至者,谓之'寄收'。长官多事漫不暇省,遂致因循淹延,不知一人坐狱,阖户抱忧……"①宋人陈襄亦曾提到当时差役往往"将对词人(证人)锁之'空房',故为饥饿,不容人保"。② 南宋景定四年(1263),京都竟出现狱吏"置窠栅私系囚"的情况,以至宋理宗不得不下诏严加禁止。③ 据周宝珠的研究,宋代的城市中的一些厢吏,为对一些无辜者实施勒索,往往利用"柜坊"、"旅邸"等对之非法锁拿幽禁,短则数月,长则一年,守贰不能察,监司不能闻,小民含冤莫告。④ 上述私押犯证甚及无辜平民的"厢狱"、"佐厅"、"空房"、"窠栅"、"柜坊"之属,无疑都是宋代律例所不准的私牢设施。有研究指出,在元朝,豪强地主、僧、道、族祠等私设牢狱现象亦十分普遍,各王府也常自建监狱,还保留了落后的监禁处所——地牢。⑤

就清代而言,康熙四十五年定例:"将仓、铺、所、店尽行拆毁。除重犯羁监之外,其干连、轻罪人犯,即令保候审理。如有私设仓铺等项,将轻罪人犯私禁致毙者,该督抚即行指参,将该管官照例治罪。"⑥而在此之前,如第一章所述,明清

---

① 有意思的是,宋人官箴提及,当时对"二竞"(即原、被告)一般皆须被押,且都主张将两造同押一牢,因为一旦别牢,则富强一造可能贿赂狱吏而有碍公正;同在一牢,则可互相监督。胡太初:《昼帘绪论》,载刘俊文主编:《官箴书集成》(一),第107页;陈襄:《州县提纲》,《官箴书集成》(一),第64页。

② 陈襄:《州县提纲》之"察监系人",载刘俊文主编:《官箴书集成》(一),第52页。

③ 沈家本指出,宋代窠栅之形式如何,已无可考,但认为其"盖即今时班馆之类"。据《宋会要辑稿·刑法二》载:"嘉定十七年四月八日,臣僚言:临安府、转运司凡所施行公事,两造在庭,有押到而未供者,有已供而未呈者,未免押出召保。圄卒殴打乞觅,辄于委巷之中,僦客邸为关留之所,名曰'窠里'。得钱则听其责保而去,无钱则执缚拘系,鱼贯蚁聚,臭秽熏蒸,隆暑严寒,倍极其苦。安边所及南北两厢,钱塘、仁和两县,循习仿效。已令转运司、临安府委员严行根刷追断,毁拆窠栅,镂榜晓示。自令知在人关留窠里,仰家属经御史台越诉,将犯人重断编管。四邻不告,一例治罪。从之。"由此可知,作为宋代私牢之一种——窠栅,早在南宋嘉定年间已出现,是"圄卒"以"客邸"对涉案轻犯和证佐予以"关留之所",又名"窠里",其组织方式及其弊病,与上文述及的明清管押犯证的"歇家"颇为类似。参见沈家本:《历代刑法考》,邓经元等点校,第334页;徐松辑:《宋会要稿辑》刑法2,第6432页。

④ 参见周宝珠:《宋代城市行政管理制度初探》,载氏著《后乐素集》,河北大学出版社2012年版,第97页。

⑤ 杜荣坤、白翠琴:《元朝狱政及特点刍议》,载郝时远、罗贤佑:《蒙元史暨民族史论集——纪念翁独健先生诞辰一百周年》,社会科学文献出版社2006年版,第137页。

⑥ 伊桑阿等纂修:《大清会典》(康熙朝)卷124,刑律,断狱,因应禁而不禁,文海出版社1993年版,第6177页。

律文皆对散禁紧要干证及轻罪人犯的做法表示认可。因此,于康熙四十五年定例之前,利用"仓铺所店"对一些紧要犯证实施羁押,未便一概斥之为非法之"私牢"。但此后若循依该例,所有羁押轻犯并干连证佐的行为皆属于非法,而无论其羁押地点何在。然而,如前所考,雍正七年(1729年)以后,内外监之制又明确写入例文之中,此时以外监羁押轻犯并紧要干证的做法,已然具备例文上的依据,故此后的"私牢"则主要系外监之外衙役擅设、滥押犯证及无辜平人的场所。雍正年间,由于督抚藩臬不能有效约束胥吏,导致其狐假虎威,无恶不作,尤以督抚衙门为甚,"其名有内外班之分,内班总管案件,外班传递信息。朋比作奸,种种吓诈,饱其贪壑……书吏伙同衙役拘拿人犯证佐,锁禁班房及差往他处"。①乾隆五十三年(1788),针对台湾出现的"府县差役胆敢私设班房"的现象,乾隆帝在分析其原因时指出:"台湾为五方杂处之区,民情刁悍。"但随后又以略带猜测的口吻说及:"台湾既查有此弊,恐各省亦在所难免。"②显然,"五方杂处"的原因,并不能解释其他各个直省。早在乾隆初年,就有人上奏江苏江宁县有官员家丁伙同衙役,将无辜商贩锁押班房的情况,故而乾隆五十三年关于"他省亦在所难免"的推测,实属持之有据。③ 嘉庆三年(1798)至嘉庆二十四年(1819),御史接二连三地陈奏:"外省地方官,私设班馆及自新所,……借严峻之法,济贪酷之私。"④道光二年(1822)五月上,御史黄中模奏及,各省州县,虽久经例禁,但班房改换名目,仍前设立,为胥吏诈索之地。⑤ 道光三年(1823),御史韩鼎晋上甚至奏:"地方官押令生员,跟拘人犯,往往案据未明,擅押班馆,甚至责子拘父,责弟拘兄,大乖伦理。"⑥道光晚年,频频有人奏陈各地私牢问题的严重性。

据材料来看,私牢问题似乎愈到晚清而愈显严重,这既有私牢痼疾积重难返而不得不予以关注的客观形势使然,亦因晚清之际革故鼎新的意识急剧膨胀,进而导致私牢问题不断被推入时人视野之内,甚或人为放大。光绪初年,依照黎培敬的主张,各省设立待质所,对羁押人证作规范管理,自此地方州县班房等私牢,借待质所之名,一度取得合法地位,正如光绪二十九年(1903)慈禧在其懿旨中

---

① 《世宗宪皇帝实录》(二)卷92,雍正八年三月,第230页。
② 《高宗纯皇帝实录》(十七)卷1312,乾隆五十三年九月上,第701—702页。
③ 《高宗纯皇帝实录》(二)卷113,乾隆五年三月下,第659页。
④ 《仁宗睿皇帝实录》(一)卷52,嘉庆四年八月上,第633页。
⑤ 《宣宗成皇帝实录》(一)卷35,道光二年五月上,第627页。
⑥ 《宣宗成皇帝实录》(一)卷42,道光二年十月上,第759—760页。

愤而言及:"近闻内外问刑衙门,于应办案件,往往经旬累月,延不审结,甚有创设候审、待质各所,以避班馆名目,滥押无辜。其间丁役之需索,胥吏之留难,种种弊端,不可枚举。"①

凡此上述,不难说明:衙役擅设私牢问题,终清一代,无朝无之。

从空间上来看,自清问鼎中原直至其垂危之际,私牢弊病作为各直省州县"内外问刑衙门"的普遍性问题,为时人所提起。衙役私牢甚至也成为辇毂之下、京畿一带司空见惯的现象。作为全国首府的顺天府,其班房之弊积重而难返,久禁而无功。② 京城私牢之弊尤为严重者,当属五城司坊。③ 乾隆三年(1738),御史苏霖渤在上奏中指出:

> 向来(刑)部内应发保人犯,俱交五城司坊官取保。而该司坊官有暂羁人犯之所,或曰班房,或曰铺房,率皆卑隘湫湿,遇有无人保领者之犯,即锁禁其中。若值粮卖官,米犹可日领三四成。米一升,亦止有净米三四合,不足一炊。有时即成色米,亦不能继,以致饥馁愁窘,兼之暑湿熏蒸,每多病毙。缘非例设监所,暗无成规。凡一切修葺房屋以及饮食、医药、灯油、帘席、烘火、凉棚等类,俱皆无项措办。是以无保之犯一经发坊,而死者接续,非一日矣。④

正因这些班房设施"缘非例设监所",所以相较法定监狱而言,更加"暗无成规",弊病尤重。有清一代,步军统领衙门在京城崇文、宣武等八门处各设禁所,分别拘禁镶白、镶红等八旗案犯,其间私牢私押之弊十分严重。光绪七年(1881),监察御史徐克刚奏及:

> 臣风闻步军统领衙门司官进署,总在申酉之间,传案无论轻重,书吏先坐小堂叙供,然后上呈。设立班房,有第四间、第五间名色。其四间房内有木桶、绳床。其五间房则设尿桶、虫坑。人犯一到其中,湿热污秽,上下熏

---

① 《德宗景皇帝实录》(六)卷429,光绪二十四年九月上,第504页。

② 《宣宗成皇帝实录》(四)卷251,道光十四年四月,第805—806页。

③ 五城司坊,即方苞所言"有五城御史司坊",系五城御史、五城兵马司及其属下十坊的监狱。五城御史,巡查京城内东、西、南、北、中五个地区的官。五城兵马司,系指挥、掌管京城地区治安的官。坊,京城分区单位的名称。参见方苞:《狱中杂记》,载《方望溪集》,大连图书供应社1935年刊行,第111页。

④ 江南道监察御史苏霖渤:《奏为陈明刑部现审内有锁禁班房无保领人犯病毙事请旨敕部确议章程设法取保事》,乾隆三年,档案号:04—01—28—0001—061,中国第一历史档案馆藏。

蒸,真有朝不保夕之苦。蠹役立此班馆,藉以需索钱文。闻前署步军统领臣广寿暨现任步军统领臣恩承,虽极力严惩,而此弊总不能除。①

实际上,不独步军统领衙门,就连刑部大牢虽无班房之名,但亦有班房之实。康熙五十一年(1712),因"文祸"牵连而身系刑部大牢的方苞,得知"轻系及牵连未结者"与重罪犯同系老监而饱受酷刑后,主张对其"别置一所以羁之,手足毋械"。是时,衙役诱导富裕人犯纳财,以"求脱械居监外板屋"。②此处"监外板屋",实乃班房之俗称。上有所行,下必效焉。以刑部为首的京师衙门私牢的正常运作,给京师内外各问刑衙门,予以极强的示范效应。

晚清之际,清廷对信息的控制并未因时事巨变,而有所削弱。相反,题本彻底被既密且快的奏折所取代,③成为清廷探知官情民风的主要方式。晚清诸帝每每针对私牢问题做出"一省如此,他省恐在所难免"的判断,看似揣测之词,实则是在信息较为充足的前提下所作的合理推论。当然,据目前所见及,尚无法确认私牢问题出现于清朝各省每一州县。以现有的实录材料来看,除蒙古、西藏、回疆等少数边疆地区以外,④吉林、奉天、直隶、山东、江苏、福建(包括台湾)、广东、山西、河南、安徽、湖北、湖南、广西、陕西等各地出现大量私牢的现象,皆有文献可征(见附表一:清代各省监押设施一览表;附表二:清廷获取私牢信息一览表)。一些边陲之地,或由距离遥远、驿站废弛等因,致使相关题奏信息缺失,但征诸一些私人文集和笔记,可发现这些地方同样存在私牢羁押现象,比如四川"卡房林立"现象即为张集馨的《道咸宦海见闻录》一书所详载。

颇引人注意的是,清朝中后期广东一省私牢名目繁杂,数量惊人,实已至令人瞠目结舌的地步。嘉庆十年(1805),时任两广总督的那彦成和广东巡抚百龄曾联名奏称:

> 访闻南海、番禺二县于官衙门监狱之外,又纵令差役另立班馆,私贴堂名,以为押羁人犯之所。当值(原折为"侄",应为"值")委员分往清查,南

---

① 徐克刚:《请清厘刑狱疏》,载葛士濬辑:《皇朝经世文续编》卷87,第2236页。
② 方苞:《狱中杂记》,载《方望溪集》,第111页。
③ 金声:《奏为遵旨改题为奏撤销淮安关税课进呈题本等件事》,光绪二十七年九月十九日,档案号:04—01—01—1045—002,中国第一历史档案馆藏。
④ 因蒙古、西藏、回疆、云贵、甘肃等地史料难征或不易释读,所以笔者对这些地区暂不涉及。——笔者注。

海县则有班馆三处,名曰待候所、起云仓、惠福巷,押犯百名。番禺则有带候所一处,押犯二百余名,其中有司府衙门因命盗杂案提省质讯发收之犯证,亦有各州县自理词讼案内牵连待质者,不论事之轻重,累月经年,一律拘系。此外,南海县差役则有私馆五十处,押犯共有一百余名,番禺县差役则有私馆十二处,押犯共九十余名,且各馆内多有安设木栅,形同囚笼,又靠壁用板构置小屋,四周堵塞,将讹诈不索之人,禁闭其中,竟同黑狱。奴才等在委员逐日搜查之际,所押犯人病故者,不一而足。此等践横酷毒之举,不知始自何年(此处朱批:前任督抚,竟同木偶矣!)。拖毙人命,不知凡几,道路传说,切齿寒心。又该二县例设官媒,原因民间买卖人口或恐来历不明,凭其定价立契,送官钤印,以杜略卖兴贩之弊。乃该二县各将案内未传女犯,概行发交收管,名曰"女馆",遇有年少妇女,官媒竟逼令卖奸得赃!(此处朱批:可恨之至!)①

道光八年(1828)的《宣宗实录》,不厌其详地将两广总督那彦成和广东巡抚百龄的联名合奏全部收录,以警示广东班房问题的特殊性和严峻性。② 六年之后,一份罕见的千言密奏复又指出,粤省各地上自典吏、下及衙役,对经营私牢一事乐此不疲,或将衙署庙宇改造,或于署内私造新添,其弊端已至十分严重的地步,其中称:

南海县私设班馆,有起云仓、惠福巷二处。其惠福一所,本为该县典吏衙署,今占为班房。各收管所,又改名曰"署左",典吏反赁民房居住。又有添设署前一所,在该县署墙之左。又有三间一处,在头门之内。马鞍街、仙湖街等处,俱有该县役私馆,凡十余处。番禺县之班馆,则在该县署前后左右一带庙内为多,而头门内有六间一处。尤甚者,则大堂前之西边巷至东榨粉街为最。顺德县署之东,有"支搁亭"一所,又名"知过亭",凡被虐将毙之人,置此待死。又该县照墙之东,有衙役聚会处所,名曰"兰堂",头役白役,

---

① 《奏为特参南海番禺二县知县纵令差役另立班馆滥羁人犯致毙多命请革职事》,嘉庆十年六月十三日,档案号:03—2281—020,中国第一历史档案馆藏;其略文又见:《仁宗睿皇帝实录》(一)卷146,嘉庆十年闰六月,第1006页。按,百龄与那彦成联名奏参一事,成为民国时人为其所作传记中浓墨重彩的一笔,《清史稿·百龄传》如是记道:"嘉庆十年,调广东。南海、番禺两县蠹役私设班馆,羁留无辜,为民害,重惩之。劾罢纵容之知县王轼、赵兴。严申禁令,诏予优叙。"参见《清史稿校注》卷350,《列传》130,第9482页。

② 《宣宗成皇帝实录》(三)卷142,道光八年九月上,第173—174页。

串通土棍讼师,日夜聚集其中,吓索愚民。又西街全是差役私馆,标其名曰:一羁、二羁、三羁、四羁、五羁、六羁、七羁、八羁。香山县署内,有大班馆五所。该县照墙外及县前街、拱辰街等处私馆,亦十余所。三水县署内,有左右班馆二处,该县典吏亦于堂侧私设一处,俱安设木闸,中开数孔,将讹索不遂之人,禁锢其中。①

此处,班房与班馆尚有名分上的差异,前者是署内公所,而后者则是衙役私设地带。将上述两则材料合看不难发现,仅隔数年,广东各地的班馆丛滋枝蔓,复有"支搁亭"、"知过亭"等诸多名目,正如道光年间的《新会方志》所言,"馆愈创而愈奇"。②"支搁"二字意指暂羁于此,而"知过"二字则意含犯人唯有尝过苦头方知警醒,其间不无衙役为自我行为寻求合法性的用意存焉。

关于南海县羁所的情况,晚晴南海知县杜凤治,在其日记里也曾提及:作为广州府首县,因狱讼繁兴,南海羁所关押之疑犯、人证及民间细故案件的涉讼者,数以百计。同治十一年(1872),南海羁所有大批已被关押了三四年而尚未审结的犯证。③

有意思的是,道光八年(1828)广东《新会县志》亦以罕见的数千言篇幅,揭露新会县滥设私牢的情形,其中有数语颇能发覆私牢滋蔓难治的实况:

> 城厢之中,班房既分三处;照墙之外,差馆又建八区。深皆几重,阔连数座,以为押诈之地……馆外置馆,闻点阅而私禁可藏;抑且房内有房,伺稽查而私刑已脱。……虽悬秦镜,难雪无辜之冤,所以控差者虽累牍时闻,被害者仍吞声莫奈。④

私牢问题在广东一带尤为严重,与时人所言"案牍较别处尤为繁剧"而"吏治较别处尤为败坏"等因素密切相关。也正因如此,如第五章将要提到的,晚清之际广东对私牢问题的大力整顿,也一时成为全国狱政改革的风向标。

---

① 《宣宗成皇帝实录》(四)卷251,道光十四年四月,第805页。

② 林星章等纂修:道光《新会县志》卷14,《事略下》,丛书,1966年,第412页。

③ 《杜凤治日记》第24本,《特调南海县正堂日记》,同治十二年二月十七日,载桑兵主编:《清代稿钞本》(第14册),广东人民出版社2007年版,第453页。

④ 林星章等纂修:道光《新会县志》卷14,《事略下》,第412页。

第三节　清代私牢与京控、积案的关联

就笔者所检阅，大量与私牢有关的资料，出现在题奏、实录、会典等清朝官方文献之中。从私牢资料所反映的内容来看，大多又与京控案件密切相关；从清廷获取私牢信息的来源看，主要是都察院、顺天府衙门、步军统领衙门、通政使司等处官员据京控呈状而提供；①从本书所收集到的私牢资料的时间分布来看，乾隆以前的似不多，主要集中于嘉道以降（参见附表二：清廷获取私牢信息一览表）。笔者认为，现有的私牢资料之所以聚集于嘉道以降，实与嘉道以后京控案件的增多关联甚大。而嘉道以后京控案件之所以增多，其主、客观方面的原因兼而有之。一方面，在主观上，如有的学者已注意到的，嘉庆帝放宽了对京控的限制条件，从而使得更多的反映底层私牢弊病的京控案件，得以"上达天听"，②进而也使得关于私牢的官方资料与日俱增，直接导致从资料分布层面来看，清朝私牢问题表现出愈晚而愈突出的特点。此外，嘉道以来，随着社会问题的增多，时人锐意革新之精神逐渐膨胀，遂对此前可能熟视无睹的问题格外加以留意。另一方面，在客观上，一如学界所公认的，嘉道以来，"人口众而货物寡"的结构性矛盾日益突出，京控案件亦随涉讼者的增多而增加。③如此一来，因涉讼者的增多，

---

①　清初接受京控案件的地点一般是通政使司、登闻院两处，分别称为告"通状"和"鼓状"，后登闻院由都察院并入通政司，建鼓厅后，减少了分歧。但接受叩阍的地方尚有都察院、五城察院、顺天府衙、步军统领衙门，旗人还可以到八旗都统和佐领处控告。只有刑部严禁收受京控呈词，以免妨碍其正常的审判工作。参见张晋藩主编：《清朝法制史》，第602—603页。

②　京控作为皇帝了解社会运行信息异常丰富的来源，同时它还对地方官僚起到潜在的威慑作用。正因如此，清朝皇帝十分重视京控。然而，乾隆帝于1792年发现无节制的和琐碎事务的京控，严重妨碍了皇帝对重大事务的处理，而且还带来遣使出京审案费用的直线上升，于是开始对京控加以限制。嘉庆五年（1800），嘉庆帝决心"振衰起弊"，命令取消此前限制，受理所有京控，"希望通过对京控的开禁，使得贿赂和相互留情面都不再隐瞒官吏的渎职罪"。参见［美］欧中坦（Jonathan Ocko）：《千方百计上京城：清朝的京控》，载高道蕴、高鸿钧、贺卫方等主编：《美国学者论中国法律传统》，中国政法大学出版社1994年版，第479页。

③　关于资源和法律之间关联性，向为法律经济学所关注的一个重要话题。就法史学领域，目前亦有不少学人对此问题进行研究，突出如［美］步德茂（Thomas Buoye）：《过失杀人、市场与道德经济》，张世明、刘亚丛、陈兆肆译，社会科学文献出版社2008年版；张世明：《法律、资源与时空建构：1644—1945年的中国》（五卷本），广东人民出版社2012年版。

致使有限的法定外监空间更显局促,于是在地方审判实践中,对律外私牢空间的需求日增,正如郑秦先生所言:"干连证佐、未决轻微人犯之众,监狱不堪负重。"①又据方志资料来看,清代许多州县的法定监狱,由于经费短绌或有意塑造"政简讼清"的形象,不能或不愿广设法定监狱,以适形势所需,这无疑又加剧了涉讼人口增多与有限法定监狱之间的矛盾。

其次,嘉道以后积案问题日益严重,这是导致正式监狱负荷不断加重而不得不另寻私牢以为替代的一大原因。

关于嘉庆以后积案累累的原因,赵晓华从"外缘影响"出发,提及近代战争、人口增长、财政不足、交通不便等诸多因素。② 张世明则指出乾隆以后人口膨胀——资源紧张——讼案增加——积案久滞这一司法场域生态链的自然延伸现象,意在强调"资源"与"法律规则"之间的紧密关联。③ 同时,张世明也指出健讼、嚣讼之风日炽,带来了词讼繁兴。上述两人主要是从社会层面的"外部视角"来探讨积案之原因。笔者认为,除此之外,还应以法律层面的"内在视角"去理解清朝的积案问题。

乾隆年间,有人指出江浙等省多有案牍稽迟不结的情况发生,其认为:"命盗各案往往不得正犯,或有因被陷,或连及亲属邻佑人等,以致辗转波累,耽延岁月,究无实在确供,断难定案。"④又如,嘉庆年间,江西巡抚上奏积案"尚有未完五十三件,细查均系屡结屡翻,或因证佐远出,无从鞫定,或因原告不到,照例详销之后复出控理,致未能刻期办结"⑤。上述解释,显然主要是从"不得正犯"和"难得确供"等案情客观方面,来总结积案的原因。道光年间,曾任地方官的舒梦龄,更是将大半狱讼积压问题,归咎于客观上的原因,即有"势不能及时办结者",具体有如下四点:

1. 刁民健讼,俱系架捏大题,图准不图审,希冀滋扰善良,及至差提紧迫,辄即上告,藉得宕延时日,即使奉文押发,往往乘闲脱逃,州县以事关上

① 郑秦:《清代法律制度研究》,第166—167页。
② 赵晓华:《晚清的积案问题》,《清史研究》2001年第1期。
③ 张世明:《清代班房考释》,《清史研究》2006年第3期。
④ 广东海关副监郑伍寒:《奏为江浙等省多有案牍稽迟不结疑案请遣官复核恤刑事》,乾隆二年四月十六日,档案号:04—01—01—0023—030,中国第一历史档案馆藏。
⑤ 江西巡抚先福:《奏为清厘词讼积案情形事》,嘉庆十五年十二月初四日,档案号:04—01—02—0142—028,中国第一历史档案馆藏。

案,未便以久不投到详请销案,以致经年莫结。

2. 原告具控之后,被告或逃亡病故,或住居隔属,备文关提,累月经年,查无踪迹,而原告犹刺刺不休。甚至一案牵涉多人,先到者交保候讯,及未到者续传到案,而交保之人又已潜匿。此往彼来,鲜集讯之期,以致无从审办。

3. 两造控诉到官,业经亲族调处,具结详销,上宪因情节未协,驳饬复审,而原被证佐,均已四散外出,不愿再行投质,以致案结无期。

4. 刁生劣监,无地无之,开征钱漕之时,该生监等本户粮赋,断不肯上紧全完。及至差催,非上告经匠浮收,即系胥役勒折。呼朋作证,引类联名,以告为抗,乃其长技。及奉宪批提审,即避不到案,而核其情节,又系牵涉书差,不敢详销致干宪诘,以致延难讯结。[1]

舒梦龄将上述四条作为大多数积案不清的原因,其间不无为地方官推脱责任之嫌。乾隆年间,马相如即曾对这种"客观主义的论调"提出过批评,其称:"各省积习,非徇情枉断,任性刑求,即漫不经心,因循延搁,于命盗重案,或称人证未齐,或称供词未确,百端借口。……督抚大臣,且未能悉心民瘼,何以仰对圣明?"[2]

我们从乾嘉以后时人对积案至再至三的议论中,可以看出:清朝积案问题,更多是与吏治败坏、承审官"因循疲顽"等主观因素有关。官员在主观上对小案轻忽而对大案畏难,此为案件拖延的首要原因,如陈宏谋所言:"有司官场习气,不耐烦劳,办理案件,惟事拖延,事之小者,以为无关考成,任意拖延,事之大者,又畏难苟安,止图借故推延,不顾案久难结。至于自理词讼、外结之件,则又恃为上司无案,一时查察不及,益得经年悬宕。"[3]又如,嘉庆年间的江西,"词讼较多,固由民风刁健,亦由地方官怠于听断,间有屈抑之事,既不急为伸理或经审属虚诬,又不照例反坐,一味搁延宽纵,以致负屈者鸣其不平,逞刁者益无忌惮,纷纷

---

① 舒梦龄:《上大府清厘积案书》,载盛康辑:《皇朝经世文编续编》卷102,《刑部》5,《治狱中》,第4759—4762页。

② 马相如:《请勒限清理积案疏》,载盛康辑:《皇朝经世文编续编》卷102,《刑部》5,《治狱中,第4703—4704页。

③ 湖北巡抚陈宏谋:《奏为据实奏明地方摒除疲玩习气清理陈年积案等情形事》,乾隆十二年十二月二十一日,04—01—11—0003—001,中国第一历史档案馆藏。

上控,实由于此"。①"畏难苟安"、"怠于听断"的作风,与乾隆以降务实官幕一再提出为官"首须在勤"的箴言,适成鲜明反差。地方官员将主要精力放在逢迎上司之上,而不以"地方公事为重",往往导致积案产生,如嘉庆十一年(1806)的上谕指出:"各省审办事件,悬宕甚多,上司既辗转派委,致稽时日。而州县复不以地方公事为重,每日自辰至午,在上司衙门,趋承伺候,精力先已疲耗。以应酬之余,办理公事,势不能不草率因循、多所积压,殊非所以整饬吏治。"②官吏的"疲玩因循",往往给讼师胥役缘法为奸、故意延拖,提供了可乘之机。道光年间的湖南,"吏治疲玩相仍,通省如出一辙。即以词讼案牍而论,有司官有呈不究,有案不详,有檄不复,有提无解,甚至上司委审之案,委员取一卷宗,亦复经年累月,延不申解,该省民情本多刁诈,又利有司之疲玩因循,以遂其嚣张为幻之计,讼师痞棍徒从中播弄,黠书蠹役因缘为奸,又或无干扛帮,凭空诈索,递呈之后,图准不图审、图拖不图结,俗谓之'打油伙'"。③ 上司袒护下属的官场恶习,乃地方官员任意延拖案件而无所顾忌的又一因素,如光绪年间刑部称:"各省积玩成习,于民间讼狱,并不认真办理,有迟至二三年者,有迟至五六年者,甚有十余年延宕不结者,无辜受累,莫此为甚……至如各省逾限之案,该管上司微特不肯随案题参,反代为支词掩饰,非曰'犯供游移',即曰'犯供狡展',始而驳查,继而委审,无非填补日月,匀派处分,以为承审者轻减地步。州县官之压搁案件,无所顾忌者,实恃此为护符。"④

　　由于客观和主观等多方面的因素,嘉道以后积案如山,也进而导致既有法定监狱人满为患,法外羁押设施在此时溢出于制度之外而呈膨胀的局面,则势所必然。然而,我们尚不能简单地将积案问题与班房等私牢羁押设施之膨胀,看成是单向的因果关联。有时,班房等私牢羁押设施的存在本身,即往往成为积案难结的重要原因,正如道光年间的方志所言:

　　　　有奉县交差带候者,其威益猛,其毒愈深,赂之钱则不可放亦放,代禀称

---

① 江西巡抚先福:《奏为清厘词讼积案情形事》,嘉庆十五年十二月初四日,04—01—02—0142—028,中国第一历史档案馆藏。

② 光绪朝《清会典事例》卷89,吏部,处分例,嘉庆十一年,第150页。

③ 湖南巡抚苏成额:《奏为遵旨访察地方积弊分别查办事》,道光十一年二月十二日,档案号:04—01—12—0419—049,中国第一历史档案馆藏。

④ 《各省案件稽压请严定逾限处分疏》(光绪十二年,刑部),载盛康辑:《皇朝经世文编续编》卷102,《刑部五》,《治狱中》,第4709—4711页。

其病重取保。非赂之钱则不可押亦押,饰词谓恐躲匿难追。以故,原被告去留无定,干证人质讯不齐。此积案所以难于清理,皆差馆之为滋其弊。①

因此,积案与班房等私牢设施之间,往往呈现出互为因果的复杂关联。清代大量私牢之存在,固然与彼时一些结构性的因素有关,如传统审判效率对强制羁押嫌犯及佐证的依赖、法定监狱空间有限、人口与资源矛盾激发讼案增加等,从而凸显出私牢在既定的司法生态之下的某种合理性。但正如下文将述,私牢周围所存在的大量"倚狱为市"的利益群体,成为私牢得以长期大量存在的重要推动力。

① 道光《新会县志》卷14,《事略下》,第412页。

第三章　抑制与反抗:私牢运作及其地狱化①

光绪末年,曾留学于东洋而熟谙西方新式狱制的涂景渝,对州县"班管"等私牢设施颇有訾议,对一干恶役以强凌弱深致不满:

> 州县班管,宜行禁革也!……每见我国因案株连之人,或因钱债细故,罪名未入爰书,性命已归长夜。若命盗犯人,入监病毙,尚可置辞。此辈初无少罪,暂羁缧绁,役隶之讹诈当前,恶役之摧折随后,一堂未过,全家已倾,甚至受虐至死者有之,畏吓送命者有之,见者固已惨目,闻者能不伤心? 要知此辈率多良善之民,或系薄有家资,即受诬挤妄引,或因时乖负累一时,办济之无方,坐此葡匐官衙,乃竟罹此鞠凶,殊堪悯恻! 假使若而人者,或为市井强梁,或作奸猾狡黠,差役如何狡诈,彼辈必不能俯首帖服也! 故西人恒诋我曰:"禁狱外多蠹贼,图圄中有贤人"。此等讥评,闻之似过峻刻,然内政未能完备,此种事实间或有之,在识者亦何深讳也?②

涂景渝征诸传统的儒家恻隐情怀,不无劝役为善之意。但文末笔锋陡转,指出私牢周围的吏役之所以狡诈蛮横而逞其私意,实乃被羁者不为强梁、不够奸猾所致也。熟悉西方"权利乃出于抗争"理论的涂氏,此论意在指出吏役暴力性的权力和巧智性的权力,未能受到在下者的抗争和制约。

民国八年(1919)所修的福建《政和县志》,有"刑法"一卷,其中仍不忘对前清私牢弊病痛加指陈,其文字颇可反映有清一代私牢运行之实况,其谓:

---

① 本章部分内容此前已发表,参见陈兆肆:《清代法律:实践超越表达》,《安徽史学》2008 年第 4 期;《人大报刊复印资料·明清史》(2008 年第 9 期)全文转载。

② 《留学日本警监学校赤城县丞涂景渝上列宪改良直隶监狱条陈》,载《北洋公牍类纂正续编》(第 1 册),国家图书馆历史档案文献存刊,全国图书馆文献缩微复中心 2004 年版,第 2137—2318 页。

清代监狱最为积弊,狱吏视贿赂之多寡,为私刑之轻重。官不及察,历任相沿,几成惯例。……监狱以外,另有班管、差亭诸名目。虽名由典史管理,而禁卒擅权,差役私虐,敲索百端,罪囚为沟中瘠者,不知凡几,而纳污藏诟,受寻常之困苦,犹其小焉者也……如命盗正犯,置之重狱,加以铐锁,固属当然。乃小民因欠粮负债及户婚田土小事而受管押者,亦必遭铐锁之刑,甚或夺其餱粮,禁其寝息。铐镣之余,倒吊枷杻而外增以木靴,俗谓"生无常"。活地狱之苦,况想无甚于此者。迨有司觉察,而狱吏一经捏饰,有不罪该吏之勒索,而反罪该犯之习顽者。有司为民父母,岂有故纵虐吏以残害子民,亦平日深居简出,稽查不严,有以致之咎也。①

这段方志材料,颇能揭示出作为乡居士绅的方志作者——李熙,对私牢周围吏役群体不法行为的缘由分析,颇不同于涂氏这位留洋学士的视角。在其看来,"小民"本无力对抗吏役,唯有靠"为民父母"之在上者方能制约之。正其如此,吏役能借私牢而残民以逞,显然是因为"官不及察"或"故纵虐吏"所致。

上述两人言及私牢之运作,皆从"在下者"或"在上者"等外在原因来加以分析,然则忽视了吏役等群体追逐权力的主动性和玩转权力的技术性层面。

有清一代,固然有地方官吏是从审案便捷和外监不敷使用这些维度,去承认私牢管押轻犯和人证的合理性。但在衙役等群体的心中,私牢管押更多的是难得的逐权谋私之利器。尤须注意的是,清朝审判的复杂性,不仅在于其有漫长的审转过程,还在于审判活动周围存在着诸多游离于官民之间的利益群体。漫长的审转程序,恰恰又给以衙役为中心的这一利益群体借私牢而舞弊提供了绝大的空间。

第一节　私牢周围的利益群体

衙役内部人员往往声息相通,勾串为奸,如看役与差役。刘衡曾言及:"差得票到手,此数日内便赶紧向富民索诈。其诈法倍加凶恶,未入城之先,必吓以锁练。入城之后,必私押之卡房、羁候所之内,实则例禁之班房也。班房之看役,

① 李熙等纂修:民国《政和县志》卷 19,《刑法》,第 211—212 页。

与差等息息相通。"①如"班房管押考"一目所述,传带犯证一般是快班或捕快的职责所在,而班房看管事务则为民壮班直接负责。班馆看管人数之多少,仰仗快班等差役的操作,而班房经营状况的好坏,则直接取决于民壮看管的"本领"。既然彼此利益休戚相关,自然需要"息息相通"。当然,有时捕快等差役私设班馆,管押犯证,直接对私牢进行运作,如捕卡、饭歇等类即是。

长随、书吏及衙役进行合作。晚清李宝嘉在《活地狱》一书中讲过这样的一个故事:为了将富户人家总管黄升押入班房,赵稿案(长随)以利益相引诱,急切拉拢捕快头目史湘泉入伙帮忙,然史湘泉又不得不去找招书办(刑名书吏)帮忙,尽管他也深知这会增加运行成本,降低自己所得。但欲将黄升顺利押入班房,刑名书吏是一道难以逾越的关口。② 这一案例表明,稿案、捕快、刑名书吏为了运转班房,往往需要通力合作。稿案者,州县长随之一种。清代地方官的长随,包括管印章的"金押"、做饭的"管厨"、管仓库的叫"司仓"、送公文的"办差"、不离州县左右而随时听命的"跟班"。③ 而稿案系所有金押之首领,一切上申下行之签稿,往来各色事件,无物不览,无事不知。④ 清朝稿案的职责大致有:代州县命令刑名书吏"备送监狱、班管、囚笼点卯册,并注明各犯罪名案由";"定期清查监狱及班房、囚笼犯人";对于班房、贼笼、监狱中的患病者,受刑名书吏禀告归卷后,送至刑名幕友候批。⑤ 此外,稿案还负责将监狱、班房等各案件送刑名幕友拟批。⑥ 可见,稿案在负责监狱、班房事务上,发挥着十分重要的监管作用,其与刑名书吏、刑名幕友往来密切。

门上(亦称"司阍"或"门丁")亦为清代地方官长随之一,在衙役和书吏等运作班房的过程中,也发挥着十分重要的作用,如刘衡所言:"门外之蠹役、刁书,其初原不敢公然舞弊,必先于门上探听消息,久则串成一气,官之一言一动,外间织悉周知,而勾控、私押、搁案、诬拿诸弊从此起矣!"刘衡曾在广东亲眼目

---

① 刘衡:《蜀僚问答》,载刘俊文主编:《官箴书集成》(六),第151页。

② 李宝嘉:《活地狱》,第47页。

③ 汪辉祖:《学治臆说》之"用长随之道",载刘俊文主编:《官箴书集成》(五),第270页。

④ 庄有恭:《偏途论》之"司稿案签押论",载庄建平主编:《近代史资料文库》第10卷,上海书店出版社2009年版,第376—377页;关于清代长随的研究,亦可参见李乔:《清代长随小考》,《阜阳师院学报》(社会科学版)1987年第3期。

⑤ 《衙役职事》之"稿案事由",载庄建平主编:《近代史资料文库》第10卷,第322—324页。

⑥ 庄有恭:《偏途论》之"司稿案签押论",载庄建平主编:《近代史资料文库》第10卷,第378页。

睹门丁与差役勾结一起,将人犯押于私馆,并合伙蒙骗知县,如其所言:是时广东某县,"奉文缉一要犯,选差勒限,悬赏一千圆,差于限内获犯解衙。门丁李某令差且押犯私馆,语官云:'犯已远扬,增三千圆则可。'官不得已,许二千圆,仍不得犯。欲比差,则门丁匿差,且为缓颊,竟如数予三千圆,始将所获之犯交出"。刘衡指出:"役亦本畏官,断无敢于害民之事。无奈有庇役、助役之线索者,则官所用之门丁是也!役有过则弥缝之,役有功则张大之,丁以役为爪牙,役结丁为耳目。本官濡染既久,性情嗜好渐为所移,以为用役则事事顺手,不觉好恶为之颠倒,遂有寄役以心腹者,不知役已弄官于股掌也,而公事不可问矣,而元气剥削尽矣。"① 官员宠依近侍而最终狼狈为奸的现象,在清朝可谓司空见惯。清末,两浙总督在通饬各属禁革门丁时,认为:

> 害治之道多端,而以门丁为最甚。门丁内窥意旨,外肆凭陵,假官之权,恣其所欲。道府以上门丁,犹只潜通消息,需索规费,遇案始能娄财。若州县门丁,则擅用门条,拘押良懦,串通书役,构陷平民,实民间之豺狼,本官之鸩毒。是以信任门丁,吏治、民生未有不受其害,本官考成未有不为其所累者,事败之后,而若辈转得逍遥法外。②

刑名书吏作为各级衙门中办理刑名事务的办案人员,本非官员身份。然而在清代的政治生活中,其为一种不可忽视的力量。清朝官员每多因"溺于制举帖括之业,苟且简陋。于律令格式,每多阙焉不讲。间有博学多闻者,亦且鄙为'申韩家言',不屑措意,一委之于幕客吏胥"。③ 刑名书吏正是凭借手中的"申韩家言"的专业知识,为不谙或耻谈律令的官员所倚赖,从而操持了一份实际的权力,④时

---

① 刘衡:《庸吏庸言》,刘俊文主编:《官箴书集成》(六),第 184—185 页。

② 《通饬实行禁革门丁》(录北洋官报),载《时事采新汇选》(第 16 册),第 4 卷,北京图书馆出版社 2003 年版,第 8137 页。

③ 刚毅:《审看拟式》自序,光绪十五年江苏书局刊印。

④ 吉登斯将资源分为配置性资源和权威性资源两种。前者是指原材料、物质能源、生产再生产的工具和技术以及人造物产品等传统意义的资源。后者则是指对社会时空路径的组织,对身体的生产和再生产以及对生活机会组织(是指在不同的形式的社会以及社会的不同领域中,人能够幸存下来的机会,也包括韦伯所说的一系列范围广泛的倾向和能力)。而本书中所提及的清代刑名幕吏对律例等"专业知识"的掌握,也便是韦伯所说的能力的一种。吉登斯在结构化的理论中认为:通过对前者的支配可产生权力,已被广泛认可,而他认为"人们比较陌生的是权威性资源的储存,而它对于权力的产生同样具有不可或缺的重要意义"。参见[英]安东尼·吉登斯(Anthony Giddens):《社会的构成——结构化理论大纲》,李康、李猛译,王铭铭校,第 378—381 页。

人有言"清朝与胥吏共天下",则不为无因。除了做一些烦琐的事务,如给主官做升堂准备,陪侍州县官入乡勘验命、盗案件外,刑名书吏还负责处理一些文牍事务,如办理在押人犯清册、自理词讼循环簿、监狱及班房开支详册、禀文、详文、看语等。① 此外,刑名书吏还有一份重要的权力,即票稿的拟定权。所谓"票",即指差票,衙役凭此方可执行任务,或拘传,或催科,无票不行。承办案件的刑名书吏,可以通过"出售"差票而获得好处,差役不惜花费重金以买票,然后从"民间加倍取偿"。② 差役奉票下乡,拘传犯证,被视为难得的机会,因为能从中渔利,尤其案内若有家道殷实之户,差役往往先行贿买差票,"只求承行到手,即可高下在心"。③ 刘衡称:"(差役)一票到手,吓诈百端,大而命盗案件阁陷无辜,赃可栽诬,供能逼串;其小焉者,首赌不必起有赌具,察奸不必获在登时,承缉则任指伙窝,吊赃则妄称销寄,以及多带帮差,擅用锁链,私押人证。"④也正是票的重要性,刑名书吏往往是差役拉拢的重要对象。在清代的许多州县衙门里,书吏和差役往往同姓,不为同宗,即属邻里,操控一方事务,两相勾结,殊为便利。⑤

　　衙役与刑名幕友串通。刑名幕友,是清代体制中的一个特殊的阶层,他们"佐官为治",并非官员,但为主官所延请,颇受信赖。刑名幕友须熟读律例条文,正所谓"幕客之用律,犹秀才之用四书也"⑥有清一代,幕中流品殊为复杂,"有宦辙覆车,借人酒杯自浇块垒;有贵胄飘零,摒挡纨绔,入幕效颦;又有以铁砚难磨,青毡冷淡,变业谋生;又有胥抄谙练,借栖一枝;更有学剑不成,铅刀小试"。⑦ 总体而言,幕友地位高于书吏,亦为本官所倚重,所以班房等管押簿册等事务,亦常由刑幕代官稽查。⑧ 乾隆年间,庄有恭提及长随定期送交刑名幕友核

① 吴吉远:《试论清代吏、役的作用和地位》,《清史研究》1993年第3期。
② 阮本焱:《求牧刍言》卷1,《上左爵相暨各宪禁差票禀》。
③ 田文镜:《抚豫宣化录》卷3(文移),《严禁擅受民词副状销号以肃吏治事》(雍正三年正月),雍正年间刻本。
④ 刘衡:《州县须知》之"札各牧令严禁蠹役由",载刘俊文主编:《官箴书集成》(六),第97页。
⑤ 《黄爵滋奏疏》卷15,第132页。
⑥ 汪辉祖:《佐治药言》之"读律",商务印书馆民国26年(1937)版,第23页。
⑦ 万维翰(枫江):《幕学要言》,载刘俊文主编:《官箴书集成》(四),第734页。
⑧ 关于幕友设立管押簿,见汪辉祖:《学治说赘》,载刘俊文主编:《官箴书集成》(五),第307页;关于幕府稽查管押簿,见高廷瑶:《宦游纪略》,刘俊文主编:《官箴书集成》(六),第11页。

办的事件中,即有"监狱班房"和"差保私押"二事。①

从清代官箴书来看,贤明的地方官往往对幕友稽查班房不甚放心,因此必欲"亲往察看"。② 先幕后官的汪辉祖尝有言:"向有班房,夜间官须亲验以防贿纵……既押,须亲自查验,幕犹恐被人欺,止能求尽其心。官则心尽而力可自尽,慎勿为人蒙蔽。"③地方官对幕友稽查班房心存戒备,实因幕友与衙役串通舞弊时常发生,但相较书吏和衙役间的直接交接,其作弊程度则为轻。

讼师与吏役两相勾结。在道光年间的福建,讼师、恶棍每遇有路毙尸身,则仿照"海砂掩护之法",④而和之以盐,藏于空隙之处,捏造情节,诬告人命,谓之"合虎药"⑤,然后与胥吏、衙役相勾结,"书吏传供,颠倒舞弊",陷害无辜者而将其押入班房。⑥ 道光年间,广东顺德县,"有衙役聚会处所,名曰'兰堂',头役、白役串通土棍、讼师,日夜聚集其中,吓索愚民","尤为可恨者,乡曲愚民,家颇饶裕,本不犯案,而衙役垂涎,串通土棍、讼师,捏造案情,拘系班馆,任其讹索"。⑦ 在清代,讼师多来自不得志的士人、文武生员以及乡约、保甲等。⑧ 在传统的"无讼——息讼"理想的支配之下,讼师在宋朝以前地位并不高。但至宋朝之际,由鞫谳分司而带来法律事务骤然增多,讼师的作用一时凸显,因而也曾有过一段辉煌的合法时期。但降及清朝,讼师的地位每况愈下。乾隆中期,清廷通过颁布一系列条例对其严厉打击。⑨ 此后,清朝对讼师的立法由"教唆词讼"的轻刑定罪,转向重刑定罪,从而使得自宋代以来就趋向合法的两造辩护人,在法律上几无立锥之地。官方动辄将讼师描述成"颠倒是非,拨乱乡愚,因得售其奸"的讼棍形象。⑩ 尽管法律地位低下,然而民间对讼师法律方面的需求却很

---

① 庄有恭:《偏途论》,载庄建平主编:《近代史资料文库》第 10 卷,第 373 页。

② 觉罗乌尔通阿:《居官日省录》之"察班房",载刘俊文主编:《官箴书集成》(八),第 130 页;文静涵:《自历言》,刘俊文主编:《官箴书集成》(六),第 715 页。

③ 汪辉祖:《查管押簿》,载《学治说赘》,载刘俊文主编:《官箴书集成》(五),第 307 页。

④ 官方于盛夏之时,为防死尸腐臭,以海滨凉沙味碱性凉,掩护尸身。——笔者注。

⑤ 据《厦门志》记载,讼师、闽棍、衙役三者合一,择肥而噬,名曰"合虎药"。参见周凯:《厦门志》卷 15《风俗记》,道光年间刊印。

⑥ 《宣宗成皇帝实录》(四)卷 260,道光十四年十一月,第 970 页。

⑦ 《宣宗成皇帝实录》(四)卷 251,道光十四年四月,第 805 页。

⑧ 党江舟:《中国讼师文化——古代律师现象解读》,北京大学出版社 2005 年版,第 10 页。

⑨ 薛允升:《读例存疑》卷 40,《刑律》16,《诉讼》2,教唆词讼律附例 1—12 条;另参见林乾:《讼师对法秩序的冲击与清严治讼师立法》,《清史研究》2005 年第 3 期。

⑩ 薛允升:《读例存疑》卷 40,《刑律》16,《诉讼》2,教唆词讼律附例 7,薛按。

大,进而也导致他们在民间的权威和作用日益彰显,正所谓"富家无故请一人为谋主,平民又奉之如神明。到案,讼已折服,究出讼师,问其姓名,犹不敢高声,厦民有'不怕官,怕讼师'之语"。① 可见,讼师凭借手中的法律专业知识,为自己争得了一份实实在在的权力。

衙役、土棍、匪徒三位一体。光绪年间,奉天承德县,遇及呈控事件,"由门丁、吏役传递,广通贿赂,勾结匪徒,诬良讹诈。署东设有班馆,可容纳百数人,名曰'外监'。勒索即行禁锢,一交冬会,冻馁有加,几无日不有倒毙"。② 当时厦门同样如此,"厦民惧至同安县涉讼,而奸民往往歧控,县役藉票生事,并有白役,以其姓名之相似者,或谓欠粮,或称跟交,在厦门讹诈,并于壅菜河设班馆,曰'间仔'"。③ 衙役源于棍匪且互相勾结的例子,充斥于同光两朝的实录之中。

地保与差役沆瀣一气。《活地狱》一书中曾描绘了这样一幕:地保以借贷之名,向村民索取钱物,在屡次得逞后终有一次被拒绝,于是地保挟忿报复,先将该民已缴之赋税票据隐匿不示,再行诬告其未曾上缴,串通差役,索拿该民,押入班房。④ 可见,地保有时亦与差役勾串,诬押良民。不独如此,亦有地保自设私牢,收押人犯,如清朝一则堂谕称:"(某)供认盗牛不讳,重责,暂交地保管理,候派差解回讯办。宜将在押管犯交地保领回,在外延医调治。地保竟亦有私押而勒索银元者。"⑤康熙四十五年定例规定,轻犯和干连证佐本应交保候传,意在避免衙役扰害,但实际上此条定例又成为恶保私押的依据。在某种意义上,清人常说"有一例即有一弊",似不无道理。恶保猾役缘法为奸,以至如此,有时实在不堪防范。晚清薛允升就"轻犯及干连交地保候传"这一定例做过反思,其认为:"地保亦系在官人役,若案犯过多,地保将用何法看管耶?"⑥薛氏话外之音是,地保和差役均系在官之役,一旦案犯过多,地保看管与差役看管,殊途同归,流弊则一。清承明制,保甲长乃国家最低级的半官职人员,并无官俸,但免交田赋。他们被称为"在官人役",具有勾摄钱粮、拘传人犯、协办词讼等权责。自康熙年间

① 《新竹县采访册》卷2廨署,载《台湾文献丛刊》(145),大通书局1984年版,第78页。
② 《德宗景皇帝实录》(三)卷149,光绪八年七月,第105页。
③ 《新竹县采访册》卷2廨署,载《台湾文献丛刊》(145),第78页;另见道光《厦门志》,《建置志》,道光十九年刻。
④ 李宝嘉:《活地狱》,第85页。
⑤ 戴炎辉:《清代台湾之乡治》,第660页。
⑥ 薛允升:《读律存疑》卷48,《刑律》24,《断狱上》,《故禁故勘平人律附例》7。

"盛世滋丁永不加赋"的赋役制度出台以来,人丁户口失控带来社会动荡,国家在地方上也一度出现"唯保甲是赖"的局面。①

由上文可见,清代以班房等私牢为据点,以衙役为中心,聚集着刑名幕吏、长随、讼师、地保等游离于官民之间的诸多群体,他们往往沆瀣一气、勾串为奸,合谋运作私牢,以期逐权营私。

第二节　衙役等运作私牢的具体方式

以私牢为据点,衙役周围虽聚集着幕友、书吏、讼师、土棍、地保等多种群体,但他们最终还要仰赖衙役经营私牢,以待分肥。那么,清代衙役是怎样长袖善舞,利用私牢"资源",以达到逐权营私的目的呢?

一、操控私牢居住环境

衙役们人为地制造或利用恶劣的私牢居住环境,来折磨羁押者的身心,迫其就范,以遂其欲。瞿同祖先生指出:"嫌犯通常被关在肮脏场所,置于夏日暴晒、冬日奇冷之中,直到同意衙役交钱为止。"②李宝嘉曾对班房的居住环境作过如下的描述:

> (人犯)睡得不过睡在地下,也只好要倚墙而坐,哪有你长躺四脚的睡,坐也只好坐在地下,有谁搬张凳子给你。虽说这时候才交二月,天气着实寒冷,然而那种肮脏的气味,未曾进得栅栏,已使人撑不住了。③

类似"夏则人多秽积,疫病熏蒸;冬则风雪交侵,肌肤拆裂"④这样的私牢环境描述,充斥于官方文牍之中。这种恶劣的卫生环境,可能部分上是由于经费短绌所致。然而,更多是衙役有意为之,洵如康熙年间一位老吏所言:"俾其困苦不可忍,然后导以取保,出居于外,量其家之所有以为剂,而官与民剖分焉。"⑤

---

① 秦宝琦、张研:《十八世纪的中国和世界·社会卷》,辽海出版社 1999 年版,第 157—158 页。
② 瞿同祖:《清代地方政府》,第 115 页。
③ 李宝嘉:《活地狱》,第 3 页。
④ 朱寿朋编:《光绪朝东华录》,张静庐点校,光绪十四年八月,总 2486—2487 页。
⑤ 方苞:《狱中杂记》,载《方望溪集》,第 111 页。

　　衙役对私牢环境的操控,不仅反映在其有意恶化私牢环境,还在于其处心积虑地对人犯食宿环境进行分层分等,并最终形成了不同于国家正式例文的"通行大例",如《活地狱》中的衙役对羁押者如是说道:

　　　　你想舒服,却也容易,里边屋里有高铺,有桌子,要吃什么有什么。……进这里有一定价钱:先花五十吊,方许进这屋;再花三十吊,去掉链子;再花二十吊,可以地下打铺;要高铺又得三十吊。……开一回灯,五吊;如果天天开,拿一百吊包掉也好。其余吃菜吃饭都有价钱,长包也好,吃一顿算一顿也好。……这是通行大例。①

　　对一些稍不遂欲者,衙役即动用其手中的权力,"或将辫发系于秽桶,引其两手怀抱,使秽气冲入口鼻。或置于木盆而系之梁上,另以绳索以捭簸,令其眩晕呕吐。或以烟熏鼻,使之刻难忍受"。② 道光年间,新会县差馆之中,"行贿者留候外进,名'住馆面',饮食自如;不行贿者羁候内进,名'坐馆尾',拘击不堪,以未成之狱,先用私刑"。③

　　羁押女性犯证的官媒,也出现了类似的分层分等的现象。如女犯一入官媒之手,"先则锁置木棚中,席地卧薪,置便桶子旁,而不加盖,使之坐卧不安,自然而然出资,求改宿房间,卧高铺,听施被褥,饮食如常;其忍耐吝资者,则更搜刮其身首所戴金银饰器,甚而收取其裤带、脚带、头绳等件,谓防其自尽牵累及己。故有资者不虑其不倾筐倒匣,无资者或因此卖儿鬻爵,凶恶之甚,惨无天日。其少有姿色者,则逼之卖娼,谓所以助我衣食之资,贴我当差之费。"④在官媒的操纵下,女犯中富者和贫者的境遇迥乎不同,"其有钱者,敞其房室,厚其供应,一切用度,皆取给于本人,犹不至逼以皮肉生涯。若贫者,则未有不藉乎此,其安心忍受愿作勾当者,亦恃以出息而厚待之。苟稍有廉耻浼涩而不肯为,则鞭棰炮烙,无所不备,必至于乐从而后已"。⑤ 实际上,这些牢狱的管控者皆娴于对资源进行分等分层,倚此为市,谋求利益最大化。康熙年间深陷囹圄的方苞和狱中老吏

---

①　李宝嘉:《活地狱》,第25—26页。
②　《德宗景皇帝实录》(五)卷377,光绪二十一年十月,第269页。
③　道光《新会县志》卷14,《事略下》,第412页。
④　《亟杜善事弊端说》,《申报》第五千五百七十号,第一版,光绪十四年九月十六日(1888年10月20日)
⑤　《论轻发官媒》,《申报》第二千九百四十三号,第一版,光绪辛巳六月十七日(1881年7月12日)。

的一段对话,颇为传神地揭示出这一点。当方苞在狱中见到"一人予二十金,骨微伤,病间月;一人倍之,伤肌,兼旬愈;一人六倍,即夕行步如平常"的一幕后,曾叩问老吏:"罪人有无不均,既各有得,何必更以多寡为差?"答曰:"无差,谁为多与者?"①环境的恶劣,往往对羁押者的生命形成了一种严重的威胁,"严害裂肤,冻馁交迫,死亡相继,骈肩连首,冤苦难伸。"②同治年间,沈葆桢为改善羁所的居住环境,撰有一文,其中对羁所中的恶劣环境论之甚详,字里行间透出哀矜之情:

> 凡羁所人犯,往往甫经报病,即已不治。推其得病之由,多因所睡地板之下,潮湿积秽,日渐熏蒸所致。人犯羁候日久,气必衰弱。处此积秽之地,人易生病,病易速死,理固然也。更有板片俱无,人犯即睡在泥地上,尤易生病。……历观各处羁所,俱系钉实呆板,下面不能打扫通气,人犯在板上昼夜坐卧。或病时便溺,或病毙后将板洗刷,秽水洗下,日积月累。其板下尘灰堆积,污秽之气,已不堪闻。虽日在板面打扫洁净,焚烧苍术诸香,亦无益也。至于春夏以及交秋,时而潮湿,时而闷热,气候不定,因此传染疫症有之。且押候之犯,其中或受刑不轻,或米饭不继,忧惧焦思,尤易生病。处积秽之地,受郁蒸之气,其生病速死之由,大率类此。况人犯终日坐卧板上,亦易得脚肿之病。是以病故之犯,多面黄脚肿,亦未始非地板铺满脚不得舒之故也。③

正是在这种恶劣环境的折磨下,富者或体质意志薄弱者必会首先屈从,以求换取一个好的生存环境。衙役们通过操控私牢的卫生条件,实际上潜生出一份控制甚至处置羁押者生命的权力。

二、滥押久羁

衙役往往殚思竭虑,力图做到"滥押久羁",以使其利益最大化。据光绪年间时任闽浙总督的丁日昌提及,在其严究之下,福建省各州县例行册报"押犯有

---

① 方苞:《狱中杂记》,载《方望溪集》,第 111 页。

② 汤用中:《暂系平民受害最酷议》,载盛康辑:《皇朝经世文编续编》卷 101,《刑政》,第 4678 页。

③ 沈葆桢:《羁所宜改活板说》,载盛康辑:《皇朝经世文编续编》卷 101,《刑政》,《治狱》,第 4675—4676 页。

百名,已结释一千二百四十六名,其未等列册报以及书差私押计释放者,盖又不止数千人矣"。① 实际上这一地方官员统计的数据,可能与真实的情况尚有很大的距离。

按前揭道光时期陈乐山据耳闻目睹对全国捕卡中"罪不应死而牢死者"所作的估算,"四川一百三十余州县,每年牢死者六七千人;安徽六十余州县,恐每年牢死者三四千人,由四川、安徽推及各省州县,恐每年牢死罪不应死者,犹不下数万人"。②

道光时期汤用中曾对浙江、安徽以及直隶等省每年由外府解往首府首县的"干连证佐"(尚不包括轻罪人犯),也作出过类似的估算,其言:

> 昔在浙江省见仁、钱二县,系囚报死者纷纷,初以为罪犯也,心骇其多。细询之,则皆外府解省之干连证佐,始悉其弊。约计一岁,死者不下三百余人。及至皖臬署,去首邑稍远,或月三四至,或月五六至。至则邑门之左右,必有横尸待验,或二或三,其弊与浙等。而死者之数,亦相上下。前岁过保定省城,留心细访,则通岁死者多至六百人。直隶为畿辅重地,刑狱较繁,而首邑清苦,捐垫有限,仰给无资,故死者尤多。惟河南办理此事,较他省为优,累经各大宪捐廉,施医施药,又不时派员巡查照管,藉此生全者甚众。然遇严寒酷暑,亦有死亡。其他刑狱繁多之地,其拖弊者又不知凡几。……以今目观各省情形,合天下计之,一岁横死者,何止万余人!③

上述两人皆是粗略估算,容有未确。但私牢瘐毙之多,足以证明全国管押者之众。道光十一年(1831),在福建同安、晋江各县,"班馆无论原被告,每押至八九百人,竟二三年不得见本官之面",衙役们"每出一票,少则三十余家,多则五六十家。架词株累,贫富均受其害"。④

走笔至此,我们不禁要问:除了案件中正常的犯证以外,衙役是怎样人为"制造"出犯证如此泛滥的局面呢?

透过相关史料,嘉道以降,衙役"株连搜剔"(滥押滥羁)的手段大致有两种,

---

① 丁日昌、文煜:《设法清理监押人犯并勒限查办疏》,载葛士浚辑:《皇朝经世文续编》卷87,《刑政》4,第2224—2226页。

② 陈乐山:《呈恤刑疏》,军机处档·月折包,第2437箱,82包,68050号,道光十四年五月。

③ 汤用中:《暂系平民受害最酷议》,载盛康辑:《皇朝经世文编续编》卷101,《刑政》,第4677—4682页。

④ 《宣宗成皇帝实录》(三)卷191,道光十一年六月下,第1017页。

一曰罗织，二曰诬攀。前者利用命案任意牵连人证，而后者则借盗案教贼诬牵，以炮制出更多的窃盗伙犯，即所谓"命案则串唆罗织，盗案则教供诬攀"。① 而教贼诬攀一项，在清朝中后期尤为常见。乾隆后期，"盗贼诬良，出于本犯之挟嫌报复者尚少，出于蠹役之择殷指使者实多……捕役获盗，视为奇货，教供嘱扳，非称窃伙，即指卖寄"。② 嘉庆末年，四川等地蠹役鱼肉百姓，有"贼开花"、"洗贼名"等各色名目，每遇盗案发生，衙役将失主邻近之"殷实而无顶戴者"指为窝户，拘押索钱，每报一案，往往牵连数家，名曰"贼开花"；而受诬之小民被押，出钱无数，该役得钱分肥，始行释放，谓之"洗贼名"；是时，县衙典史所刻"若要子孙能结果，除非贼案不开花"的堂联，颇能反映"教贼诬扳"一项给民间所带来的严重扰害。③ "贼开花"之弊，不独川省为然。道光年间，浙江捕役"拿住贼犯，既不即行禀解，先行任意锁陷私家……以致私行吓逼，嘱诬放鹰，百弊丛生"。④ 其中"嘱诬放鹰"一语犹堪玩味，可与"贼开花"一语相参读。而当时被"开花者"，"大凡强有力者及巨室大家，俱不敢诬，惟良善而小康者往往苦之"。⑤ 光绪年间，江苏有的地区的捕役，对良民讹诈不遂，往往"指为盗窃，或管押，或私押"，"百姓有资者尚能生还，无资者必至瘐毙而已"。⑥ 晚清之际，衙役"嘱贼诬攀而恣意开花"的现象，已十分普遍。⑦ 关于"教贼诬扳"，清代小说中亦有精彩描写，如《粉状楼》中记载，侯登和捕快为了报复镇上仇家祁家豆腐店，便对两个刚拘捕到班房的窃贼说道："如今镇上祁家豆腐店与我有仇，我寻些赃物放到他家里，只要你们当堂招个窝家，叫人前去搜出赃来，那时你们就活罪了"。⑧ 于此亦可见，"教贼诬扳"有时亦并非为了诈骗得财，而是挟嫌报复。

---

① 丁日昌：《抚吴公牍》卷 8，第 286 页。

② 万枫江：《幕学要言》，载刘俊文主编：《官箴书集成》（四），第 736 页。

③ 《陕西道监察御史程伯銮奏折》，《清代乾嘉道巴县档案选编》（下），四川大学出版社 1996 年版，第 221 页；武穆淳：《桃江日记》，清道光十三年（1833）刻本，收入《历代日记丛刊》第 39 册，学苑出版社 2006 年版，第 495 页。姚元之：《竹叶亭杂记》，载周续赓：《历代笔记选注》，北京出版社 1983 年版，第 566—567 页。

④ 《治浙成规》，载刘俊文主编：《官箴书集成》（六），第 573 页。

⑤ 高廷瑶：《宦游纪略》，载刘俊文主编：《官箴书集成》（六），第 14 页。

⑥ 丁日昌：《抚吴公牍》卷 10，第 135 页。

⑦ 朱寿朋：《光绪朝东华录》，中华书局 1958 年版，第 554 页。

⑧ 参见佚名：《粉状楼全传》第 31 回，华夏出版社 1995 年版，第 56 页。

　　至于命案罗织，汪辉祖曾以前明大学士徐阶执政时曾"作家书示子弟，尚诚命案不可牵涉"为例，劝诫地方官幕在命案列证时尤当慎重，并揭露其乡居所见："命案列证，便举家惶骇，往往有凶犯赤贫，累归词证者。"①道光年间，四川总督对差役借命案肆意罗织证佐大为不满，其称：

　　　　沿途倒毙乞丐，水口漂有浮尸，于地主尚且无关，于邻佑复何干涉？而差役则称人命为重，生发无穷。先以搭盖棚厂，安排公馆，搅拂一乡；继以拘提证佐，查访尸亲，牵连四野。既有佃户，更追佃主为何人。既有邻近，复问远邻为何宅。意将择肥而噬，势且越畔谋凡。在温饱之家，深恐到官，受累不能，出资贿嘱，以冀买静求安。每因一案而累及数十百人，稍不遂意，即行锁带私押，百计欺凌，不至饱其欲壑不止。②

　　"生发无穷"、"搅拂一乡"、"牵连四野"等词，在在显示出罗织证佐的范围之广。清代福建等地亦出现衙役借命案罗织犯证的现象，时称"命案开花"，如陈盛韶指出：

　　　　仙游命案初出里中，地棍、马快与城内讼师、值役，如蛄蜣闻臭趋集，表里为奸，觅一尸亲，附着其身。将数十里风马牛不及之殷户，一网打尽，诬为主使、为喝令、为党率、为不救、为朋殴，威逼呈内，正凶半隐半见，阳作词稿，阴行通风，使纳钱买静，辗转越五六日呈县，邑人之倾家者大半矣。买静者数十人，株控者当盈数十，必盈溪壑而后释手，否则上控不休。③

　　相对于"盗案开花，中户日消"而言，"命案开花，则上户日消"。光绪年间，湖南许多州县胥役，一旦遇到两造皆系平民的命案时，则株及亲戚里邻，名为"放野火"，故有"人命两家空，野火三十里"之谚。④ 是时京城地面，每遇路毙之人，无人收殓，往往暴尸至六七日。推原其故，"皆由尸属为坊局收押，差役需索，不令出外买棺承殓，每至无事变为有事，小事酿成大事"，"必迁延时日，重累

---

　　① 汪辉祖：《续佐治药言》之"人犯宜防牵连"，载刘俊文主编：《官箴书集成》（五），第 328 页。

　　② 《重庆府抄发川督告示》（道光十年三月初三日），载《清代乾嘉道巴县档案选编》（下），第 225 页。

　　③ 陈盛韶：《问俗录》，书目文献出版社 1983 年版，第 78—79 页。

　　④ 河南道监察御史李郁华：《奏为湖南州县勒索陋规设立私牢请旨严禁事》，光绪七年八月十四日，档案号：03—5668—004，中国第一历史档案馆藏。

苦主……蠹役从中牟利,讼痞因是生波,生者、死者均受其累"。①

其实,清代"滥押"一项,除了借命盗案件罗织和诬攀无辜之人以外,尚有其他类型,如将应行收禁监狱者予以私押,如嘉庆年间广东英德县对"或系行窃勒赎,或系抢夺拒捕,或系诱拐妇女,或系藉命诬告"之人,"并不照例收禁详办,混行押候"。② 光绪二十一年(1895),青海监犯冶犁儿由三班头役马兴、刘珠看守,后来该三班头役借口"撒氛(系指撒回)不靖,诚恐防守稍弛,贻误非浅",禀请将冶犁儿从监狱提出而押入卡房,以"同各案人犯一并管押"。三班头役冀望将监犯押入卡房,以逃脱稽查而便于为奸,道宪对此洞察甚明,谕令"仍照常监禁,严加防范,所请从监提出押入卡房,应无庸议"。③ 此外,差役还时常对"逋欠钱粮者"的亲族,任意牵连,对此黄六鸿质疑道:

> 小民钱粮逋欠,转徙他乡,官府只宜轸恤、招徕,使归复业,乃由拘提亲属,因一人以累众人,因一姓以累众姓,累累若若监禁呼号者,非羊代牛衅之族人,即李代桃僵之外戚,此法出自何典? 此令出自何年?④

有清一代,差役藉案株累平人的现象比比皆是,故清代官箴对地方官屡屡提出"绝扰累"、"慎株累"等类似的告诫。

"滥押"之外,尚有"久羁"弊病。嘉庆年间,两广总督那彦成在具奏中提到:"有司府衙门,因命盗杂案件提省质讯发收之犯证,亦有各州县自理词讼案内牵连待质者,不论事之轻重,累月经年。"⑤道光年间,监察御史在揭发自新所私押

① 科给事中吴湖甲:《奏为司坊练局缉羁累无辜请饬申明章法以便商民事》,光绪二十八年三月初四日,档案号:03—7221—042,中国第一历史档案馆藏。

② 两广总督吉庆、广东巡抚陆有仁:《奏为特参英德县知县陈寅滥押毙命讳匿不报请旨革审事》,嘉庆四年六月初六日,档案号:03—1477—023,中国第一历史档案馆藏。

③ 总头役马兴等:《为拟将监犯冶犁儿从监提出押入卡房同各案人犯一并管押事》,光绪二十一年三月二十三日,代号:463001,青海档案馆藏。

④ 盘峤野人:《居官寡过录》之"绝连累说",载刘俊文主编:《官箴书集成》(五),第43页。按,此法源远流长。明末之际,差役往往将"抗粮顽户"及其亲属羁押于仓,从而使仓逐渐具有羁押设施的性质,后世以"监仓"并称,即缘于此(参见[日]滨岛敦俊:《明末东南沿海诸省的牢狱》,载《东アジア史における国家と农民——西嶋定生博士还历记念》,山川出版社1984年版,第473—486页)。这种做法不绝于后世。今人李昌平即曾提及,安徽监利县城郊乡设"小黑屋",一度因关押一些特殊的"抗粮抗款的坏分子"而名震全县,一时间也让全县上下"抗粮抗款的坏分子"闻风丧胆。李昌平:《我向总理说实话》,光明日报出版社2002年版,第243页。黄六鸿:《福惠全书》之"监禁",载刘俊文主编:《官箴书集成》(三),第359页。

⑤ 《奏为特参南海番禺二县知县纵令差役另立班馆滥羁人犯致毙多命请革职事》,嘉庆十年六月十三日,档案号:03—2281—020,中国第一历史档案馆藏。

流弊时,时有"磨毙"①或"拖累经年"②等语。"磨毙"或"拖累"等字眼,极其精准地反映出地方官役"久羁"伎俩的隐蔽性特征。差役之所以能够长久"拖"、"磨"而不释放犯证,就地方官而言,其往往"将无辜羁押,任听胥役等多方讹诈,又不随时查催要证到案;每有其人传唤已到,而胥役需索未遂,捺搁不发,官亦日久忘之,以致羁押多人,经年累月,苦楚备尝";③就差役而言,则在其舞弊手段多种,"或提到而匿不禀明,或讯释而私押索费,甚至以扭交、指交为名,原告串差,私自管押"。④道光年间,知县周石藩对差役或拖或匿的伎俩指斥道:"本县每遇讼案,签差尔等提传人证,尔等积习往往故意逗延,以为需索……即人已传齐,又不即行禀到,使之日羁署旁,刁难万状,致令被传之人既不得见官,又不敢散去……废时失业,甚至酿成祸端。"⑤

道光年间,御史对胥役"滥押久羁"的伎俩总结道:"遇有偷窃案件,即教串供词唆,令贼犯将乡里素封之家,设法牵连,以便票传勒索,饱其私橐;即至斗殴细故,亦逼其供出多人,谁为见证,谁为说事,于原票之外,广为搜罗,名曰'添传',纷纷四传,挨户传唤恐吓,贿嘱者托故不到,无钱者立即拘拿,私行管押,延不传审,拖累日久,势必家产倾尽,以遂其诈骗之术。"⑥

三、以酷济贪

明儒颜茂猷曾有"一贪生百酷"之说,所谓贪者必酷。清人觉罗乌阿通阿征引茂猷之论,以揭露当时衙役酷刑之根本用意,其曰:"彼以为不用严刑,则群情不惊,货贿不来也。"⑦私牢之中,衙役的重要手段之一正是"以酷济贪"。

---

① 参见湖广总督讷尔经额等:《奏为查明邵阳县及各属实无私设班馆事》,道光十五年七月二十四日,档案号:03—2642—036,中国第一历史档案馆藏。

② 如山西道监察御史夏修恕:《奏为清理刑狱以省拖累特上条陈事》,嘉庆十八年四月二十四日,档案号:03—2225—039,中国第一历史档案馆藏;都察院左都御史庆溥等:《呈为悬案拖累事》,嘉庆二十年十二月初九日,档案号:03—2243—009,中国第一历史档案馆藏。

③ 贵州道监察御史黄中模:《奏请饬查各省州县私设班馆事》,道光二年五月十一日,档案号:03—4022—007,中国第一历史档案馆藏。

④ 余治:《得一录》,刘俊文主编:《官箴书集成》(八),第715页。

⑤ 周石藩:《海陵从政录》,刘俊文主编:《官箴书集成》(六),第245页。

⑥ 福建道监察御史王玮庆:《奏为州县衙门白役顶充滥给牌票扰累良民请旨严行裁革事》,道光十年五月初七日,档案号:03—2598—011,中国第一历史档案馆藏。

⑦ 乔立君:《官箴》,九州出版社2004年版,第534页。

　　按照清律,刑讯求供乃为合法举措,但于刑具规格、用刑次数及频度,皆有所限制。以非法之刑而求私利,更为律例所不允。清代常用的刑具是笞杖,其尺寸、重量皆有定制,夹棍、挝指等刑也是"律准其行用"①的拷讯刑具。清律对州县审判中的用刑,有种种严格规定,如"自理案件不得擅用夹讯",命盗等重大案件的"正犯"及"干连有罪人犯"或"证据"已明而"拒不招供者和翻供者",可以夹讯。② 并且要将"某案某人因何夹讯及用刑次数"填报登记,以备查核。③ 不过,清律虽对非法拷囚作出了严格的限制,但是笞杖等身体刑存在以及刑讯的合法性,在一定程度上模糊了非法行刑和合法行刑的界限,为衙役缘法为奸、上下其手,提供了便利。不独如此,清律中关于用刑的规定充满了歧义,一方面表示严禁滥刑,另一方面又在公开变相支持这种做法,如清律规定:若因公事干连平人在官,依法拷讯,邂逅致死或受刑之后因他病而死者,均照邂逅致死律而勿论。④

　　私牢之设,律无明文以为稽查,故而相比监狱而言,其所使用酷刑有过之而无不及,如有"幽之囚笼"、"闭之烟楼"者,甚或出现"用铁杆三尺余长,竖之拖地,上顶喉颈,周围捆缚,锁镣手足,作盘踞状,欲坐不能,欲起不得,名曰'饿鬼吹箫'。又有将人倒挂墙上,鞭挞拳殴,名曰'壁上琵琶'。或将一手指一足趾用绳从后牵吊,名曰'魁星踢'"。⑤ 还有诸如"好汉架"、"对面笑"、"铁床"、"火锥"、"鹦鹉笼"、"天平秤"等刑名。有清一代,这些闻其名便身感悚然的酷刑,不胜枚举。在押者往往被拷致血肉溅飞,生不如死。据前揭陈乐山所述,川楚一带捕役将人犯带入"私室",设巨木凳一条,教其人坐在凳上,左足着地,以右足搁在凳面,用麻绳自膝至胫,紧紧捆定,足趾朝天,不能左右偏侧,又将生木棍一根,顺放凳底下,用牛皮条一根,以一端系其大足趾上,以一端将棍梢掬起,系于棍梢上,捕役松手,其足趾欲上搬,棍梢欲下搬,如张劲弓之形,故名为"搬地弓"。⑥

　　衙役创制种种私刑,巧逞奸智,莫此为甚。对衙役之残酷刻毒,陈弘谋曾将之比喻为屠夫,其谓:"凡为公门胥役者,其处心积虑,大约与屠业者相似,初未

① 薛允升:《读例存疑》卷1,《名例律》,《五刑律附例》2。
② 薛允升:《读例存疑》卷48,《刑律》24,《断狱上》,《故禁故勘平人律附例》2—4。
③ 《吏部处分则例》卷50,第678页。
④ 郑秦、田涛点校:《大清律例》卷36,《刑律》,《断狱上》,第453页。
⑤ 《宣宗成皇帝实录》(四)卷260,道光十四年十一月,第970页。
⑥ 陈乐山:《呈恤刑书》,军机处档·月折包,第2437箱,82包,68050号,道光十四年五月。

尝不具慈悯心，积久便成杀机，习惯则生意日微矣！故有初入衙门，犹有顾忌之念，到老年便成猾贼，良心渐灭殆尽。"①而孙定庵则将蠹役的残酷，比之于"书之有蟫，木之有蛀，残蚀既久，书破木空"。② 以上两种比喻，大致皆谓衙役灭绝人性。但此处当问：衙役滥施酷刑，果真仅仅是单纯的兽性发作吗？"肆用刑威，必须俟得贿而后释放"，此为"刑逼勒贿"，自不难理解。但为何"未满其欲，必欲致死"？③ 康熙年间，禁于刑狱中的方苞曾就此向狱中老吏问及："彼于刑者、缚者，非相仇也，期有得耳；果无有，终亦稍宽之，非仁术乎？"答曰："是立法以警其余，且惩后也。不如此，则人有幸心。"④老吏所言之"立法"乃衙役捶拷求索之术，洵非清朝所定之正式律例。恰如陈弘谋所论，衙役"毁人之肢体，以肥己之身；倾人之性命，以利己之家。是以心为戈矛，而以比为锋镝者也"。⑤ 吴思曾提出颇具启发意义的"血酬"概念，其言："血酬是对暴力的酬报，就好比工资是对劳动的酬报，利息是对资本的酬报，地租是对土地的酬报。"⑥诚如此论，尽管任何暴力不直接参与价值的创造，然而衙役手中的酷刑，不啻为一份如同资本或土地的获利资源。"暴力"和"暴利"往往可以互兑。正是在血酬定律的支配下，清朝的民匪之间、官匪之间，往往可以互相转化。为了追求短期"血酬收入"的最大化，合法的暴力集团可以退化为土匪，前面提及的役、棍、匪三位一体的现象，便属此一例。如果生产效益相较"血酬收入"减少，乃至消失，大量的生产者将转入暴力集团，前述的平民擅设班馆、滥用私刑，无疑证实了此点。尤值一提的是，衙役极尽残刻肌肤之能事，不仅是为获得一份丰厚的报酬，也有满足权力欲望的考量。衙役对在押者身体的惩罚和规训，是一种凌驾于人的权力的表露和使用。福柯极其深刻地指出："这种施及于肉体的权力，不应被简单地看作是一种所有权，应被视为一种战略，它的支配效应不应被归因于'占有'，而应归因于调度、计谋、策略的运作。"⑦的确如此，衙役们对犯人施加酷刑，并非简单地心理

① 陈弘谋：《在官法戒录》，载刘俊文主编：《官箴书集成》（四），第 622 页。
② 陈弘谋：《在官法戒录》，载刘俊文主编：《官箴书集成》（四），第 625 页。
③ 《宣宗成皇帝实录》（三）卷 181，道光十年十二月上，第 732 页。
④ 方苞：《狱中杂记》，载《方望溪集》，第 111 页。
⑤ 陈弘谋：《在官法戒录》，载刘俊文主编：《官箴书集成》（四），第 627 页。
⑥ 吴思：《血酬定律——中国历史中的生存游戏》，中国工人出版社 2003 年版，第 1 页。
⑦ ［法］福柯（Michel Foucault）：《规训与惩罚》，刘北成、杨远婴译，生活·读书·新知三联书店 1999 年版，第 115 页。

发泄,他们的目的是在创制权力和使用权力。尤为重要的是,"这种权力在实施时,不仅成为强加给'无权者'的义务或禁锢,它在干预他们时,通过他们得到传播。"①我们不难想象,这些在押者有朝一日重获自由之后,向他人渲染自己受刑的景象,抑或拖着遍体鳞伤的身体,暴露于众目睽睽之下时,衙役的权威便在社会的底层刻骨铭心。权力正是通过这种"演示"的方式,肆意蔓延。

通过郑秦以及那思陆等先生对清代死刑秋审制度的考察,我们知悉有清一代在制度设计上,生杀大权,在帝王一人。然而,在衙役滥用私刑之下,被棰楚毙命者不知凡几,时贤愤愤指出这种衙役私刑与国家法定死刑并无二致,并引孟子之论言及:"杀人以梃与刃,初无分别。"②

四、择肥而噬

衙役共同体往往选择"小康之家"作为构词诬陷的对象,时称"择殷飞食"③或"择肥而噬"④。择肥而噬的做法,颇与现代某些无良律师专拣富人作为被告的"鼓钱包"⑤做法相似,皆以富人作为追求利益最大化的对象。

康熙年间,御史周清源指出不肖官役,"凡遇殷实可啖之户及地方宿仇或势豪嘱托者,皆一切填入班房,以为恐吓报复之地。"⑥命案的发生,是承差衙役串通保甲,"罗织殷富良民"⑦的契机。此时,衙役往往"不准尸亲指告正凶,先罗列各富户之名,每出一票,少则三十余家,多则三十余家"⑧,甚至整村殷富人家皆被指为干连证佐,押赴官府受讯。⑨ 每遇盗案,差役教贼诬扳,"出于本犯之挟嫌报复者尚少,出于蠹役之择殷指使者实多"⑩,是以"择殷教猱,因而为利"⑪。

---

① 〔法〕福柯:《规训与惩罚》,第115页。
② 盘峤野人:《居官寡过录》之"论刑具",载《官箴书集成》(五),第44—45页。
③ 《查禁棍蠹串害》,载《福建省例》,第994页。
④ 《德宗景皇帝实录》(三)卷163,光绪九年五月,第287页。
⑤ 〔美〕唐·布莱克(Donald Black):《法律的运作行为》,唐越、苏力译,中国政法大学出版社1994年版,第31页。
⑥ 周清源:《清狱省刑书》,载贺长龄辑:《皇朝经世文编》卷93,第3315页。
⑦ 《饬禁滥差滋扰,一票只许一差》,载《福建省例》,第951页。
⑧ 《宣宗成皇帝实录》(三)卷191,道光十一年六月下,第1017页。
⑨ 《饬禁滥差滋扰,一票只许一差》,载《福建省例》,第951页。
⑩ 万维翰:《幕学要言》,载刘俊文:《官箴书集成》(四),第736页。
⑪ 汪辉祖:《学治续说》之"盗案宜防诬累",载刘俊文主编:《官箴书集成》(五),第300页。

道光年间,衙门吏役及地方讼棍者为谋衣食之资,"每一案出,多因两造贫苦,无可索求,因令供其亲族殷实之家,或牵连其妇女,或牵连其邻里、师长"。①

不独命盗案件,田土、户婚、钱债等民间词讼,也成了富民涉讼的缘起。对此,刘衡提及:"富民涉讼,不必命盗大案被诬,即寻常细故,列名邻证,便可破家。"②道光年间的山东海阳县,凡民间词讼遇到殷实者,衙役便刑逼勒贿,有贿赂者虽曲亦直,无贿者虽直亦曲。一旦两造俱为穷民,"必牵引殷实之家到案",从而一度使得"小康之家,多逃匿邻境以避其锋"。③ 尤有甚者,乡曲愚民,家颇富裕,本不犯案,但差役垂涎,便串同土棍门丁,捏造案情,拘系班馆,任意讹索,时谓"种案摘食"。④ 光绪年间,在浙江仙居县,有衙役私设班馆,明为"听审所",实则"每一词讼,牵累殷富,则胥差先为拘禁,当进押日,每名应用油水、麦菜诸名色,以家道之厚薄为钱"。⑤

郑秦先生在研究清代审判制度时指出,通过秋审及皇帝最后的勾决等一系列烦琐的程序,死刑犯人的生死才能最终被确定,唯有皇帝才能最终合法决定人的生死。⑥ 然而如上述所示,在清朝私牢运作中,衙役们往往通过"熏蒸"、"拖累"、"杖拷"等方式,隐持生杀之柄,事实上超越了"生杀予夺,在彼一人"的刚性法律规定。⑦

第三节 私牢的地狱镜像

在衙役共同体看来,私牢无疑是"福堂监"。⑧ 但在民间百姓眼中,私牢有如

---

① 《奏请严禁积压案件拖累人证事》,道光五年四月二十七日,档案号:03—4031—035,中国第一历史档案馆藏。

② 刘衡:《蜀僚问答》,载盛康辑:《皇朝经世文编续编》卷101,第4623—4624页。

③ 《宣宗成皇帝实录》(三)卷189,道光十二年十月上,第863页。

④ 《宣宗成皇帝实录》(四)卷251,道光十四年四月,第805—806页。

⑤ 朱寿朋编:《光绪朝东华录》,张静庐点校,光绪七年正月,总第1035页。

⑥ 郑秦:《皇权和清代司法》,载郑秦:《清代法律制度研究》,中国政法大学出版社2005年版,第81页。

⑦ 许多材料显示:讼师、幕友、胥吏等刀笔行家均能借助其专业知识,利用法律文本自身的巨大空间,缘法为奸,上下其手,"欲其生,则傅生议;欲其死,则以死比"。"生杀予夺,在彼一人",仅仅是制度上的构设而已。——笔者注。

⑧ 刘国光等纂修:光绪《长汀县志》卷10《公署》,第138页。

李宝嘉所说,不啻为人间的"活地狱"。对私牢里的在押者来说,财产权、生命权、人格权均难能企及。

一、在押者财产权的剥夺

首先,一旦牵连而进私牢,各种需索,漫天要价有如无底之洞,必使在押者"小则废时失业,大则倾家荡产"。① 刘衡言及需索内幕时,指出:"至百钱而不得一盂饭,数十钱不得一杯水……若亲属给送饭食,则暗唆同押之匪类,抢食罄尽,良民不得一粒下咽。三五日内任意索榨数十千文,不遂其欲,则受一切苦恼。迨官讯明释放,差等或仍自私押,或跟至其人之家,大肆闹索,必遂其欲乃止,而其家破矣。"②这种无赖式的巧取豪夺已与匪徒劫掠行径,并无二致。

其次,在押者往往面临着几重私牢的勒索。在湖南宝庆府属邵阳县,除监狱私立卡房三所,"一名外班房,一名自新所,一名中公所。外班房凌虐最酷,往往有寻常讼案,差役传到人证,即行押入,私用镣铐束缚,甚至以长绳系其右手足大指,悬于空际,名曰'钓半边猪'。勒出钱文,差役门丁均分,始将其人押入自新所,照样勒索。再拨中公所,又索取摊被等钱,方许做饭就寝。"③

亦有换差之衙役轮番需索。"每过堂时,必有差役承带案证,而承带之差往往五日一换,换差一次,讲费一次,诛求无厌。"④此外,衙役对羁押者的需索,不止及其自身,往往累及其亲邻,导致本人倾家荡产,"亲友亦惶恐敛助。"⑤

为了满足衙役的贪欲,在押者有时不得不走到"至卖一妇,将银贿差,始行放回"⑥的地步。丁日昌与文煜曾联衔上疏,以"动之人情,晓之天理"的笔调写道:"百姓或农工度日,或小本营生,一人被押,即一家不得安枕,必卖田宅、鬻妻子,经营请托,而后始得释放回家。官吏博弈饮酒之时,正小民呼吁无门之时。此中叹息愁恨之声,岂不足以召水旱而干天怒。"⑦小民叹息有干天怒等语,反映

---

① 《饬禁滥差滋扰,一票只许一差》,载《福建省例》,第951页。
② 刘衡:《蜀僚问答》,载盛康辑:《皇朝经世文编续编》,第4623—4624页。
③ 《宣宗成皇帝实录》(五)卷265,道光十五年四月,第69—70页。
④ 《直隶清讼事宜十条》,载盛康辑:《皇朝经世文编续编》卷102,《刑政》,第4715页。
⑤ 《宣宗成皇帝实录》(四)卷251,道光十四年四月,第805—806页。
⑥ 《宣宗成皇帝实录》(三)卷191,道光十一年六月下,第1017页。
⑦ 丁日昌、文煜:《设法清理监押人犯并勒限查办疏》,载葛士浚辑:《皇朝经世文续编》卷87,第2224—2226页。

出清人所持有的朴素的“天人感应”观念,也间接昭揭出私牢之流弊,已到了神人共愤的地步。

二、在押者生命权的虚渺

私牢之中,在押犯证得不到真正的医疗保障。每遇押犯疾病,“看役禀报,幕中照禀一批‘拨医调治’四字而已。再禀病重,不过多批‘加紧’二字,均属纸上空谈,全无实济,并无医药,安得不死。”①瘐毙私牢之中的现象司空见惯,其不独为沈葆桢所说“多因所睡地板之下,潮湿积秽,日渐熏蒸所致,犯人羁候日久,气必衰弱”②之属的自然死亡,“染瘟疫而殒生”者恐怕只是少数,更多的是在面对高额需索无能为力后“被棰楚而毕命”。③ 道光年间,有人奏及:安徽阜阳知县周天爵,“酷刑审讯,或以铁丝编成网段,用火炙红,加人肩背之上,名为‘铁床’;或以炭火烧红铁条,将人两腿合并穿通,名为‘火锥’;或鞭挞肌肤破烂,更用滚水浇灌之;或以刀砍去足指,割断足跟筋骨。种种非刑,皂隶每不忍用,该县辄亲自动手。计其所加酷刑,伤残肢体者约百余人,面伤毙命者约二三十人。该县每出必带小刀,以便断人脚跟,因有‘割人脚以修天爵’之谣。”④故而,彼时安徽阜阳衙署有“阎王殿”之称。尤为凄惨的是,丧命者不仅生前“拘幽莫告”,而且死后“野葬无期”。对不遂其欲之瘐毙者,衙役死后“并不相验”,甚至“不准领埋”。⑤ 光绪年间,私牢瘐毙之人,或被填入牢底⑥,或被弃置道旁。山东臬司朱辇对此忧心忡忡,其称:“盖狱中之隙地几何？日后之囚骸愈积,若不尽行起出,葬诸高原,将来充轫其间,竟成野冢。”⑦“野冢”一词,足以发覆私牢之“地狱”镜像。

---

① 余治:《得一录》之“羁所流弊四则”,载刘俊文主编:《官箴书集成》(八),第714页。

② 沈葆桢:《羁所宜改活板》,载盛康辑:《皇朝经世文编续编》卷101,《刑教》,《治狱上》,第4673—4676页。

③ 《山东臬司条议四事》,载贺长龄辑:《皇朝经世文编》卷94,《刑政》,第3351—3352。

④ 《宣宗成皇帝实录》(三)卷148,道光八年十二月,第272—273页。

⑤ 《宣宗成皇帝实录》(一)卷60,道光三年十月上,第1051—1052页。

⑥ 将牢死者直接葬于狱中的做法,似乎一直延续到很晚近的时候,当代学人章诒和在《斯人寂寞——聂绀弩晚年片断》一文中,谈及“文革”后期包于轨病死看守所后,即被“草葬于狱内空地”。参见程德培主编:《人物印象》,上海社会科学院出版社2004年版,第203页。

⑦ 《山东臬司条议四事》,载贺长龄辑:《皇朝经世文编》卷94,《刑政》,第3351—3352页。

三、在押者人格权的沦丧

被官役押于官媒等私牢之中的女犯,往往备受侮辱。乾隆年间尚谈鬼狐的纪昀在《阅微草堂笔记》中,即记述了雍正年间直隶河间府献县一干捕快欲行强奸押在"官店"中待质人犯妻子的故事。① 蒲松龄在《聊斋志异》描述女鬼伍秋月被阴间的皂役捉去,关进班房,"二役在侧,撮颐捉履,引以嘲戏,女啼益急,一役挽颈曰:'既为罪犯,尚守贞耶?'"②蒲松龄所写虽是阴间地狱,影射的却是人间私牢。实际上,衙役口中的"罪犯",有时并非已定罪者,有时仅为干连证佐。在清代官吏的意识中,已定罪和未定罪的概念并未判然相分,甚至干连证佐有时亦被视为"戴罪之身"。

嘉庆十年(1805),广东南海、番禺二县常"将案内未传女犯,概行发交收管,名曰'女馆',遇有年少妇女,官媒竟逼令卖奸得赃。"③官媒逼令女犯卖奸之事,晚清上海亦常发生,王韬就曾提及:"妇女之以罪案逮系者,例发官媒逻防之。其地在五老峰后,粉墙书'官媒'二字者是也,俗呼为'官卖婆'处。其媪巧于渔利,略有姿致,即饰盛妆以迓客;或守志不从者,则拱以非刑。长官虽知弗问,大似有明'籍没教坊'④之弊制"。⑤ 晚清之际,以摘隐发伏为己任的《申报》,对官媒等私牢羁押女囚之弊极为关注,并对女犯娼妓化的普遍现象再三揭露。如光绪庚辰年(1880)三月三十日的《申报》提及:地方官媒常常逼迫女犯为娼妇,"以夜合之资而为官媒之使费",甚至一些"并非奸案本系清白之身,而一入此间,即

---

① 参见郭建:《师爷当家——明清官场幕后规则》,中国言实出版社2004年版,第154页。

② 蒲松龄:《聊斋志异》(上),民族出版社2004版,第248页。

③ 两广总督那彦成和广东巡抚百龄:《奏为特参南海番禺二县知县纵令差役另立班馆滥羁人犯致毙多命请革职事》,嘉庆十年六月十三日,档案号:03—2281—020,中国第一历史档案馆藏。

④ 教坊之制,始自唐高宗,后世沿用。教坊初仅为官用乐户之所而非官方妓院,后经明武宗淫乱教坊,遂使之逐渐与妓院合流。此处王韬将官媒逼令女犯卖奸得利事,比诸明朝籍没教坊之制,实际是在比附一则可能在今天看来容或有误的故事,即明成祖在靖难之役后将"有罪"之建文帝臣属的妻女收没教坊,任人蹂躏。此则故事,鲁迅先生曾信以为真并大加挞伐(见鲁迅:《病后杂谈之余》,载氏著《且介亭杂文》,译林出版社2013年版,第153—154页)。而据今人详尽的考证,此事子虚乌有。关于今人的考证,参见佚名:《关于靖难时建文旧臣妻女入教坊相关考辨》,http://hi.baidu.com/%D3%B0%D1%A9%CB%AE%C0%B6/blog/item/5d337c514282942142a75b95.html,访问时间:2014年12月10日。

⑤ 王韬:《海陬冶游录》卷上,世界书局1936年版,第32页。

以白布掷于靛缸,未有不失身败节",以至于官媒之设,"更甚于娼寮之龌龊"。①
光绪辛巳年(1881)的《申报》,似乎将女犯娼妓化之弊,作为重点报道的对象。
如该年正月十五日的《申报》专文披露:"凡充当是役者(系官媒),无异于妓家之
鸨母,一有妇女发下,命之管押,则不啻视为奇货之居,而不肖子弟又复与之勾
连,官媒之家遂成行院,而且以系衙门差役之类居多,价多较勾栏为廉,合则较娼
妓为易"。② 三月十三日的《申报》复又指出:"妇女之发官媒,正为官媒生财之道,
即素来贞静之妇一经官媒管押,往往诱逼为奸,以为彼获利之地。"③此后六月十二
日的《申报》又专文指斥:"犯案妇女发交官媒,最是造孽事。官媒恃押犯为生涯,
奉发一人,必多方诱奸,以觅其利。不从者逼以私刑,必饱其欲而后已。"④

对于"女犯娼妓化"的普遍现象的出现,有人从官媒与押犯两方面分析其原
因,即"在官媒之意,以为苟系贞妇,必不至于对簿公庭,既已为璞之不完,何必
为楝之常韫,藉以该妇女夜合之资贴补使费,未始不可。即被押妇女,或亦含垢
忍耻,俯首听从,盖诚恐一不当官媒之意,则凌辱随之,故不敢有所违抗。"甚有
人提及:"该妇女本属不贞,即交与官媒恣其所欲,尚不至大伤阴德"。⑤ 姑且不
论此处以所谓的"失节"入罪是否正当,清代吏役一般对入狱之犯视同权利尽丧
而永无悔心的贱劣之民,进而认为惩罚目的之正当性,可消解其手段之非法性,
全然不顾"妇女即已犯奸,其始或有一念之误,其心未尝不愧且悔"。⑥ 与此可参
看,清代律例规定,对死刑之重因,即便非法拷讯而致其死亡,亦可对施刑者减轻
处置,甚或"邂逅致死而勿论"。在这种"惩罚目的之正当性可消解其手段之非
法性"的畸形法律意识(抑或伦理意识)之下,囚犯甚或嫌犯的人权得不到保障,
则势成必然。

晚清李宝嘉在《活地狱》中,历历如绘地描写莫是仁为巴结新来查班房的苟

---

① 《论官媒不可轻信》,《申报》第二千五百二十号,第一版,光绪庚辰三月三十日(1880年5月8日)。

② 《妇女勿轻易交官媒说》,《申报》第二千七百九十四号,第一版,光绪辛巳正月十五日(1881年12月13日)。

③ 《论妇女官卖》,《申报》第二千八百五十一号,第一版,光绪辛巳三月十三日(1881年4月11日)。

④ 《良师堪法》,《申报》第二千九百三十八号,第二版,光绪辛巳六月十二日(1881年7月7日)。

⑤ 《论收押妇女宜另设善地》,《申报》第三千一百三十一号,第一版,光绪辛巳十一月二十七日(1882年1月16日)。

⑥ 《妇女勿轻易交官媒说》,《申报》第二千七百九十四号,第一版,光绪辛巳正月十五日(1881年12月13日)。

大爷,设计将黄升妻子周氏监禁于官媒处,并欲行诱逼奸污,官媒为在周氏面前摆威风,在查点在押女犯时"臭婊子、死贱人,骂个不了"。① 正所谓"捕快一拘妇人,无穷之利,妇人一入公门,无限之辱,掏、摸、戏、押,无所不至"。② 时人亦尝有言:"班房中之妇女,皆刑吏禁卒之妻妾也。"③

清代文学作品,以生花之妙笔,将私牢中的众吏役的无赖之相,刻画得入木三分。李宝嘉利用谐音法,将吏役名称定为"莫是仁"("莫是人")、"史湘泉"(尸像犬)、"赵稿案"(找稿案)、"刁得贵"(刁得贵),无疑亦间接反映出民间对私牢管押行为及其操作者的深恶痛绝。也正是在丰富而有趣的文学资料印证之下,私牢的地狱镜像才显得更显清晰而丰满。

四、私牢的地狱镜像

清代监狱的阴冷、残酷镜像,在晚清西人眼中常常是令人悚然的地狱。美国人何天爵曾如是谴责清朝的监狱:

> 任何人,只要他对中国穷苦百姓日常生活稍有点了解,同时他又知道中国监狱对百姓确实起着震慑约束作用的话,那么他很快就会明白,那块土地上的监狱一定如同阴曹地府一般……几乎所有我们想象得到的各种恐怖虐待、残害生灵的现象,在这些"死亡之屋"(House of death)中都可以被找到。曾有一位当地的北京人,将两个汉字"地狱"写在北京某监狱的大门上。但这两个字所表达的内容和监狱内的实际丰富内容相比,还是温和和苍白得多。④

实际上,1901 年 10 月,张之洞、刘坤一联名向朝廷上奏了著名的"江楚会奏变法三折"中的第二折,即明确地提及旧式监狱"狭隘污秽,凌虐多端,暑疫传染,多致瘐毙,仁人不忍睹闻,等之于地狱"。⑤

清人常常将非正式的私牢与国家常规监狱作比较,认为监禁之犯"尚有粮

---

① 李宝嘉:《活地狱》,第 64 页。
② 吕坤:《实政录》,载刘俊文主编:《官箴书集成》(一),第 582 页。
③ 吕坤:《实政录》,载刘俊文主编:《官箴书集成》(一),第 580 页。
④ [美]何天爵(Chester Holcombe):《真正的中国佬》,鞠方安译,黄兴涛、杨念群主编丛书之一,中华书局 2006 年版,第 151 页、第 164—165 页。
⑤ 张之洞、刘坤一:《奏江督刘鄂督张会奏条陈变法第二折》,载杨凤藻辑:《皇朝经世文新编续集》卷 1,《通论上》,第 52—67 页。

可以充饥,有官为之照料",而羁管之人"则数十人聚一幽室,秽气熏蒸,不可终日,与地狱无异"。① 此外,"监狱尚多宽洁,而管押处所往往秽浊不堪,其惨苦实倍于监狱"。② 就此而言,"捞掠拘禁,百般恶毒,有甚于狱"③的私牢大门上,在民间看来,未尝不赫然显现出斗大的"地狱"两字。有意思的是,在晚清之际,时贤往往以西方法良意美的新式监狱为参照,亦常将中国传统监狱尤其是私牢比作阴惨之地狱,如清末《大公报》所揭言:

> 尝闻释氏之说,曰幽冥之中阴惨之象,迥非人世所同,其间凶形怖状,狰狞可畏,其刑多刀山剑树、锥磨鼎镬,其狱中诸鬼率千百年不得见天日。此虽为荒诞无稽之谰言,然闻其说,无不毛发悚然,错愕骇汗,以为除地狱外,断无此黑暗之形状矣!……地狱之说,何意于人世遇之? 大中国讼狱何多也? 牧令之堂,受辞日盈尺,而被逮者络绎于路。环视诸郡县,曾有图圄空虚者乎? 彼陷于大辟者无论矣,至下死罪一等,递减至于微犯,无不被系,动经岁年,官目为罪人,不一过问,任荼毒于狱吏之手,故有一口角、一斗争而瘐死于图圄者……逮捕之时,吏役持票入乡里,咆哮吼呼,骇及鸡犬。若捕一家,动扰数家。若逮一人,动连数人。吏役之身家、妻子以迄挥霍之费,悉出于此。入室掠取,无异盗贼,稍不餍心,则私刑以拷之,故民畏吏役,甚于畏官。争市田宅、鬻妻子,以为赇。是一人有罪,未至于公庭,而一村为之赤贫,甚且转徙而为墟矣!……当此环球进化、文明日启之会,独留此黑暗形状,于光天化日之下,俨然人世几同于地狱之阴惨。驯至内讧交起,甘反颜受抚于外人,不可谓非有以区之也。然则,如之何而可复《周礼》圜土之规,仿泰西苦工之制? 士皆学律,官不敢以喜怒为重轻。人可延师,讼不至以辩捷胜愚懦。律例之更,愿翘首拭目以俟之。右论于官衙酷恶,役之狠毒,描摹尽状,然尚嫌其于"黑暗"二字,未能发挥透辟。盖所论者,注重于酷刑恶役,而于官之贪财、徇情、逼死人命等等一切惨无天日之隐情,未能一一揭出,是尚不足以裭贪官之魄而诛赃吏之心也!④

---

① 张经田:《励治撮要》,载刘俊文主编:《官箴书集成》(六),第59页。
② 丁日昌:《抚吴公牍》卷31,第964页。
③ 《饬禁滥差滋扰,一票只许一差》,载《福建省例》(五十八案),《刑政例下》,第952页。
④ 《时事采新汇选》(第7册)第1卷,北京图书馆出版社2003年版,第3782—3783页。

中国传统的地狱观念,早在佛教传入之前即在民间流播①,其重要特点之一在于描绘罪与罚之轮回景象,旨在宣播惩恶扬善之意,因此地狱及监狱在文化上存在着深刻的共通性。中外古今将监狱称为人间地狱、人间练狱、活地狱者不绝于书。正如郭明所言,监狱之于实有世界被投射到地狱之于虚拟世界,从而将监狱之局部刑罚图景拓展成芸芸众生的末日归路。监狱囚禁身躯之所在与地狱惩治灵魂之归宿皆成为人生万劫不复之象征,地狱因其残酷暴力之图像而最终成为"监狱之隐喻"。②"监狱地狱说"③的形成,一个重要的缘由固然在于两者文化上确实存在着深刻的共通性。但需注意的是,中国"监狱地狱说"似愈趋晚近而愈显活跃,从清末山东皋司的"野冢"、李宝嘉的"活地狱"、大公报"幽冥",再到民国《政和方志》中的"生无常",可窥 斑。之所以出现晚清这种"监狱地狱说"的"话语膨胀",一方面是因为晚清之际在西方新式狱制之光的映照之下,中国传统狱政中的斑斑锈迹无所遁形,甚或被放大;另一方面,晚清时人意欲通过对传统狱讼积弊的极力塑造和辛辣批判,为其除旧布新提供现实理据。上述大

①　胡适先生曾坚决认为"天堂"和"地狱"观念是由佛教传入后带来的,而余英时先生则认为在佛教传入之前,如"幽都"、"黄泉"、"阴曹"等类似的观念,已在道家的思想中出现。实际上,早在民国时期,即有人持与余英时类似的观点。参见[美]余英时:《东汉生死观》,上海古籍出版社 2005 年版,第 142—146 页;王小隐:《关于地狱》,《北洋画报》1927 年 1 月 19 日第 65 期。

②　郭明:《学术转型与话语重构:走向监狱学研究的新视域》,中国方正出版社 2003 年版,第 19—22 页。

③　中国"监狱地狱说"一直流行到很晚近的时候,鲁迅即曾说:"中国的旧式监狱是取法于佛教的地狱,不但禁锢人犯,而且又有要给他吃苦的责任"(参见《鲁迅全集》第 6 卷,人民文学出版社 1981 年版,第 12 页)。著名的游民文化研究专家王学泰在其《监狱琐记》中,提及一则有趣的事情:"1980 年代,有一次我到上海出差,住在上海古籍出版社招待所,与何满子先生聊天。他也数次倒霉,坐过数个监狱。他对我说:'很怪,为什么监狱老临桥而设呢? 上海是提篮桥,南京是老虎桥、娃娃桥,杭州是六渡桥。'我补充说:'北京是半步桥。'半步桥,有深意焉,人间、地狱,仅半步而已"(参见王学泰:《监狱琐记》,生活·读书·新知三联书店 2013 年版,第 63 页)。有意思的是,熟谙佛教地狱知识的季羡林,在书写其"文革"期间牛棚(实为"私牢")生活时,也将人世间监狱折磨之苦与地狱之苦相并观,并怀疑"牛棚小将"的一干"狱中刑术",很可能是受其课堂上所授佛教地狱知识的启发(季羡林:《牛棚杂忆》,柳荫主编:《历史痕迹》,大众文艺出版社 2000 年版,第 1036—1037 页)。鲁迅等学人大致认为"中国的旧式监狱是取法于佛教的地狱",但亦有国外学者认为恰好相反,中国的地狱观念实乃取法于监狱,如加拿大卜正民等人的研究指出,阴曹地府中"刀山剑树、锥磨鼎镬"诸刑,是人们对监狱酷刑的模仿后的想象和再造,以惩罚生前有罪而逃脱惩罚的人([加]卜正民等:《杀千刀:中西视野下的凌迟处死》,张光润等译,商务印书馆 2013 年版,第 146 页)。不过,明末大儒黄宗羲曾坚持认为,"阴世"中的"锥磨锯凿、铜柱铁床、刀山雪窖"等"惨毒万状"之刑,绝不可能是对"阳世"中的"笞杖徒流死"等刑的模仿(参见黄宗羲:《破邪论·地狱》,载《丛书集成续编》第 23 册,总类·考据,上海书店出版社 1998 年版,第 374 页)。

公报以近千字的篇幅,刻画中国狱讼尤其是囹圄之中种种"幽冥"景象,意在证明中国审判制度以及律例的不合时宜,因而主张改弦易辙抑或援古创新。

第四节　衙役共同体逐权济私行为的释解

　　从上述私牢成为衙役福堂、民间地狱的两重镜像中,可以窥见衙役群体如何巧逞奸智而倚狱为市。乾隆五十七年(1792),湖北公安县衙署前的《毕督部通饬州县碑记》论及"衙役"时称:

　　　　若辈中,忠厚愿谨者少,狡猾贪黠者多,大都以朱票为奇货,以诈贿为生涯。一票承行,不论案情轻重,事主贫富,务欲饱其欲壑。一案入手,已将本官前程,本户身家,不啻视同秦越。户婚田土说成骇地惊天,桎梏锒铛逼到水穷山尽。乡愚饮泣,鸡犬不宁。或因花户惮于见官,或因被告素来畏事,或窥其家尚温饱,或案外巧以株连。白役成群,乘轩坐马,其状同于罗刹,其恶甚于虎狼。①

　　刘衡亦曾指出衙役的冥顽难化,认为"(衙役)概系匪徒,不愿急公,只图作弊。不可以理喻,不可以情动,不可以德化,不可以恩结"。② 道光十年(1830),四川总督在饬发重庆府的告示中,如是严诘衙役:"惟是充当差役之人,类系奸猾游民,不安本分,以公门为利薮,以查票为护符,以扰累为生涯,以吓诈为常技,内与家丁勾串,外与书吏交通。"③四川陈乐山亦曾愤愤指出:"盖人之丧尽天良者,始肯充当捕役,故极恶诈、极残忍者,亦莫过于捕役",并最终得出这样的结论:"捕役不除,则捕卡难毁,则私刑难禁。私刑不禁,则民命难恤。故欲恤民命者,必先除其蠹弊也。"④清代地方官常以"类皆游惰、性本卑劣"的"出身论",来论证衙役的无可救药,今人亦可从道德、人性的角度去谴责衙役的"极恶诈、极残忍"。但是,除此之外,我们还应当从更深的制度层面、心理角度去释解他们的所

---

　　① 《毕督部通饬州县碑记》(乾隆五十七年),载周承弼等纂修:同治《公安县志》卷2《营建》,第121—123页。

　　② 刘衡:《庸吏庸言》之"论衙役",刘俊文主编:《官箴书集成》(六),第183页。

　　③ 《重庆府抄发川督告示》(道光十年三月初三日),载《清代乾嘉道巴县档案选编》(下册),第225页。

　　④ 陈乐山:《呈恤刑书》,军机处档·月折包,第2437箱,82包,68050号,道光十四年五月。

作所为。换言之,衙役群体为恶,除"人性之恶"外,尚有"制度之恶"有以致之。

一、法律规定中衙役的经济社会地位

有清一代,衙役的经济、社会地位十分低下。从其工作强度来看,既苦又险。如捕役,不仅有来自人犯的拒捕或袭击,而且一旦破案违限,便会受到上官的严厉比责,如道光年间,"坊捕名下报窃之案,凡计赃二十两以下者,限一月内破获。二十两以上者,限二十日内破获。如违,按月查比一次。五十两以上者,限十五日内破获。如违,按二十日查比一次。计赃及贯逾贯者,限十日内破获。如违,按十日重比一次。坊捕名下遇有偷牛之案,先行提责二十板,仍限十日内破获。如违,即照逾贯例,每十日重比一次"。①

然而,衙役正式的经济收入与这种高强度的工作显然不成比例,其工食银一般"按季给以银米,多寡各殊:在外衙门吏书、门子、会人、皂隶、禁卒、铺兵、仓夫、斗级、工匠人役,亦按季给以工食银两,其后屡经裁减"②。道光年间,平湖县的各种捕役工食钱即非常有限,以至地方官为调动其积极性,不得不谋求对其加增钱粮(表3-1:道光年间平湖县经制捕役人数及收入表)。

表3-1 道光年间平湖县经制捕役人数及收入表③

身 份	人 数	饭钱(每人每月)	米粮(每月)	折 粮 总 数④
押捕总头役	一 名	一千二百文	六 斗	0.86石=约今133市斤
捕班头役	三 名	九百文	五 斗	0.7石=约今108市斤
坊捕	十二名	六百文	三 斗	0.43石=约今66.65市斤
管翼房捕役	未 知	六百文	三 斗	0.43石=约今66.65市斤

就上述表格中的数据折算来看,普通捕役每月口粮大致为今天的66.65

① 何耿绳:《学治一得》,载刘俊文主编:《官箴书集成》(六),第697页。
② 转引自赵世瑜:《吏与中国传统社会》,浙江人民出版社1994年版,第180页。
③ 何耿绳:《学治一得》之"拟禀五则",载刘俊文主编:《官箴书集成》(六),第679页。
④ 换算依据:道光年间,全国平均米价约为2.3两/(清)石。而当时的银钱比约为2000文/两(参见卢锋、彭凯翔:《我国长期粮价研究(1644—1949)》,北京大学中国经济研究中心2004年7月,未刊稿,第29、17页)。据王业键的研究,清代稻米一仓石为130斤,清代一斤等于今之1.193市斤,故一仓石米约等于155市斤。又,依清制,10斗=1石(参见王业键:《十八世纪福建的粮食供需与粮价分析》,载《清代经济史论文集》(二),稻乡出版社2003年版,第125页)。

市斤,以此担负当时一家俯仰之资,不可谓多。而况上述换算,并未将清中后期渐趋严重的通货膨胀等因素考虑在内。工食银①数量之少,清初时人即有这样的认识:"一役之工食,每年多不过十二两,或七两二钱,每日不过三二分,仅供夫妇一餐之用……此数十万游惰之民,肯枵腹而鹄立于堂侧,走马于街前乎? 必不能也!"②如此低的工食银,事实上"均折扣发给,计得不定一","向例衙门里发钱,能有一半到底下是从来没有的",③甚至"不发工食,是衙署通例"④。晚清李宝嘉曾以略带同情和理解的笔调写道:"书差的工食,都入本官私囊。到了这个分上,要想他们毁家纾难,枵腹从公,恐怕走遍天涯,如此好人,也找不出一个。"⑤可见,衙役正常的工食银,仰不足以事父母,俯不足以畜妻子。故而清中期的地方大员陈宏谋亦曾为衙役如是辩解道:

> (胥役)一入公门,而口之所出多非实言,身之所行多非正事。盖不如是,则不足以给一家之用。何也? 彼既已在官,则以公门为恒产,上不能读书以求禄,下不能耕稼以谋生,次不能工贾以求利。八口之需,皆望于公门所出。适口必择言,身必择行,将终岁无担石之入。室人交谪,嗷嗷待哺者,谁为养育? 势不得不丧其本心,言不义之言,行不义之行,以取不义之财,给一家之用也!⑥

正式衙役尚有一定工食银,而作为经制之外的散役、白役,更无丝毫薪水。清时州县衙役例有定额,如道光年间的粤东州县差役"小县数百名,大县千余名"。但事繁之州县,遇有缉捕命盗要案及接递人犯等项,因经制差役不敷差遣,故不得不额外设置白役、散役,甚至有的州县,"民情刁悍,遇有勾摄事件,官差人少,往往聚众抗拒,必须多带人役,始能办案"。如东莞县役,初始只有三班,后来不敷使用,于是"自嘉庆二十三年始设'六总'名目,每总头役 6 名,合共

---

① 清朝官员的收入有俸钱禄米,简称俸禄。而吏役收入虽俗称"工食银"或"工食钱",但亦包含"饭钱"和"米粮"两项。——笔者注。

② 傅维麟:《亟更役法疏》,载贺长龄辑:《皇朝经世文编》卷 24,《吏政》,《胥吏》,第 917 页;瞿同祖:《清代地方政府》,第 64 页,徐炳宪:《清代知县职掌之研究》,东吴大学 1974 年硕士学位论文,第 81 页。

③ 李宝嘉:《活地狱》,第 99 页。

④ 李宝嘉:《活地狱》,第 97 页。

⑤ 李宝嘉:《活地狱》,第 1 页。、

⑥ 陈宏谋:《在官法戒录》,刘俊文主编:《官箴书集成》(四),第 621—622 页。

36 名,每头役手下又各有散役、白役数十名。"① 尤其嘉道以降,滥设散役、白役问题渐趋严重,如嘉庆十一年(1806)御史陆言奏称:"现在各州役色有'头役',有'散役',挂名卯册,已逾原额数倍,此外尚有卯册簿中无名者,谓之'白役',类皆游手无赖之徒,名虽仰食于官,而实皆剥取于民。"② 道光十年(1830),御史王玮庆更是直接指出:"州县额设官役,原有定数,不得私行增添,乃近来冒充益多,往往于正身官役之外不入卯簿者,复十百为群,供其驱使,是为'白役',例无工食,惟以剥削小民为事"。③ 有清一代,对白役问题,亦曾立制严加禁革,但效果不彰。④

此外,衙役办差诸务耗资甚大,时需自理,如"差犯、解犯赴府赴省花费颇多,如府州与省中过堂无期,则不但旅费不赀,且加以各署吏役之需求无度,此项各省通例,例皆有差役赔累,州县官向不自发"。⑤ 乾隆中后期,一位老捕役曾如是叫苦:"破一案不易,办一案更不易。破一案必多雇帮役,百端踹踩,盘缠饭食,其费从何而出? 办一案,于审明后,贼据确实,重则拟死,轻则充发,解府、解省等候多时,花销不少,费支又从何而出? 每结一案,费至一二百金不等,穷役费无所出,是以'宁受责,毋拿贼'也!"⑥ 差役办案,受到上级吏役的重重盘剥,加上赔累自理,经济上的负担太重,因此出现前文所述之"贼开花"的现象,则不为

---

① 《呈查明广东地方积弊各条奏议办理章程清单》,道光朝,宫中—朱批—综合,档案号:04—11—10—01,中国第一历史档案馆藏。

② 掌山西道监察御史陆言:《奏为请严汰州县逾额官役以清弊源事》,嘉庆十一年十一月十七日,档案号:03—1629—124,中国第一历史档案馆藏。

③ 福建道监察御史王玮庆:《奏为州县衙门白役顶充滥给牌票扰累良民请旨严行裁革事》,道光十年五月初七日,档案号:03—2598—011,中国第一历史档案馆藏。

④ 如前揭嘉庆十一年据御史陆言奏请,吏部定"严禁白役"例,对有关责任官员作出严厉惩处,其中规定:"各州县衙门如有白役分项合伙、诡捏姓名、倒填着役年月等弊,该管官知情者,降三级调用(私罪)。失于觉察,照不行裁革冗役例,降二级调用(公罪)。白役人等治罪。各州县衙门经制衙役于额增帮役之外,尚有多留者,该管官降一级留任(公罪)。如正身衙役私带白役,将未经查出之该管官,罚俸六个月。"(参见《钦定吏部则例》卷16,《吏部》,《书吏》,成文出版社1961年版,第222—223页)。此外,据南方县衙档与巴县档案来看,咸丰初年与光绪初年,各州县在地方督抚的严饬下,均曾下令裁汰白役,但效果似乎并不明显。参见四川总督部堂谕:《为严禁各属差役豢养白役诬枉措诈百姓以抑制蠹风事饬南部县札》,光绪六年闰七月十二日,南部县衙档案号:451242;巴县正堂觉罗祥庆:《为造县实存正役帮役并裁汰白役名册事移巴县分县》,咸丰五年九月二十九日,巴县档案号:清6—04—00012。

⑤ 方宗诚:《上李节相请通饬革弊政状》,载盛康辑:《皇朝经世文编续编》卷102,第4756页。

⑥ 张经田:《励治撮要》之"体恤捕役",载刘俊文:《官箴书集成》(六),第59页。

无因,正所谓："差役不愿拿贼,惧其累也! 否则拿贼,必先令其多扳,固属诈赃,亦为解费计也。"①曾任嘉庆年间贵州按察使的李文耕称:

> 缉捕一事,全在能用捕役,必须恩威并施……乃地方官惟知用之,不知养之,既无额设工食以糊其口,又无别项津贴以养其家,谋生乏术,必至纂贼为奸,于是通盗引线,坐地分赃,明知窃窝,得规包庇,贼犯恃捕役为护符,捕役借贼为利薮,一切巨盗积窝,往往纵之不拿,即使严为提比,亦不过仅拿一二小窃塞责,甚或别生枝节,名曰"开花"。②

对办案经费短绌的问题,道光年间时任四川按察使的张集馨言之更详,其称:

> 在各厅州县,非不差捕严拿、按期提比,乃该役不以受刑为难堪,而转以缉贼为甚苦。推原其故,皆由经费无出而办理极难也。签差各属,额设捕役八名,每年役食共四十余两,且有从中剥削易钱发给者,是捕班之役食为最少,老弱未免滥竽;而捕班之用项最多,隶役安能枵腹? 即如办一案,缉一匪,动用多人;解一犯,签一差,路费多赀。贱役惟知货利,赔钱必至于讹钱;若辈罔顾身家,缉贼更转而纂贼。仅止奉差压票,临比抗刑,犹恐其过之轻、弊之小者也。③

曾国藩也说:州县一遇盗案,无不责成捕役,但能干的捕役多半通贼,不愿破案,因为破获之后,要自己筹措解府、解省及往返羁留费用,这就是捕快所以"借纂贼为生路,视获贼为畏途"的原因所在。④ 如此办案,即便拿贼,亦会千方百计将所有费用转嫁到人犯证佐身上。⑤

高压力、低收入,往往会促使衙役倚狱为市而贪婪敛财。不过,值得一提的是,有时衙役运作私牢,并非纯粹出于利益的考量,如同张运青在《治镜录集解》

---

① 方宗诚:《上李节相请通饬革弊政状》,载盛康辑:《皇朝经世文编续编》卷102,《刑政》,第4753—4757页。

② 李文耕:《致各属》,载葛士浚辑:《皇朝经世文续编》卷23,《吏政》9,《守令下》,第2689页。

③ 张集馨:《道咸宦海见闻录》,第35—36页。

④ 曾国藩:《直隶清讼十条》,载盛康辑:《皇朝经世文编续编》卷102,第4715页。

⑤ 有人认为,清代衙役的待遇如此微薄,然而投充公门者始终络绎不绝,甚至耗巨资买差。显然,通过陋规以及勒索,衙役能获得一些隐性收入。官方对此心知肚明,遂不愿提高其待遇(参见陆平舟:《官僚、幕友、胥吏——清代地方政府的三维体系》,《南开学报》[哲学社会科学版] 2005年第5期)。笔者认为,即便如此,低廉的报酬,无疑会加剧衙役勒索之弊,无助于问题的解决。

中所说,吏役将无辜之人"辄送仓铺,或因索贿,或因嫌隙"。① 因此,衙役羁累无辜,有时"或因嫌隙",而非一概是为了"索贿",属于许章润先生所言之"报复性执法"。② 笔者在档案中查阅到以下三例,可资说明。

道光九年(1829),山西绛州绛县文秀才王佩印倡修文庙,派众捐资,监生王炳言遂出银四两。竣工后,王佩印等设立碑记,内有衙役名字,而王佩印等名上刻有"公直"两字。监生王炳言认为,以衙役之贱岂可列于圣庙? 王佩印等人亦不配"公直"二字。王炳言禀县,知县不管,于是其一怒之下,便将碑上"公直"二字砸去。后屡经涉讼,该县饬令两造和息。旋新知县接任,事隔一年,忽将王炳言拿去,掌责锁押,后解省经委员审讯后,仍令差押回原县和息。行至绛州,差役将一行其他被告全部放去,独将王炳言留押该州班房。半年之久,经快头张平的百般凌虐,王炳言最终瘐毙班房之中。后王炳言子王鼎瑞赴京呈告,控指王佩印和衙役等"勾串请托"。③

该案之中,监生王炳言心目中"衙役之贱"观念根深蒂固。而衙役们对鄙己之人衔恨在心,最终利用班房以快其仇,亦借此彰显权力,挽回"失去的尊严",从而获得心理上的某种平衡。

同治四年(1865),河间东光县黄跃鳞因本县土豪张连奎私行团练,禀报在县,蒙批候查。张连奎因此挟恨在心,遂串通本县另一团首刘仁山,借黄跃鳞本家争继一案,将黄氏投案到府城西关。刘仁山率众将黄氏抢押,旋经县令发县看管,刘仁山等贿通县衙,将黄氏收入县衙东私设班馆之内,镣铐填笼,百般凌虐。后黄氏经取保后,其子及雇工人备车迎接,途中遭刘仁山劫掠,黄子及工人又被捉去私押。被押之地,乃县役私租之民房,"圆门封锁,形如牢狱"。④

该案中,张连奎因黄跃鳞揭其私行团练一事,对黄心存嫌怨,后寻机将其及家人几度私押,必欲重惩而后快。此处衙役私押,未见有勒索之事,只是为了报

---

① 张运青:《治镜录集解》,载刘俊文主编:《官箴书集成》(三),第741页。
② 参见许章润:《有法律,不恐惧》,《财经》2010年第27期。
③ 都察院左都御史那清安:《奏为讯问山西绛县武童王鼎瑞具控知县押毙伊父王炳言事》,道光九年九月初四日,档案号:03—3745—033;附件:《山西绛县武童王鼎瑞为伊父王炳言押毙班房事呈状》,道光九年,档案号:03—3745—034。
④ 都察院左都御史史全庆等:《奏为直隶生员黄跃鳞控东光县县役私设班馆等情应严究事》,同治四年九月初八日,档案号:03—5078—051,中国第一历史档案馆藏。

复和彰显自己的权力而已。

同治五年(1866),山东昌冠县捕总刘春林之舅赵大力欠钱于张兴邦,张氏之弟前往讨欠,赵氏坚抗不还,因而发生口角。赵大力架词捏控,县衙令头快总役许德、捕总刘春林等,拘张兴邦之弟入城,并不讯究,即行押入班房,私刑吊打,勒钱三百千文。张兴邦将田地二十八亩出卖,钱仍难凑足。刘春林等虎踞县衙,无奈之下,张兴邦遂控府。刘春林恨其上控,将张兴邦之弟私刑锁铐,打死于班房。①

该案中,捕总刘春林设法将张兴邦之弟押入班房,以助其舅对张进行报复和抗欠;后来仅因怨恨张兴邦控府,而将其弟拷毙于班房之中。捕总刘春林的两次报复打击,并非仅仅是为勒索钱文,尤其最后一次,实因怨恨所致。

实际上,除了经济上的困境,衙役与讼师等一样在官方话语之中,显得社会地位十分卑微,这种卑微的社会身份,使得内心往往趋于敏感,容不得半点被人鄙视,而私押滥刑权力的获得,往往给其带来心理上的某种宽慰和平衡。

尤有进者,乾嘉以降,衙役卑贱的身份被法律进一步明确。经乾隆三十七年(1772)议准定例,隶卒包括其子孙,一概不准入考捐监,如"有变易姓名,蒙混应试报捐者,除斥革外,照违制律杖二百"。② 对于三班衙役,民壮与兵丁一律拨补,所以非一般贱役可比,允许其与子孙报捐应试,但"如有先后改充皂快、门子、禁卒等役者,仍照例不准报捐应试"。③ 而捕快一项,在各役内最为卑贱,以至于当捕役之妻成为烈妇而题请旌表时,都要被区别对待。④ 因此,有清一代,除了民壮等役的身份地位稍高外,多数衙役身份卑贱,他们虽可在执行差遣时,倚官府之势狐假虎威,甚或到民间滥作威福。但是,其法律身份终属贱民,不得进学,入仕更属奢望。而衙役本身社会地位的卑贱和法律上的重重限制,无疑会加剧其对社会的逆反心理,促其利用私牢、玩弄权力而无所

①　都察院左都御史史全庆等:《奏为山东民人张兴邦京控捕总刘春林攒殴勒诈恨其上控将伊弟私刑锁铐打死班房等事》,同治五年十二月初五日,档案号:03—5021—067;附件:《山东东昌冠县民人张兴邦为虎踞朦弊攒殴勒诈身弟锁押打死班房等事呈状》,同治五年十二月初五日,档案号:03—5021—068,中国第一历史档案馆藏。

②　光绪朝《清会典事例》卷752,《刑部》,《户律》,《户役》,第298页。

③　《钦定学政全书》,霍有明、郭海文点校,武汉大学出版社2009年版,第119页。

④　光绪朝《清会典事例》卷403,《礼部》,《风教》,《旌表节孝》1,第513页。

顾忌。从上述三例可见,衙役运作班房等私牢,有时只是表露其权力的一种方式,是对官方话语或法律话语抑制其权力的某种反抗和补偿。这种反抗和补偿的心理,往往在利用班房等私牢,对其所"嫌"、所"恨"之人的快意报复中得到满足。

二、衙役共同体的形成及其隐性权力分析

衙役周围群体的原生经济处境和社会地位极其相似。他们或因经济收入之低而生活毫无保障,或因法律地位低下而长期不为官方和基层社会所接纳。在俯仰无资和办案经费自理的状况下,吏役微薄的工食银实属杯水车薪;地保无一丝俸禄,唯有免交赋税特权;讼师多源自不行志的监生、乡约、地保、文武生员等。可见在原初阶段,他们生活境遇并不宽裕,甚或十分艰难。此外,他们的社会地位或因法律的重重限制,或因官民的有意疏远而日渐卑下。幕师为官倚重,但始终被排斥在体制之外,清廷为防止幕府结党擅权,采取一系列防范打击措施;地保或许能在民间擅作威福,但仅属"在官之役";多数胥役入仕之正途、杂途皆绝,世为贱民;讼师为官方贬称讼棍之余,始终从事如履薄冰的高风险职业。这些群体有时或许为官方倚重,但又为官方拒绝进入体制之内;他们或许成为官民之间沟通的枢纽,但又始终生活在官民心外。

他们在法律规定中近乎无权,然而凭借着手中掌握的现有资源,又为自己的权力运转搭建了广阔的舞台。他们擅长利用官方所认可的资源,使用卑伎,玩转权力。刑名幕友娴于利用"申韩家言"的智识资源,从而获得了一份"佐治官员"的隐性权力;有清一代"与胥吏共天下","官虽至暴,必由胥吏助成其虐;官虽至仁,必藉胥吏施行其惠";[①]地保因熟谙地方民情风俗,为地方正印官不可或缺,乃至清中后期形成"唯保甲是赖"的局面。至于三班衙役,如前所述,其直接以私牢等设施为资源,通过对羁押者的时空操控,辅之以暴力酷刑,获得一份操控在押者生命的权力,这种权力通过演示而散至民间,深入社会;讼师的权力一度发展至"民间不怕官怕讼师"、"官方欲结而讼师不允"的地步。

事实上,以私牢为据点,以衙役为中心,以利益为纽带,以社会地位为认同中介,出现了囊括幕师、胥吏、讼师、地保等群体在内的较为庞大的、自发的、

---

① 陈宏谋:《在官法戒录》卷 1,第 14 页。

松散的衙役共同体。① 衙役共同体的形成,不仅有利益的驱动,也与各自相似的社会经济地位及内心体验等因素有关。这一共同体利用手中的资源发展出一份实实在在的隐性权力,洵如高翔先生所论,他们"处在政治队伍的边缘,但影响却甚大"。②

清人韩振曾将清代各级政府的权力,分为"显治"与"隐治",其称:"自天子至庶人,未有不求助于人者也。上者辅德,次辅事。天下之事谁为政?曰二显二隐。何谓显?曰三公统六部、六部各统其曹,是谓内之显治;以司道察守令、以督抚察司道,是谓外之显治。何谓隐?曰内掌曹郎之事,以代六部出治者,胥吏也;外掌守令司道督抚之事,以代十七省出治者,幕友也。是皆上佐天子以治民事而其迹不见者也。"③韩振此言将普天之下的权力分为两个系统,一是以三公(宰相)、六部、部曹、督抚、司道、守令为主体的官僚集团,即显性权力系统,另一则是以胥吏、幕友等为代表的隐性权力集团。从社会学层面而言,"隐性权力"一词颇具启发性,它实际上抛弃了正统的政治学意义上的权力概念,而将权力的形态和来源多样化。当然,在笔者看来,在中国传统政治格局及社会中,显性权力集团既包括官方群体,同时又包括民间层面"官方化"的士绅群体,尽管两者的权力获取的途径和来源不尽相同。而随着中国社会史研究的深入揭示,隐性权力集团也不独上述胥吏、幕友等群体,其范围十分广泛,突出如秘密社会、犯罪团伙等。而本书中的衙役共同体的隐性权力与显性权力相对应,既与官方的法定

---

① 在 19 世纪 80 年代,德国的社会学学者费迪南德·滕尼斯(Ferdinand Tonnies)首先提出了与现代性"社会"相对应的"共同体"概念。他认为,"共同体"的显著特征是形式上分隔的,但总是相互联系的,而"社会"则是形式是结合的,但实际上是分离的。换言之,前者是指传统的礼俗社会,而后者则是指现代的法理社会(参见[德]费迪南德·滕尼斯(Ferdinand Tonnies):《共同体与社会》,林荣远译,商务印书馆,1999 年版)。后来,"共同体"一词风靡各个学科领域,这与《想象的共同体》一书的推波助澜不无关联。在该书中,作者针对主观主义民族和客观主义民族定义难以放置古今而适之皆准的困境,从古典王朝家族的衰微、宗教信仰的领土化、资本主义与印刷术之间的交互作用、时间观念的改变、国家方言的发展等,来探讨全球各地的"想象共同体。"他认为:民族是一种想象的政治共同体——并且,它是被想象为本质上有限的(limited)同时又享有主权的共同体。(参见[美]本尼迪克特·安德森(Benedict Anderson):《想象的共同体——民族主义的起源与散布》,吴睿人译,上海世纪出版集团 2005 年版)。此处的"衙役共同体"既非传统礼俗社会,亦非现代法理社会,更多地是类似于微观的"想象共同体",它主要是靠利益和情感维系,较为松散,是自发但并不自觉的群体,相似的经济和社会地位是他们相互认同并彼此引为奥援的基础。

② 高翔:《康雍乾三帝统治思想研究》,中国人民大学出版社 1997 年版,第 434 页。

③ 韩振:《幕友论》,载贺长龄辑:《皇朝经世文编》卷二十五,《吏政》11,《幕友》,沈云龙主编:《近代中国史料丛刊》第七十四辑,731,文海出版社 1972 年版,第 921 页。

权力有别,又与主宰基层社会运行的士绅精英权力不同。与此同时,衙役共同体的隐性权力,似乎与秘密社会群体以及犯罪集团的隐性权力也有所区别。一般而言,官方的法定权力本质上则是皇权的分割,合于法统;主宰基层社会秩序的绅士权力源自习惯,合于传统。而秘密社会、犯罪团伙等隐性权力则主要以赤裸裸的暴力作为权力来源。而衙役共同体的隐性权力,介于合法和非法之间,从其权力来源来看,既具有强烈而直观的暴力性色彩,但似乎又十分依赖于官方权力网络资源以及对法律文化资源的利用和玩转。傅衣凌先生曾提出中国传统社会权力"多元结构"的概念,笔者深以为是。但其"二元社会控制体系"之说,笔者并不赞同,至少衙役共同体的隐性权力很难归入其中的任一类型。

第四章　规范与欺蒙:清廷和地方官的态度和举措

——兼论清代私牢的合法化

　　地方吏役为了逐权济私,擅设私牢,滥押无辜,藉端需索,由此常常引发命案。而尸主之亲希望通过京控,洗刷冤情并惩治不法。包括御史、刑部官员在内的清廷,亦通过京控讼状,而对地方私牢流弊有所知悉。上谕往往以御史进奏为底本,要求对基层私牢例行禁革,但每每引来的是地方督抚化大为小、化有为无的复奏。于是,私牢弊病仍然"累牍时闻",而上谕禁令却一再"笔秃唇焦"。地方一些务实官幕,希望在吏役与清廷之间寻找某种平衡,一方面畏于考成、天谴甚及政权的合法性受损,不能任由衙役擅设私牢、恣意不法,但另一方面又考虑到地方审判实际所需及法定监狱资源有限,未便将所有私牢一概裁撤。于是,这些务实官幕希望在承认"署内私牢"合理性的前提下,对地方吏役采取规范化管理举措,以期将流弊降至最小,这在某种程度上推动了清代部分私牢的"合法化"。不过,面对务实官幕的规范化的举措,地方吏役又总是设法隐性对抗,以求化解约束。

第一节　清廷对私牢问题的初步关注

——"禁革"措施下的"治人"模式

一、顺、康、雍、乾四朝对私牢问题的总体禁革态度

　　清廷对私牢问题的了解,主要是通过都察院、顺天府衙门、步军统领衙门、通政使司等处官员所转奏京控诉状而获得①（参见附表二：清廷获取私牢信息一览表）。晚清之前，清廷获得地方私牢情弊后，一般在对地方督抚的寄谕中，要求对之严行禁革。

顺治十六年（1659）议准，五城人犯，有事关重大者，方许羁铺候审，其余小事，不得滥行羁押。② 顺治十六年的规定表明，清初统治者已经意识到滥押的危害性，但对监狱之外的"铺"这一非正式羁押设施③，并非一概禁绝，而允许对一些事涉重案之人犯进行羁铺处理。不过，此规定中的"事关重大者"和"其余小事"在未审之前，实难清晰划分，因而也势必为吏役上下其手带来便利。

前揭，康熙四十五年（1706）据刑部议覆都察院左副都御史周清源条奏，最终定例规定："凡内外大小问刑衙门，设有监狱，除监禁重犯外，其余干连并一应轻罪人犯，即令地保保候审理。如有不肖官员，擅设仓铺所店等名，私禁轻罪人犯，及致淹毙者，该督抚即行指参，照律拟断"。④ 该例首次表明清廷禁革仓、铺、所、店等非法羁押设施的明确态度，也定下了后世朝廷对此问题的基调。及至雍正七年（1729）以后，利用"外监"羁押轻犯和干连证佐为例文所认可，但有的地方因资源有限，遂用班房等私牢来权宜充当外监，如在乾隆年间庄有恭所作的《偏途论》一书中，即将"外监"等同于"班房"。⑤ 清朝中期，台湾也出现"班头馆亦称'外室'"的情形。⑥ 如此一来，法定外监和非法私牢之间的边界往往极其模糊，合法和非法之间有时难以判然相分。但更多的时候，衙役私设班房，往往"诡以外监"之名，以此规避处分，如光绪年间，奉天承德县，"遇有呈控事件，由门丁吏役传递，广通贿赂，勾结匪徒，诬良讹诈。署东设有'班馆'，可容纳百数人，名曰'外监'"。⑦ 此

---

① 清初接受京控案件的地点一般是通政使司、登闻院两处，分别称为告"通状"和"鼓状"，后登闻院由都察院并入通政司，建鼓厅后，减少了分歧。但接受京控诉状的地方尚有都察院、五城察院、顺天府衙、步军统领衙门，旗人还可以到八旗都统和佐领处控告。只有刑部严禁收受京控呈词，以免妨碍其正常的审判工作。参见张晋藩主编：《清朝法制史》，第602—603页。

② 周清源：《清狱省刑疏》，载邵之棠编：《皇朝经世文统编》，第1732—1733页。

③ 在康熙四十五年之前，对仓所铺店等羁押设施并未定例加以禁止，故本书对此前的监狱之外的设施，并不视为非法之"私牢"，可称其为"非正式羁押设施"。——笔者注

④ 薛允升：《读例存疑》卷48，《刑律》24，《断狱》，《故禁故勘平人律附》4。

⑤ 《偏途论》，载庄建平：《近代史资料文库》第10卷，第390页。

⑥ 戴炎辉：《清代台湾之乡治》，第660页。

⑦ 《德宗景皇帝实录》（三）卷147，光绪八年六月上，第81—82页；《德宗景皇帝实录》（三）卷149，光绪八年七月，第105页。

外,有的地方即使外监已经设立,但外监之外复有班房,如光绪年间有人称:四川省除了"外监"之外,还有"良卡、捕卡、待质、自新所"等各种名目。① 因此,雍正年间内外监制度的实施,并未彻底根除衙役设立私牢的问题。饶有兴味的是,在中国制度史上,常常会出现类似于"外监之外复有班房"的循环往复的"割韭现象",即体制外之陋规陋弊纳入体制内监管后,复有体制外的陋规陋弊再生,循环往复,如春韭割后重生,莫能遏抑。中国经济史上,每次赋税进行并税制改革后都会出现"税外有税"②,如雍正年间实施"耗羡归公"的财政改革后,就出现了"耗外有耗"的现象;③又如中国政治史上,亦有"近幸宰相化"的以及"地方御史行政化"的往复循环现象发生,日本著名学者和田清将此现象名之为"波纹式循环发生"。④ 此"波纹式循环发生"一词,固用于对"中国古代政治大传统"特征的描述,但借用此词以概括清代私牢往复丛生的特征(可视为"中国政治小传统"之一斑),亦可谓恰当。实际上,中国政治大传统与政治小传统在律例等表层规则之下,亦有一脉相通的潜层规则。

面对往复丛生的私牢,乾隆皇帝抱持重典治乱的决心,通过严打整顿,以期遏制其膨胀。乾隆五十三年(1788),台湾林爽文起义被镇压后,时逢"乱世用重典",福建巡抚徐嗣对台湾府县私设班馆、擅置刑具的为首差役,作出了俱拟斩

---

① 朱寿朋编:《光绪朝东华录》,光绪二十二年二月,第 3354 页。

② 此种现象在历史上往复出现,几成定律。对此,秦晖先生以黄宗羲"积累莫返之害"等论以阐析之,故名为"黄宗羲定律"。参见秦晖:《并税式改革与"黄宗羲定律"》,《中国经济时报》2000年 11 月 3 日。

③ 参见[美]曾小萍:《州县官的银两——18 世纪中国的合理化财政改革》,董建中译,第三章"火耗归公",中国人民大学出版社 2005 年版,第 68—107 页。

④ 章太炎曾指出古代宰相制度的演变法则,即"走使圉隶之臣、倡优之伍,渐积其资而为执政……人主之狎近幸,而憎尊望者之逼己也。"李俊引太炎所言申说:"征诸我国三公、尚书、中书、侍中、翰林学士等官,先后由君主私臣转化为公职的宰相,内朝压制外相,相权变动不居,往复循环不已。章氏等人的分析确是一针见血之论。"近数十年来对此研究,总体上是在太炎先生断案基础上,或发挥,或增补。日本学者和田清将这一官制上的现象总结为"波纹式循环发生"(参见章炳麟:《检论》,载《章氏丛书》卷 7 官统上,浙江图书馆刊本,1917—1919 年,第 1 页;李俊:《中国宰相制度》,商务印书馆 1947 年版,第 239 页;[日]和田清:《支那官制发达史》(上册),东京:中华民国研究会 1942 年版,第 4—7 页;[美]余英时:《"君尊臣卑"下的君权与相权——"反智论与中国政治传统"余论》,载氏著《中国知识分子论》,河南人民出版社 1997 年版,第 81—83 页)。实际上,被学界奉为经典的钱穆先生《中国历代政治得失》一书,其间不少论述亦本于太炎所论及李俊之书(参见钱穆:《中国历代政治得失》,生活·读书·新知三联书店 2005 年版)。太炎"近幸宰相化"之论既出,影响至深至远,时至今日仍有学者对此问题精研深作(参见史贵云:《帝制中国"近官"嬗变研究》,上海人民出版社 2009 年版)。

决的严厉惩处,并将此事奏报乾隆帝。① 乾隆获悉后,认为徐嗣曾"所办甚是",但尚觉仅对衙役严刑处置并非端本澄源之法,而应当追究地方官的连带责任,其论及:

> 此等蠹役,自系地方官倚为耳目。不肖者纵其贪婪,昏聩者受其蒙蔽,以致该役等有恃无恐,扰害良善,于吏治民生,大有关系。台湾既查有此弊,恐各省亦有所不免,著传谕各督抚务严饬问刑衙门,将班房等项名目,永行禁革,以除奸蠹而绝弊端。如有任令差役等设立班馆、私置刑具各情事,一经发觉,不特将纵容之地方官从重治罪,并将失察之各上司,一并严加议处,决不姑贷,仍著年终奏闻,有无此弊。②

乾隆五十五年(1790)又议准:"失察私设班馆,该管官降二级调用。"③煌煌谕令之中,乾隆禁绝班房、严打蠹吏的态度十分坚决,并首次对失察该管官作出了明确的处分规定。此后从乾隆五十六年(1791)至五十九年(1794),各地督抚每至年终,均向皇帝汇奏本地有无班馆等私牢。但这种年终汇奏的方式持续不到十年时间,即改为年终汇咨到部。④ 然而,"嗣经改奏为题……乃日久玩生,视为奉行故事,而私设班馆等弊病无处无之,往往改换名目,羁押无辜。"⑤乾嘉以后,由于乾隆末期在全国范围内对班房等私牢的严厉整顿,导致此后官衙内的私押情况有所收敛,但却发展出官衙外的衙役私押甚至差带至家等更为严重的情况发生,洵如乾隆末期的汪辉祖言及:"数年前,禁革班房名目,(州县)令原差押带私家,更难稽察,似不如仍押公所为安。"⑥

顺、雍、康、乾四朝,在差役私牢问题上,总体上持严行禁革的态度。后世之

① 《高宗纯皇帝实录》(十七)卷1312,乾隆五十三年九月上,第701—702页。
② 光绪朝《清会典事例》卷98,《吏部例》,《书役》,第261页
③ 光绪朝《清会典事例》卷98,《吏部例》,《书役》,第261页。
④ 关于清朝何时改班房"汇奏"为"汇题",史无明载。然而,据相关资料,可以做一个大致判断。乾隆五十九年九月,除了广东新任巡抚朱珪与两广总督长麟于九月联衔具奏班馆事一折,其他省份并未上折具奏(参见附表三:乾隆五十六年至五十九年各省督抚汇奏本地有无私设班馆一览表)。嘉庆四年,陈嗣龙在《秦州县积弊一折》中,提及私设班房"从前久经声明,入于汇奏,近年改为汇咨,或地方官日久玩生,视为具文,又复萌其故智,拖累无辜"。因此"改奏为题"的谕令,当于五十九年九月至嘉庆四年之间发出。参见黄中模:《奏请饬查各省册县私设班馆事》,道光二年五月十一日,档案号:03—4022—007,中国第一历史档案馆藏。
⑤ 黄中模:《奏请饬查各省册县私设班馆事》,道光二年五月十一日,档案号:03—4022—007,中国第一历史档案馆藏。
⑥ 汪辉祖:《学治说赘》之"查管押簿",载刘俊文主编:《官箴书集成》(五),第307—308页。

嘉、道、咸三朝对这一问题,基本上承沿清前期严行禁革的做法,唯其对失察官员的惩戒政策,愈趋严密。

二、嘉、道、咸三朝对私牢的治理——"治人"为主的模式

嘉道以后,针对京控呈状中所透露出来的私牢讯息,御史频繁上奏,皇帝亦三令五申,几近"笔秃唇焦"(参见附表二:清廷获取私牢信息一览表)。嘉道以后,私牢问题总体上呈现严重化趋向。是时,局势动乱,朝纲萎靡,嘉庆帝颇有进取之心,锐意振衰起弊,因而私牢问题也一度成为时政之焦点。嘉庆帝试图通过加大对失察官员惩处力度,以期禁革私牢。

嘉庆四年(1799)上谕云:"至私设班房及自新所名目滥拘滥押之事,本干例禁……不可不严行查察,著通谕各督抚饬属一体查禁,如有阴奉阳违、私行设立者,即当严讯究办;若大吏袒庇、有心徇隐,一经查出,必当一并治罪,不稍宽贷。"①嘉庆五年(1800)定议奏准:

> 问刑衙门差役人等私设班馆,押禁轻罪干连人犯。在官署内者,该管官照故禁平人杖八十私罪律,降三级调用,因而致死者革职治罪,失察之府州降一级留任,(失察之)司道罚俸一年。在官署外,该管官罚俸一年,因而致死者降二级留任,失察之府州罚俸九月,(失察之)司道罚俸六月。……又议定刑部现审事件,承审司官若有滥行监禁及无故迟延不结者,照不应禁而禁公罪律,罚俸一年。②

嘉庆五年的处分规定中,对私牢有"官署内"和"官署外"之分,亦有"地方"和"中央"之别。对官署内私设的相关处分要重于官署外私设,这是出于官署内为正印官耳目切近处,更易发现而本应禁绝,所以责任弥重。至于官署外,毕竟稽查不易,防不胜防,故而责任稍轻。与乾隆后期处分的规定不同,嘉庆五年的处分规定,不仅追究失察上司的连带责任,亦首度对刑部承审官员滥行监禁者作出处分规定,唯对其处分相对较轻,基本比同于地方在官署外设立私牢者。

嘉庆五年的处分规定,在嘉庆十年(1805)的一次案件首次得到适用。是时针对那彦成、百龄联衔奏参南海、番禺两县私押情弊时,上谕令刑部处理惩办及

---

① 光绪朝《清会典事例》卷135,《吏部》,《处分例》,《禁狱》,第746—747页。
② 光绪朝《清会典事例》卷135,《吏部》,《处分例》,《禁狱》2,第746—747页。

议叙事宜,刑部如是回复:

> 查定例,问刑衙门差役人等私设班馆,押禁轻罪人犯,在官署内因而致死者,失察之司道罚俸一年,又定例内官员议处奉旨交部严加议处者,照本例酌量加等。又定例,律例无正条、又无比照之例,该堂官斟酌定议,声闻请旨。除南海县知县、番禺县知县革职发往伊犁效力赎罪之处,臣部即行开缺行文该督抚遵照外,此案前任两广总督倭什布等,于所属南海、番禺二县玩视刑狱,滥羁人犯,并任听蠹役官媒私押男妇,致毙多命,该督抚等近在同城,漫无觉察,应即照司道议处。钦奉谕旨交部严议,应将前任两广总督调任陕甘总督倭什布、前任巡抚今授湖北巡抚瑚图礼、广东巡抚孙玉庭均于罚俸一年例上加等,议以罚俸二年。

对于失察之前任臬司、该管道府厅,刑部依例要求现任那彦成等查取应议职名,送部核议。值得注意的是,嘉庆五年的定例本没有规定失察督抚的连带责任,但在该案的处理中,刑部以"该督抚等近在同城漫无觉察"为由,建议照司道议处,复因此案是奉旨交部严加议处,故照本例酌量加等,刑部最终议定:"两广总督调任陕甘总督倭什布、前任巡抚今授湖北巡抚瑚图礼、广东巡抚孙玉庭均于罚俸一年例上加等,议以罚俸二年。"不独对案件当事之督抚的惩处,刑部还奉旨追究南海、番禺二县私设班馆起自何年,并要求彻查对历任知县失察的各有司。此外,该案在处理时,不仅对有过者施以惩罚,而且还对有功者进行议叙奖赏。两广总督那彦成到任未久,即能查出劾参,因而刑部奏请"将两广总督那彦成、前任广东巡抚升任湖光总督百龄各给予纪录二次"。① 总之,这一案件的处理产生了两方面的作用:一方面,这种扩大连带责任而至督抚以及无限溯及以往的做法,对后世地方官员不能不产生巨大的心理震慑作用;另一方面,对查出弊病而有功者的奖赏,无疑对各地官员又起到激励之效。正因如此,嘉庆以后地方督抚对州县私设牢狱进行主动奏劾的例子,逐渐增多。

道光年间命令各省州县禁设班馆的谕旨颇多,但多数仅是重申旧令而已。不过,自咸丰五年(1855)始,对私牢的查禁政策开始愈趋严密,其中规定:

> 书差私设仓、铺、所、店及班馆、押保、饭店等项名目,押禁轻罪、干连人

---

① 大学士管理吏部事务庆桂:《奏为议处两广总督倭什布、孙玉庭等失察南海县私设班馆事》,嘉庆十年七月初二日,档案号:03—1496—046,中国第一历史档案馆藏。

犯，致毙人命，如本管官知情故纵者，革职提问；未经致死、知情故纵者，降三级调用；如仅止失于觉察因而致毙人命者，降二级调用；（公罪）未经致死者，降二级留任；自行查出究办，未经致死者，免议；查出在致毙人命以后者，仍照例议处；臬司、道府、直隶州失察所属私设班馆等项名目，同城之府州降一级留任，道员罚俸一年，臬司罚俸九月；其不同城之府州罚俸一年，道员罚俸九月，臬司罚俸六月。每逢夏季热审届期，该督抚遴选诚实佐贰人员，委赴各州县明察暗访，如有书差私设班馆等情，立即密禀查拿。如无私设情事，由该委员出结存案。倘日后仍有私设管押、别经发觉或被人控告审明得实者，该督抚将委员职名随案附上。如系扶同捏饰，照徇隐例，降二级调用。如仅止未能查出，降二级留任。倘委员有藉端勒索情事，由该地方官揭报该督抚严饬究办。①

咸丰五年（1855）的上谕最终写进《钦定吏部则例》②之中，其中对本管官有"知情故纵"和"失察"之别，对失察之上司又有"在同城"和"不在同城"之分。对于知情故纵之本管官以及与本管官同在一城之失察上司，皆加重处罚。与嘉庆年间处分规定不同的是，咸丰五年的规定，将班馆失察连带责任扩大到省级臬司，甚至督抚，如咸丰五年的定例对督抚"扶同捏饰"而"别经发觉"者作出"照徇隐例降二级调用"的严厉处分。实际上，这一追究督抚连带责任的规定，很大程度上是针对下文将述及的嘉道年间督抚奉旨查讯后每每伪饰匿报的情形。

对于直接操作私牢运作的衙役该作如何处置呢？自乾隆五十五年（1790）以来，长期缺少相应的惩处规定，清廷的行政处分一般仅止于官员而不涉及吏役，因为在其看来，通过对地方正印官施以重压，即可以促动官员对吏役的管束。至于对吏役的惩处细则，则不在清廷思虑范畴之内。正因缺乏对私押之衙役的惩处规定，所以在遇到具体案件时，所比依之例文并不统一。如下面两案，一依"威力制缚，私家拷打，监禁致死者，绞监候律，量减一等，杖一百，流三千里"；一依"蠹役作赃毙命例，量减一等拟流"。

嘉庆二十三年（1818）山东巡抚奏：

散役林逢太擅将被告之张山带至私寓看押，因口角细故，辄敢锁其颈

---

① 光绪朝《清会典事例》卷135，《吏部》，《处分例》，《禁狱》，第748—749页。
② 《钦定吏部则例》卷49，《刑部》，《禁狱》，第633页。

项,拴于门槛,不令起立自由,实属依杖威力,肆意凌虐,后虽开锁,仍复散押数日,始行禀到。迨张山患病,又不交亲属领回,以致在押病毙。现经讯明,死由于病,应将林逢太比依"威力制缚、私家拷打、监禁致死者绞监候律",量减一等,杖一百,流三千里。①

这起案例属于典型的私家看押,散役通过匿禀不报的方式私自羁押人犯,且被押者为涉及田土户婚案件的轻罪人犯。涉案之散役最终被依照"威力制缚人律"而被拟罪。有清一代,"威力制缚人律"沿袭明律而来,且后来发展成数条例文,总体而言是针对"豪强之人以威力挟制、捆缚人,及于私家拷打、监禁"②的行为。值得注意的是,此条文与前述几条关于私牢的惩治例文明显不同处在于:这里的"威力制缚人律"中的犯罪主体,并非"在官"身份,而是民间"豪强之人",故而属于"凡人犯罪"。在既重视犯罪主体身份,又强调两造身份距离远近的传统法律之中,区分出衙役私押和豪强私押实属必要。显然,在这一案例之中,散役林逢太并没有被视作"在官之役",因为散役、白役等并不在"经制"之内。

又,道光元年(1821)安徽巡抚奏:

> 张帼珠因谢士安住屋与伊地毗连,疑被侵占,与素好之董耿五谈及,董耿五因与谢士安有嫌,即唆使张帼珠控告,并允代为作证。张帼珠随赴县呈控,该县患病,委县丞往勘。该县丞饬差唐贵传讯未到,嗣谢士安欲为伊子毕姻,进城买物,与唐贵路遇。唐贵令谢士安赴县呈契,谢士安本未带有地契,答以查勘时再行呈出。唐贵不依,扭至该县丞公馆,向管门家人应福告知,应福即回明该县丞出堂讯问,谢士安未带地契,即谕令取保。经唐贵请将谢士安先行管押,给其寻人取保,该县丞应允。唐贵将谢士安管押侧屋,诬谢士安因伊子婚期在即,被押情急自尽。除私押轻罪人犯致死之该县丞从重发往新疆外,差役唐贵家人应福虽讯无串作别情,惟唐贵将谢士安扭带赴官,朦禀管押,以致忿急自缢,应福于谢士安到案时辄禀请该县丞讯问,实属忝惠干预,均比照"蠹役诈赃毙命例",量减一等拟流。董耿五挟嫌忝惠张帼珠控告,不知谢士安并未侵占,与主令诬告有间,且所控本非重事,惟主使唆讼致肇衅端,应照诬告人致死律,酌减一等拟流。张帼珠因疑误控,照

---

① 《衙役私将被告锁押寓所病故》,载祝庆祺等编:《刑案汇览》,前揭《刑案汇览三编》(三),第2210页。
② 薛允升:《读例存疑》卷35,《刑律》11,《斗殴上》,《威力制缚人律》及四条附例。

不应重律,杖八十。①

"蠹役诈赃毙命例",主要规定衙役"恐吓索诈贫民者,计赃定罪",附于"官吏受财"律之下。与"威力制缚人律"不同的是,"官吏受财"律更强调的是犯罪者之意图,而不是具体行为。但起于诈赃而终于致毙人命之衙役一般会被严惩,如例文规定:"一旦有吓诈致毙人命,不论赃数多寡,拟绞监候。若系拷打身死者,照故杀律拟斩监候。为从并减一等。"②差役唐贵未经领票即拘传词讼被造谢士安,本于州县审判程序不合,随后又将本应取保之谢士安擅自"管押侧屋"而致死,更属罪加一等。有意思的是,安徽巡抚奏的奏折中并未言及诈赃一事。可能是出于谢士安之死乃系自缢,而并非差役直接凌虐而致,故依"蠹役诈赃毙命例"量减一等,而县丞门丁应福属于唐贵之从犯,依"蠹役诈赃毙命例,为从并减一等"处理。而案中"私押轻罪人犯致死之该县丞从重发往新疆"的处理,实际上是比依于前揭嘉庆十年(1805)百龄弹劾南海、番禺两县知县一案中的做法。

行至道光十三年(1833),京控案件中频频暴露出衙役私押拷打凌虐事件,引起道光皇帝的震怒,遂谕令刑部专门定例,以惩不法之衙役,最终刑部在"官吏受财律"下附增如下一例:

> 至差役有因索诈不遂,将奉官传唤人犯私行羁押、拷打陵虐者,为首枷号两个月,实发云、贵、两广极边烟瘴充军;其仅止私行羁押,并无拷打陵虐情事,为首杖一百,徒三年。为从各减一等。③

总之,自乾隆而至咸丰帝,在私牢问题治理上,多秉承历代"治吏不外赏罚两端"的行政手段,以罚俸、降职、革职为处罚等级,④清廷对在私牢问题上渎职失察的官员,不断细化和加大其惩罚力度,希望用传统的赏罚手段鞭策和激励官员,以消弭私牢流弊。因清朝官吏实行低俸制,罚俸的惩罚力度不大,而降级革职的惩罚事关官员的政治、经济利益,其震慑力不可谓不大。尤其是咸丰帝,对官员在私牢问题上应负责任的规定可谓巨细靡遗,既包含了对官员"出结存案"

---

① 《县丞任听衙役故押平人自尽》,载祝庆祺等编:《刑案汇览》,前揭《刑案汇览三编》(三),第2206—2207页。
② 薛允升:《读例存疑》卷41,《刑律》17,《受赃》,《官吏受财律附例》3。
③ 薛允升:《读例存疑》卷41,《刑律》17,《受赃》,《官吏受财律附例》14。
④ 详参郑秦:《论中国古代行政》,《行政法学研究》1994年第1期。

的责任到人制,又明确了州县督抚的连带责任。但是,清廷冀望通过对私牢问题几近笔秃唇焦的申谕,及对官吏越来越严的整饬做法,进而彻底根除私牢,过于强调"治人者,治之原",但却并未在私牢问题上作出合乎当时吏治实情和法律现状的务实性的制度设计,其所忽视的是"治法者,治之端"这一点。

咸同以降,随着国势衰微、危机感的强化以及改革呼声的此起彼伏,清廷开始关注私牢这一"似小实大"的问题,逐渐随御史和个别地方要员一同深入思考,并在地方既有经验基础上,逐步推动私牢的规范化管理和制度设计。

第二节　多维一体利益格局下地方官欺上护下

前述乾隆五十三年(1788)台湾府县私牢内幕被福建巡抚揭发后,乾隆帝不仅定例处分相关渎职失察人员,且要求各地督抚年终汇奏有无私设情事。令笔者颇感惊喜的是,在中国第一历史档案馆,乾隆五十六年至五十九年间各省的年终汇奏,被较完好地保存下来。

各地督抚对衙役私设班房以羁押轻犯和干连的做法,几乎众口一词地声称反对。我们从各督抚例行化和同质化的年终汇奏中,似乎很难了解到各地关于私牢问题的真实情况。但是,通过悉心比对各督抚的奏折,仍会有所发现:他们在对轻罪人犯和干连证佐最终应作如何处理的问题上,其所具有的倾向性态度明显不同。有的督抚在奏折中声称应按康熙四十五年(1706)的定例去处理,如河南巡抚穆和蔺呈奏:"查各衙到官人犯,有罪者分别羁禁,无罪者交保候传,俱不应任役私押";①又如湖南巡抚奏称:"伏查民间犯事到官,据其罪重轻,分别监禁、保释。"②但是,有的督抚却颇为赞同雍正年间以"外监"羁候犯证的做法,如广东巡抚郭世勋奏称:"各州县只案关紧要未经审定人犯,均系发往外监,暂行羁候。"③之所以各督抚出现了上述分歧,一个很重要的原因在于,康熙朝与雍正

---

① 《奏报查明本省并无蠹役私设班馆事》,乾隆五十八年十一月十二日,档案号:03—1445—021,中国第一历史档案馆藏。

② 《奏报查明本省差役并无私设班馆事》,乾隆五十六年十一月十五日,档案号:03—0362—053,中国第一历史档案馆藏。

③ 《奏报查明本省差役并无设立班馆事》,乾隆五十六年十月二十六日,档案号:03—0362—040,中国第一历史档案馆藏。

朝两朝在这一问题上的定例分歧,再加上乾隆五十三年的上谕本身,对轻罪人犯和干连证佐是"收入外监"还是"交保候审",亦未作出十分明确的说明,这就在法源依据上造成了日后各督抚在这一问题上无所适从。

有的地方督抚错误理解了乾隆上谕中的"私立班房"之"私"字,将其仅视作"官署外管押",如浙江巡抚福崧奏称:"按察使顾长绂详,本年浙省各属实无在外私设班馆。"[1]言外之意,浙省各属在署内设立班馆管押犯证,并无不可。而乾隆上谕中则明称将"班房等项名目永行禁革",意在取缔衙役私押的各种名目,无论署内还是署外。福建台湾一地正是乾隆五十三年上谕最初的针对者,故福建巡抚的汇奏似乎格外小心,亦最能符合乾隆上谕的原旨,其称:"闽省班馆一项及囤房、土地堂之名异而实同者,俱已禁绝。"[2]更多的督抚,如同福建巡抚一样,声称对所有"例所不著"的管押场所概行禁绝,但对轻罪人犯和干连证佐到底作出了何种处理,却如同乾隆帝本身一样模棱两可,并没有作任何具体的说明。

各省年终汇奏有无私设班房情况,虽说起到了迫使各省疆吏出具甘结的警诫作用。但是应当看到的是,大多数地方官的汇奏都是例行公事,有的督抚甚至在几年之内的奏文基本未变,如乾隆五十六年(1791),陕西巡抚秦承恩奏陈自己平时对下属管教甚严,并无私设班房一事,其曰:

> 臣到任后,即将上项(差役舞弊等)情形札饬各州县,书之座隅,俾触目惊心,知所防范。并以衙役之敢于滋事,皆由讼案之不能迅结所致。按日调查堂宪底簿,毋许有拖延未结之案,务使一切自理词讼,随到随审,不令原被人证守候公庭,则差役等自无所逞其刁难讹诈之术,仍责令该管道府,就近留心访察,有藉端需索之事,立即亲提究办,以示惩儆。[3]

次年年底,秦承恩的年终具奏与五十六年的具奏竟几乎一致。[4]

---

① 《奏报查明浙省差役并无私设班馆事》,乾隆五十六年十一月十九日,档案号:03—0362—047,中国第一历史档案馆藏。

② 《奏为禁革差役并无私设班馆事》,乾隆五十六年十一月初七日,档案号:03—0362—048,中国第一历史档案馆藏。

③ 《汇奏查明本省差役并无私设班馆事》,乾隆五十六年十二月初五日,档案号:03—0362—062,中国第一历史档案馆藏。

④ 《奏报查明差役并无私设班馆事》,乾隆五十七年十二月初四日,档案号:03—0363—091,中国第一历史档案馆藏。

又有新任督抚仍用上任督抚所奏，如乾隆五十六年，云南巡抚谭尚忠在解释云南各州县未有私设班房情弊时，指出："滇省地处边远，民情淳朴，各府厅州县，狱讼简少，差役无多，且约束较易。臣与督臣平日留心查访，并无蠹役私设班馆、擅置刑具、扰害良善情弊"。① 而至乾隆五十八年（1793），暂理云南巡抚费淳在解释云南并无班房之弊时，仍然沿用"民情淳朴"②等论调，并无只字更动。③ 究其根由，在"官无封建而吏有封建"的时代，正是地方上那些相对稳定且躬任文书之劳的吏员们，保证了"视衙署为传舍"的前后相继的官员们在文书格式、套语及地方惯例等方面的一致性和公式化。

各地督抚的汇奏模式亦基本一致，堪为典型者，如署理江西巡姚棻的奏报："兹据按察使×××转据各道府，查明乾隆×××年份××各属问刑衙门，实无胥役私设班房、擅置刑具索诈殃民情弊详结。臣复查无异。严饬再行随时查察，臣仍留心体访，如有阳奉阴违，立即严行究办，不敢稍有轻纵。"④ 而皇帝亦是例行批复："以实为之"⑤或"勿久而懈"⑥等套语。通过孔飞力的经典研究，我们大致可知，自乾隆中期开始，随着吏治日坏，清廷对官员的"常规控制"方式已渐属无效，因为地方总能通过上述"例行化"的做法，四两拨千斤地予以化解。因此，乾隆五十三年至五十九年间，由弘历所发动的查禁班房运动，如同孔飞力笔下由弘历于

---

① 《奏报查明滇省差役并无私设班馆事》，乾隆五十六年十二月二十六日，03—0363—009，中国第一历史档案馆藏。

② 在清朝，"地理论"、"民情论"常常作为官员在解释本地狱讼是否繁兴的重要理由。若狱讼繁兴，则归结为"五方杂处、情伪多端"；若狱讼简少，则归之于"地处边远，民情淳朴"。在清朝语境下，五方杂处之地，彼此陌生，易起纠纷。而边远之地，远人罕至，因而皆是熟人社会，故而纠纷较少。笔者认为，与其说民情淳朴是狱讼简约的现实原因，倒不如说这种话语背后所隐含着的是儒家式无讼理想。——笔者注。

③ 《奏报查明本省并无蠹役私设班馆事》，乾隆五十八年十二月二十二日，档案号：03—1446—009，中国第一历史档案馆藏。

④ 《奏报查明本省差役并无私设班馆事》，乾隆五十六年十一月二十四日，档案号：03—0362—058，中国第一历史档案馆藏。

⑤ 如湖北巡抚福宁：《奏报查无差役私设班馆事》，乾隆五十七年十一月二十五日，档案号：03—0363—081，中国第一历史档案馆藏；河南巡抚穆和蔺：《奏报查明本省差役并无私建班馆事》，乾隆五十六年十一月十七日，档案号：03—0362—066，中国第一历史档案馆藏。

⑥ 如江苏巡抚奇丰额：《奏报查无差役私设班馆及私铸鸟枪事》，乾隆五十七年十一月十三日，档案号：03—0363—060，中国第一历史档案馆藏；云南巡抚谭尚忠：《奏报查明滇省各衙并无蠹役私设班馆事》，乾隆五十七年十二月二十七日，档案号：03—1445—002，中国第一历史档案馆藏；梁肯堂：《奏报查明本省并无蠹役私立班馆事》，乾隆五十八年十一月二十七日，档案号：03—1445—022，中国第一历史档案馆藏。

乾隆三十三年(1768)借叫魂一案制造"事件"以振刷其官僚机器一样,具有极强的权术运作意味。① 面对"各督抚于年终汇奏时,总以并无此事为词",乾隆帝并不深信,其曾于五十七年十二月底降谕斥责各省督抚阳奉阴违,并认为"年终汇奏竟成具文,殊属非是"。② 然而,乾隆五十三年至五十九年之间,当官员们战战兢兢地匍匐覆奏之时,乾隆帝借运作"班房查禁"事件而彰显权威、震慑臣僚的目的已然达到,至于各地私牢情形到底如何,则非为乾隆帝的主要计虑所在(参见附表三:乾隆五十六年至五十九年各省督抚汇奏本地有无私设班馆一览表)。

自康雍两朝以来,地方督抚已被授予密奏之权。然而,从现有材料可以看出,除那彦成、百龄、初彭龄、徐嗣曾等个别督抚以外,地方大员主动上奏发覆私牢之弊,以及奏劾失察官员的例子,寥若晨星。康雍以后,在信息监控方面可谓匠心独运,题本和奏折的娴熟运用,成为皇帝运筹于帷幄之中、掌控于千里之外的重要保障。但有时颇令清廷无奈的是,玩忽职守而瞒混辩饰之技高超,乃为清朝督抚的惯常作风。

下面笔者试举嘉道年间的几个案例,以说明地方督抚在向皇帝回奏本地有无私牢之弊时,是如何极尽其"化大为小"、"化有为无"之能事的。在这些督抚奏折中,可疑之处所在皆是,然而绝少见及皇帝留下任何朱批,以示质疑。为了尽量保证原折的完整性,笔者以按的形式,提出对督抚所奏内容的理解及质疑。在这里,笔者先判定民众京控讼状之词大体为真,而地方督抚回奏内容基本为假。或许有人会反问,相当多的研究成果确已表明,京控案件,或因原告冀望成功实现控诉,或因刁讼从中播弄而希图渔利,进而京控诉状中的案情时会被夸大,我们岂可偏信京控一面之词? 笔者认为,当京控讼状和督抚回奏这两种资料内容互有抵牾之时,即须找出可信度更高的资料,以佐助辨别孰真孰假。相较京控诉状文本和地方督抚回奏文本而言,方志文本在撰写时甚少有私己之动机,而显得更为真实可信。假使有私己之动机,亦当会曲笔遮掩本地弊病。是故,若某县方志载有本县确有私牢设施,笔者认为大体可信,循此反映该县私牢情弊的京控诉状内容,应基本可信。

---

① [美]孔飞力:《叫魂·1768 年中国妖术大恐慌》,上海三联书店 1999 年版,第九章,第246—279 页。

② 《清高宗实录》卷 1419,乾隆五十七年十二月癸未,第 8221 页。

从方志来看,清代山东私牢名目不多,但有"羁候场"①之类设施。嘉庆二十五年(1820),山东德州被革之生员辛迈迁,赴省城控告该州漕书勒折、侵吞钱粮,后为该漕书挟嫌诬陷,而被私押于省城一家衙役私设的饭歇之中,以待审讯。辛迈迁之子辛浚川赴京呈控,在其诉状中将其父亲所住"饭歇"称作"闷牢",并称:"闷牢并无窗户,只有一洞可通饮食,溲溺俱在其中。"经都察院奏闻,嘉庆帝因"事涉酷虐",谕令山东巡抚钱臻严查究办。随后该抚亲提辛迈迁进行讯问,但在其"严辞讯究"之下,却戏剧性地出现了下面颇为有趣的供单,兹直录如下:

问革生:在省候审,住在何处?

革生(答):住在喇叭巷福兴店。

问:住得几间房子?

答:住得北房三间。

问:住得房子有无门窗?

答:中间两扇门,东西两间,两个窗户。

问:每日吃饭自己在外买的,抑或叫闲店人代买?

答:每日吃饭,叫看店人叫进去自买,亦有卖饭人自己进去。

问:在省候审,有人来看你没有?

答:儿子辛浚川去冬及今春看过两次。

问:儿子看时,开店人有无阻拦?

答:儿子来看时,或住两天,或住三天,出入自如,并无人阻拦。

问:在店居住有无锁项严押?

答:实系在店居住,并无锁项严押。

问:既在店候审,何以又称严押"闷牢"?

答:在店候审日久,因人证不齐,案不能结,心闷如牢,因此妄言闷牢,其实并无闷牢名目。

问:历城县并无闷牢名目,系尔妄言。省城大小各衙门有无听闻设立闷牢,省外大小各衙门有无听闻设立闷牢的事?

答:省城省外大小各衙门,也没有听说设立闷牢的事,这"闷牢"二字原

---

① 张方墀等纂修:民国《无棣县志》卷2《建置》,第73页。

是革生混编的是实。①

山东巡抚钱臻最终"据供"认为,"(辛迈迁)现在店房居住,并未锁押,因候审日久,心闷如牢,遂编造'闷牢'名目具控"。② 就这样,一场千辛万苦的京控,最终以"心闷如牢"一语而荒唐告终。不独如此,革生辛迈迁因其"架词耸听,实属刁诈可恶",而被从重拟罪。

方志之中,尚未发现关于江西崇义县私牢的确切记载,但道光年间江西多县存在私牢,如道光五年(1825)的丰城县,"老监"之外复有"管押公所"和"班房"。③ 道光八年(1828),江西崇义县李建升与邱佑助两家为争墟市一事,发生械斗,互讼不休。李建升派遣其侄李心适京控,指斥崇义县衙班房中押毙一百余人,并有任令门丁、差役诈索钱银之事。随后,步军统领衙门将此事奏闻道光帝,道光帝降旨江西巡抚韩文琦督同臬司郑祖琛严加审讯,并要求据实回奏。韩文琦查讯后奏道:

> 李建升供认系伊主使李心适赴京,据查李建升前次控词称押毙一百余命,并未指有罗德明交给名单(笔者按,韩氏突出此点,是为随后指出"名单系伪造"埋一伏笔)……该县并无私设班房,滥押毙命之事……原告所呈押毙名单,计一百一十名,吊查各卷,内有命犯监毙(笔者按,韩氏意在说明,清朝律例规定中,死有其辜者被监毙,可不予深究)及取保回家病故(笔者按,韩氏不可能不知,衙役对狱中非正常死亡之瘐毙者,惯用倒填日月的方式蒙混过关,即在簿册上将其出监保释的日期提前,以造成在押者病故与己无关的假象)。或于讯释后外出,或现得赴案,共有三十余名……或存或故,均非押毙,其余究竟有无其人,曾否被押或有案据而姓名与原单互异,必须彻底查明……

道光帝在疏折中朱批:"虚心讯究,务得确情,慎防吏胥朦蔽"。④

---

① 山东巡抚钱臻:《奏为查明德州革生辛迈迁候审期间居住客店并未严押闷牢事》,嘉庆二十五年六月十一日,档案号:03—2263—008,中国第一历史档案馆藏;附件:《呈候审期间并未严押闷牢供单》,档案号:03—2263—009,中国第一历史档案馆藏。

② 山东巡抚钱臻:《奏为审理德州革生辛迈迁呈控漕书等勒折侵吞滥押闷牢一案》,嘉庆二十五年七月二十七日,档案号:03—2264—020,中国第一历史档案馆藏。

③ 徐道选等纂修:道光《丰城县志》卷2《衙署》,第232页。

④ 江西巡抚韩文琦奏:《为查讯崇义县民李心适京控案内该县班房押毙多命邱佑助窝匪来缉等大概情形事》,道光八年十二月初二日,档案号:03—3740—034,中国第一历史档案馆藏。

后来韩氏在其续奏中,对李官广等人与邱佑助家互殴以后的情形作出如下描述:

> (崇义县知县)禀府提审,当将李官广等交差宋贵等在寓所看管医治时(笔者按,此处"寓所",实即衙役值宿之班房。而"交差看管"与班房私押何异?此点足以说明,韩氏在首次奏报中"该县并无私设班房"一语为虚),李建升恳求宋贵等役给领不死,两人吵闹,经刘调劝散。旋因人证未齐,将李官广等酌保,李官广等谢给宋贵等饭食洋银三圆(笔者按,李心适京控呈词中提及"门丁差役诈索银子"一事,而在韩氏奏文中,已变成李氏主动奉给宋贵等差役饭食洋银三圆,以作酬谢。"索诈银"一变而为"酬谢银",舞文弄墨,竟至于此)。

在续奏中,韩氏还对名单一事作了补充说明:

> 逐一查验,其曾经有案者共四十三名,其中命犯监毙三名外,于保释后,或患病故,或现存在家,或因事外出,各有保状可凭……七十一名查无案据,细加访察,实无押毙多命者(笔者按,韩氏以"有保状"、"无案据"为由,力证"实无押毙多命"。然,保状可伪,案据亦可销也)。

最终韩氏断言,押毙容或确无其事,但押毙名单乃是一些县民怀恨差役而捏造的。韩氏对原告一方有人在械斗中"受伤报验,并不拘犯取辜,遂行交差看管",觉得"亦有不合",因此提出"相应附参,听候部议"。① 地方官惯用的"化有为无,化大为小"的文字伎俩,在此又见一斑。道光最后竟也接受了这份报告,未予追究。

道光十一年(1831)六月,有人在陈奏中指出:福建汀州、龙岩、漳州、泉州等地,在书吏舞弊之下,班馆弊病丛生。是时,因实行官员回避制度,福建地方官一般多不谙本地言语,遂听值堂之书吏信口传述,黑白不分,是非倒置,官长显受其欺而尚无察觉。如闽县侯官,有土地堂名目,遇有应讯之人,则先行拘押。行贿者给以干净之所,而勒索不遂者,则锁禁于污秽黑暗之处。又如,同安晋江各县,皆有班馆,无论原被告,每每押至八九百人,二三年内难见本官之面。一遇酷暑严寒,无辜而死者数量惊人。尤有进者,生员贡生有事到官,不论曲直,并不发学政,②概行

---

① 江西巡抚韩文琦奏:《江西巡抚奏为遵旨审拟崇义县民人李心适呈控邱佑助挟嫌率众将伊叔李官廉等枪伤等案事》,道光九年四月二十三日,档案号:03—3743—050,中国第一历史档案馆藏。

② 清代康熙及乾隆年间均曾定例规定:情节较轻的生员、贡生,一般须审明,移交该学教官照例发落,详报学政查核。参见薛允升:《读例存疑》卷1,《名例律上》1,《职官有犯律附例》2。

锁禁。道光九年(1829),同安县生员吕鸣,即押毙馆中,而未闻究办。至厦门地方,则又有"私馆",俗呼为"间仔"①。该役人等终年在通衢要路,截拿乡民,以欠粮为辞,押入馆中,多方吓诈,常有数年不得回家之乡民。漳泉各府每遇命案,本官即带领书役百余人到处勒索,甚至故意延宕,任纵差役私讲"班礼",竟有先将尸身用盐泡浸,以便索诈之事。又有"虎药"名色,害民尤惨。一有命案,差役不准尸亲指告正凶,先罗列富户之名。每出一票,少则三十余家,多则五六十家,架词株累,贫富均受其害。如厦门民人陈全,被差私押十七个月,至卖一妇,将银贿差,始行放回,此为"虎药"之明验。书役之中尤为强横者,莫如安溪县之书吏吴珍,厦门厅之总差陶亨、陈意,每日在厅署把持公事。历任地方官,皆倚其为心腹。因此,此辈虽名为役,而家资积至三四十万之多。

对此陈奏,道光帝在上谕中怒斥:"书役执法营私,最为地方之害,必应严行惩办。若如所奏,汀州等处书吏传述口供,曲直不分,并闽县等处有土地堂各名目,罔法横行。该管官受其欺蒙并有意纵容,殊属大干法纪"。随后,道光帝令军机大臣"字寄"②闽浙总督孙尔准、福建巡抚魏元烺,令其督同臬司查明上述各处,是否真有书役横行以及各项私馆名目,如有则按律严行惩办,并要求将奏报中所称同安县生员吕鸣押毙馆中及厦门民人陈全被押卖妇贿差两案一并查明、禀奏。至于吴珍、陶亨、陈意三犯,亦当迅速查拿、究办。③

然而,面对道光帝煌煌上谕,魏元烺在回奏中以简洁但又斩钉截铁的语调,几乎是对原控内容作了全盘否定,其称:

> 书吏传供,不致有欺蒙之弊。班馆、土地堂等名目,久干功令,道府各顾考成,无不认真查禁。案涉生监,皆系发学看管,并不交差羁押,亦无私押人犯至数百之多、数年之久。厦防同知并无征粮之责,该役等何敢以欠粮为词截拿乡民?漳泉两府属厅县下乡缉犯,多带书役,有时是因凶首抗拒而因地制宜,并非每案皆然。如果缉私不力,依例应按限开审,岂肯故意延宕?命案尸属,亦不肯将亲属尸身任凭用盐泡浸,差役亦不敢抑勒尸亲、不准指告

①　福建方言,是指"放柴草或杂物的房间"或"妓院"。参见蒋大营编著:《香山文化丛书·翔安话本》,厦门大学出版社2013年版,第145页。
②　与"明发上谕"相对,又称"廷寄"。前者是由内阁向中外公开发布的文告,后者则由军机处密封,经驿马递送与外省官员之谕旨。——笔者注。
③　《宣宗成皇帝实录》(三)卷191,道光十一年六月下,第1017—1018页。

正凶。生员吕鸣系在家病故,陈全之妻王氏现在家中,确无被卖贿差之事,亦不知有"虎药"之名。吴珍、陶亨、陈意家资并无三四十万之多。陈意、陶亨因案索诈,已加等拟军。

这种一问一答式的回奏缺乏细致的说明,很难令道光帝信服。后程祖洛接任闽省总督,道光帝认为其为新任官员,"无所用其回护",遂令就"原折所列各款,悉心访察,务得确情"。

然而,程祖洛的回报与魏氏所奏并无实质不同,只不过做出了更为具体的解释而已,其言:

> 闽人聚族而居,一经犯事,家长、族长或藏匿,或纵放,甚或恃众拒捕。因此,必须多带兵役,方免滋事,是故有"多带兵役"之传言。有的生监恃符拒捕,不遵教官约束,不能不交差收管(笔者按,此处生员完全被描述成无赖之徒)。福建并无将未革生员即行锁禁之事。至于人命事件,接踵而至,顺途勘查,动辄逾旬。偶遇盛暑,尸身易变,因海滨浮沙味咸性凉,以之覆盖尸身,以免腐烂,此为不得已的权宜之法。该法始创于官方,后有讼师、恶棍遇有路毙尸身,仿照海沙覆盖之法,而和以盐,掩尸于空地之处,捏造情节,诬告人命,谓之"合虎药"(笔者按,将所有弊病归责于讼师、恶棍,殊不知讼棍舞弊营私,亦有衙役以助其成)。闽省方言各异,书吏传供,颠倒舞弊,时有耳闻。班馆名目,实已禁革。土地堂乃土地神祠,大小衙门皆有之,坐落头门,为听审递呈者息足之地,非拘押人证之所。至于生员吕鸣,确系在家病故。陈全之妻王氏年已望六,亦无被卖贿差情事。

最后,程祖洛采取地方督抚惯用的化大为小的办法,将闽省之病根指向并无实人的虚体,即"在于官不执法,必将不肯执法之官,严惩一二,使各治其犯法之人,而间阎庶可安枕矣!"对新任大员的蒙混之词,上谕竟也称:"所论周详至当,务要以次认真整顿,方为不负委任。"①

方志明确记载福建长汀县有"福堂监、羁候所"等私牢设施。② 道光九年(1829),有人京控称福建"长汀县署内,私设班馆,勒索凌虐,差役供给府县凉棚③、器用等费",随后上谕旨令:"严饬该府县裁革供给,禁止班馆私押。"

---

① 《宣宗成皇帝实录》(四)卷219,道光十二年九月上,第271—272页。
② 刘国光等纂修:《长汀县志》卷10《公署》,光绪五年刊本,第138页。
③ 此为避暑之用,因工艺复杂而耗资颇巨。——笔者注。

后闽浙总督何璟遵旨讯查后奏称:

> 汀州离省遥远,事关府县,饬查恐有回护,密委试用道左元成以查办别案为由,驰往确查(笔者按,"密委"一词意在说明:一、对于此事本人实心办理;二、调查现场未经掩饰,调查结果自属可信)。兹据复禀:长汀县署向有三班住馆三所,一民壮,一捕快,一皂隶,看管词讼人证及轻罪案犯,并外县解府管押犯证。该三班均有值日之分,十日一换,每换班时向看管犯证需索使费,在所不免,并无确数(笔者按,左元成的复禀笔调颇为轻松,而何璟竟也敢将其写入回奏中,这种情形在此前的相关督抚奏折中,鲜有见及)。现任县令林大受逐渐清理在押,人数无多,亦无私押凌虐情事(笔者按,此处指出班房看管起于前任,而现任则在清理押犯,似为功勋一件)。至府属凉棚,系自行置备,非县差供应。臣等伏查州县审理词讼杂案,不能无人证候质,惟管押可暂不可常。兹另拨干净房屋,并派谨慎丁役看管,随时讯释,以杜延累。至班馆私押,办差供应各项,自当钦遵谕旨,严行禁革,现饬该管道府将需索差役查提严惩,暨饬各道府查明所属有无似此情事,一并认真禁革,倘再故违,官即撤参,丁役按例严惩,以除蠹毙而恤民艰。①

何璟奏折末尾几句颇有自相矛盾之处:一方面他认为"州县审理词讼杂案,不能无人证候质,惟管押可暂不可常",并"另拨干净房屋,并派谨慎丁役看管,随时讯释,以杜延累",实际上这已承认班房管押或其他"干净房屋"管押有其合理性的一面;另一方面他又指出"班馆私押,办差供应各项,自当钦遵谕旨,严行禁革"。康熙四十五年定例与雍正七年定例之间的深层矛盾,在何璟自相矛盾而难圆其说的言辞中隐约再现。

前述嘉庆那彦成奏参一案表明,粤东地区,私牢问题由来已久,且名目繁杂,问题严重。从方志来看,嘉道以后广东地区私牢多以"羁所"命名。(参见附表一:清代各省监押设施一览表)。

道光十四年(1834),有人奏称:

> 寻常案犯,或暂行看管,或取保候讯,不应任听差役滥押无辜(笔者按,如依康熙四十五年定例来看,暂行看管亦为私押)。粤东自道光十三年,该

---

① 闽浙总督何璟:《奏为遵旨查明长汀县署内并无私设班馆勒虐差役等情事》,光绪八年十一月初四日,档案号:03—7410—090,中国第一历史档案馆藏。

省督抚饬属查禁后,近来又复私设,现在东莞县之县前直街、横街、上水巷、横巷子各处,皆有班馆。香山县则改换名目,号为"新羁"(笔者按,由此看来,有的"羁所"的出现是为了规避班馆之禁)。其余各属恐亦不免。

后上谕下令彻查,地方督抚回奏道:

当经委员分请查勘各属衙役,均无擅设班馆、私押犯证。惟繁剧州县,各有官设羁房,如香山县向设羁房二处,东莞县向设羁房三处,均系历来建设收管要案人证及一切追赃、枷号、锁系、铁杆等项匪徒。所有香山羁房二处,仍循其旧。东莞县羁房三所,饬令裁减一所,此外不许复增,经前督臣卢坤会折奏明在案(笔者按,官设羁房,亦为"律所不著"之私牢)。是香山、东莞所设羁房,系属酌留,并未禁革,现又由司委员驰赴该二县勘明。现设羁房,悉与奏案相符。惟香山县署内头门东首原设羁房倾圮,以致人犯栖宿无所,该前县于羁前搭寮二开,暂令住歇,嗣羁房建复,仍将寮蓬拆,并未增建,该县差役委无私设班馆改称新羁名目。有东莞县前直街、横街、上水巷、横巷子等处,逐加查勘,均无设立班馆、滥押平民之事。粤东讼狱繁多,匪徒充斥,各州县于罪名未定人犯及应质要证并锁系枷号匪徒,不得不妥为收管,是以前经奏明,酌留羁房,资其栖宿,应请仍循其旧,毋庸拆毁(笔者按,前后矛盾,此处收管犯证之所即为私牢)。但不得于酌留之所外,复行增添,仍责成该管道府就近稽查,勿使蠹役私设,致贻民累。①

从此折中可以看出,该督主张酌留羁房,不完全主张将所有私牢禁革,所禁革者是衙役在署外所建之"新羁"。但从本质上而言,"署内官羁"与"署外新羁"并无差异,皆为律例所不允之私牢。

从方志来看,邵阳县有"羁候所"等私牢设施。② 道光十五年(1835),御史据京控诉状而奏称:

湖南宝庆府属之邵阳县,除监狱外,私立卡房三所。寻常讼案,差役传到人证,即行押入,并私用镣铐夹待,勒出钱文。每年三卡内瘐毙、磨毙者,不可数计。有图捷等"四大寇"、鲁广等"十八路诸侯"。该县差役有名在册者千余人,白役散役二千余人,肆虐诱骗。

---

① 《呈查明广东地方积弊各条奏议办理章程清单》,道光朝,宫中—朱批—综合,档案号:04—01—11—0010—001,中国第一历史档案馆藏。

② 黄文琛等纂修:光绪《邵阳县志》卷3《建置上》,第65页。

对此，道光帝立即发出上谕，称：

> 邵阳一县如此，其余属府州县类此者，想亦不少，不可不严行查禁。著令纳尔经额、吴荣光确切查明，严行禁革。如有似此私设班馆、纵差虐民等弊，即著据实参办，毋稍轻纵。

随即，军机大臣将上谕字寄给湖广总督纳尔经额及湖南巡抚吴荣光，令其确查。据吴荣光会同臣纳尔经额回奏称，当其接准字寄上谕后，便"密委"新任盐法道柒恩照，不动声色前往邵阳县，确切访查，并要求将结果回禀（笔者按，纳尔经额等在回奏中屡次使用"密委"两字，与前述何璟所用有异曲同工之妙）。

回奏还声称："前经通饬严禁滥押，但唯恐日久弊生，曾再次严饬司道饬各属，一体确查严禁'在案'"（笔者按，吴荣光等在回奏中称其曾屡次饬令查禁班房，并有"案"可稽，正可表明其作为疆吏已尽臣责，亦可隐为"邵阳县并无私设班房"之弊而邀功）。

柒恩照向督抚回禀称："曾'密赴'邵阳，查得县署仪门外有小屋六间，历为该县壮、皂、快三班差役轮流值宿，非为押犯而设，积沿已久，称为'公所'，并无另有私立卡房各色。搜查公所屋内，均无班卡形迹及私置刑具，亦无滥押人犯并差役私押弊命之事（笔者按，据盐法道柒恩照的具禀，班房乃为三班值宿之'公所'，本非为押犯而设，已'积沿已久'，而且查无班卡形迹及押犯，以此说明此班房非彼班房也！并且公所之外，亦'无私立卡房各色'，就更能说明无论署内署外，皆无私牢之设。可见，在柒恩照的潜在意识中，无论署内公所还是署外私馆羁押犯证，都属于私牢无疑。这种对私牢存在的否定，远比前述闽浙总督何璟及两广总督要彻底）"。

柒恩照继续禀道："该县差役壮、皂二班额设三十二名，马快八名，捕快十二名，亦无官役二千余人，白役、散役二千多人。并查出，道光八年该属县甘知县，因甲首催办年粮不力，派壮皂快三班差役十八名赴各都承催，另派总差四名督催。图捷等四名金充总差，鲁广等七名及已故张超等十一名金充都差。十年，该属县谭精昌到任，以事属不合，即将总差、都差概行革除，仍照前设滚单发给甲首催粮，迄今遵行在案（笔者按，柒恩照禀称邵阳三班正额总共只有四十余名，从而否定了京控所称'差役当有名者千余人，白役散役至二千余人'的说法。此外，至于图捷等'四大寇'及鲁广等'十八路诸侯'的说法，柒恩照的回禀巧妙地将问题转移到上任知县的头上）。"

据柴恩照称，其后来将原奏中的各差役按名拘传，最终查得："原奏中所提及的谢定曾于道光十年犯事到官，被拟杖徒，后恭逢恩诏，减杖奏释，此事已有二十年之久，且此人七月在家病故，留有保邻人等供结（笔者按，柴氏所言意在说明：谢定犯案已是二十年前的旧事，且现已病故，毋庸再予追究，实际上也死无对证）。"

此外，柴恩照还称："原奏中陈俊、李继二名，衙署名单上并无此二人，拿人何易？谕中亦有一名，并未承充都差（笔者按，此又将陈俊、李继等三人排除出查究范围之外。衙署名册中无此二人，何以即拘拿不易？实为托辞）。"

后来，图捷等 11 名俱拘齐解省，发交臬司委员审办。藩司赵炳予、臬司柴恩照督同委员长沙府知府恒柱，对图捷等 11 名进行审拟，随即解往湖南巡抚吴荣光处再次研讯。吴荣光根据招解讯供以及自己的查核，在向道光帝的回奏中，将上谕中提及的京控所指一一推翻，其谓：

兹查上谕内有：邵阳县私立卡房三所，一名外班房，一名自新所，一名中公所。寻常讼案，差役传到人证，即行押入，私用镣铐束缚，甚至以长绳系其右手之大指，悬挂空际，名为"钓半边猪"，勒出钱文等因一节。讯据图捷等惟称：伊等三班差役实心值看公所一处。因邵阳县系附廓首邑，时有发审案件。道光十年以前，谢定充当头役，希图提审近便，将奉派看管案情未定人犯带至公所住宿，以致民间将"三班公所"称为"外班房"等三所（笔者按，图捷等归责于谢定，而谢定已亡，实已死无对证）。如果伊等有私押拷勒等情，一经喊叫，附近居民，岂不听闻等语。臣等查：该役等果有押所非刑名色，断难掩附近居民耳目，因于委查之。先密饬该道明询暗访该处附近民人朱正和等，据称并无其事，第核该管县交管人犯各原案，亦俱与该役等所供吻合，尚非捏情诬却。"

又查上谕内有：每年三卡因瘐毙及受刑磨毙者不可数计。凡垂毙之人，差役一投病状，官能即授以存票卸责。且有讼家、仇主重许差役钱文，用"好汉架"等酷刑凌虐致毙。此系该县已故之谢定作俑，名为"窃盗阎罗关"等因一节。讯据图捷等供称：伊等奉派看管人证，遇有患病，均系随时金发验明，赶传亲属领外医调，并无因嘱磨折在保在押病故之人（笔者按，向来衙役对病犯医调之请肆意拖延，此为大量材料所揭，故图捷所言断难凭信）。至谢定名为"窃盗阎罗关"，因于捕贼严紧，故有此称。果有肆虐不法别情,谢定现已病故,何必代为隐瞒等语。臣等查:在押病故,如有刑伤,各尸亲断不肯罢休,地方官即袒护差役,亦断不敢不附票详报,以杜后患。今查十一年至现在,此该县并无附报在押病故之票,无在保病故之犯。五年以来,只有刘巨高等十七名验讯,并无刑伤附入各正案,分别奏添在案。近年以来,委无刑押毙命,当属情实。

又复查上谕内有:图捷等名为"四大寇"、鲁广等十八名为"十八路诸侯"等因一节。讯据图捷等供称:伊等从道光八年,甘知县排除总差四名,都差十八名,催征紧迫,伊等因四乡道路远近不一,时或乘坐兜轿下乡。尝为欠户途遇轿子,不记确数,并有将欠粮户拿发比追。民间抱怨,遂被捏称"四大寇"、"十八路诸侯"绰号(笔者按,民人纳粮,不自今始,若无欺诈索费之扰,何得有怨言捏称)。自十年,谭知县到任,裁革总差、都差以后,实无此捏称。至何易系承充之役,并非都差,亦未催过钱粮,陈俊、李继业经委员查核无人等语。臣等查:与该道查相符,该差等尚无另有扰害情事。

又恭查上谕内有:该县差役当值有名者千余人,白役散役至二千余人,每遇一案,辄有差七八人、十余人不等,倚差肆虐,任意骚扰,门丁得钞包庇,串同舞弊等因一节。讯据图捷等供称:该县壮、皂、快三班差役,已蒙委员查明,除额设外,并无滥添。至该县寻常案件,臣十二年通饬严禁滥差,饬定派差名数后,寻常案件签差一二名至二三名为止。如命盗重案,犯数众多,本臣恐其特党拒捕,酌添数名,此系实有其事,并无故差至六七名及十余人之多。批差均由本官约派门丁,实无从串弊。如果无故多差,肆虐骚扰,门丁包庇,串同舞弊,岂不被人控告等语。臣等检查:近年该县尚无似此上控之案,第核该县印册及票差各案卷,亦均与所供无异,吴荣光诚恐此外尚无不实不尽,复行严诘,加以刑吓,矢口不移案无逼诈,查图捷等现经查讯,均无酷刑凌虐押毙人命情事。

惟因承催年粮,胆敢坐兜轿下乡,殊属违例。复又需索轿钱,并致民间取有绰号,自应从严惩创。图捷等均应革役,照违制律,杖一百。系衙役知法犯法,加一等,各杖六十,徒一年,并加枷号一个月,满日解配折责安置。图捷、鲁文年逾七十,不准收赎。谢定业已身故,应与未经奉催钱粮之何易,及已故都差张超等,均毋庸议。何易仍革役。前任邵阳县知县甘发恒强征年粮违例,摊派差役,赴乡催征,咎由应得,业已病故,应毋庸议。该属县谭精昌查出差催年粮,有违定例,仅止撤回,不将该差图捷等究革,亦属疏忽,应咨部议处。嗣后敕道重新设立滚单,发给甲首,按次滚催,并饬花户自制投柜。所有总差、都差名目,已经革除,不准复有派充,以及所有案情未定人犯,务须照例取保候质,不准滥行交差看管,以杜流弊。此外,各府州县业经臣等饬,据陆续具奏结报,并无私设班馆纵差虐民情弊,现复责成该管道府州实力稽查,臣等仍当随时留心访察,如有日久玩生,阳奉阴违,即将该州县如实参办。①

透过上述六个案例,有一点值得注意的是,相比较乾隆末期地方督抚对班房等私牢问题的态度,道光以降尤其是光绪年间的督抚对私牢的态度已出现了较大的不同。在乾隆末期的那次查禁回报中,地方督抚大多持阳奉阴违的态度,虽在回报中有蒙骗不实之词,但从他们对皇帝的回奏中,竭其心智来力证本地并无班房之弊,多少可以看出督抚对私牢这一问题尚有所避忌。但从光绪八年(1882)的个案中,闽浙总督何璟竟公然将其属员所密禀"长汀县署向有三班住馆三所,一民壮,一捕快,一皂隶,看管词讼人证及轻罪案犯,并外县解府管押犯证"等内容,轻松写入向皇帝的回奏中,并毫无遮掩地表明自己对此等私牢合理性的认识:"伏查州县审理词讼杂案,不能无人证候质,惟管押可暂不可常。"就此点而言,与先前督抚一遇此事往往惶恐不安、矢口否认的态度可谓大异其趣。实际上,清朝中晚期地方官幕对班房等私牢进行制度化的规范,进而使其在一定程度上具有合法化的趋向,此点在后文中将进一步阐述。

总体来看,督抚欺蒙辩饰的文字技术高超,其陈奏内容的真实性大有可疑之处。每至科道官员风闻入奏某省私牢现象时,清帝便谕令督抚确切根究其下属有无私设行为,但督抚的回奏之结果与科道官员风闻所奏总有云泥之判。地方大员回奏套式往往为:"经查,虽无××(重罪情节),惟其××(轻罪情节或构不上罪的小过错)属实。"可见,在煌煌圣训的压力下,督抚虽不敢完全姑息属下,可又总在想方设法为其回护辩白,试图减等处理。如同步德茂的研究所表明,地方督抚在面对复杂而敏感的案件时,总能以"例行化"上奏套语轻松应付,这是官

---

① 上述个案引自湖广总督纳尔经额等:《奏为查明邵阳县及各属实无私设班馆事》,道光十五年七月二十四日,档案号:03—2642—036,中国第一历史档案馆藏。

僚化的一个重要特征，而这种"例行化"处理问题的手段，不仅用以打发其下属，且常用来应对上司。①

关于对清朝京控制度的探究，包括一些对带有传奇色彩的京控案件的猎奇性研究，已给我们呈现出这样的一幅图景：清廷为"良懦小民"提供了一条将冤情上达天听的阳光大道，如同胡震所言，对普通民众来说，京控则成为寻找"青天"的最后机会，"毕竟开启了最后一条通向'正义'之路"。② 然而，就笔者所检视的关于私牢问题的京控案件而言，真正沉冤得雪者微乎其微，甚至京控却变成了控诉者续受打击的新起点，并最终形成"愈冤则愈告，愈告则愈冤"③的恶性循环。

道光年间，京畿道监察御史宋劭谷在《请严禁衙蠹积弊以清讼狱》一折中针对此类现象，深为愤慨，其曰：

> 臣查近年来，京控案件或称原断不公，或称捺案不办，大约皆以衙蠹弊朦串害为辞，其呈内不控及书差者甚少。臣窃思事理之是非曲直，彼一面之辞，原未可信。至其延搁不结之案，则历有时日可凭，地方官若非听其书差舞弊，何以经年累月不为申理，况所控均确有指名，岂必尽由虚捏?! 是民人之习健者固多，而书差之借端索诈、诬害善良，想亦不少。及分别奏咨交回本省查讯结案，后核其咨复文件，则以虚诬惩办百姓者十之九，而以弊朦惩办书差者十无一焉，此猾吏奸役益肆无忌惮，而百姓之受欺凌者愈诉而愈不得伸也。④

有清一代，京控制度存有制度上的缺陷，尤其是嘉道以降，京控案件无不批发原省，尤其递交专设之发审局，而局中仍不外原初案件审转讯问时之官吏。回护原案不作认真再审，自不可免。因此，经发审局再审后，"非坐原告逞刁诬告，即拟以怀疑妄控"⑤，鲜有平反者。

就私牢京控案件而言，地方督抚不遗余力地去遮饰本地私牢弊病，千方百计袒护属员，实有其深层原因。有清一代，肇因于清朝的财政体制，地方督抚和州

---

① ［美］步德茂：《顿起杀机：18 世纪清朝刑科题本中所反映的官僚制及仁治思想》，陈兆肆译，参见张世明等主编：《世界学者论中国传统法律文化》，法律出版社 2009 年版，第 202 页。

② 胡震：《最后的"青天"——清代京控制度研究》，《中国农业大学学报》（社会科学版）2009年第 2 期；［美］欧中坦：《千里上京城》，载《美国学者论中国传统法律》，中国政法大学出版社 1994年版，第 473—506 页。

③ 朱寿朋：《光绪朝东华录》，光绪元年七月，张静庐点校，总第 103 页。

④ 京畿道监察御史宋劭谷：《奏为请严禁地方官衙蠹积弊以清讼狱而清闾阎事仰祈圣鉴事》，道光十一年十二月十九日，档案号：03—2618—056，中国第一历史档案馆藏。

⑤ 朱寿朋：《光绪朝东华录》，光绪元年七月，张静庐点校，总第 103 页。

县等下级之间的利益关联性,要远比与清廷的关联性更形密切。清承明制,实施官员低薪制,地方官员从清廷那里获得的俸禄杯水车薪,难济公私两用。长期以来,地方在耗羡上寻找应对之策。雍正以前,耗羡未提解到省,地方州县将所收耗羡之部分,以陋规形式奉送上司,以均其利。而"耗羡归公"以后,督抚的养廉银和灰色收入之多少,同样仰赖地方州县的"收成"和"奉送"。尤有进者,终清一代,地方上司官员令其下属官员"垫办"(或称"赔垫")有关事务,几成牢不可破的积习,为此地方上司与下属之间形成了一个坚实的利益共同体。早在乾隆三十一年(1766)七月,上谕即指出:"省会首县有代上司备办、铺设等项,于吏治大有关系",因而著令各省"据实详悉覆奏"。此后,各省督抚就本省首邑有无代办赔垫一事回奏,尽管多数督抚矢口否认本省有此情弊,但仍有少数巡抚据实禀奏,如山西巡抚彰宝奏道:"首邑惟阳曲一县,而巡抚、藩臬两司及冀宁道俱驻扎省会,凡一切应办公务,委令首县经理,已觉繁剧纷纭,四应不暇,若各衙门复以私家琐务请其涉手代办,以图剥下肥己,必致徇私废公。"①又如江苏巡抚明德在奏折中指出:"查各省上司衙门遇有备办、铺设并应付公事赏恤以及一切宴会繁费之事,往往交首县代办,实属为官常恶习,在上司藉以省购办之需,而下属即缘以为逢迎之具,种种情弊。"②

省级上司令州县等属官垫办公私诸务,下属非慷公帑以饱其私欲,即舞弊营私而无所顾忌。同样,州县官员亦会委令作为下属的吏役代办公私事务,故而又衍生出"差垫"和"差欠"等名目。道光年间,御史宋劭谷在追究地方州县何以在私牢问题上百般包庇书差时,便发现症结所在,其言:

> 臣闻外省州县积习,往往莅任后,凡有公私费用,先令年久强干之书差垫出,而后令其承征地方钱漕及各项陋规,即以所余扣偿垫项,谓之"差垫"。又有假办公名目,令书差出具领结,领取款项,商同分用。至后任交代时,即将书差所具领结抵款,延不完纳,辗转流交,终成无着,谓之"差欠"。夫能垫能欠之书差,皆衙蠹也。本官既与衙蠹商谋,令其垫欠,则自反不缩,已有受制之处。彼虽营私播弄,不能不委曲徇庇,是不特于钱粮滋

---

① 山西巡抚彰宝:《奏为查明首邑代办赔垫事》,乾隆三十一年八月二十八日,档案号:03—0346—031,中国第一历史档案馆藏。

② 两江总督高晋:《复奏首县并无代办赔垫事》,乾隆三十一年九月初一日,档案号:03—0346—033,中国第一历史档案馆藏。

浮勒、侵欺之弊,而词讼中串谋嘱托、上下其手、私提、私押、私纵、私搁,种种不法,皆由此起。且地方讼师、奸棍,非勾通吏役亦不能售其奸,故衙蠹不去,则善良不安,而非司牧者洁己奉公、清源正本,则蠹弊不可得而去也。伏祈皇上饬下各省督抚严加整饬,禁革州县与书差借垫陋习。至各官交代时,书差领券概不准据作抵款。此后再有朋谋受制、故为徇纵以及因循怠玩漠不加察者,务即查明分别参办。凡上控、京控各案,如审实系书差诈害,该上司应秉公据实按律惩治,不得以回护属员之故,兼护书差。如此,则吏治肃而蠹弊清,狱讼平而民气乐。[1]

可见,通过"差垫"和"差欠"等项,地方官实际上间接参与对书差"所营之私"的瓜分,地方官也变相成为书差的合伙经济人,唯其隐至幕后而将书差推至台前而已。此外,一旦地方官因"差垫"和"差欠"而受制于书差,则"私提、私押、私纵、私搁"等不法舞弊行为,往往便会肆行无忌。有人依据清朝的官场现象指出,清代州县政府已然形成了州县官、幕府、胥吏三位一体的格局。[2] 笔者认为,就清代私牢问题而言,上以下为利薮,下引上为奥援,督抚、州县以及书差实际上形成了更为广泛的多位一体的利益格局。

第三节　私牢命案下的例外——督抚严参州县

在笔者所检阅的材料中,亦不乏主动而严厉查参州县滥押情弊之督抚,但主要是在州县恣意纵差私押,甚或酿成人命而碍难掩饰的情形下为之,且多集中于"振衰起弊、咸与维新"的嘉道两朝(参见表4-1:乾隆朝至宣统朝督抚奏参失察衙役滥押毙命之官员一览表)。

嘉庆十年(1805)六月,两广总督那彦成与广东巡抚百龄合参南海、番禺两首县纵容衙役设立私馆一事,最终对地方官及差役作出了颇为严厉的处置:

现将各该属羁押一切人犯,委员调查、确查,分别审结、保候,无干即令

---

[1]　京畿道监察御史宋劭谷:《奏为请严禁地方官衙蠹积弊以清讼狱而清闾阎事仰祈圣鉴事》,道光十一年十二月十九日,档案号:03—2618—056,中国第一历史档案馆藏。

[2]　陆平舟:《官僚,幕友,胥吏——清代地方政府的三维体系》,《南开学报》(哲学社会科学版)2005年第5期。

省释。所有差馆房舍,饬令估卖,木栅、板壁尽行拆毁,将入馆差役尽行拿获,饬司按"诈赃"轻重分别定拟,另送咨部议结。并将女馆中奸诈官媒审明责革,其余人妇给属保领候讯。奴才等伏思私设班馆,显干例禁,是以各省年终咨部一次,应实力奉行。今南海县知县王轼、番禺县知县赵兴武,于省会重地,胆敢违禁私设押毙民命,已属大乖职守。而又任蠹役、官媒等恣意拷打,羁押至如此之重,拖累至如此之惨,而知情徇纵、置若罔闻,如此藐法殃民,岂可一日姑容!理应请旨,一并革职(朱批:尚轻)。现在饬司道员,按署查明,经手仓库有无未清,另行详报……饬司查明偶设私馆年份,将该管知县、失察上司职名,另行开参。其外府州各属有无如此私设,饬令该管之道,严加查明,兹以除积玩以雪民冤。①

两广总督那彦成与广东巡抚百龄从监禁场所、不法差役、被私押人员、该管地方官、起初设置私馆官员、失察上司等各方面,一一做了处置,思虑不可谓不周全。其下令将建造差馆房舍的木栅、板壁等尽行拆毁,以期端本澄源。而对"违禁私设"而又"徇纵蠹役"的地方州县官,也作出了革职的惩处,且要追查起初"偶设"私牢的官员及失察上司之责。相较一般地方大员的惯常做法,那彦成、百龄的这些惩治举措,不可谓不严厉。但是,对"如此藐法殃民"之地方官仅作出的革职惩处,在嘉庆皇帝看来,未免仍觉"尚轻"。

道光年间,在安徽巢县代理知县"万年淳失察差役私押人证一案"中,安徽巡抚张师诚严词指参,并奏请将其革职,其中提及:

> 查得该县刘姓饭店内,有县差私押未经禀县之人证戴双林、李坤玉、张友先、孙广福、熊东任、熊步成、李玉怀七名,臣立即严饬庐州府知府胡调元提案审明:戴邦金(即戴双林)一名,系蒋义成控追欠项案内被告戴大明之子,该署县万年淳票差胡连等催追,于八月十八日进城。李坤玉等六名,系公认马怀春病放案内人证,该署万年淳饬差程忠等传讯,亦于八月十六日进城,俱系差役胡连、程忠等管押在店,直至二十三日赴县禀到,显因教官往查,始行禀县。查蠹役诈赃刑逼之弊,皆起于私押,必须州县刻刻留心,约束稽查,使差役于传案人证,随到随禀,不许片刻羁留,亦可弊绝风清。今该役胡连、程

---

① 《奏为特参南海、番禺二县知县纵令差役另立班馆滥羁人犯致毙多命请革职事》,嘉庆十年六月十三日,档案号:03—2281—020,中国第一历史档案馆藏。

忠等敢将人证戴邦金、李坤玉等七名,任意私押,直至教官查出后,始行禀到。

又有吴瑶一名,系因为争权分授田租砍伤伊子吴孔朝。传案讯供,八月十四日该署县已令保释,取有保状。二十三日,教官往查之时,尚在班房管押,蔑法已极。该署万年淳身任地方,于衙役私押多人,毫无觉察,实属有辜厥职……请旨将代理巢县事六安州州同万年淳革职,以为废弛吏治者戒……差役胡连、程忠等仍饬庐州府从严究办,以示惩儆。①

上述劾参中,涉及差役非法私押人证的两种典型方式:一种是审判前诡言未获人证而"匿报不禀";另一种则是在审判之后,将应释之人仍行羁押。此处巢湖代理知县万年淳只是"于衙役私押多人,毫无觉察",虽属"有辜厥职"的行为,但与前揭两广总督那彦成与广东巡抚百龄合参案中那两位"知情徇纵"的知县相较,尚属轻罪。而此处安徽巡抚所拟"革职处理"的处置,并没有引来如同前述嘉庆皇帝那样仍觉"尚轻"的不满,道光皇帝表示了认同。

又如,道光八年(1828),广东按察使司对新会县私设班馆一事,表现出彻查到底的强硬态度。前揭,广东各地素来私牢名目繁多,道光八年新会县衙役即以庙为名,私设班馆,馆之外进为"馆面",行贿者居住;馆之内进为"馆尾",不行贿者概系于此。班馆由衙役郑世瑜父子盘踞把持,平民偶因讼案牵涉,辄遭酷虐,他们有时设计坑陷、凭空殃及无辜,"豺狼凶暴之行,令人发指",民间久受其苦。差役郑世瑜绰号"通城虎"②,为新邑有名巨蠹,积恶已久。其子郑遐泽绰号"小霸王",更是恶贯满盈。郑世瑜诡名"郑联胜",郑遐泽诡名"黄蒋胜",而衙署卯

① 安徽巡抚张师诚:《奏为特参安徽巢县代理知县万年淳失察差役私押人证请旨革职》,道光五年十月十五日,档案号:03—4032—049,中国第一历史档案馆藏。
② 这种绰号的使用,可能是替民众书写京控诉状之讼师所掌握的一种普遍性策略。正如研究讼师秘本的潘宇所指出的:看到这些称谓,可以使人联想到被告之人的"强势"地位及其恶毒的面目。这种对被控对象"强势"地位塑造,主要是为了衬托告诉者的"弱势",以促进状词的受理以及结果的胜诉。生于讼师文化较发达的绍兴的鲁迅,对此做法也有过论述,其言:"中国老例,凡要排斥异己的时候,常给对手起一个'浑名'——或谓之'绰号'。这也是明清以来讼师的老手段:假如要控告张三李四,倘只说姓名,本很平常,现在却道'六臂太岁张三'、'白额虎李四',则先不问事迹,县官只见绰号,就觉他们是恶棍了"(参见潘宇:《明清讼师秘本中的状词解析》,《法制与社会发展》2007年第3期;鲁迅:《华盖集》,人民文学出版社1973年版,第82页)。按,这种使用浑名的做法,广泛出现于明清的司法实践中,如枷号犯、死刑犯的标示牌上,往往亦书写犯人浑名。另,这种浑名当不是讼师临时对所控对象的胡乱编造,因为有材料揭示一些强豪自己也会给自己起用浑名或绰号,如"开山龙"、"猛烈虎"等。参见陈宝良:《中国流氓史》,上海人民出版社2013年版,第145页。

册内并无郑世瑜、郑遐泽之名①,因此屡经控告追拿,皆无从捕获。先前经生员李如梅上控,不但未能拆除班馆,反而是"差愈逞愈肆,馆愈创愈奇"。继则贡生李炳南等人,为防郑氏父子再次抵赖反诬,遂联名"绘图沥禀"官员,希望借此坐实他们以庙为名而私设班馆的恶行。随后,广东按察使司姚祖同接到呈词后,速命县令查勘,该令勘后回禀:

> 查县署头门外旧有庙宇七间,门首搭盖葵篷,庙内深一二进,宽二三进不等,中间安设神像,旁间为三班差役住宿,偏院空房为官发带候人证之所。查看各房并无建设栅栏及违禁器具,除酌留正间神厅并住房十间外,其余偏院空房四间及门首葵篷,诚恐日后私押舞弊,全行拆毁,并示谕绅士此外再有私设处所,即当确切指陈,勘拆究治。

该县令的回禀意在说明勘察时尚未发现有任何违禁私押行为,也旨在反驳贡生们的"绘图沥禀"——一幅空洞的"建筑绘图"并不能作为坐实郑氏罪行的铁证。然而,机巧之县令亦恐日后被发现私押之弊而招致臬司的追责,故而一面以"诚恐日后私押舞弊"为由,表示要全部拆毁"庙宇",一面对当地绅士进行安抚。然而,这种机巧之言及其做法,不免让人心生疑窦,如果"庙宇"之中并无酷虐非法之事,何须急于拆毁? 再者,若贪酷之役不行惩创根除,仅止于拆毁一二场所,亦非治本之方,因为举凡"铺仓所店、庙坛寺观"皆可为"藏污纳垢"之地。拆毁私押场所,若可济事,那么终将拆不胜拆。

显然,臬司姚祖同对新会县令的回禀也不甚满意,他质疑道:如果"该差房止此数间,并无黑暗秽恶令人难受之苦,是所谓班馆者尚非酷虐,何以与本司所闻互异?"况且据李炳南等多人诉状内称,该县差役郑世瑜等因李如梅首次上控而臬司严批后,便已"将'馆尾'暂行截塞,撤去木栅,板台仍存;'馆面'设色涂污,假作神厅、公所,掩饰耳目,希冀混瞒,仍为兴复地步"。臬司姚祖同将李炳南等人所绘班馆地图详加查阅后,便指出:

> 私刑器具谅皆藏匿,是张令亲勘之时,已在差役改为之后,其鬼域伎俩,何所不至? 张令居官谨饬,不肯滥押多人。自该令到任以来,差役等或稍敛

---

① 据蔡东洲等人的研究,衙役改名换姓是清代衙役久据役位或罪后复役所惯用的方式,如就清代南部县的衙役清册来看,多数衙役真名与其册名不符。对此做法,尽管清代几度著例禁止,但效果甚微。参见蔡东洲等:《清代南部县衙档案研究》,中华书局 2012 年版,第 125—126 页。

迹。然弊薮不行廓清,毒酷久而仍炽,郑世瑜父子把持盘踞,作恶多端,若不加以惩创,即众役何以惩儆?

臬司姚同祖虽对新会县令语带褒奖,但对其能否使"弊薮廓清,毒酷禁绝"不再信任,尤其是如何将作恶多端的郑世瑜父子连根拔起,乃其念兹在兹之事。此后,姚同祖不再信任新会县令,札委龙川县令驰赴新会,会同新会县令立即对差馆进行履勘,要求按图细致将其"馆尾"暂行截塞之处,逐一验明,如此便可知其情伪。姚同祖认为"名为差房,实系班馆,断乎不可存留",应当"全行拆除,空其巢穴,方为不留余毒!"但更为重要的是,鉴于郑世瑜父子狡诈多端,姚氏特别嘱托龙川县令:到新会县后,告知该县张令须不动声色,密速查拿,妥为押解赴省,以凭究办;如任其远扬潜匿,即曲为庇纵,张令难辞其咎。此外,姚氏还将所有李如梅、李炳南等原呈纸图,统交龙川县令带往新会,与该县张令同阅,并会同将班馆拆除,同时传到地方绅衿,俾所共知。

在笔者所收集的资料中,像广东臬司姚同祖这样对私牢弊病穷诘深究、必欲根除而后休的态度,绝少见及,这其实从另一个层面也反映出广东等地私牢弊病已极为严重,恰如同姚氏所述:"此处'班馆'不去,该县人民如同陷罪,呻吟苦楚,不死不生,创巨痛深,怨气凝结,无异倒悬。"①

表4-1　乾隆朝至宣统朝督抚奏参失察衙役滥押毙命之官员一览表

参奏者	参奏内容	时间及资料出处
护理贵州巡抚李本	参奏署龙泉县事试用布政司理问夏贤范将无辜之人羁押班房以致自缢殒命事	乾隆四十四年七月初七日《乾隆朝起居注》
浙江巡抚师承瀛	奏为本省外埠海县知县王恩汪被禀揭贼犯被获滥押换卷卸过请解任审办事	道光二年闰三月初七日,一档馆(下同),档案号:03—4021—016
云贵总督崧蕃	奏为特参永平县知县李馥滥押弊命请旨革职事	光绪二十一年七月二十一日,档案号:03—5328—023
署山东巡抚全保	奏为前任阳信县知县赵湘任性滥押欠粮花户韦从尧致其自尽请革审事	嘉庆十年十月二十日,档案号:03—2282—026

① 林星章等纂修:道光《新会县志》卷14,《事略下》,第411—413页。

参奏者	参奏内容	时间及资料出处
署理湖南巡抚毛鸿宾	奏为特参署新化县知县候补通判戴沅滥押毙命匿不详报请革职拿问提省审办事	咸丰十一年九月十八日,档案号:03—4565—046
陕西巡抚李星沅	奏为特参凤朔县县承徐诚荣擅受滥押毙命请旨革审事	道光二十四年二月二十二日,档案号:03—3901—014
陕甘总督长麟	奏为审拟凉州满营命案尸亲抗延不结滥押医生福来自尽案事	嘉庆十三年十月二十二日,档案号:03—2454—012
山西巡抚张煦	奏为特参霍州直隶州知州德生滥押被诬州民张洗昌酿命请旨解任听候查办事	光绪二十年十二月十九日,档案号:03—7364—049
山西巡抚梁萼涵	奏为特参前署吉州知州事试用知县刘龙兄玩视捕商滥押毙命请旨革职事	道光二十四年五月二十三日,档案号:03—3901—039
山东巡抚吉纶	奏为特参黄县知县张绳直滥押酿命事	嘉庆十二年十二月十五日,档案号:03—2449—023
热河都统裕恩	奏为特参丰宁县知县连榆失察差役滥押酿命延不解审请解任事	道光十年六月二十三日,档案号:03—3862—010
闽浙总督王懿德等	奏为特参调署平和营游击事诏安营游击崇端滥押索诈事	咸丰七年九月二十六日,档案号:03—4124—122
闽浙总督汪志伊等	奏为特参漳平县知县丁曰恭滥押平民勒派擅罚抗不解讯请革职审问事	嘉庆十九年七月三十日,档案号:03—1561—007
两广总督阮元	奏为特参广东罗定州勒休知州姚祖恩等妄断滥押监生毙命等请旨革职等事	道光五年四月初八日,档案号:03—4031—039
两广总督吉庆等	奏为特参英德县知县陈寅滥押毙命讳匿不报请旨革审事	嘉庆四年六月初六日,档案号:03—1477—023
两广总督吉庆等	奏为特参定安县知县灵玉延案不结任差滥押致毙人命请革审事	嘉庆七年七月十六日,档案号:03—1485—058
江西巡抚裕泰	奏请将被控滥押毙命之宜春县知县崔凤皋撤任事	道光十七年四月十五日,档案号:03—2658—029
江西巡抚李文敏	奏为特参袁州府同知沈超违例滥押酿命请革职等事	光绪六年四月二十八日,档案号:03—5150—104
护理广西巡抚魏景桐	奏为署平河司巡检王秉政纵役需索滥押请旨革职讯办事	宣统三年正月十九日,档案号:03—7450—057
湖南巡抚景安	奏请将滥押毙命讳匿不报之邵阳县知县陶发源革职审办事	嘉庆十二年九月初六日,档案号:03—1510—046

参奏者	参奏内容	时间及资料出处
湖南巡抚景安	奏为遵旨审拟邵阳县知县陶庆源滥押毙命案事	嘉庆十三年八月二十七日,档案号:03—2453—023
湖南巡抚姜晟	奏为审明永顺府通判李珩滥押民人致使自缢事	乾隆五十七年六月十七日,档案号:03—1241—004
湖广总督汪志伊等	奏为特参署枣阳县试用知县席友兰滥押毙命请旨革职事	嘉庆十三年三月十二日,档案号:03—1513—037
湖广总督汪志伊等	奏为遵旨查审黄陂站巡检张钟崇滥押酿命诈索捏详一案事	嘉庆十四年六月二十八日,档案号:03—1524—057
湖广总督马慧裕等	奏参蒲圻县知县陈善等行贿受贿滥押请分别解任革职审办事	嘉庆十九年五月二十四日,档案号:03—2473—022
湖广总督林则徐	湖北南漳县民郑允元京控贡生周鸣岗等私铸小钱诬赖滥押等一案事	道光十八年四月二十六日,档案号:03—3790—009
湖北巡抚龚裕	奏为审明安陆府同知多瑞滥押民人肇衅违例刑审致成命案等情请交部议处事	咸丰元年三月十三日,档案号:03—4555—012
广西巡抚姚成烈	奏为审拟土巡检潘允福滥押发保人犯致令自缢事	乾隆四十六年九月十二日,档案号:03—1230—027
广西巡抚恩长	奏为岑溪县知县黄通等滥押毙命请解广东质审事	嘉庆十二年九月十五日,档案号:03—2290—018
福建巡抚张师诚	奏为特参建宁县知县杨开藻滥押毙命请革职以便审案事	嘉庆十二年五月十八日,档案号:03—2203—036
安徽巡抚姚祖同	奏为审拟署合肥县县丞斯炘滥差滥押致毙无辜一案事	嘉庆二十五年四月十九日,档案号:03—2337—001

第四节　务实官幕对私牢的态度及其"治法"设计

一、务实官幕对私牢有限认可的总体态度分析

对待蠹役设立私牢,乾隆帝曾指出:"自系地方官倚为耳目,不肖者纵其贪婪,昏聩者受其蒙蔽,以致该役等有恃无恐,扰害良善。"①除了"纵容"和"昏聩"

---

①　光绪《清会典事例》卷98,《吏部》,《书役》,第261页;《高宗纯皇帝实录》(十七)卷1312,乾隆五十三年九月上,第701—702页。

两种类型外,有的地方官甚至直接参与私牢的设立和经营,比如光绪年间,湖南新华县为了向乡民勒派重赋,"知县滥设班馆,离署里许,名曰'迁善所',凡勇丁勾到乡民,经过团练首领审讯后,送县过堂,概行收押入内,并勒索规费,而县署图圄为之一空"。① 此种私牢,乃知县主动设之。另有一种类型是,官威弱于役势,最终为役所挟制而设立私牢,如新会县衙役"以万民为鱼肉,焚百族之膏脂,犹复剥民财以立庙尝,奉神灵而盟私党。差之有馆,势大于官,所以前王县主初到任时认真办理,卒为挟制"。②

需要指出的是,在地方官员中,尚有一些务实性的官幕,虽亦不主张完全取缔班馆等私牢,相反却认为其设立有一定的合理性,但仍力图通过对私牢严加稽查及规范化管理,以期流弊降至最低程度,这与乾隆口中的那些"不肖"、"昏聩"甚至以私牢为利窟之辈,自有不同。

首先,在这些务实官幕看来,班馆等私牢存在的合理性之一是便于审案。如前所述,尽管"笞杖轻罪及干连人证交保看管",例有明文。但从乾隆以后的官箴来看,地方官幕大多认为衙署之内的私牢设施,实有必要设立,其理由便是"惧其(指轻罪人犯和干连证佐)延误"③而耽搁审案。乾嘉时期先幕后官的汪辉祖,一面承认"管押之名,律所不著",④但同时又认为"案有犯证尚须覆讯者,势不能不暂予羁管。繁剧之处,尤所多有",于是管押乃"万不得已而用之"。⑤乾隆年间,江西某按察使反对奸书蠹役以私家班房及饭歇管押犯证,并据康熙四十五的定例认为:"一切到案人犯,原应随到随审,重则收禁,轻则取保,定例昭然。"不过,其对属下所提出的"严禁管押班房"的申请,亦表示反对,理由是:

> 惟是或遇到案人犯,其情罪本属重大,因讯无承认口供;或供指证佐,应行传质;或另有赃据,应行查起,尚须时日;或系异籍人犯,本地并无亲属。此际所获之犯,既不便混入图圄,致干滥禁之愆;又不便率行取保,致有疏纵之虞。

---

① 山东道监察御史孙赋谦:《奏为特参湖南新华县知县周至德违例加赋滥设班馆请旨查办事》,光绪二十一年十月初三日,03—5331—01,中国第一历史档案馆藏。
② 道光《新会县志》卷14,《事略下》,第412页。
③ 《清史稿校注》,卷151,《志》126,第3994页。
④ 汪辉祖:《学治说赘》之"查管押簿",载刘俊文主编:《官箴书集成》(五),第307页。
⑤ 汪辉祖:《续佐治药言》,载刘俊文主编:《官箴书集成》(五),第328页。

因此，他主张仿行当时江苏各州县通过募集捐资，"于附近衙署，或头二门内空隙区处，为官府出入必由之所，起盖房屋一二间，周围尽用栅栏，名为'人房'"。① 咸丰年间，觉罗乌尔通阿颇为赞赏旧时"仓房之法"，其曰：

> 差役私设班馆，羁押无辜久矣，例禁甚严。然有例不收禁之罪，又有须候候传、质证、再讯之案，有讯详候示之案，而其人断不可取保者。因著各班隶役，分司看管，此亦慎重案件，中寓简便之方，免得差唤票催，又生枝节，即旧时仓房之法，不过暂系数日而已。②

曾任知府和臬司的文静涵（生卒年待查）亦有类似言论："州县班房，久干例禁，然遇人命、窃案未定案之前及屡传不到要犯，或枷犯，或应追公私欠，或初次贼犯，既不应收禁，又无人取保，岂任在外？不能不管押！"③同治年间丁日昌亦言："本县审理案件，随到随审，随审随结。惟案内设有讯供未确，或证佐未齐，不得不管押待质。"④在古代司法实践中，由于物证取证技术不够发达，案件的审定特重人证及嫌犯的口头招供，所谓"案以供定"，故而强调此类犯证须"随传随到"的及时性。是故，司法官员一方面担心人证和嫌犯在未定案之前，即远离衙署而带来传唤不便，因此为了确保其审案时的高效，即"随到随审，随审随结"，深觉有必要对嫌犯甚至要证的人身管控，一些重罪嫌犯切须羁押在正式内监之中，而一些轻罪人犯及证人则应"以取保候审为上"，实在无保可取者，则理当暂时羁

---

① 《西江政要》卷10，"议详禁革班房"。按，"人房"一名，颇耐人寻味，或意在提醒相关管理者应视被押者为"人"而以此待遇之。据张研等人的研究，"人房"即"押佃公所"。太平军起事失败后，乡里"租风愈坏，顽佃更多"，欠租、抗租、逋租者比比皆是。因此，江南地区的一些州县，地方官与地主合伙，在衙署内"辟一陋室，围以栅栏"，名为"押佃公所"，由巡检稽管，专门督办欠租抗租等案，而"别项案证，概不收管"。每至收租之时，这类机构有权逮捕和关押不纳地租者。这类机构一直存在到民国期间。据后来吴江当地教育家沈建勋的口述，这类设施有时与"班房"重合。而滨岛敦俊认为此类机构，与明末清初羁押欠租顽户之"铺"、"仓"性质相近。参见张研：《清代江南机构收租简论》，《杭州师范学院学报》（社会科学版）1990年第4期；李文治、章有义编：《中国近代农业史资料》第2辑，生活·读书·新知三联书店1957年版，第128页；吴江档案局编：《平望志》，广陵书社2011年版，第368页；张鸣：《乡村社会权力和文化结构的变迁（1903—1953）》，陕西人民出版社2013年版，第38页；《吴江近现代人物录》，《吴江文史资料》第13辑，吴江市政协委员会文史资料委员会编，1994年，第91—92页；[日]滨岛敦俊：《试论明末东南诸省的抗、欠租与铺仓》，《中国经济史研究》1982年第3期。

② 觉罗乌尔通阿撰：《居官日省录》之"察班房"，刘俊文主编：《官箴书集成》（八），第130页。

③ 文静涵：《自历言》，载刘俊文主编：《官箴书集成》（六），第715页。

④ 余治：《得一录》之"禁私押牓示（丁中丞通饬札）"，载刘俊文主编：《官箴书集成》（八），第712页。

押在"外监"之中。但问题在于,雍正七年之后固然设有正式外监,但受制于狱舍资源有限,尤其是乾隆以降,讼案日增而带来外监人满为患,势必又须启用班房等一干非正式的牢狱设施。此项虽于律无征,但又不得不然。正如觉罗乌尔通阿所言,使用作为"外监"空间延伸和补充的"仓房"之类设施,其原因无外乎有二:一为慎重案件,有效防范未定之轻犯及重要证佐脱逃;二是能防止差唤票催,又生勒索等枝节。总之,从清代司法技术及资源情况来看,即便是廉洁无欺的官员,也会认为把干连证佐及轻罪人犯关进官设或私设的监狱,有若干方便,尤其是审案时可以随传随到,不致阻延,亦可避免逾期不能结案而招致上司的谴责和处分。①

其次,地方务实官幕认为,私牢可分衙署内私牢和衙署外私牢两种,前者实有必要存在,而后者自可废除。地方务实官幕认为,班馆等衙署内的私牢若被强制废除,在现实中势必然会涌现更多的衙署外私牢,如一些轻罪人犯会被衙役锁带至家,反而更难稽查,流弊更大,正如汪辉祖曾称:"差押带私家,更难稽查,似不如仍押公所为安。"②道光年间的《新会县志》亦云:"公押者,法所易及;私押者,官所难防。"③诚如其论,相较而言,"押带私家"流弊更甚,因为差役完全可以"或提到而匿不禀明,或讯释而私押索费"。④ 咸丰年间,觉罗乌尔通阿在承认对轻微犯证暂行管押的合理性后,亦言及:

> 事关差役,流弊丛生,居官者觉察不周,即不免私立下处,或借名歇店,将传到人证,辄先私自羁押,多方索诈,任意凌虐,一日不饱其贪囊,即一日不行禀到,以致案悬莫结,拖累平民。甚有因勒索不遂,酿成人命,累及本官。种种弊端,殊难屈指。故设立班房,应于衙署头二门内,在本官出入经行之处,不第便于稽查,亦省疏纵之虞,尤宜不时亲往察看有无短少凌虐等弊病。⑤

觉罗乌尔通阿还举出一个例子,以证明羁候所等私牢不当裁撤,其谓:

> 某邑羁候所塌坏,官府将轻罪者辄交皂隶快带归家中,锁吊击打,需索

---

① 关于案件审限,可参见《光绪会典》卷56,《刑部》4,第519页。
② 张廷骧辑:《入幕须知五种》,第406页。
③ 林星章等纂修:道光《新会县志》卷14,《事略下》,第412页。
④ 曾国藩:《曾文正公全集》杂著,卷4,世界书局1948年版。
⑤ 觉罗乌尔通阿:《居官日省录》之"察班房",载刘俊文主编:《官箴书集成》(八),第130页。

银钱,为民大害。好善之绅士,力请于县尹,乃得复。今又因此请而废去,令轻罪非入狱中,即受皂快荼毒。噫! 彼欲行善事,而岂知适以造大恶乎? 甚矣,举事之不可不慎也。①

在这里,羁候所等私牢反而成为轻犯免于身系监狱甚或被差役带归家中而惨遭更严重凌虐的保护伞。

严格意义上来看,"私家管押"(衙署外,如饭歇)和"公所管押"(衙署内,如班房)并无实质上的区别,皆为"律所不著"的法外羁押。然而,在清朝地方官看来,两者却有所不同。前者是押带"私家",脱离出官方监督视野;后者则是押入"公所",乃官方耳目切近之处,便于监控,如康熙年间黄六鸿为了力矫"饭歇"索诈之弊,一度在广东设立专为讼事之人居住的"便民房",冀望通过"官店"取代"私店"的方式遏抑流弊。② 据方志来看,这种便民房的设想曾在黄六鸿任事过的广东推行过,如道光年间的广东东安县,还保留着便民房这一设施。③ 同治年间,江苏巡抚丁日昌主张对词讼内的紧要人证,"应专设官犯歇两三家,承充发押,不准原差任意带押,并不准官饭歇之外另有押犯处所,庶几便于稽查,可无贿纵、私押之弊"。④ 这些以"官饭歇"取代"私饭歇"的做法,与雍正年间寄望通过正式"外监"取代"铺仓所店"之类来羁押轻犯和干连证佐的做法,有异曲同工之处。官幕不愿差役押带私家,除了不便管控以外,亦有出于"官权"不容"贱役"侵犯的考量,如河南巡抚穆和蔺在向乾隆帝具奏河南有无班馆之弊时,似乎就表现出对差役管押私处更大的不满,其言"不应听差役私押,况竟敢私设班馆,擅置刑具,以隶役之贱,侵官长之权"。⑤ 可见在河南巡抚看来,取缔衙署外之私设班馆的紧迫性,实要大于衙署内之私设班馆。

再次,若依康熙四十五年定例,轻犯并干证交保候审,那么同样会出现地保、店保等私押,更不便管理。在雍正朝之前,无论是中央还是地方,皆倾向于将轻犯以及重要证人,交由"妥靠之地保或亲属"来担保候审,体现出以"社会管控"来代替"官方管控"的倾向。但从大量的时人言论可以看出,"交保候审"的做

---

① 觉罗乌尔通阿:《居官日省录》之"察班房",载刘俊文主编:《官箴书集成》(八),第130页。
② 黄六鸿:《福惠全书》,载刘俊文主编:《官箴书集成》(三),第335页。
③ 汪兆柯等纂修:道光《东安县志》卷1《县治图》,第20—21页。
④ 丁日昌:《抚吴公牍》,卷31,第964页。
⑤ 河南巡抚穆和蔺:《奏报查无差役私立班馆事》,乾隆五十七年十一月十八日,档案号:03—0363—056。

法,在实际操作中困难重重:涉讼之人初到城里,大多举目无亲而无人愿意承保,甚至取保后也很难保证轻犯及干连证佐能随传随到,如清末张之洞《变法第二折》谓:"盖此等案犯,若取保则什九潜逃,交差则勒虐更甚,其势不能不设羁所。"①在张之洞看来,交保候审和交差看押都有问题,因此主张官设羁所,将其合法化、制度化的前提下,加强官方的监管。

此外,即便令地保取保,其弊类同于衙役看押。晚清薛允升谈及对轻犯及干证取保候审时也说及:地保"亦系在官人役,若案犯过多,地保将用何法看管耶?"②言外之意,地保也会如同差役一样实施强制羁押,且地保与衙役同属"准官员"身份的"在官人役","保押"和"差押"又有何区分呢? 曾国藩更直接地认为,如果将一些干连证佐交保候审,所出现的"交保之弊"与"交差之弊"无异,其指出:"案证提到省城,分别保、押,听候审办。有发交清苑取保者,县役任意诈索;有发交辕门取保者,府役与门丁任意诈索;有取店保者,店家居奇勒索,择肥而噬。"③在此,"取保"和"管押"殊途同归,实际效果基本等同。曾国藩所言之"保押"一事,并非直隶一省仅有。光绪十年(1884)正月,湖北臬司在向湖广总督的一则详文中称:

> 本司访闻该巡检所管地面保正多设班馆,有明房、暗室之分,种种凌虐勒索。于去年十二月委候补知县张炳垣前往密查,旋拟面呈手折开称:卑职接奉钧札后,即日起程,驰赴汉镇、循礼、大智坊各处,易服改装,密查暗访,并于二十四、二十五两夜二三更时,亲至各保家,查悉确实私押情形。惟保正陈庆吉家所押之人,已先期开释。至保正詹盛泰家,尚有私押民人三名。周复慎、赵云两家,亦均私押有四名。其各民人姓名未便查问,且该民人足上均系有铁练、刑具。旋即仰体宪意,会商张丞龙令,赶于年内调案,查明分

---

① 张之洞、刘坤一:《奏江督刘鄂督张会奏条陈变法第二折》,载杨凤藻辑:《皇朝经世文新编续集》卷1,《通论上》,第52—67页。按,在地方官看来,保留班房以羁押人证,一般有两个考虑:一是要证未到,案件无法快速审结;二是一旦要证取保,十有九逃。但御史黄中模对此另有看法,其认为:"真有要证未到,亦可将已到之人取保听传,何用羁押班房? 若取保在外而有脱逸,此其情虚畏究可知,亦不难从此推求其故,乃连将无辜羁押,任听胥役等多方诈诈,又不随时查催要证到案,每有其人传唤已到,而胥役需索未遂,捺搁不发,官亦日久忘之,以致羁押多人,经年累月,苦楚备尝。"参见御史黄中模:《奏请饬查各省册县私设班馆事》,道光二年五月十一日,档案号:03—4022—007,中国第一历史档案馆藏。

② 薛允升:《读例存疑》卷48,《刑律》,《断狱上》,《应禁而不禁律附例》7,按语。

③ 曾国藩:《直隶清讼十条》,载盛康辑:《皇朝经世文编续编》卷102,第4715页。

别保释等情,开折前来。本司查汉镇保正私押之弊,其源有二:一则每岁保正更换之际,由巡检去留,不免多出规费,遂有所挟而敢于妄为;一则汉镇向无班馆,又于县城隔河,厅司遇有待质之人,权宜交保正管带,保正遂得以含混押人。现已饬汉阳县,将保正册收管,又经汉黄德道①督饬厅县于汉镇设立候审所,出示严禁私押。其源已清,弊自可去。②

湖北臬司指出保正私设押馆之弊,意在证明官方所设"班馆"或"候审所"的部分合理性。曾国藩等认为,与其徒具"取保候审"之名,倒不如在承认班房等管押的合理性基础下,对其采取制度上的规范设计。

类似于上述起初即将男性轻犯及重要人证交给地保候审的是,清末一度鉴于羁押女性犯证的官媒黑幕重重,从而寄希望于将这些女性人犯交由善堂管束,理由便是:"盖以善堂董事,必系公正之士,较之官媒不啻天壤,况各善堂或为清节,或为保婴,无非为行善为事,妇女得以暂寄于此,则必蒙其荫庇而断无流弊者。"③然而,在推行不久,即有善堂堂董"倚犯妇为奇货",勒索前来承领者。因承领者"仍须缴费若干,多至百千数十不等",以至竟有人担心:"恐日甚一日,驯至堂中卖娼一如官媒之所为而后已,则历任有司之善举不且变为恶作剧耶?"④不独如此,甚有善堂堂董本人将女犯占为己妾者,一时引来物议沸腾。后来地方官不得不补苴罅漏而重加规定:"第当慎选堂董,务当以公正无私心之人充当,且明申禁例,凡妇女发堂择配后,堂董不得自娶,违者比于监守自盗之罪。"⑤可见,这里的善堂堂董已与官媒在本质上无异,恰同实践中的地保等保押与衙役私押无异一样。

最后,有的地方大员指出,羁所等私牢设施正与雍正年间外监旨意相合。晚清之际,在对班房等私牢制度化、合法化的高潮中,类似于上述曾国藩而采取务实态度者,亦有张之洞、刘坤一、伍廷芳等人。光绪二十年(1894),两江总督刘坤一和湖广总督张之洞在合奏中提及"羁所"之设时,称羁所"本于励廷以所奏

---

① 汉黄德道,即汉口、黄冈、德安道台。——笔者注。
② 《清臬署珍藏档案》(第4册),国家图书馆藏历史档案文献丛刊一种,全国图书馆文献缩微复制中心出版2004年版,第1407—1409页。
③ 《论禁押妇女流弊》,《申报》第三千三百九十八号,第一版,光绪八年九月初五日(1882年10月16日)。
④ 《亟杜善事弊端说》,《申报》第五千五百七十号,第一版,光绪十四年九月十六日(1888年10月20日)。
⑤ 《论禁押妇女流弊》,《申报》第三千三百九十八号,第一版,光绪八年九月初五日(1882年10月16日)。

'外监'之意"。① 可见，羁所本身羁押未决轻罪人犯及干连证佐的功能，与"外监"的功能确有重合之处。但两者到底存在怎样的关系？两者在实体上是完全一致，还是羁所仅仅是外监有限空间的自然延伸呢？可惜张折对此语焉未详。笔者认为，极可能因有些地方外监并未设立，故以班房、羁所等设施权宜充当，亦有可能是因外监空间有限、不敷使用，而以班房、羁所等私禁设施作为补充。前揭，嘉道以后，人口众而资源寡的结构性矛盾突出，涉讼人数急剧上升，既有监狱空间不敷使用，也可能在一定程度上导致羁所等私牢设施成为外监补充性资源。

时任修律大臣的伍廷芳，在光绪二十九年（1903）的上奏中，援引刘、张奏折而认为："至'羁所'一项，既据该督等（张、刘两人）奏称各省州县无处无之，与其空悬厉禁，致各直省阴奉阳违，何如明定章程，尚可以随时考察。"②伍氏所言，准确地表达了务实官员对私牢的态度，即：与其"空悬厉禁"，莫如"明定章程"。

早在乾隆三年（1738），御史认为私牢之弊有甚于监的原因，乃"缘非例设监所，暗无成规"③。无独有偶，迟至宣统二年（1910），四川省咨议局在提出"整顿监卡"这一议案时，仍有同类意见的提出，其认为：班房、卡房、待质所、自新所、差厅、押保店等，"既非法定监狱，官吏则滥收无罪以肆其虐，差丁则因以为利而饱其私……其秘密、黑暗又非外人所能窥，官吏、丁役之敢于恣睢为恶，莫不由此"。④ 在清朝务实官幕看来，既然清代私牢"暗无成规"，为一干吏役更容易摆脱管控而滥收无罪、暗箱操作提供便利，那么何不立下成规呢？这类观点的提出，实际上为私牢的合法化、制度化提供了某种理据。

二、务实官幕对私牢的治理举措

从大量史料中可以看出，后来对班馆等私牢问题真正给予相当关注的，是引天下为己任的中央御史官员，以及对私牢沉疴痼疾有深切了解的个别务实官幕。而真正做出一些细致的规范化、制度化设计者，则为后者。地方务实官幕主要是

---

① 张之洞、刘坤一：《奏江督刘鄂督张会奏条陈变法第二折》，载杨凤藻辑：《皇朝经世文新编续集》卷1，通论上，第52—67页。

② 朱寿朋编：《光绪朝东华录》，光绪三十一年三月，总4890页。

③ 江南道监察御史苏霖渤：《奏为陈明刑部现审内有锁禁班房无保领人犯病毙事请旨敕部确议章程设法取保事》，乾隆三年，档案号：04—01—28—0001—061，中国第一历史档案馆藏。

④ 《四川谘议局第二届常年会决议案报告》，1910年，四川省谘议局开第二次常年会所表决的议案汇编，中国国家图书馆藏。

从民心的动荡和权力的危机层面,思考私牢之弊。首先,他们认为,若不对班房等私牢加以规范治理而任其发展,"诚恐激变"而"驱民入匪"。① 丁日昌曾一语中的地指出班房等私牢问题的严峻性:"差役藉端索诈,经年累月,(小民)动辄荡产倾家,因而强者变为盗贼,黠者流入异端,人心风俗之壤,胥由乎此。"② 与其说丁日昌关心人心风俗,倒不如说是"盗贼和异端"问题直接关乎清朝政权的合法性及其安危。其次,前已述及的私牢周围的衙役群体的隐性权力,已经开始侵蚀官方和国家权力,这一点不能不为这些孜孜求治的地方大员们引为殷鉴。除了上述两点外,不少务实督抚亦从因果报应、道德自省(即天理、良心)等角度,警醒地方官员应留意于私牢积弊问题,如其称州县官吏纵容私牢作弊为恶,"即使巧于弥缝,工于规避,幸逃宪典,必伏冥诛。本部堂亲见数案果报昭然,良可畏惧。该管道府直牧所属各州厅县,表率无方,坐视纵恶殃民,清夜自思,于心安否?"③有些官员从朴素的天人感应观念出发,来看待私牢治理的重要性:一方面他们认为"狴犴之设,原以治憝恶,非以苦无辜,故六月飞霜,三年不雨,皆由覆盆罔照,上干天地之和";④另一方面认为私牢整顿后,或可"千年幽谷,忽受阳光,生机畅遂,于本官心地,培养无数祥和。上帝好生,万物并育,此中大有至理,不独积德云云也!"⑤无论是出于天理、人情、官权还是民心方面的考量,一些宵旰求治的务实官幕认为对私牢设施加以规范管理,实属必要。

曾任南昌知县后又升为廉访的文静涵,颇为熟悉官场情弊和法律事务,其在官箴书《自历言》中,即将班房管理和监狱管理置于同等重要的地位,在慎押、分押、用人、稽查、清狱、卫生等诸多方面,提出了规范化管理举措,颇有典型性,其称:

每遇管押一人,为有司者必须详慎,稍可保出外候审者,宜取保为上。

万不得已押者,先要分别良民、贼犯,不可混押一处。派管执事,须用心地良善之人,仍要随时劝谕善恶果报。如此妥办,必须格外加恩。所用非人,其

---

① 《宣宗成皇帝实录》(三)卷148,道光八年十二月上,第272—273页。

② 丁日昌:《清理积案以苏民困疏》,载葛士浚辑:《皇朝经世文续编》卷87,《刑政》4,第2222—2224页。

③ 《宁国府正堂林奉札为饬办待质公所给南陵县的札》,光绪十九年十一月初一日,档案号:434001—0046—001—02237—001,安徽省档案馆藏。

④ 盘峤野人:《居官寡过录》,载刘俊文主编:《官箴书集成》(五),第45页。

⑤ 觉罗乌尔通阿:《居官日省录》之"察监狱和察班房",载刘俊文主编:《官箴书集成》(八),第125页。

流弊不可胜数。余每日晨起未办公事前,先看所押犯簿,应讯者即提讯,应办者即催稿。人证不到不能讯者,即催差示审。应枷应开释者,宜早发放。有病者,簿内注明,赶紧请医调治。稍可保者,即交差取保。亦有书差得原告之贿,总不带讯,更有窝家买通看役,甚至绝贼犯饮食,以灭其口,有司可不慎诸? 余或早或晚或夜间,不拘时候,亲至班房,询其在押之人:见证何以不到? 公项何以不交? 书差有无蒙蔽? 看役有无凌虐? 寒苦者宜赏粥食、棉袄、布袜、草鞋等物,夏日宜备水,令其沐浴、剃头,并给茶水。时时用大黄、苍术等物熏烧,以除污秽之气。并令其分班打扫、洁净,久则各犯见官如此抚恤,案亦能速结。至监狱、班房,若有司不为经理,其弊端真有出于天理、人情之外者。余历任以来,以监狱、班房时刻为念,逐日清理,是以积案甚少,所押之犯亦无多,病簿有虚名之效。①

上述文静涵所措意者主要是如何对牢狱这一静态性的地理空间加以规范管理,而曾任山西朔州府知府的张集馨,则更为在意的是如何在动态性的司法流程中防范吏役舞弊,其曰:

接奉宪札,饬查所属有无私设班馆、差役人等锁押无辜,如何设法查禁,饬令各属切实禀复等因。……今两奉谆谕,卑府酌拟章程,饬令凡有传讯之案,先行牌示某日审断何案,所传原、被何人,干证何人,逐一开载。案外牵扯,概不必传。俟人证提至,当堂先问有无被差押累? 讯明断结之后,分别发落、开释。仍将如何审断及到案几人,如何开释之处,悬牌晓谕。倘有原差锁押无辜,许被累人指名喊禀,一经严申禁令,设敢玩法,立置重刑。而愚昧之见以为:教养难于小人,《春秋》责备贤者。若辈差役,尽属寒微,既无身家,又何顾忌? 惟遇事有可乘之隙,期随机有可窃之权。卑府因思每有签差,须本官亲书密簿,如一案情,因何事故,孰原孰被,孰为干证,孰为原差,住址何处,一一登记,以人证距城之远近,定原差销票之早迟。卑府所辖五属,惟定远、朔州境界宽长,其余三县,幅员不过一二百里。极远者限以三四日,数十里者二日,其余以此递减。至附郭左近以及城中,则限以时刻。逾者责比,盖不予宽闲之候,即难逞其需索之私。②

① 文静涵:《自历言》,载刘俊文主编:《官箴书集成》(六),第705页。
② 张集馨:《禀复皋台设法查禁私设班馆锁押无辜章程》,载氏著《道咸宦海见闻录》,中华书局2004年版,第29—30页。

　　在承认班房等私牢存有合理性的前提下,地方实务官幕着手对其进行制度设计,而制度设计的总体目标是:"勿得滥禁一人,多淹一宿。"①

　　从清朝的整个审判、审转环节中,衙役共同体皆可能在传唤、拘提或羁押犯证的任一司法流程中,随时随地舞弊营私,因此地方官幕的规范措施往往也考虑到司法流程中的每一环节,涉及审判、审转的所有相关人员,冀望形成层层防范、人人监督的管理网络。在地方官的规范举措中,既有"防患于未然"的预防措施,也有"监控于已然"的监督机制。这种私牢治理思路与清廷查禁政令中的"治人"模式有所不同,实际上将刚性"治法"和灵活"治人"紧密结合起来,从而形成了一套较为完整的惩防结合的体系。具体有如下措施:

　　(一)羁押前的防范措施

　　1.慎收状以防诬攀

　　私牢里的在押者固然有真正意义上的干连证佐和轻罪人犯。然而,被吏役、讼棍架词诬陷者亦复不少。一些讼棍匪徒甚至"图准不图审,图审不图结",意图攀累讹索,以致被告"羁延日久"。② 因此,一些深知个中情弊的地方官主张慎收讼状,严行批驳,以从源头上禁绝讼累。嘉庆年间,曾于川粤诸地担任过知县的刘衡,即指出讼师和门丁往往因缘为奸,"甚且潜结棍蠹,择良民而鱼肉之,以致弊窦渐滋。彼良民者,动辄被诬告。而官又好滥准呈词,不肯批驳,是以被诬者,官未尝见面,而家已全倾。此弊比比皆是"。因此,刘衡主张州县官须躬临大堂,亲自收呈,务必于接呈之时,向告状人逐细诘问,"用五听之法,或慑以盛怒,或入以游词"。③ 刘衡在《蜀僚问答》④一文中,不厌其详地介绍了一些"慎收状"的具体操作方法,其中颇不乏"以术止奸"的审问技巧和智慧,如其中称:

　　　　或问情虚之原告,即非讼棍,必系刁徒? 官于收呈时讯鞫,其时并无质证之人,彼有引服乎? 曰:此自非易事,但须为官者烦耐耳! 大抵刁徒诬告,其词内情节,必有矛盾处。谚云:事假难真是也。官果有爱民之心,但须设

----

　　① 曾枢修:民国《和平县志》卷3《建置》,集成,第58—59页。

　　② 朱寿朋编:《光绪朝东华录》,光绪三十一年三月,总第3721页。

　　③ 刘衡:《议覆理讼章程书》载盛康辑:《皇朝经世文编续编》卷102,《刑部》5,《治狱中》,第4739页。

　　④ 刘衡:《蜀僚问答》,载盛康辑:《皇朝经世文编续编》卷101,《刑政》,《治狱》,第4623—4632页。

身处地,一面细核呈词,一面详问口供。但觉供情与呈词略有不合处,即带入署内密室,百端诘问,不许胥吏一人在旁,恐彼知我审案之法,可一不可再矣。供则官自录之,役则令军流犯及水火夫代之。或凭空而慑以盛怒,或舍笑而入以游词。盛怒时,必唤进皂役多人,令其吆喝示威。或以醒木重击案桌,或大声疾呼,或提出别案应行杖责枷号之犯,当原告前发落。察其面目眉睫之间,是否颤震。摸其心窝,是否跳突。并令其吐唾沫于器皿内,察其有无津液。若竟无之,或虽有而甚少,则情实。若有前项颤跳等情,即系情虚,可从此穷诘而入矣!①

上述"察其面,摸其心"的审讯方法,是传统"五听"之法的沿用。《周礼》就曾记载:"以五声听其狱讼,求民情。一曰辞听;二曰色听;三曰气听;四曰耳听;五曰目听。"②刘衡在谈及地方官幕在收状之前的审问策略时指出:首先须营造轻松环境,使受问者放松戒备之心。趁对方遗忘之际,窥其言辞不一致之处,官可暗中记载,再乘机追问,察其是否属于诬告。这种方法实与明清代地方官问案时所用"钩"、"袭"、"攻"、"摄"、"合"、"挠"等方法大同小异。③ 有意思的是,自韩非以降,历代法家主张君王为政时,需法、势、术三者并用,尤其重视"以术察奸"、"以术止奸",认为"无术无以知奸"。④ 韩非所论多为君王驾驭臣工的南面之术,而刘衡所论多为地方官对付刁民的驳讼之术,两者之间实有幽幽相通之处。刘衡所提之"百端诘问"、"慑以盛怒"、"入以游词"等,即是诈伪之"术"的具体体现。这种术的使用,在大雅君子看来,固属"背乎经"而"反乎常",但古人亦认为只要"行权有道",⑤偶尔用之,亦无不可,正如刘衡所说:"不妨稍参权

<hr>

① 刘衡:《蜀僚问答》,载盛康辑:《皇朝经世文编续编》卷101,《刑政》,《治狱》,第4623—4632页。

② 孙诒让:《周礼正义·秋官·小司寇》,中华书局1987年版,第367页。

③ 明清地方官问案时,大多会使用"钩"、"袭"、"攻"、"摄"、"合"、"挠"等术:钩,是用其他话题来钩出人犯的实话;袭,是乘人犯心虚而掩其不备;攻是因人犯穷急之处而扼之;摄是控制人犯的奸恶而不让他们得逞;合是把原告和被告的供词分别共证;挠是以众人之口来挠服人犯。参见黄六鸿:《福惠全书》之"审讼",载刘俊文主编:《官箴书集成》(三),第338页;另见柏桦:《明清州县司法审判中的"六滥"现象》,《清史研究》2003年第1期。

④ 孙季苹、冯勇:《中国传统官僚政治中的权力制约机制》,北京大学出版社2010年版,第70页。

⑤ 关于传统儒家对"权术"的态度,参见余华清:《权术论》,广西师范大学出版社2006年版,第22—23页。

术,俾与浩然之正气相辅而行。"①

实际上,清朝律例本身对官员是否应当批准呈状或投词,已有一定之规,如被后世沿用不替的康熙年间的一则条例规定:凡词状之中,只许一告一诉,告实犯实证,不许波及无辜以及及陆续投词牵连原状内无名之人。倘波及无辜者,一概不准,仍从重治罪。② 康熙年间,在山东和直隶等地历任知县的黄六鸿在批词时,虽认为呈词中需列干证,但对肆意牵连人证者亦不准词,如其规定:"非现获奸犯词内牵连妇女者,不准;告生员作证,并牵连幼女、稚童者不准。"③清代各县对呈词中的列证人数多有限制,超过限制,一概不准(参见表4-2:清代五州县词状中列证人数规定表)。总之,地方实务官幕冀望通过慎收状,减少牵累平人的情况发生,而扼流弊于未萌。

表4-2 清代五州县词状中列证人数规定表

宝坻县	只许一告一诉,如有陆续投词牵连干证之人者,不准④
冕宁县	原告为三名者、干证过四名者,不准⑤
巴县	只许一告一诉,如混绩投词,牵连原状无名之人者,不准⑥
南部县	只许一告一诉,续请添罗人,不准⑦
祁门县	应审干证不得过三⑧

2. 审前开释以防牵累

地方官一旦准词后,即须给差役传票或拘票,召唤或拘提原被告和证佐前来候审。而地方务实官幕几乎众口一词地认为唤票中列写干证时要慎之又慎,对

① 刘衡:《议覆理讼章程书》,载盛康辑:《皇朝经世文编续编》卷102,《刑部》5,《治狱中》,第4751页。
② 薛允升:《读例存疑》卷39,《刑律》15,《诉讼》1,《诬告律附例》4。
③ 黄六鸿:《福惠全书》之"批词",载刘俊文主编:《官箴书集成》(三),第329—330页。
④ 《顺天府全宗》,全宗28,目录2,卷111,号084,中国第一历史档案馆藏。
⑤ 《冕宁县清代档案》,轴号3,案卷号37—5,以及轴号32,案卷号392—3,转见李艳君:《从冕宁县档案看清代民事诉讼制度》,云南出版社2009年版,第72页。
⑥ 邹克克:《为杨兴发谢仁山以违抗霸吞军器诬控事诉状》,咸丰四年四月初九日,档案号:清6—04—00150,巴县档案馆藏。
⑦ 毕林镏:《为具告何可伸等争地行凶事》,全宗Q1,目录02,卷00060,号07,南部县衙档藏。
⑧ 雍正十年(1732)祁门县"告状不准事项",转引自胡谦:《清代民事纠纷的民间调处研究》,中国政法大学2007年博士学位论文,第141页。

无关紧要者要于票内摘除。如光绪年间,曾任广东从化县知县的褚瑛,在其官箴书中即提及"摘除无干人证"一项,其云:"凡案中连累无干紧要之人,于出票时概行摘除,只传原被干证及在场必不可少者到案,免致株累多人。"①同治年间,时任直隶总督的曾国藩,对于自理词讼案件,更是作出明确规定:"只唯一原一被一干证,或证至二三人为止,不准多传。"②前揭,清代每遇盗窃之案时,往往会出现衙役教贼诬扳殷富者,对此清代务实官幕再三劝诫地方官,在审理盗案之前尤当提防"株累"名目,如清中期曾先幕而后官的汪辉祖即认为:"正盗正窃,罪无可宽。所尤当慎者,在指扳之人与买寄赃物之家,往往择殷而噬,藉端贻累。指扳之人,因须质审,其查无实据者,亦可摘释。"③清代名幕万维翰针对"捕役获盗,视为奇货,教供嘱扳,非称窃伙,即指卖寄赃物"的情形,也告诫州县官"必须研审明确,开释无辜,于初报文内删除,若持两端以待复审,则拖累无穷矣"。④不过,刘衡对地方官这种要等到票唤人证时方才摘释无辜的做法,有过反思和微词,他认为:"与其差票内摘出免到,不如于呈词时即将某人不甚要紧、似是牵控、可以免唤到案缘由批于词尾、榜示,尤其简易,尤能保全良也。"⑤这种方式,即在一开始准词之时,即警醒差役不得滥传无辜。

3. 赏罚并用以示激励

乾隆年间,封疆大吏陈宏谋在吸收前人从政遗规的基础上,告诫佐贰不应擅羁人犯,并力倡佐贰吏役人员仿效道教的"功过格"⑥之做法,以为自我约束。比如,"严禁擅羁人犯算五功","无故淹禁平民者一日算十过。"⑦可见,素来位居

---

① 褚瑛:《州县初仕小补》,载刘俊文主编:《官箴书集成》(八),第747页。

② 曾国藩:《直隶清讼事宜十条》,载盛康辑:《皇朝经世文编续编》卷102,《刑政》,第4718页。

③ 汪辉祖:《佐治药言》之"盗案慎株累",载刘俊文主编:《官箴书集成》(五),第318页。

④ 万维翰:《幕学要言》,载刘俊文主编:《官箴书集成》(四),第736页。

⑤ 刘衡:《蜀僚问答》,载刘俊文主编:《官箴书集成》(六),第153页。

⑥ 功过格,本为道教计量功过、善恶大小的戒律书。善言善行,登功格;恶言恶行,记过格。最早的功过格出现在南宋年间,如《太微仙君功过格》。宋儒范仲淹、苏洵等均置"功过格",以鞭策自己,循礼教轨道而行善去恶,自此开启了功过格"世俗化"的先河。经明人袁了凡阐发推广,功过格曾盛极于江南一带。17世纪以降,随着儒、佛、道三教合流,功过格逐渐融入儒家伦理道德、道教积善除恶以及佛教因果报应的理念,成为人们日常修身自省、从善抑恶的行动指南。参考游子安:《明末清初功过格的盛行及善书所反映的江南社会》,《中国史研究》1997年第4期;另见包筠雅(Cynthia J.Brokaw):《功过格:明清时期的道德秩序》,杜正贞等译,浙江人民出版社1999年版。

⑦ 陈宏谋:《从政遗规》之"功过格",载刘俊文主编:《官箴书集成》(四),第266、268页。

高位而希贤希圣的陈氏,寄望于官员诉诸内心的道德自省,以减少擅羁弊端。然而,更多的地方官员则认为,在一干佐贰吏役面前标举道德高章,无异于对牛鼓簧。他们认为对待此辈,外在的奖惩手段相较道德说教,更具实效。是时,贪吏蠹役往往遇事生风,凭空构词,非思讹诈以肥己,即借拖累以泄忿,有的地方官员认为:"若不严加惩治,力儆刁风,若辈仗刀笔作生涯,视告状若儿戏。"因此,主张对诬告之人,"治以反坐加等之罪",①以息诬告而全良善之风。又如,务实官幕深知每逢拘究之案,原差经旬累月并不禀复,州县催审再三,原差总以人证未齐为理由,或以两造畏惧不肯到案为辞,实际上,多数是因差役未遂其欲而将人证私自管押、迁延时日。在此种情况下,如何杜绝差役在提拘犯证时的拖延之弊,黄六鸿提出应根据"事之难易,人之多寡,路之远近,定有确限,令其按期回销",如果违背限期,则应"责比""。②

不过,乾隆晚期浙江严州府同知的张经田,明确反对仅仅以"比责"或"惩罚"的手段,来督促差役速提犯证,而提倡罚赏并用,以此调动差役的积极性,其谓:

> 每签一票,其原差必传见内堂,叮咛告诫之,视路之远近,限以几日,带讯违者,责革另签;果能如期带到,随签一票,以鼓励之。余清理词讼,以利其速,原差亦希图他日之签赏而利速也。所谓不费之惠,以此别勤惰,即以此明赏罚,不犹愈于责比兴。③

有意思的是,张经田对速提犯证之差役的奖赏,并非真金白银,而是赏其"拘票"、"传票"之类,此所谓"不费之惠"。张氏深知,此乃州县部分权力之赏赠或租用。"拘票"、"传票"对差役的真正诱惑,恰在于衙役可借票拿人、勒索得利。但其间悖论在于,差役借票拿人、勒索得利之重要手段,恰在其将犯证私自管押、迁延时日,难能做到"如期带到"。实际上,这种"不费之惠"的奖赏,对差役倚票为奇货而舞弊营私起到了变相的鼓励作用。

与这种"不费之惠"的奖励相针对者,则是"有费之惠"。有的地方官员主张

---

①　张经田:《励治撮要》,载刘俊文:《官箴书集成》(六),第59页。按,清沿明律,对诬告者治以"反坐加等"之罪,清律规定:凡诬告人笞罪者,加所诬罪二等;诬告人流、徒、杖罪,(不论已决配、未决配)加所诬罪三等;如陷人至死罪,所诬之人已决者,绞斩。参见薛允升:《读例存疑》卷39,《刑律》15,《诉讼》11,《诬告律》。

②　黄六鸿:《福惠全书》,载刘俊文主编:《官箴书集成》(三),第331页。

③　张经田:《励治撮要》,载刘俊文主编:《官箴书集成》(六),第59页。

增加衙役的待遇,以提高其办公积极性,以及避免其因贫而使奸,如曾国藩即建议各州县应厚养捕役,工食之外,另给月铜。① 还有的地方官主张对办案之捕役,酌加办案经费,如"每办解院窃案一起,帮给盘费钱二十四千文;每办解司窃案一起,帮给盘费钱十六千文;每办解府窃案一起,帮给盘费钱八千文。如案内人犯名数众多,随时酌量加给,决不使捕役赔费一文"。② 道光年间,四川臬司张集馨则提出,依照捕役所在缺分之优劣,酌定每月捕费,并将经费细化为"缉捕"和"解犯"两项:"缺分优者,每月捐银三十两。缺分瘠者,每月捐银十五两。以一半发为缉捕之费,以一半存为解犯之用。"③

4.尝试"原告自拘"或"乡约拘送"

差役下乡拘传犯证,匿报私押之弊,无可避免。于是,清初颇有人倡议改弦更张,即勾摄犯证之事,无须急于派役下乡,可先令原告自拘;如果无效,再遣差前往。④ 不仅有人如此提倡,亦有人如此践行。康熙年间的黄六鸿在担任知县时,除重大命盗案件外,其余词讼皆令原告自拘,其方法是原告手执"差票"样式的纸张,前刻有皂隶手持一牌,上写"原告自拘,抗违拿究"八字。⑤《州县事宜》一书提及:"拘审时,不必定差皂快,致滋需索。即或牌给原告,著交该里总甲或乡保拘唤,计其远近,限以时日,务令拘到听审。"⑥但是,原告自拘,或总甲、乡保拘唤,并不能彻底根治匿报私押之弊。康熙年间,曾于贵州、湖南担任臬司要员的郑端,颇为熟悉当时的司法流程及诸多流弊,其指责皂快下乡勾摄人犯,但同时也指出原告自拘或乡保拘唤尚存不便甚或隐患,于是另筹"干证拘提"之法,其曰:

> 勾摄犯人,动差皂快,此庸吏之套习,实小民之大殃也!近日,革弊爱民之官,多用原告自拘。夫两仇相见,势必起争,妄称抗违,以激官怒。亦有添差地方保伍同拘者,此是换名之皂快,需求凌虐,与皂快同。至于原告系是妇人,自拘尤为不便。若止以原状或红票付告人,令其递于干证,干证持之,呼唤被告,约会同来。果系冤诬,听从被告诉状,至日同理。则干证者,事内之人,毕竟不免到官。彼若有所需求,自是有人买嘱,亦不恃勾摄之势矣!

<hr />

① 曾国藩:《直隶清讼十条》,载盛康辑:《皇朝经世文编续编》卷102,《刑政》,第4718页。
② 何耿绳:《学治一得》,载刘俊文主编:《官箴书集成》(六),第697页。
③ 张集馨:《道咸宦海见闻录》,第36页。
④ 盘峤野人:《居官寡过录》之"绝差扰",载刘俊文主编:《官箴书集成》(五),第47页。
⑤ 黄六鸿:《福惠全书》之"差拘",载刘俊文主编:《官箴书集成》(三),第331页。
⑥ 田文镜:《州县事宜》之"放告",载刘俊文主编:《官箴书集成》(三),第667页。

是闾阎省一皂快之害,而公堂余一差遣之人也!①

郑端认为,皂快下乡有其弊端,原告自拘、地保协拘,亦非至善之法,唯令原告将原状或传票交与干证,让其与被告"约会同来",方为妥当,理由是干证迟早要到官候审,而且无偏无倚,避免冲突。郑端上述设计,仅针对词讼细故案件,而对徒罪以上的要犯,他同意"许差人勾摄"。至于差役有无对犯证需索凌虐等事,郑端建议公差执拿手牌,上书"公差有无需索凌虐"等字,"有无"两字令犯证自填。有意思的是,刘衡又别有新创,提出了另一思路,即:不用差役拘提或原告自拘,只要求原告将州县传票交与乡约,由乡约转交被告,告知被告某日自行投案,证人则由原被两造邀约,同赴衙署,如此则人力、时间及钱财俱省,可谓良策。②

从形式上来看,上述清朝初期的做法,即允许民人拘传犯证送官,实是受到明太祖朱元璋所大力倡行的"扭送"制度③的深远影响,唯两者区别在于:前者目的在于防止差役需索,而后者则旨在及时将人犯扭送至官,以防逃逸。凡此做法,冀望通过"非在官"之社会人员传拘犯证,以期避免官府差役传唤、拘提犯证所带来的种种弊端,可谓殚精竭虑。

5. 官须自做以防误准误传

晚清之际,直隶枣强县令方宗诚上书李鸿章,指出:"民间之疾苦,第一莫患于讼累,其害有三:一则原、被告喜牵连多名;二则差役传人入城,稽迟禀到,勒令供应饭食,往往破家;三则男子轻于拘押班管,妇女轻于伴婆。"方氏认为,凡此三者,皆起于州县官不亲身受词、当堂批判之故。在其看来:

> 民间呈词,多由讼师及代书所作。其中作伪之情节、牵连之人名,皆讼师、代书及差役教唆。官或委典史收词,或由承房、门房传词,或至夜晚始收词,官未见讼者之面细加盘诘,但判日期、送幕友批示而已。幕友但据呈词加批签票,往往误准、误传,亦或有当准而不准、当传而不传者。批判一误,则奸民、讼师更生其巧诈之术,而良民遂被害无穷矣!④

---

① 郑端:《政学录》之"听讼",载刘俊文主编:《官箴书集成》(二),第328页。
② 刘衡:《州县须知》之"不用差役传案票稿",载刘俊文主编:《官箴书集成》(六),第92页。
③ 实际上,自秦开始,法律上即允许普通民人拘提犯证送官,但长期以来尚有诸多限制,并不是对所有人的所有犯罪行为,均可如此实施。至明代,明律放宽了限制,规定平民可拘提任何人犯送至官府,并明确悬赏捕告。参见张鸿巍:《扭送刍议》,《河北法学》2011年第1期。
④ 方宗诚:《上李节相请通饬革弊政状》,载盛康辑:《皇朝经世文编续编》卷102,《刑政》,第4753—4757页。

有鉴于此,方宗诚提出了类似于汪辉祖、刘衡等人所提出的"官须自做"①的主张,其认为:"拘押班管,必系贼盗、奸拐、斗殴重犯。拘押妇女,必系因奸致命之犯。其余寻常案件,皆不宜轻于拘押。男则住店,妇女则令家人照管候讯而已。若轻押伴婆,丧廉耻而坏名节,其害无穷。然欲弭此害,非州县官亲自上午受词,人人躬亲审视,事事躬亲考察,难除其弊。"②曾国藩亦强调州县须躬亲六事,不得尽信幕友书丁等人员,其言:

> 放告之期,必须亲自收状;能断者立予断结,不能断者交幕拟批,必须亲自细核;分别准、驳,准理者差票传人,必须亲自删减;命盗案件,以初起供招为重,必须亲自勘验;愈速愈妙,承审限期,何日解勘,何日详结,必须亲自计算;监禁、管押之犯,常往看视,每日牌示头门,每月册报上司,必须亲自经理。六者皆能躬亲,则听讼之道,失者寡矣。如其怠惰偷安,不愿躬亲者,记过示惩。如其识字太少,不能躬亲者,严参不贷。③

因地方正印官行政、司法事务兼理,受限于时间和精力,除了能力超群、精力旺盛者外,要做到上述"躬亲六事",实非易事。是故,包括稽管监狱、班房等在内的司法事务,有时又不得不倚重于自己的家仆——长随。而长随稽管监狱,又岂能无弊?

(二)羁押后的治理措施

1. 回归"外监"之制

乾隆三年(1738),御史苏霖渤④在上奏中指出:"向来(刑)部内应发保人犯,俱交五城司坊官取保。而该司坊官有暂羁人犯之所,或曰'班房',或曰'铺

---

① 汪辉祖、刘衡等均直接提出过"官须自做",慎勿分权与人的主张。其实,这一主张与清朝官箴中常见的"清、勤、慎"的为官标准有相通之处。参见汪辉祖:《学治臆说》之"官须自做",载刘俊文主编:《官箴书集成》(五),第280页;刘衡:《州县须知》,"札商各牧令官须自做"。

② 方宗诚:《上李节相请通饬革弊政状》,载盛康辑:《皇朝经世文编续编》卷102,《刑政》,第4753—4757页。

③ 曾国藩:《直隶清讼十条》,载盛康辑:《皇朝经世文编续编》卷102,《刑政》,第4717—4718页。

④ 苏霖渤,生于云南大理府赵州,雍正年间进士,后任贵州开泰县知县、刑部主事、江南道御史、山西视学等。因其经历,对地方情弊及律例事务,多所熟稔,曾上20余疏,直陈时弊及应对之方。为官视学,颇有令名。至今在云南弥渡县,还流传着其疾恶如仇、奖掖后进、福泽乡梓的故事。乾隆时期"以直声震海内"的钱沣,乃其得意门生,而其女苏筠亦负诗名。参见江燕等点校:《新纂云南通志》卷196,《列传》8,《苏霖渤传》,云南人民出版社2007年版,第285页;余嘉华:《钱南园诗文集校注》,云南民族出版社2007年版,第442—443页;张彪等编:《中国民间故事全书·云南·弥渡卷》,知识产权出版社2005年版,第345—349页。

房',率皆卑隘湫湿,遇有无人保领之犯,即锁禁其中……缘非例设监所,暗无成规。"因而奏请:"照'散处外监'之例,或于监内另择空房,或于监外另盖闲房,使其散处,以候完结,庶居处方便,饭食饱足,医药有资,寒暑有备,且有提牢查监等官专心查照,该犯等得有生余之幸。"此议一出,刑部竭力否认,其称:"臣部现审案内或无人保,责令案犯连环保领,并无锁禁司坊官班房以致病毙者。如犯无人保领,散处监内之外厢,令医官调治,俱现在遵行。"

然而,御史以铮铮事实否定了刑部的辩解,其曰:"臣向于十一月内奉命巡视南城,见该坊官于本年内,部即有部发取保因无保锁禁班房病毙之蒋世荣、张二、赵二等三案。一城如此,五城可知。一年如此,历年可知。今部议乃谓并无锁禁班房病毙之事,将令此孤子穷民于何苦诉矣?"刑部旋又议称:"嗣后凡有轻罪及患病发保者,一面饬行司坊官加意者看治,一面督令承审司员克期完结,该犯等得以保全其身家。"

御史认为刑部所述实属互相矛盾、难以自圆的托辞,其驳道:

夫发坊看治,即是锁禁班房,其苦甚于淹禁,非别有看守之地,另有调治之资也!且案情之难易攸分,安能件件克期完结,致滋草率。再如因病取保,俟病愈发落,复因无保而锁入班房者,亦能令其克期出伏耶?如此而保全其身命,难矣!夫部内监房尽宽,人犯比前稀少,况发保之中,又多属有保者,则此一等无保之人,何难于两监内外为之安置得所,乃徒以部内无"外监"二字名目,遂概行发坊,以致报病累累而束手莫救。及至报死,不过行令验埋完事,甚非发保矜全之本意。

因此御史苏霖渤奏请:"嗣后无保人犯,若能为之设法取得,自属万全。否则照定例散处外监,即如部议所称现行之散处监内外厢者,不得又为发坊看治之说,两歧其词,仍致遵行未实。"①

此处刑部官员首先竭力否认五城司坊有私设班馆之弊,坚称遵行康熙四十五年定例而将轻犯发保候审,而御史则以事实说明五城司坊是借发保为名而行私设班馆之实,这导致刑部后来在无措之下,既言"发坊看治",又言"散处监内外厢",自相矛盾而难圆其说。而御史认为"发司坊看治"即属"私设班馆",而要

---

① 巡视南城、协理山东道事、江南道监察御史苏霖渤:《奏为陈明刑部现审内有锁禁班房无保领人犯病毙事请旨敕部确议章程设法取保事》,乾隆三年十二月十四日,档案号:04—01—28—0001—061,中国第一历史档案馆藏。

求刑部遵行雍正年间的"外监"之制。在其看来,"散处监内外厢"者,虽暂无外监之名,但已有外监之实。

这一刑部与御史相争的个案,隐约再现康熙四十五年定例与雍正七年定例之间的内在张力。前揭,康熙四十五年定例是在御史周清源奏折的基础上而设定,而雍正七年定例正是在刑部尚书励廷仪的奏折基础上纂入例文之中,因此两例之争,实际亦含有刑部官员与御史之争。在本书所涉及的御史与刑部官员的其他交锋中,御史一般皆固守康熙四十五年定例,而刑部则一般支持对轻犯及紧要干证实施管押。这一个案似乎表明"刑部角色"和"御史角色"发生了置换。但细加分析后可以看出,刑部实际上还是承认对轻犯实施暂时管押的,唯其以刑部内部暂无"外监"①为由,而主张先将其送司坊看治。而御史内心也未必真正反对康熙四十五年定例,因其仍然认为"嗣后无保人犯,若能为之设法取得,自属万全,否则照定例散处外监"。换言之,御史内心仍认为康熙四十五年定例应优先适用,而雍正七年的外监之制仅为实在"无保"时才予适用。

2.设专人管理以责考成

一般而言,州县管理班房事务,例有掌管监狱事务的典史"总其事"。② 但是,亦有例外情况发生。咸丰九年(1859),陕西富平县新建三班公所,用以看管"所有钱粮、租税、婚姻、田土、账债、细故并待质追陪等情,不能随时结案者",当时负责富平县班房管押事务之人并非典史,而是"责成粮正专管"。③ 就带有刑罚性的羁押特征而言,班房管押自属刑事事务,但就班房管押者所涉及的内容来看,许多是有关田土户婚、钱债、粮欠等民间细故,故而又可划入"民事"范畴。典史和粮正均可管理班房事务,实际上也间接反映出清代"刑钱交涉事件,每多分析不清"的状况。④

亦有主张遣派长随专司其事者,如褚瑛便认为:"监仓羁所,关系紧要,应各

---

① 我们通过这则个案可以看出,乾隆三年刑部尚未正式设立"外监",而光绪朝《清会典事例》卷37所言"刑部内外监均有设立",恐是乾隆三年以后的事情。——笔者注。

② 汪辉祖:《续佐治药言》之"押犯宜勤查",商务印书馆1937年版,第27页;李煦等纂修:民国《政和县志》卷19,《刑法》,第211—212页;蔡东洲等:《清代南部县衙档案研究》,中华书局2012年版,第87页。

③ 樊增祥等纂修:光绪《富平县志稿》卷2《衙署》,第162—163页。

④ 关于类似的解释,可参见[美]黄宗智:《清代的法律、社会与文化:民法的表达与实践》,第206页。

派家人一名,专司其事,收封、开封,必令亲为料理,倘有疏虞,所关匪细。口粮灯油,按数给发,不准丝毫扣克。"①关于派家人(即长随)专司班房、监狱监管一事,专记长随职事的《衙役职事》和《偏途论》两书均有详细的记载。② 据魏光奇研究,"相对于书吏差役来说,长随是主官亲近之人,有监察甚至指挥前者的权力。而主官或因繁忙,有时会假手于长随办理某些本应自己亲自办理的事务,这些都为长随专擅权力创造了条件"。③ 诚如所论,地方官一般预设作为家仆的长随,相较幕师、吏役,更值得信赖。此外,出于时间、精力不济而势不能"官须自做"的情况下,长随代官稽查一些事务,则为州县所容。在中国政治史的大传统中,帝王常因时间精力不济或不信任外朝官而以近侍(中朝官)、御史(帝王耳目)监督之,但若中朝官或御史之权不法使用,则何由监督之? 此种权力监督困境,在这种地方政治史的小传统中,同样存在。正其如此,无论派谁监管羁所,务实的地方官总是至再至三地强调:"派管羁所,尤须老成人。"④文静涵言:"派管执事,须用心地良善之人,仍要随时劝谕善恶果报。如此妥协,必须格外加恩。所用非人,其流弊不可胜数。"⑤地方务实官幕始终认为"得其治人"方为私牢治理之本。

3. 管押信息登记与公示

为防衙役作弊,清代官幕特别强调对相关羁押信息的管理,主要表现在:首先,设管押簿,随押随记,以防遗忘;其次,推行信息公开的粉牌制度,以防欺蒙。

为防止地方官事繁时久而忘记被管押之人,进而导致衙役凌虐索诈,故汪辉祖等官幕主张对受管押之人随押随记。此簿成为官员验看押犯的凭据,而"不设此簿,或有遗忘,势且经旬累月,民受大害矣"。⑥ 清人《偏途论》一书中,录有六房书吏的各种号簿,其中刑房号簿中就有"监犯簿、管押簿、监犯事由册、管押

① 褚瑛:《州县初仕小补》之"监羁派家人",载刘俊文主编:《官箴书集成》(八),第741页。
② 《衙役职事》以及《偏途论》,载庄建平:《近代史资料文库》第10卷,第320—392页。
③ 魏光奇:《有法与无法:清代的州县制度及其运作》,商务印书馆2010年版,第138页。
④ 余治:《得一录》之"羁所流弊四则",载刘俊文主编:《官箴书集成》(八),第714页;又如,康熙年间黄六鸿在"差拘"一事上主张"自理案件,原告自拘;若命盗重案,宜将六房三班中,预择老成小心者,识之署别,临时酌发差遣,则勾党局诈之事庶几少免"。参见黄六鸿:《福惠全书》,载刘俊文主编:《官箴书集成》(三),第331页。
⑤ 文静涵:《自历言》,载刘俊文主编:《官箴书集成》(六),第715页。
⑥ 汪辉祖:《学治说赘》,载刘俊文主编:《官箴书集成》,第307—308页。

犯人事由册、新旧命盗案事由册"等簿册。①

清代衙役往往通过隐瞒羁押者的身份、时间、人数,以蒙骗上官而作弊营私。针对此点,地方督抚提倡信息公开制度,以对衙役们进行监督约束。清代衙署向来设有粉牌,悬挂壁上,公布有关信息,其具体内容或为官方命令,或为衙役值日安排,或为押犯姓名及其所犯罪由。这一制度的设施,对防止衙役滥押和匿报起到一定的监督和警醒作用。

首先,实行传案或驳词时的牌示制度。曾国藩曾提及:"凡小民初涉讼时,原被告彼此忿争,(衙役)任意混写,其中妄扳者居多,且有差役勾串牵入呈内者,票上传人越多,书差之索费愈多,名曰'叫点'。所谓'堂上一点朱,民间万点血'也"。② 鉴于此,曾国藩禁止滥传滥押,实行"头门悬牌示众"制度,规定"各该督抚严饬州县,凡有传案,于签差之日即悬牌于各署衙门前,标明某案于某月某日出票,俾合邑人等共见共闻。倘差役等有耽搁需索等弊,准案内人证随时喊告,即将差役照'私行羁押例'③治罪"。④ 在台湾,呈词不准者,亦行牌示。⑤

其次,实行押犯登记的牌示制度。同治七年(1868),各直省臬司饬令下属悬挂粉牌,将押犯姓名及罪名写在上面,具体做法为:"各属特设大粉牌一面,悬挂衙署头门之外,将管押人犯姓名,于牌上逐一开列,注明某月某日某案管押字样。若无管押人犯,亦即据实书明,使民共见共闻,书役无所作弊。一面出示晓谕:如有其人被押,而牌上无名,或牌上书明开释,而尚未放回者,准家属喊禀查究。"⑥江苏巡抚丁日昌利用此种形式,"将姓名悬挂于粉牌……必隐者彰之。使显然后,官吏不敢任意欺蒙……遂渐无延案私押之弊,而民困亦藉以稍苏"。⑦此后,直隶督臣曾国藩以及福建巡抚卞宝第先后在丁日昌处抄录章程,并通饬直

---

① 《偏途论》,载庄建平主编:《近代史资料文库》第 10 卷,第 356、359 页。

② 曾国藩:《直隶清讼事宜十条》,载盛康辑:《皇朝经世文编续编》卷 102,《刑政》,第 4717—4718 页。

③ 即前述道光十三年的定例,参见薛允升:《读例存疑》卷 41,《刑律》17,《受赃》,《官吏受财律附例》14。

④ 曾国藩:《直隶清讼事宜十条》,载盛康辑:《皇朝经世文编续编》卷 102,《刑政》,第 4717—4718 页。

⑤ 戴炎辉:《清代台湾之乡治》,第 714—715 页。

⑥ 戴炎辉:《清代台湾之乡治》,第 716 页。

⑦ 丁日昌:《清理积案以苏民困疏》,载葛士浚辑:《皇朝经世文续编》卷 87,《刑政》4,第 2222—2224 页。

隶、福建各属，一体仿办挂粉牌之制。

4.勤查押犯以防私押、贿纵

贤明地方官认为，意欲消除私牢弊病，"全赖官立簿检察，以便随时办结，不致拖毙，尤宜按月按旬亲自查点，亦可免书役私押贿脱之患"。① 汪辉祖等不少地方官幕，皆主张官长勤查押犯，尤应选择在夜晚查点，以得确情，以防私押和贿纵。② 晚清《活地狱》一书记载，新任阳高县知县"不时要亲自去查班房，天天夜里亲到点名，因之各差役不得有私自贿放之事"。③ 看来实行此法者较为普遍。当然，不少地方官主张不应让衙役知悉其查访的具体时间，实行"密查暗访"，以防止衙役掩饰，因而主张"或早或晚或夜间，不拘时候，亲至班房"。④

从一些曾任地方牧令者的私人日记中，可以看到他们对勤查押犯的重视程度。道光十一年（1831）九月，武穆淳接任江西信丰县官后不久，便将查看三班押犯情况作为他的头等大事，"初七日挨次查讯皂班管押人犯"，"初八日（将）民班看管人犯陆续经讯"，"初十日提讯健班押犯，有拖欠屯租之刘立伦，闻其私立收处，涂改串数，弊窦不可枚聚。"⑤查勘禁狱一事，固为官员到任后的头等大事，这在《钦定吏部则例》中也有着详尽规定，⑥但如武穆淳这样下车伊始，即高频度的查看班房押犯情况，亦不多见。前揭咸丰五年曾定例规定："每逢夏季热审，届期该督抚遴选诚实佐贰人员，委赴各州县明察暗访，如有书差私设班馆等情，立即密禀查拿"。⑦ 这一定例可能后来给地方道府也产生了一定的压力，故而出现如郑观应所述这一幕：道府衙门每至春秋两季，"例差派查驿站、班馆事宜，每次至少十余人，多至二三十人"。⑧

道光六年（1826），安徽巡抚张师诚听闻各州县差役蠹法，恐"州县玩弛"而致有私押累民之弊，因此决心派人往查，但又恐所派之人祖护州县官员而于事无

① 张经田：《励治撮要》，载刘俊文主编：《官箴书集成》（六），第59页。

② 汪辉祖：《学治说赘》，载刘俊文主编：《官箴书集成》（五），第307页。

③ 李宝嘉：《活地狱》，第42页。

④ 文静涵：《自历言》，载刘俊文主编：《官箴书集成》（六），第715页。

⑤ 武穆淳撰《桃江日记》，清道光十三年（1833）刻本，载《历代日记丛抄》（第39册），第491—494页。

⑥ 《钦定吏部则例》卷49，《刑部》，《禁狱》，第630—631页。

⑦ 光绪朝《清会典事例》卷135，《吏部》，《处分例》，《禁狱》，第749页。

⑧ 郑观应：《盛世危言》卷4，《吏政》，第567页。

益,因思"各属教宦见闻较切,且无地方之责,无所用其徇护,当径密饬查报"。①由上可知,地方务实官幕在对选择稽查私牢的时间及人员方面,皆颇费一番思量。

5. 速审速结以防时延弊生

衙役有时之所以能够长期对在押犯证实施勒索,一个重要的原因在于"州县懒于听断,不能随时审结"。② 案件日积愈多,州县遂无所措手,势必神志先乱,而讼师、猾吏遂乘懈作奸,百端舞弊。如此势必造成:原被告、证人入城待质,"诉矣而不即审,审矣而不即结,大则荡产倾家,小亦废时失业,即使曲直分明,已守候之为苦"。③ 因而,一词到官,具状人望其审,而尤盼其结。鉴于上述情况,有的地方官主张,对一些准理后的案件,"以速提为妙,尤以速结为妙"。④ 晚清刚毅即认为:"一纸入官,经旬不批,批准不审,审不即结。及至审结,仍是海市蜃楼,未彰公道,使小民耗费倾家,失业废时。所谓民刁俗悍者,恐未可尽咎于民。"因此竭力主张:"无论案情大小,案结当堂开释,当堂缴销差票,是为至要。"⑤御史黄中模也劝励地方官"勤于听断,案无留牍"。⑥ 又如,乾隆五十六年(1791),陕西巡抚秦承恩在上奏中指出:"衙役之敢于滋事,皆由讼案之不能迅结所致。按日调查堂宪底簿,毋许有拖延未结之案,务使一切自理词讼,随到随审,不令原被人证守候公庭,则差役等自无所逞其刁难讹诈之术。"⑦

地方官对案件迁延而难以速审速结的情况,常常如是辩护:"命盗重案向分首从,定罪轻重不等。如首犯在逃未获,从犯监候待质,必首犯到案,然后讯供办结。"然而,光绪三年(1877)山西道监察御史张道渊对此表示质疑,他认为首从

---

① 安徽巡抚张师诚:《奏为特参安徽巢县代理知县万年淳失察差役私押人证请旨革职》,道光五年十月十五日,档案号:03—4032—049,中国第一历史档案馆藏。

② 河南道监察御史高翔麟:《奏请严禁各省州县私设班馆事》,嘉庆二十年八月二十三日,档案号:03—1638—019,中国第一历史档案馆藏。

③ 贺长龄:《谕州县亲民札》,载葛士浚辑:《皇朝经世文续编》卷21,《吏政》,《守令》,第580页。

④ 张经田:《励治撮要》,载刘俊文主编:《官箴书集成》(六),第59页。

⑤ 刚毅辑:《牧令须知》卷1,听讼,载刘俊文主编:《官箴书集成》(九),第221页

⑥ 《奏请饬查各省册县私设班馆事》,道光二年五月十一日,档案号:03—4022—007,中国第一历史档案馆藏。

⑦ 《汇奏查明本省差役并无私设班馆事》,乾隆五十六年十二月初五日,档案号:03—0362—062,中国第一历史档案馆藏。

罪名，关系到罪行之轻重，固当慎重。然而，已捕获之案犯大多避重就轻，不会自认是首犯，皆以从犯招认，并将在逃者或被诬者指为首犯，殊不可凭信，"至于杂案之中，干证牵连人犯更多，或私押，或故禁，情弊百端，无非受待质之累"。因而他主张：

> 内外理刑各衙门，除现办、现审案犯，务须按限清结外，其余一切监候待质者，无论新案旧案、首犯从犯，亟宜酌量情节，按照现供应得罪名，即于拟定后先为办结，不必以一犯在逃，再延时日……并请饬下刑部，分别案件，逐一议定章程，颁发各省。凡系首犯在逃、从犯先获之案，但讯明确供，以一二年为限，令其监候待质，如限满首犯未获，即将现获之犯拟定罪名，或轻或重，按例先结。将来在逃者获案，无论首从，均加等重办，以昭炯戒。①

在张道渊看来，首先，以被捕获案犯的一面之词来认定首犯和从犯，并不一定符合实情，故亦不必动辄以"首犯在逃未获"为辞，而将案件迁延不结，无端拖累案中干证牵连人犯。其次，即便从犯抓获而首犯在逃，也不必以一犯在逃而迁延不审，相反应当就现获之犯立即审判，依照律例，拟定或轻或重的罪名。②

对有良知的地方官而言，拟定罪名尚不是司法任务的终结。及时销差以防衙役续索，是其审断案件后仍需特别关注的事情。衙役往往在案件审结后，利用手中未及时上缴之差票，继续扣押犯证。是故，黄六鸿十分强调及时上缴差票的重要性，主张"其一审即结者，原差禀销票，将原票夹入口供，收入内衙销号，粘入卷中，不得仍留差役处，以牌票未销，犹思索取酬谢也"。③ 徐文弼亦言："凡承票差役，俱于查比日，该承行执出差号簿，逐名查比，如有过限不销牌票者责究。

---

① 掌山西道监察御史张道渊：《奏为监候待质人犯请饬据供先结事》，光绪三年十二月二十五日，档案号：03—7397—043，中国第一历史档案馆藏；另见氏著：《监候待质人犯据供先结以清庶狱疏》，载盛康辑：《皇朝经世文编续编》，《刑政》，《治狱》，第4705—4707页。

② 即便时至今日，在司法实践中，若共同犯罪之主犯一直在逃未获，又无法证明到案之犯罪嫌疑人是主犯，则侦查程序受阻，也不能提起诉讼。而这些未能明证为主犯之到案犯罪嫌疑人，被羁押到一定期限，依法即需实施变更强制措施。因为长期对犯罪嫌疑人实施无期限的羁押，于法无证。然而，如果对一些本身社会危害性较大的犯罪嫌疑人变更强制措施，则又极可能造成其逃跑、串供、毁灭证据，乃至重新危害社会的后果。因此，上述古代所遭遇的司法困境，于今亦然。而今天学术界和司法实践中普遍认同的观点是：基于人权的观念，在共同犯罪的案件中，必须等到主犯归案方能起诉、审定。当然，也有一部分学者基于司法便利的原则，对此观点不予认同，并提出依照案情轻重程度而对到案嫌疑犯作区别对待的观点。参见王晨钟等：《关于主犯未到案案件侦查程序的思考》，《河北公安警察职业学院学报》2009年第1期。

③ 黄六鸿：《福惠全书》，载刘俊文主编：《官箴书集成》（三），第332页。

其销差之时,该差同原承行,持号簿当堂照号回销,原票附卷。如稽留不销者,重责。"①

6. 按时向上册报以利监督

清朝关于监狱信息上报制度,雍正六年(1728)已初具雏形。当年定例规定:

> 刑部现审事件,著令承审司官,每于月底,各将所审案件,逐案开具简明节略,并监犯名数、收监日期,造具清册,其有行提应质人犯等项不能依限完结者,将缘由一并造入册内,呈堂查核。若有滥行监禁,及无故迟延不结者,即将该司指名题参,照例论处。若刑部不行提参,或被科道参出,或别经发觉,将堂官一并议处。其直隶问刑各衙门,亦于每月一体造具清册,呈报督抚查核,如有滥禁等弊,该督抚即行题参,照例议处。若督府不行题参,或被部院科道纠参,或别经发现觉,将该督府一并议处。②

据薛允升所言,"设立循环簿③一层,旧载'故勘故禁平入'门内"。后曾移入"淹禁"门内,但于乾隆元年(1736)又移回"故勘故禁平入"门内,当时规定:"设立循环簿,将每日出入监犯名姓,填注簿内,按月申送该府查对。如有滥行监禁,及怀挟私雠,故禁平人,照律拟罪。"④

由上述可见,监狱设置循环簿的最初做法是:初始自中央刑部实施,仅针对监狱中的重刑人犯,而其簿册所报的内容亦相当简略。不过,至嘉庆年间,设立循环簿的对象,已扩至涉讼之轻犯及证佐,且簿册造报的内容逐渐增多,尤为措意于当时日益严重的"淹禁"(即超期羁押)犯证的问题,故在既定做法的基础上,特别要求补充上报除名及在押犯证等清册。如嘉庆二十五年(1820),闽浙

---

① 徐文弼:《新编吏治悬镜》卷1,《发堂规》,乾隆乙酉刊本。

② 薛允升:《读例存疑》卷48,《刑律》24,《断狱上》,《淹禁律附例》3。

③ 明清两代,循环簿的用途甚广,涉及刑名、钱粮等诸多事务。据吴佩林的研究,所谓"循环簿",即分甲乙两簿,轮流记载。甲簿上呈,记在乙簿,甲簿发回,呈上乙簿,如此循环往复。参见吴佩林:《清代县域民事纠纷与法律秩序考察》,中华书局2013年版,第294页。

④ 薛允升:《读例存疑》卷48,《刑律》24,《断狱上》,《故禁故堪平人律附例》6。按,"故勘故禁"门突出其非法羁押无辜的特点,而"淹禁"门则彰显其超期羁押人犯的属性。从羁押对象而言,前者一般是无辜平民,而后者则是被超时羁押的人犯。然而,实际上,就行为之非法性而论,如同今天"非法羁押"行为理应涵盖"超期羁押"行为一样,"故勘故禁"行为同样囊括"淹禁"行为。正因两者的某种重合性,有清一代,两门例文内容随时间推移及定例人理解之侧重不同,常常发生位置互移。

总督董教增出于首府闽、侯两县管押轻犯及证佐日多,虽有循环簿册造报,但不能晓其犯事案由以致难能稽查,而外属府、州、厅县又都有自理词讼及管押人犯,均不在月报监犯清册之列。于是,其饬令首府两县,将自理词讼中应行管押人犯事由及"管、收、除、在"等清册,申送府州,责成该管府州就近察核有无滥押久羁情弊,并将定立章程刊入省例。① 同治七年(1868),丁日昌就任江苏巡抚后,饬令地方"将词讼按月造册通报,予以功过,以示劝惩"。② 在前人做法基础上进一步明确规定,各州县将每月自理词讼禁押人犯分别管、收、除、在,造具简明词讼清册各一套,呈送以备稽核,使得管押册报制度渐趋完备。此后,全国其他直省均取法于此。

(三)改善私牢卫生以杜瘐毙

以上规范措施,主要是针对审判之前后过程中所出现的弊病。有清一代,在对羁所等私牢环境、卫生之改善用心最多、规划甚详者,当推沈葆桢。沈葆桢认为羁所中在押人员"既非命盗大案,果能时常清厘,讯结开释,不致久押,固为上策",无奈有"刁徒妄控,或讼棍挑唆,非一讯所能结,必须传齐证佐,始克定案;至贼案之诬扳牵连,更不能免。于是押候之犯,迟之又久。既不犯死罪而并可无枷杖之罪者,亦复不少。乃因羁所污秽,竟至病毙于此,实堪惨伤。"③后来,沈氏认为必须一改此前将羁所地板钉呆的做法,变作大块活板,以全人命,并作出以下具体规定:

---

① 参见薛允升:《读例存疑》卷48,《刑律》24,《断狱上》,《淹禁律附例》3。按,有意思的是,管押犯证册报制度的完善,后来又影响了此前至为简陋的监犯册报制度的完善,唯须引起注意的是,此时的"巡道"已然取代此前的"府",而在稽查监犯簿册中发挥作用。如道光十三年(1833),河南道监察御史许球奏称,外省州县淹禁人犯,请严行查禁,后准其所请而纂辑为例,例文规定:"各直省府厅州县,凡有监狱之责者,除照向例设立循环簿,填注每日出入监犯姓名,申送上司查阅外,并令与专管监狱之司狱、吏目、典史等官,各将监禁人犯,无论新收、旧管,逐名开载,填注犯案事由、监禁年月及现在作何审断之处,造具清册,按月申送该管守巡道,认真查核。如有滥禁、淹禁情弊,即将有狱官随时参处。仍令该道因公巡历至府厅州县之便,亲提在监人犯,查照清册,逐名点验。其有填注隐漏者,将有狱官及管狱官一并参处。并令该道每季将府厅州县所报监犯清册,汇送督抚、臬司查核。若府厅州县有淹禁滥禁情弊,该道未行揭报,经督抚查出,或别经发觉,即将该道一并交部议处。"参见薛允升:《读例存疑》卷48,《刑律》24,《断狱上》,《淹禁律附例》3。

② 丁日昌:《清理积案以苏民困疏》,载葛士浚辑:《皇朝经世文续编》卷87,《刑政》4,第2222—2224页。

③ 余治:《得一录》之"羁所宜改活板说",载刘俊文主编:《官箴书集成》(八),第713页。

1. 先将旧时秽泥挑去一层,另换新土。上而铺设青砖一层,后用木椿钉实,做成横架于上。上铺床板三块,每块宽约二尺零,以横可睡人为度,离地高一尺许。一室之内,三面镶成大块床板,中留空地,犯人坐则可以垂足,起则可以行走。如是,则床之下空透气,板下每日可以打扫洁净,即无秽气熏蒸(此全在经管羁所者监督为之)。

2. 间有犯人患病,竟至病故,其有便溺秽臭之气。床板已系活动,尽可将活板取出外间洗净,再行搬进,仍旧铺好可也。

3. 如房屋十分窄小,约看地方开窗通气。虽不能中留空地,亦可改用活板。或房屋低矮,离地五六寸均可。惟须饬令看役,于三二日内将板取起,打扫一次,务要洁净,或留空一边亦可。

4. 设有秽气未除,须多备艾绳或苍术,时时焚熏,庶可驱邪辟秽,责成看役照顾。①

上述之法,曾在广东省得到切实推行。如道光十二年(1832),在广东海康县推行后,效果颇佳。一年之后,相较往年病毙者颇多的情景,海康县该年病毙者只有一人。广东电白县,自道光十九年(1839)至二十六年(1846),实行数年之久,病毙者亦仅有十人。在私牢得不到彻底取缔的情况下,此羁所改活板一项,不失为保全人命的良法之一。

晚清曾经被押广东番禺县羁所的佚名者,建议羁所实施"保卫生"一项,其中所建议者与沈葆桢的做法相同,其曰:

> 监羁人犯身体不洁,地方臭秽,易生疾病,请饬各府州县于监羁处建设沐浴室,饬令各人犯时常沐浴,以免满身疥疮、易生疾病。并将沟渠通浚,使臭水通流,不至积生蚊虫,秽气腾发。而各犯所睡之仓板亦一律修高,改用活板,以免臭虫繁生。并每日遍洒除秽臭水,以保卫生。②

务实地方官承认部分私牢虽不合法但有合理之处,并采取了上述一系列规范化的治理措施。但在如此制度化的同时,亦促使班房等私牢呈现出事实上的合法化趋向。同光年间,在广州从事向狱囚传教的美国医疗传教士嘉约翰(*J.G.*

---

① 沈葆桢:《羁所宜改活板说》,载盛康辑:《皇朝经世文编续编》卷101,《刑政》,第4675页;复见余治:《得一录》,载刘俊文主编:《官箴书集成》(八),第714页。

② 佚名:《缧绁见闻悲愤录》,载庄建平主编:《近代史资料文库》第十卷,上海书店出版社2009年版,第398页。

Kerr),虽明知差馆之设"乃为拘留轻罪的被告及供差役诈财之地",但又极具矛盾性地指出:"差馆据传有合法与非法之分,但未有亲见过非法的。"①显然,广东地方差馆之类的私牢,此时极可能已经制度化或半合法化了,以至外来传教士无法分辨其合法与非法之殊。

务实官幕在对私牢实用性的有限认可基础上,希望通过一些措施减少弊病,其意欲在便于审案的法家务实精神与慎重民命的儒家情怀之间,寻找某种平衡,以折中行事。应该肯定的是,无论是"慎收状"、"摘除无干人证"、"官须自做"等审前预防措施,还是信息记录、公开及册报,以及州县勤查押犯、案件速审速结等审后处治措施,对一些地方官员和吏役多少起到了一种震慑和监督的作用,对减少班房等私牢弊病起到一定的遏制作用,"民困亦藉以稍苏"。②清代并非完全如同某些学者所言:"在民主政治制度确立以前,羁押是国家享有的一项无限制的权力,具有更明显的惩罚性、随意性和野蛮性。"③有的地方因整顿有效而一度政简狱清,如时任四川巴县令的刘衡便颇为得意地提及在他治理之下,本为"极繁之缺"的巴县,"官逸而民安矣!讼棍之外来者潜逃,而在本地者俱匿迹或改行矣!尤所自慰者,巴县衙役七千,予莅位一年后,役等无所得食物,散六千八百人,存者寥寥百余人耳!"④

然而,面对一系列规范化的制度约束,亦非所有的地方官和衙役都凛遵不逾而束手就范。

第五节 地方官役的"软对抗"及"反规范"

地方上孜孜图治的督抚以及贤明官幕,设法推行一些防弊举措,但却带来下属吏役百计以为化解。丁日昌曾先后在江苏和福建任上,汲汲于对班房等私牢进行制度设计,但面对地方层出不穷的舞弊行为,丁氏不禁为之一叹:"是多一

① *The Prisons of Caton*,*Chin Review*,卷4(1875)。
② 丁日昌:《清理积案以苏民困疏》,载葛士浚辑:《皇朝经世文续编》卷87,《刑政》,第2222—2224页。
③ 隋光伟:《当代羁押制度研究报告》,长春出版社2005年版,第3页。
④ 刘衡:《蜀僚问答》,载刘俊文主编:《官箴书集成》(六),第153页。

番防范,更多一番欺朦!"①

一、"悬牌不实"和"匿报词讼"

丁日昌虽竭力通过悬牌出示所押人犯,以期信息公开而对吏役形成某种监督,但"悬牌不实"和"匿报词讼"的情况却屡屡被发现。丁日昌在任江苏巡抚时,曾在札文中提及:

> 本部院访闻所及:有将管押人犯交与原差带押,并无一定地方,以致现押之犯与牌开之犯多少不符,无从查考者;有词讼人证与收捕盗贼各犯同押一处,略无分别者;有牌示所开直从四月至今,某日收押某日开除历时太久,未曾截清月日,未免一览模糊者。②

对于江苏沭阳县,丁氏称"访闻各差役家里私押张季长等五人,悬牌均无其名。本部院复查该县八、九两月押册,亦未开载"。随后,丁日昌在给徐海道道员的密札中,如是斥责道:"押犯悬牌,原以杜私押之弊,今沭阳一面悬牌,差役一面私押,该令如若不见不闻,何异木偶? 如若知而不报,则当此法令森严之际,仍敢存苟且尝试之心,尤堪诧异!"③丁日昌的"诧异",其实从深层之处反映出他内心的无奈:对公所管押的严加管控,未料却激逼出更多的私家管押。

同样,东台县押犯与牌示亦不相符,据丁氏所派委员禀称:"监押人犯与牌示不符者共有二处:一于大兴楼下(即饭歇是也)查得蒋席儒名,牌示无名,询系十二月十五日管押;一于官媒张氏家查有女犯张萧氏、叶夏氏二名,牌示均无名。"后丁日昌在给淮阳道的札函中,带有半怨半愧的口气说及:"悬牌而仍私押,岂不空费我辈一番除弊苦心,既自愧教督无方,又重念子遗黎民何日得出苦海也!"④

同治七年(1868)年初,丁日昌又访询到泰州于上年十二月间,"监押各犯与悬牌不符者二处:一于马快班房内,查有沈麻子、顾草亭二名,询系均于十一月而十六日进押,牌示无名;一于州照墙后朝西门面官饭歇内,查有陈芝燦、郑遐、赵

---

① 丁日昌:《清理积案以苏民困疏》,载葛士浚辑:《皇朝经世文续编》卷 87,《刑政》,第 2222—2224 页。

② 丁日昌:《抚吴公牍》卷 31,第 963—964 页。

③ 丁日昌:《抚吴公牍》卷 31,第 973—974 页。

④ 丁日昌:《抚吴公牍》卷 34,第 1044—1045 页。

恺三名,牌示亦无名。又上年十二月初七日,兴化县饭歇内有葛成之、葛宗之二名,询据葛成之云系因钱债追缴,六月十日到押,葛宗之十一月初九日到押,与成之同案,牌示亦无名"。随后,丁日昌在札饬淮阳道的函件中,不无愤怒地提及:"私押一事屡经严饬,乃各州县仍蹈故辙,岂以一行作吏蚩蚩者,遂应任我鱼肉耶?该牧令屡次玩法,所以迟迟不忍遽登白简者,念其得此功名甚不容易,徐欲观其后效耳,仍求执事,就近再为劝诫。如该牧令仍任书差私押良民,视若罔闻,只有舍玉帛而断干戈,不仅以空言恫喝已也。"①丁日昌将衙役"悬牌不实"之弊,直接归咎于地方官的屡次玩法,而其"舍玉帛而断干戈"之言又再次反映出丁氏内心的深深无奈。

同治七年十二月,据丁氏所密派之委员的回禀来看,"悬牌不实"之弊最为严重的地方乃为江苏如皋县:

> 如皋县监押各犯与牌示不符者共有四处:一壮班房,在县大堂西偏,押犯十四名,内左语福、汤广太、陆扣三名,系差保收押,牌示无名。冯锦刚十月十六日到押,牌亦无名;一皂班房,在县署东首,押犯八名,内陈长林、沈二常、葛接儿三名,牌示无名;一县南首庆和堂客寓内,押监生邵延宣一名,系十二月十九日进押,牌示无名;一南盛楼官饭店,押犯六名,浦大和、浦二和、孙守成、施万源、张子牧、张鸿翔,牌示均未开列,而该官粉牌登列各人名下,均有原差姓名。询据浦大和、浦二和称系十月二十六日到押,孙守成十二月十七日到押,施万源十二月初五日到押,张子牧十二月十八日到押,张鸿翔十二月二十二日到押。②

由"悬牌不实"而带来的必然是"匿报词讼"。丁日昌在福建任内,对闽省"审结之案实少,且闻伪造匿报之弊不一而足,即押犯亦多不列册"的情况,③倍感惊异、愤怒。经其访查,福建各州县在词讼册报时,对押犯多有匿漏:

> 计闽县共匿报词讼一百余起,侯官、蒲田两县共匿报词讼二百余起,福清县共匿报词讼八十余起。虽类有前任未报之案,而各该县到任后不知据实补报,且蹈其覆辙,均难辞其咎。又派人查点,闽县押犯匿报二名,侯官县

①　丁日昌:《抚吴公牍》卷34,第1059—1060页。
②　丁日昌:《抚吴公牍》卷34,第1045—1046页。
③　丁日昌:《清理积案以苏民困疏》,载葛士浚辑:《皇朝经世文续编》卷87,《刑政》,第2222—2224页。

押犯匿报五十名,福清县押犯匿报二十八名,南平县押犯匿报二十五名。此外,晋江、建安、瓯宁、绍武、长汀、漳平等县词讼册报,亦多匿漏。以清讼安民之举,而视为故事具文,粉饰朦饰,殊堪痛恨。①

此后,尽管丁日昌对在任知县随时告诫、剀切劝示,而对玩忽渎职之若干知县亦作出摘顶严参的处置,但仍然存在匿报情况,"押犯往往有册中仅报数名,实押至数十名者,即如厦防厅,押犯八十余名,而册报仅止数名;石玛厅押犯一十余名,而匿报并无押犯。以此类推,各州县之匿报漏报者,实指不胜屈,而且有书差私押而门丁不知,门丁私押而本官不知。"②丁日昌清楚地认识到,是时各州县"据实禀报"狱讼案件,如果结案不及所报之成数,则必干处分,于是州县每月造入月报者多为"鼠牙雀角之细故讼案",且大半伪捏,而真案不结依然如故。

除了匿报以外,还有故意将进押日期错报,以为此后羁延时日留有余地,如同治六年(1867)的江苏东台县,"班房内陆三寿小一名,询系同治三年进押,核之该县册报,陆三寿小注系同治六年三月初六日收押",③又有在册报内将姓名故意误写几字,以为蒙混,如同治七年(1868)江苏泰州经访查有沈麻子、顾草亭二名押犯,而丁日昌"查泰州十二月份册报,捕役管押项下,有顾朝亭、沈髻小二名,沈麻子是否即系沈髻小,顾草亭是否即系顾朝亭?"④

上述"匿报词讼"一事不独发生在福建省,光绪年间给事中楼誉普对浙江仙居县的谎报亦有所揭露,其言:"闻该县班馆至有羁押五六十人,虽奉宪札须月报羁押人数,而册内隐匿,每月只报一二人,甚至有拖押二三年未放者。"⑤光绪十四年(1888),御史何福升也提及:"近来外省章程,令所属州县每月将监禁人犯、管押人犯各造案由、姓名清册,分别旧押、新收、开释、实存,详报院司道府,以备稽核,立法本甚周密。该州县于监犯月报,尚不敢有所欺饰。至管押一项,多未从实开报,有羁押经年而月报无名者,亦有本无其人,而装点案由,罗列名姓,

---

① 丁日昌:《清理积案以苏民困疏》,载葛士浚辑:《皇朝经世文续编》卷87,《刑政》,第2222—2224页。

② 丁日昌、文煜:《设法清理监押人犯并勒限查办疏》,载葛士浚辑:《皇朝经世文续编》卷87,《刑政》4,第2224—2226页。

③ 丁日昌:《抚吴公牍》卷34,第1044页。

④ 丁日昌:《抚吴公牍》卷34,第1059页。

⑤ 朱寿朋编:《光绪朝东华录》,光绪七年正月,张静庐点校,第1035页。

为下月详报开释地步者,由是良法美意只成具文。"①

无疑,地方上对押犯的悬牌不实,以及对有关狱讼案件押犯的匿报、伪报,使相关信息隐而不彰,以此摆脱监控。虚报之下,地方督抚倍感无奈,唯有将密查与册报、粉牌、甘结等诸多举措紧密结合,交互为用,"如有并未悬牌,或牌上人数与在押人数不符,与月报不符者,记过重惩。"②御史何福升亦提出类似主张,其言:"随时派委委员严密查访,饬令该州县一面造册详报,一面榜示各城门,既可备委员稽查,并可杜胥吏之私押。至新旧任交待时,应限新任官于半月内,将接收管押各犯,先行详报,出具并无欺隐甘结。自此通饬之后,如有仍蹈故辙,被委员查出,或别经发觉者,从重惩办。委员有徇情受贿不如实禀复者,并治以应得之罪。如此明定章程,庶管押人犯不至于滥收久羁。"③

二、捏写病状

有清一代,囚犯因疾病而瘐毙狱中,属法不究办的正常现象,且有重罪瘐毙狱中者还要补行刑罚者,如凌迟者瘐死狱中,还要补行戮尸之刑。犯人在狱中的权利往往是被漠视的。但官役若将无辜及轻罪者拖累"瘐毙",则依律当治罪。因此,对于徒罪以下轻罪人犯患病者,雍正五年(1727)在定例中曾做出过保出就医规定:

> 徒罪以下人犯患病者,狱官报明承审官,即行赴监验看。是实,行令该佐领、骁骑校、地方官,取具的保,保出调治,俟病痊即送监审结。其外解人犯,无人保出者,令其散处外监,加意调治。如狱官不即呈报,及承审官不即验看保释者,俱照淹禁律治罪。④

《清代州县故事》一书中,亦提及:"班房、贼笼、监中犯人患病者,将病禀吊卷内,送交签稿,发转呈官,核判日期,送刑钱处批。或拨医调治,或当堂提验,或取保医治。"⑤然而,实际的情况是:每遇押犯疾病,"看役禀报,幕中照禀批复

---

① 朱寿朋编:《光绪朝东华录》,光绪十四年八月,张静庐点校,总2486—2487页。
② 曾国藩:《直隶清讼事宜十条》第四条,载盛康辑:《皇朝经世文编续编》卷102,《刑政》,第4718页。
③ 朱寿朋编:《光绪朝东华录》,光绪十四年八月,张静庐点校,总2486—2487页
④ 薛允升:《读例存疑》卷48,《刑律》24,《断狱上》,《陵虐罪囚律附例》9。
⑤ 蔡申之:《清代州县故事》,文海出版社1970年版,第35—36页。

'拨医调治'四字而已。再禀病重,不过多批'加紧'二字,均属纸上空谈,全无实济,并无医药,安得不死"。① 一旦押犯非正常瘐毙狱中,衙役为了规避责任,往往别出心裁,"致死灭口时,捏病状,捏医方,抽换尸格,倒填日期"②,谎称其系病死,以此蒙蔽上司而逃脱惩罚。早至顺治十二年(1655),上谕就要求对擅取病呈惨杀人命者,从重治罪,并将之"载入刑律,仍行问刑衙门严速禁革"③。随后,顺治十二年定例规定,擅造病呈者,依"谋杀人造意律"作严肃处理,其谓:"凡官员擅取病呈致死监犯者,依谋杀人造意律,斩监候。狱官禁卒人等,听从指使下手者,依从而加功律,绞监候。未曾下手者,依不加功律,杖一百,流三千里。"④

这是清朝为惩治狱吏草菅人命后伪造病历而定的最早条例,然而捏造病状和倒填日月的现象,仍充斥于清代史料之中,实际上终清一代,无朝无之。

---

① 余治:《得一录》之"羁所流弊四则",载刘俊文主编:《官箴书集成》(八),第714页。

② 朱寿朋编:《光绪朝东华录》,光绪元年七月,总104页。

③ 转见郑秦:《清代法律制度研究》,中国政法大学出版社2003年版,第24页。

④ 薛允升:《读例存疑》卷48,《刑律》24,《断狱上》,《陵虐罪囚律附例》4。

第五章　断裂与延续:私牢与晚清狱制改良

长期以来,地方务实官幕承认班房等私牢羁押未审嫌犯、现审轻犯以及紧要证佐的合理性,冀望通过对其规范化管理,消弭衙役滥设滥押的弊病。然而在衙役的隐性对抗下,"多一番防范,即多一番欺蒙"。传统的规范管理的举措,到了清末似乎走到了历史的尽头。是时,在西方新式狱制、狱理的激诱下,时贤希望通过引入"邻壁之光",对"汉家故物"改弦更张,以期脱胎换骨。突出表现在,清末创设待质公所,以对待质人证的羁押进行规范化管理,最终将证人逐渐排除出强制羁押之列。但实际上,晚清狱制改良实践的历史表明,新式狱制与旧式狱制之间并非是决然断裂,而是断裂与延续相互交织。仅就清代私牢而言,即与晚清新式狱制(包括监狱与看守所)之间,呈现出这种颇为复杂而吊诡的关联。

第一节　晚清狱制改良概况

晚清之际,狱制改良因种种造因而势在必行。关于此点,不少学者都做过有益的探讨,笔者亦撰文做过梳理,①此不赘述。我们只需从宣统元年(1909)九月二十六日广东咨议局第一期会议记录中,即可看出其主要肇因。当时两广总督代表发言指出:

> 监所改良乃国家最要之事,而改良之方法则极复杂。我国监所黑暗特甚,尤不容不亟改良。说者谓社会应办而未举办之事甚多,胡汲汲于监所,

---

① 参见陈兆肆:《近三十年清代监狱史研究述评》,《史林》2009 年第 5 期。

尤多有借口监所改良必费巨款为辞者。其实不然！盖改良监所，则能改不良者为良，而犯罪日少。国家已少一不良之人，即国家多得一良人之用。且国家虽每岁须出多额之经费以理监所，然监所已改良，则入监所者不致倾其财产。而犯罪日少，亦可节省无数国家缉捕之费。是大有造于社会经济、国家经济。是以西人有言曰："入其国，观其监狱而知其国之文野"。诚不诬也！若我国监狱而不改良，实一大污点也。况外国设领事裁判权于我国者，固借口于法律之残酷暨监所之黑暗。是改良监狱于国家问题，实有关系。①

上述言论首先指出狱制改良的内在动力，即传统"监所黑暗特甚，尤不容不亟改良"，随后论证监所改良"大有造于社会经济、国家经济"，并驳斥"监所改良必费巨款"之浅见。这种出于国家主义、功利主义的监狱改良观，与传统从天人感应、恤囚仁政、无讼理想等儒家情怀（或曰"政治主义"）出发，而提倡清理庶狱的观念，已迥异其趣。前者更重对犯人实质改造，而后者则重形式上的狱无留囚。其次，在传统的"刑罚目的观"中，虽不乏改造思想，但报复主义仍占其主流，上述两广总督主张将犯人改造成有益于国家的"良人"，秉持自觉的改造主义，显然是受到了西方近代的矫正刑、教育刑的影响。此外，在督抚代表看来，狱制改良还存在着外在肇因，即监狱改良事关中国是否文明的国际形象，更关涉外国领事裁判权是否能顺利被废除等要务。因此，无论是从国内还是国际视角来看，监狱改良都当力加推行。

一、罪犯习艺所的筹设

晚清狱制改良作为清末整个新政的一部分，其最直接的肇因，乃是八国联军侵华所带来的时局变化。光绪二十六年（1900），八国联军侵华带给清廷创巨痛深，随后慈禧发出"欲求振作，须求更张"的谕旨，令臣属在两月之内"各举所知，各抒己见"。② 率先对此作出回应的是两江总督刘坤一和湖广总督张之洞，其于光绪二十七年（1901）八月，联名向朝廷上奏了著名的"变法三折"。③ 在第二折

---

① 广东谘议局编：《广东谘议局第一期会议速记录》，宣统二年广东法政学堂印刷所铅印本，载桑兵主编：《清代稿钞本》（第49册），广东人民出版社2007年版，第257页。

② 朱寿朋编：《光绪朝东华录》，张静庐等点校，第4601—4602页。

③ 此三折为：《变通政治人才为先遵旨筹议折》《谨拟整顿中法十二条折》和《采用西法十一条折》。参见朱寿朋编：《光绪朝东华录》，张静庐等点校，第4743页以下。

《谨以整顿中法十二条折》"恤刑狱"的篇章中,刘、张对中国传统狱讼弊病大加挞伐,认为"州县有司,政事过繁,文法过密,经费过绌,实心爱民者不多",于是"滥刑株累之酷,囹圄凌虐之弊,往往而有"。针对这种狱讼苛酷、监狱痪毙等状况,刘、张提出了"禁讼累、省文法、省刑责、重众证、修监羁、教工艺、恤相验、改罚锾、派专官"等九项改革措施。这些主张引发了后来中国法律制度,尤其是司法制度的深层变迁,今日不少学者认为它实际上开启了中国近代狱制转型的先河。① 该折甫经上奏,便立即得到了清廷谕准。② 此后,修订法律大臣沈家本、伍廷芳在上奏《奏核议恤刑狱各条折》中,对刘、张第二折多有征引并予发挥,而沈、伍的奏折也同样迅速获得朝廷认可。③

　　实际上,晚清狱制改革的启动,并非单一缘起于刘、张及沈、伍的奏议,而是复线推进的。在刘、张奏议后,山西巡抚赵尔巽于光绪二十八年(1902)十一月,曾上呈《奏请各省通设罪犯习艺所折》。在一些民国学人看来,该折才真正成为清末狱制转型之嚆矢。④ 与刘、张折中充满儒家仁政情怀的风格颇为不同的是,该折所提出狱政革新主张,则是完全基于对现有刑罚弊病的深刻了解和冷峻反思,其间体现出浓厚的功利主义思想。在该折中,赵氏指出,徒流等传统刑罚本意全失,流弊滋多,如"上无差役可遣,下无工艺可供,又无看管之地和工食之资,因而潜逃之案层见迭出,缉获之犯十无二三,即实力安置,亦不过为地方一罪人,为州县增一累赘,而惩懑省愆之法,殊无裨益。且各省军流徒及发遣各犯逐渐增多,凡在途州县,每岁经过不下数百起,一狱之成并护解各费,计之耗于公利者,岁费遂成巨款,即为州县亏累之大宗"。因此,赵氏建议:"饬下各省通设罪犯习艺所,以后将命盗杂案、遣军流徒各罪犯审明定拟后,即在犯事地方收所习艺,不拘本省外省,分别年限多寡,以为工役轻重,精而镂刻熔冶诸工,粗而布镂缝织之末,皆分别勤惰,严定课程。"⑤此折所倡"各省设立习艺所以安置遣、军、

---

① 参见肖世杰:《清末监狱改良》,法律出版社 2009 年版。

② 朱寿朋编:《光绪朝东华录》,光绪二十七年八月,张静庐等点校,第 4771 页。

③ 《德宗皇帝实录》(八)卷 543,光绪三十一年三月,第 128 页。

④ 赵琛:《监狱学》,法学编译社 1934 年版,第 80 页;孙雄:《监狱学》,商务印书馆 1936 年版,第 70 页;持这一观点的当代学人有:林茂荣、杨士隆:《监狱学——犯罪矫正原理与实务》,五南图书出版股份有限公司 2007 年版,第 9 页;李甲孚:《中国监狱史》,商务印书馆 1984 年版,第 173 页;王平:《中国监狱改革及其现代化》,中国方正出版社 1999 年版,第 16—17 页;万方安:《中国监狱史》,中国政法大学出版社 2003 年版,第 103—104 页。

⑤ 《大清法规大全》,《法律部》,卷 10,《习艺所》,考正出版社 1972 年版,第 1893—1894 页。

流、徒各犯"一项,后为清廷所采择。随即,对设立罪犯习艺所一事,各省因地制宜,或主先在省府统建,或请悉由各邑分设,一时伊然成为上至中央、下及地方的要政(表5-1:清末各省奏设罪犯习艺所情况一览表;图5-1:晚清安徽太和县行政公署监狱、习艺所图)。

表5-1　清末各省奏设罪犯习艺所情况一览表

省　份	奏设官员	奏设时间	简　要　内　容
a　河南	巡抚陈夔龙	光绪三十年	由各邑自行设所,将所内析为二区,以一区收押犯,以一区收军流徒各犯,用示分别,以资化导。
b　山东	巡抚胡廷干	光绪三十一年	于本属十府、三直隶州各设习艺所,安插本省、外省遣送军流等犯。
c　直隶	总督袁世凯	光绪三十一年	先就保定、天津两地分设两所,次第推广。
d　云贵	总督丁振铎	光绪三十一年	先于省城创建一所,凡通省军流徒犯暂令收所习艺,俟办有成效,再行逐渐扩充。
e　热河	都统松寿	光绪三十一年	先于热郡筹设一所,各属徒犯及军流各犯概行收所习艺;犯罪本轻而未便遽释者,收所习艺;自愿入所之贫民,酌量收进。
f　京师	巡警部尚书徐世昌等	光绪三十一年及光绪三十二年	巡警部接收京师内外习艺所。次年,酌定章程,先就京师西城设所,收轻罪犯人入所习艺,俟款项充裕,推广房舍,将轻重罪犯一律收入。
g　两广	总督岑春煊	光绪三十一年	先将南海、番禺二县已有之劝工厂更设为习艺所,次第推广。
h　吉林	将军达桂	光绪三十一年	就省城创设一所,随饬吉林分巡道妥筹兴建。
i　四川	总督锡良	光绪三十一年	就地筹设,通饬各属一体查办。
j　闽、浙	总督崇善	光绪三十一年	遵设罪犯习艺所。先就各道开办。一俟人犯渐多。再行设法推广。
k　皖省	按察使濮子童	光绪三十一年	创办习艺所,将先前大自新所经费,提归习艺所,暂作委员、夫马之资。
l　湘省	巡抚端方	光绪三十一年	省府在自新习艺所基础上改设,通饬各属筹款仿照。
m　广西	巡抚李经义	光绪三十一年	先就积匪最多南宁梧州各属筹发经费专设习艺所,随饬各属一体设立;先收罪犯,后及贫民。

续表

省　份	奏设官员	奏设时间	简　要　内　容
n　黑龙江	将军程德全	光绪三十二年	先由省城设一罪犯习艺所,安插本省军流徒各犯。
o　山西	巡抚张人骏	光绪三十二年	改省城自新习艺所为罪犯习艺所,仍饬属赶紧设法筹办,以资教养而兴工业。
p　顺天	府尹	光绪三十二年	设教养局、习艺所,分收贫民、罪犯,学习粗浅工艺。
q　甘肃、新疆	巡抚吴引孙	光绪三十二年	新疆北疆迪化和南疆喀什设习艺所一区,聚教罢民,导以工事。

资料来源:a:《河南巡抚陈夔龙奏为遵设罪犯习艺所酌议办法事》,档案号:03—7399—007,光绪三十年十一月十六日,中国第一历史档案馆藏(下同);b:《署理山东巡抚胡廷干奏为山东省遵设罪犯习艺所酌拟办法事》,档案号:03—7420—002,光绪三十一年正月十七日;c:《直隶总督袁世凯奏为创设罪犯习艺所办理情形事》,档案号:03—7420—004,光绪三十一年二月十八日;d:《云贵总督丁振铎奏为滇省创办罪犯习艺所情形事》,档案号:03—7420—006,光绪三十一年三月初三日;e:《热河都统松寿奏为遵设罪犯习艺所办理情形书》,档案号:03—7399—042,光绪三十一年八月三十日;f₁:《奏报遵旨设立巡警部接收京师内外江巡事务暨工艺所大概情形事》,光绪三十一年九月二十一日,档案号:03—5519—037;f₂:《奏为京师开办习艺所并酌拟试办章程缮单呈览事》,光绪三十二年闰四月,档案号:008—001;g:《署理两广总督岑春煊奏报遵旨举办罪犯习艺所整顿警察章程情事》,光绪三十一年十一月初二日,档案号:03—5519—057;h:《署理吉林将军达桂奏为吉林省创设罪犯习艺所大概情形事》,档案号:03—7420—032,光绪三十一年十一月;i:《四川总督锡良奏为川省各属遵办习艺所及警察情形事》,光绪三十一年五月初六日,档案号:03—7420—015;j:《福州将军兼署闽浙总督崇善奏为闽省遵设罪犯习艺所酌拟办法事》,光绪三十一年五月二十九日,档案号:03—7286—028;k:冯煦主修,陈师礼总纂:《皖政辑要》,黄山书社2005年,第750页;l:《湖南巡抚端方奏为遵旨筹办罪犯习艺所情形事》,档案号:03—7420—022,光绪三十一年六月初六日;m:《奏为筹办善后先就积匪最多南宁梧州各属筹发经费专设习艺所事》,光绪三十一年十月二十三日,档案号:03—5519—051;n:《署理黑龙江将军程德全奏为黑龙江创设罪犯习艺所拟定章程办事》,档案号:03—7228—016,光绪三十二年六月十三日;o:《山西巡抚张人骏奏为晋省各属遵设罪犯习艺所情形事》,档案号:03—7420—042,光绪三十二年二月二十二日;p:《清德宗景皇帝实录》卷559,第402页;q:《署理甘肃新疆巡抚吴引孙奏为新疆罪犯习艺所请饬部立案事》,档案号:03—7420—045,光绪三十二年四月初七日以及《新疆图志》卷29,《实业志》二,《工业》。

二、新式模范监狱的设立

从宏观的"外缘影响"来看,晚清的狱政改革是随宣统元年(1909)九月预备立宪的开始,而于规模和深度上渐呈新气象。是时,法律(尤其是刑法)的修改和颁布,成为筹办立宪事宜的应有之义。而刑法的革故鼎新与监狱改良无疑又

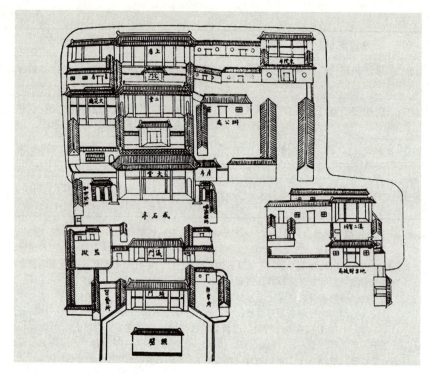

图 5-1　晚清安徽太和县行政公署监狱、习艺所图①

存在互为表里的关系,当时曾留学日本警监学校的天津赤城县丞涂景渝即指出:"庶政改良自刑法始,而监狱为执行刑法之机关,改良刑法,监狱岂容缓哉?"②

抛开上述政治方面的"外缘原因",以法律的"内部视角"审视,新的律法文本于制度上的革故鼎新,实际上是对先前传统刑罚体系早已松动的司法实践的承认和正名。在《大清新刑律》未修订和颁布之前夕,传统的五刑已渐趋瓦解,笞杖等肉刑已基本废除而改为罚金,徒流军遣等犯已陆续按前述赵尔巽之主张而收所习艺。因此,传统的笞杖徒流等刑罚被渐次废弃后,自由刑逐渐勃兴和彰显。而如何成功实施自由刑,最终将依赖于监狱是否有效加以执行,因此与之相配套的新兴监狱势必要随之设立,正所谓"既然变通刑法,尤必改良监狱",否则"法律不过空文,所以执行刑法者,就是监狱"。③

---

①　丁炳烺等纂修:民国《太和县志》,《行政公署图》。

②　《留学日本警监学校赤城县丞涂景渝上列宪改良直隶监狱条陈》,载《北洋公牍类纂正续编》(第1册),国家图书馆历史档案文献存刊,全国图书馆文献缩微复中心2004年版,第2137页。

③　参见《监狱科总教习开学之演说》,《吉林白话报》1907年11月9日,第31号,第2页。

此外,预备立宪的另一议题为设立省及商埠各级审判厅。而实行审判制度革新,在一定程度上也刺激着监狱革新,因为审判效果是否良好,主要在于判决执行是否有效,因此"既改良审判,自应首先改良监狱"。① 从已有的研究成果来看,清末在设立新式审判厅方面,亦取得了一定的成绩。② 中央和地方各级审判厅相继设立,无疑促动监狱改良快速开展。

光绪三十四年(1908)四月,修律大臣沈家本奏呈《实行改良监狱以资模范而宏教育事》一折,首先肯定了前述赵尔巽的主张,即军流以下之犯罪(除常赦所不原外)均改为就地收所习艺而不予发配,认为这已然具备了自由刑的雏形。在此基础上,沈氏首次明确提出建立模范监狱的设想,主张实施自由刑,俾以教诲和习艺为手段,以导犯人改恶向善;并基于"内地各监狱同时改建,力有未逮",提出先行考虑在各省省府及通商口岸建立模范监狱一所,以备拘禁流、徒刑犯。至于财力较为宽裕的省份,则酌情按照罪犯的性质、年龄和数量设立,试所数年,然后推及于各州县。③

既然,赵尔巽所主张设立的罪犯习艺所,已然具备了新式自由刑的特质,何以沈家本又再次提出"模范监狱"这一概念呢? 沈氏在奏折中提出了他的理由:模范监狱是羁押业经审判定罪的犯人,理应由法部监督;而罪犯习艺所则是拘禁浮浪贫乏者的地方,应由民政部管辖。名分既定,始能权限始分。④ 实际上,我们通过表4-1中各地区所推行的习艺所来看,容或有如同顺天府和新疆设立局所而兼收贫民和罪犯的情况出现,但从总体上来看,当时罪犯习艺所尚以已决罪犯为主要收押对象。正是有鉴于此,法部当时在议覆沈氏主张时,唯独对"模范监狱"的提法存有异议,其认为:本国罪犯习艺所并非如同西方一样,是仅收容无业流民的感化场域,它本身即已具备拘禁犯人的功能。因此,法部主张对拘置犯人的场所,仍名曰"罪犯习艺所",归法部管辖。等条件一应具备,再行设立专收浮浪贫乏之人的场所,或可名之为"民人习艺所",归民政部监督,如此两分,

---

① 《东三省总督徐世昌奏开办省城模范监狱大概情形折》,《政治官报》1909 年 1 月 31 日。

② 关于晚清审判厅的研究,近年来较受学界关注,如李启成:《晚清各级审判厅研究》,北京大学出版社 2004 年版;李超:《清末民初的审判独立研究》,法律出版社 2010 年版。

③ 修订法律大臣大理院正卿沈家本:《奏请实行改良监狱以资模范而宏教育事》,光绪三十四年四月十一日,档案号:03—9286—022,中国第一历史档案馆藏。

④ 沈家本:《修订法律大臣沈家本奏实行改良监狱宜注意四事折》,沈云龙主编,佚名辑:《清末筹备立宪档案史料》(下),文海出版社 1980 年版,第 831 页。

则"名称不紊,管辖各得其宜,于惩戒已然和感化未然之道,两相裨益"。① 是故,此次法部议覆中,虽对沈氏多数主张表示认可,但对立"模范监狱"一名,仍未许同意。据肖世杰的考证,同意命名为"模范监狱"是在宣统元年。(1909)②之所以最终同意将罪犯习艺所改建为"模范监狱",实另有其因,即罪犯习艺所自身存在一些局限,如从其人员管理、设备条件、经费来源等诸多方面来看,习艺所只适宜收押轻罪人犯,而不便拘置军流等重犯,"因军流各犯多系不逞之徒,聚数百人于一隅,挟众滋事,诸多可虑"。③ 复有人指出,以罪犯习艺所拘留人犯,使其习艺改善,以代旧狱,法良意美,然而"其法不完,且习艺所者,监狱之工场也。以狱制而兼设工场,令人犯习艺则可,以习艺所名义聚囚于一场以羁禁则不可"。④

为了在既定的 1913 年大清新刑律颁布施行之前,将配套之新式监狱建成,当时法部咨会各省,模范监狱务必在宣统三年(1911)之前全部告竣。⑤ 从现有资料来看,这种设想也大体获致实现。

有一点需辨明的是,时任湖广总督的张之洞对狱制转型关注甚早,因此其建立模范监狱的动议和实践,均早于沈家本所动议的光绪三十四年(1908)。早在前述的光绪二十七年(1901),刘、张两人联衔会奏后,张之洞随即饬令下属"将所设内监、外监大力修改,务须宽敞,凌虐之弊,随时禁革",几年下来,监狱积弊渐次剔除。然而,终因经费支绌,"未能大改旧规"。在张看来,"若因陋就简,终无大益",因此在光绪三十一年(1905)至光绪三十三年(1907)五月,张之洞饬令在省城江夏县署东侧设立新式模范监狱,"虽在禁锢之中,而处处皆施以矜悯之方,并实有教诲之事,以为通省模范"。⑥ 此外,云南模范监狱的建成亦颇早,其于 1907 年 10 月已竣工。⑦

总体上来看,至清朝倾覆前,模范监狱在各省相继筹设,次第落成(表5-2:

① 沈家本:《修订法律大臣沈家本奏实行改良监狱宜注意四事折》,沈云龙主编,佚名辑:《清末筹备立宪档案史料》(下),第831页。

② 肖世杰:《清末监狱改良》,法律出版社2009年版。

③ 《河南巡抚陈奏遵设罪犯习艺所酌议办法折》,《东方杂志》1905年第2卷第2期。

④ 《东三省总督锡良、奉天巡抚程德全奏通筹全省狱政请变通成法折》,《政治官报》1910年3月2日。

⑤ 王元增口述:《监狱学》,李祖荫等校勘,1927年(出版地不详),第8页。

⑥ 协办大学士湖广总督张之洞:《奏为新造省城模范监狱工竣开办详定章程以恤刑狱事》,光绪三十三年五月二十九日,档案号:03—7228—032,中国第一历史档案馆藏。

⑦ 《云贵总督锡良奏改良省城监狱折》,《政治官报》1907年11月19日。

清末省城模范监狱建成一览表）。

表5-2　清末省城模范监狱建成一览表

湖北	1907 年 5 月	云南	1907 年 10 月
河南	1908 年 8 月	东北	1909 年 1 月
奉天	1909 年 1 月	江宁	1909 年 7 月
山东	1909 年 7 月	云贵	1909 年 9 月
山西	1910 年 10 月	广西	1910 年 9 月①
江西	1909 年 9 月	闽浙	1911 年 5 月
热河	1911 年 5 月	安徽	1910 年 12 月②
四川	1911 年 8 月	北京	1912 年

资料来源：湖北和云南以外的 14 省的情况，参见《政治官报》（1908—1911 年）、《京外改良各监狱报告录要》（王文豹编，1919 年）（上述两类资料的记载中，部分时间容或有误，本书据第一历史档案馆资料已作订正）。

　　饶具兴味的是，改革后的新式监狱仍分内监和外监，有的即是利用了原来内外监狱设施，但旧瓶已装新酒，清末的内外监旨在将已决犯和未决犯相厘清，洵非此前的未决轻犯和未决重犯相分的产物，正如张之洞言及："内监，以居已定罪人犯，外监，以居未定罪人犯。"③此处外监，即后来之未决监（或拘置监），亦即看守所。

第二节　自新所在晚清狱制转型中的复归

——兼论晚清狱制转型的本土性

　　狱制转型之前，清朝以"笞、杖、徒、流、死"为正刑，在监者多系未判待审或

---

　　①　据档案中记载，广西省城模范监狱于"宣统二年九月全工告竣"。参见护理广西巡抚魏景桐：《奏报广西模范监狱成立日期并将监狱章程编定细则送部查核事》，宣统三年正月三十日，档案号：03—7592—007，中国第一历史档案馆藏。

　　②　据档案记载，安徽省城监狱于"宣统二年十二月十三日工竣"。参见安徽巡抚朱家宝：《奏报省城模范监狱成立日期事》，宣统三年三月二十六日，档案号：03—7592—027，中国第一历史档案馆藏。

　　③　协办大学士湖广总督张之洞：《奏为新造省城模范监狱工竣开办详定章程以恤刑狱事》，光绪三十三年五月二十九日，档案号：03—7228—032，中国第一历史档案馆藏。

已判待决之人,故当时监狱尚非独立行刑设施,唯执行五刑的辅助工具而已。清末之际,"笞、杖、徒、流"等刑,渐为时势所不容,实施自由刑的呼声日趋高涨,狱制改良终由动议而为实践。在制度设计上,改良后的新监显与旧监有异,不仅在于新监已然成为独立的行刑设施,更是因为旧日监狱之行刑,旨在予犯罪人以肉体惩罚,最终将犯人与社会相隔离,而新式监狱"所注意者,为如何施以教化,如何导之作业,以使受刑人改过迁善,适于今后生活"。① 就此点而言,清末罪犯习艺所的成立,确实开启了中国近代狱制转型的序幕。实际上,清末有些省份的新式模范监狱即是在早先设立的罪犯习艺所基础上简单改造而成。② 荷兰学者冯客(Frank Dikotter)亦研究指出,"罪犯习艺所的教育使命和重视专业技能的方法,被中国第一批模范监狱所效仿"。③ 可见,无论是在建筑实体还是在习艺迁善的兴办理念上,新式模范监狱都是以罪犯习艺所为蓝本。④

今人论及近代中国罪犯习艺理论和实践,均认为近邻日本的狱制狱理乃其智识之源,且多数认为新式监狱的出现与西方来华人士的诟病以及清廷急切废除领事裁判权的热望密切相关。⑤ 种种论说,大致皆谓晚清狱制受外来影响而成,但却严重忽视了晚清狱制演变过程中的内在机理和本土资源。据笔者的考

---

① 林纪东:《监狱学》,第 62 页。

② 在清末狱制改良中,罪犯习艺所大致有三种结局:(1)罪犯习艺所被改为模范监狱,如直隶、安徽、浙江等省,其模范监狱大多在原先的习艺所基础上改成;(2)清末一部分罪犯习艺所,未及改称为监狱,清廷即亡(以上参见《法部奏续陈第三年第二届筹办成绩折》,《政治官报》1911 年 4 月 15 日);(3)罪犯习艺所与监狱并列成为新式狱制的一部分,如 1910 年广东省"凡刑事已经判决罪名确定者,为刑事犯,其罪轻者收罪犯习艺所,重者收监狱"(参见《广东监狱改良暂行章程》,《广东宪政筹备处报告书》第三期,1910 年 5 月,载桑兵主编:《清代稿钞本》(第 50 册),第 67 页)。直至民国初,即 1913 年 7 月 7 日,司法部才颁布《划一监狱看守所名称办法令》,将清末所设罪犯习艺所一律改为监狱。参见余绍宋编:《改订司法例规》(下册),北京司法部参事厅编印,第 184 页。

③ [荷兰]冯客(Frank Dikotter):《近代中国的犯罪、惩罚与监狱》,徐有威等译,江苏人民出版社 2008 年版,第 48 页。

④ 关于传统监狱与现代监狱的转型研究,需特别注意新旧监狱的形式(实体)和内容(精神)的双重关联性。晚清之际,由于经费短绌,许多地方的新式监狱,往往系在对旧式监狱的基础上因陋就简而来,即如晚清时人所言:"现时开办,先讲求内容,至所有监房暂且因陋就简,略加修葺。"参见《调查日本监狱员高杰上列宪改良直隶监狱条陈》,载《北洋公牍类纂正续编》(第 1 册),第 2161 页。

⑤ 如林茂荣、杨士隆:《监狱学——犯罪矫正原理与实务》,五南图书出版股份有限公司 2007 年版,第 9 页;李甲孚:《中国监狱史》,商务印书馆 1984 年版,第 173 页;王平:《中国监狱改革及其现代化》,中国方正出版社 1999 年版,第 16—17 页;万方安:《中国监狱史》,中国政法大学出版社 2003 年版,第 103—104 页;兰洁:《监狱学》,中国政法大学出版社 1999 年版,第 6 页。

察,新式狱制中"教犯习艺迁善"的教育刑和矫正刑的特征,在清代中期的自新所的实践中,已有鲜明的体现。

前述私牢更多的呈现出非法性和黑暗性的一面,但需指出的是,本书清代"私牢概念",主要是依据各种羁押设施在其实践中的特征及相关禁令而作出的概括,但从私牢设施的各种原初形态而言,皆具有各自的原初功能,且往往存在合理性的一面,如卡房可以用以维护社会治安,班房可作为衙役值宿处所等,唯因卡房、班房等私牢的本初形态,多与本书监禁主题关涉不大,故只在前文私牢类型考述中略作梳理。然而,作为清代私牢形态之一的自新所,与班房、卡房等其他私牢设施相较,存有诸多不同之处:首先,自新所设立之初,即以监禁设施相标榜,且原为羁押已决窃盗轻犯设施,此点与其他私牢主要用以羁押未决轻犯及人证,实有着很大的不同;其次,自新所较早即进行了制度上的设计,这从前述翁藻乾隆十三年(1748)的奏折可以看出。下面我们再通过道光朝的《江阴县志》对自新所的制度设计,以见自新所对窃犯施以教化、令其习艺等细致举措,其曰:

> 每名给资本钱五百文,日给口粮薪菜钱,夏给扇席,冬给棉衣,发谕言一道,令刑书每三日向众犯讲诵一过,俾其悔悟自新,其有能制草鞋、绳索、纺棉诸技,各予物料,使之工作,不能者令看役教导,如匝月无成,即督令炊爨,以免偷惰。另拨内丁看役、更夫各二名,驻宿于内,以专稽查巡防之责。需用料物器具,选诚实副役一名,代为置买。设簿注若干,代某存贮,如有改过自新者,许该犯亲属保邻等具结保出,俾得谋生。存贮钱文,悉当堂给发。①

这则材料所反映的内容与前述翁藻奏折中所述大同小异,但是此处"发谕言②一道,令刑书每三日向众犯讲诵一过,俾其悔悟自新"的举措则表明,自新所除教犯人以技艺之外,尚有思想道德方面的教化。

通过前揭材料可知,早期的自新所在制度设计上有以下几点鲜明特征:

首先,从收押对象来看,其主要收押已决窃盗再犯,具有独立行刑设施的特质。清代以"笞、杖、徒、流、死"为正刑,因此传统监狱之中多系待审未决之人,故当时正式监狱尚非独立行刑设施,唯为辅助五刑实施的羁押工具而已。至于当时关押已决之徒、流犯的配所,因其管理散漫并缺乏明确而稳定的收押空间,

---

① 道光《江阴县志》卷1《建置》,丛书,第268页。

② 此处"谕言"应为"圣谕广训"之类,可与下文光绪五年刘秉璋奏折内容相参看。——笔者注。

亦不能被视作独立行刑之场所。因此，从某种意义上而言，自新所作为限制轻罪犯自由的设施，具备明显的独立行刑特征，实际上对传统法定监狱、配所的非独立行刑特征是一种突破和超越。

其次，从羁押措施来看，自新所已具备某些类似于西方近现代新式狱制的特征。如前所揭，乾隆年间的自新所，"鼠窃之辈后知自悔，乞怜其亲邻，服罪于事主"，联环具保，即可复为良民。这种传统的保释制，与西方新式狱制中的"假释制"有几分相似之处。① 而所中在押囚犯"不加桎梏，一年无过，复为良民"，②此种激劝犯人弃恶从善的方式，又深有西方新式监狱"累进处遇制"的意蕴。③

再次，从终极目的来看，自新所旨在通过教养兼施，使犯人迁恶为善，适应此后生活，带有与西方近代狱制类似的特别预防主义色彩。④ 自新所中令轻罪犯人习艺的主旨，在于使其"习于勤勉"而收"厉工以迁善"之效，⑤这一点与带有"奴辱"性质的传统徒刑迥然有别。⑥ 此外，犯人平时所习技艺，亦可助日后谋生之用；而平日做工所得钱财，亦可成为日后迁善之资。而对犯人诵讲圣谕广训之类，则希望直接借助于道德教化的力量俾犯人改过自新。与自新所适成鲜明对比的是，中国传统刑罚素来张扬绝对报应主义，如同清人黄六鸿言犯人时称："阿鼻孽鬼，应受苦报"，⑦其大致主张对"犯罪人科以相当之刑罚，良以善因必有善果，罪恶必有恶报……刑罚之主要目的，即在于刑罚本身，而不于刑罚以外以求之"⑧。

如同上述，正是因为自新所的制度及理念颇与西方近现代狱制相契，因而在清末狱制转型的过程中曾在基层大获利用和推广。

---

① 参见林纪东：《监狱学》，三民书局1977年版，第76页。

② 张诚：《与王咸斋太守论自新所书》，载葛士浚辑：《皇朝经世文续编》卷84，《刑政》，第2419页。

③ 参见林茂荣、杨士隆：《监狱学——犯罪矫正原理与实务》，五南图书出版股份有限公司1997年版，第109页；蔡保勋：《行刑累进处遇条例》，三民书局1957年版，第63页。

④ 参见许福生：《刑事政策学》，三民书局2005年版，第248页。

⑤ 刘锦藻：《皇朝续文献通考》卷383，《实业》6，《考》11301。

⑥ "徒者，奴也，盖奴辱之。"参见郑秦、田涛点校：《大清律例》卷4，《名例律上》，第75页。

⑦ 黄六鸿：《福惠全书》，载刘俊文主编：《官箴书集成》（三），第359页。按，这种刑罚报复主义的影响至为深远，直至晚清狱制改良之际，针对模范监狱耗资改善囚犯居住环境，刘锦藻颇有微词，其曰："监狱为羁禁罪犯之所，束其身体，节其饮食，隘其居处，无非多方折磨。"见氏著《清朝续文献通考》卷247，《刑》6，《考》9928。

⑧ 丁道源：《刑事政策学》，三民书局2002年版，第159页。

一、同光年间自新所设立状况

嘉道以降，吏治日弛，司法腐败，尤其是衙役群体巧极心思、倚狱为市，遂造成自新所逐渐异变成滥押久羁、以酷济贪的利窟，呈现出黑狱色调。道同年间，江南一带的自新所或遭兵燹，①或为例禁，曾一度被废撤。然而，在同光之际，自新所又似乎被地方士宦瞬间激活，并呈现出散播全国的态势（表5-3：同光年间自新所的设立情况一览表）。

表5-3 同光年间自新所的设立情况一览表

设置地点及时间		资 料 出 处
	淮安府阜宁县(同治年间)	光绪《阜宁县志》卷2《建置》，学生书局1968年版，第148页。
	松江府华亭县(同治年间)	光绪《重修华亭县志》卷2《建置》，丛书，1960年影印，第200页。
	苏州府新阳县(同治十三年)	光绪《昆新两县续修合志》监狱图、卷3《建置》，丛书，1970年影印，第56页。
	苏州府昆山县(光绪初年)	光绪《昆新两县续修合志》监狱图、卷3《建置》，丛书，1970年影印，第53页。
	徐州府睢宁县(光绪十二年)	光绪《睢宁县志稿》县署图、卷6《建置》，集成，1991年影印，第349页。
江	江宁府上元县(光绪二十四年)	韩兆藩：《考察监狱记》，商务印书馆，光绪三十年岁次丁未排印，第2页。
苏	松江府上海县(光绪三十四年)	民国《上海县续志》，文庙南园志局，民国七年，第19页。
	松江府青浦县(光绪末年)	民国《青浦县续志》卷3《建置》，丛书，1970年影印，第144页。
	松江府南汇县(光绪年间)	民国《南汇县续志》卷3《建置》，丛书，1983年影印，第204页。
	松江府川沙厅(光绪末年)	民国《川沙县志·司法志》，丛书，1974年影印，第1396页。

① 如昆山和新阳县的自新所均于道光年间被兵火焚毁。参见光绪《昆新两县需修合志》监狱图、卷3《建置》，第53、57页。

设置地点及时间		资 料 出 处
浙 江	杭州府仁和县(同治年间)	梁恭辰辑:《巧对续录》(下),商务印书馆 1929 年版,第 39 页。
	温州府永嘉县(同治九年)	光绪《永嘉县志》,丛书,1983 年影印,第 352 页。
	绍兴府上虞县(光绪年间)	光绪《上虞县志》卷 30 县署图及《建置》,丛书,1970 年影印,第 628 页。
安 徽	凤阳府凤阳县(同治八年)	光绪《凤阳府志》卷 11《建置》,丛书,1985 年影印,第 1697—1698 页。
	安庆府怀宁县(光绪二十三年)	冯煦主修,陈师礼总纂:《皖政辑要》,黄山书社 2005 年版,第 750 页。
	滁州直隶州(光绪二十二年)	光绪《滁州志》卷末《遗记》,丛书,1985 年影印,第 1134 页。
	滁州全椒县(光绪二十五年)	民国《全椒县志》卷 1《舆地》,丛书,1974 年影印,第 107 页。
	宁国府南陵县(光绪末年)	民国《南陵县志》卷 10《营建》,丛书,1970 年影印,第 139 页。
	六安州英山县(清末)	民国《英山县志》卷 2《建置》,丛书,1985 年影印,第 193 页。
四 川	重庆府永川县(同治四年)	光绪《永川县志》卷 3《建置·廨署》,集成,1992 年影印,第 77 页。
	成都府彭县(光绪四年)	光绪《重修彭县志》卷 2《衙署》,集成,1992 年影印,第 40 页。
	顺庆府广安州(光绪年间)	光绪《广安州新志》,学生书局,1968 年影印,第 71 页。
广 西	思恩府迁江县(光绪六年)	光绪《迁江县志》卷 1《建置·廨署》,学生书局,1968 年影印,第 53 页。
	郁林直隶州(光绪十五年)	光绪《郁林州志》卷 5《建置》,丛书,1967 年影印,第 81 页。
山 东	济南府济阳县(光绪二十八年)	民国《济阳县志》卷 2《建置》,集成,2004 年影印,第 63 页。
	莱州府高密县(光绪年间)	民国《高密县志》卷 3《建置》,丛书,1968 年影印,第 171—172 页。
	东昌府馆陶县(光绪二十九年)	民国《馆陶县志》卷 6《职官》,丛书,1976 年影印,第 1088 页

续表

设置地点及时间		资　料　出　处
奉天	昌图府怀德县(光绪四年)	民国《怀德县志》卷1《地理》,集成,2006年影印,第406页。
	昌图府首县(光绪十三年)	民国《昌图县志》第10编《志慈善》,集成,2006年影印,第498页。
广东	潮州府丰顺县(光绪初年)	光绪《丰顺县志》卷2《仓储》,丛书,1967年影印,第317页。
贵州	黎平府天柱县(光绪十一年)	光绪《续修天柱县志》卷2下《营建》,集成,2006年影印,第175页。
湖北	黄州府罗田县(光绪二十年)	望江县文史资料委员会编写:《走进陈氏宗祠》,网址:http://www.wangjiang.gov.cn/zxatwangjiang/index_view.php?ty=409&ID=3468,2008年12月12日。
甘肃	固原直隶州(清末)	宣统《固原县志》卷11《庶务》,丛书,1960年影印,第1179页。
直隶	定州直隶州(光绪年间)	民国《定县志》卷3《政典·建置篇》,丛书,1969年影印,第193页;另见甘厚慈辑:《北洋公牍类纂·习艺·定州设立习艺自新所呈送试办章程禀并批附清折》,文海出版社1966年版,第446页。
山西	太原府阳曲县(光绪二十八年)	《山西巡抚张人骏奏为晋省各属遵设罪犯习艺所情形事》,光绪三十二年二月二十二日,档案号:03—7420—042。
湖南	长沙府长沙、善化县(光绪二十九年)	《湖南巡抚端方奏为遵旨筹办罪犯习艺所情形事》,光绪三十一年六月初六日,档案号:03—7420—022。
云南	云南府昆明县(光绪三十年)	牛鸿斌等点校:《新纂云南通志》,云南人民出版社2007年版,第383页。

由表5-3可以看出,同治年间复建的自新所仍以江浙一带为主,而光绪年间则扩展到四川、广西、山东等12个省份。此外,同光之际,与自新所名异实同的"从善所"、"迁善所"、"改过局"、"化莠堂"、"省悟所"等机构,亦一时纷纷而起(参见表5-4:同光之际类似自新所之设施)。

表 5-4　同光之际类似自新所之设施

设置地点及时间		名　称	资　料　出　处
江苏	苏州府元和县（同治九年）	迁善局①	光绪《苏州府志》（一）卷 24《公署》，丛书，1983 年影印，第 577 页。
	苏州府吴县（同治十年）	洗心局	民国《吴县志》卷 30，丛书，1970 年影印，第 467 页。
	松江府上海县（光绪二十年）	改过局	韩兆藩：《考察监狱记》，第 12 页。
	苏州府元和县（光绪三十年前）	化莠堂	韩兆藩：《考察监狱记》，第 12、7 页。
	松江府南汇县（光绪年间）	省悟所	民国《南汇县续志》卷 3《建置》，丛书，1983 年影印，第 204 页。
浙江	湖州府乌程县南浔镇（光绪年间）	洗心迁善局	《洗心迁善局碑记》、《设立洗心局公呈》，民国《南浔志》卷 2《公署》，1922 年刊本。
	杭州府仁和县（光绪五年）	迁善公所	《浙江巡抚刘秉璋奏为省城所设迁善公所著有成效呈请立案事》，光绪九年六月二十三日，档案号：03—5675—010。
	嘉兴府嘉善县（光绪十一年）	迁善公所	光绪《嘉善县志》县署图、卷 5《建置》，丛书，1970 年影印，第 103 页。
	杭州府仁和县（光绪三十三年）	迁善公所	韩兆藩：《考察监狱记》，第 28 页。
	宁波府鄞县（光绪三十三年）	迁善公所	韩兆藩：《考察监狱记》，第 31—32 页。
	定海厅（光绪三十三年）	迁善公所	韩兆藩：《考察监狱记》，第 33 页。
	严州府寿昌县（清末）	迁善所	民国《寿昌县志》卷 4《建置·局所》，集成，1993 年影印，第 89 页。
福建	台湾府新竹县（光绪元年前）	从善所	戴炎辉：《清代台湾之乡治》，联经出版事业公司 1979 年版，第 660 页。
	台湾府安平县（光绪元年前）	自新馆	同上；另见《安平县杂记》，《职官》、《衙署》，成文出版社 1983 年版。

---

　　①　该设施专羁少年犯，一般附设于迁善所之下。参见［日］夫马进：《中国善会善堂史研究》，第 4 页。

续表

设置地点及时间		名 称	资 料 出 处
广东	广州府南海、番禺县(光绪十三年)	迁善所	赵德馨主编:《张之洞全集》第5册,武汉出版社2008年版,第124页。
	惠州府归善、潮州府海阳、肇庆府高要、高州府茂名、廉州府合浦5县(光绪十五年)	迁善所	两广总督张之洞:《奏为广东各府厅州县监狱大半颓坏不堪饬令修理并拨费添补羁犯粥饭棉衣事》,光绪十五年十月初六日,档案号:03—7413—064。
湖南	宝庆府新化县(光绪二十一年)	迁善所	《奏为特参湖南新化县知县周至德违例加赋滥设班馆请旨查办事》,光绪二十一年十月初三日,档案号:03—5331—017。
	长沙府长沙县(光绪二十四年)	迁善公所	陈铮主编:《黄遵宪全集》,中华书局2005年版,第507—510页。
广西	桂林府临桂县(光绪十八年)	迁善公所	《广西巡抚柯奏遵设罪犯习艺所折》,《东方杂志》第10期。
	郁林州陆川县(光绪三十二年)	迁善所	民国《陆川县志》卷21《兵事编》,丛书,1967年,第341页。
四川	成都府成都县(清末)	迁善所	刘锦藻:《皇朝续文献通考》卷383,《实业》6,考11301。

二、同光年间自新所的制度因沿变化

同光时期,自新所的复设和前述乾隆十年(1745)苏州三县初设一样,仍与战乱后的贫穷和窃盗问题相关。光绪五年(1879),浙江因历次兵燹而元气未复,民多失业,无赖之徒"日则沿街讹索,夜则鼠窃狗偷。良懦小民,咸受其扰,即官为拿办,亦不免朝释暮犯"。有鉴于此,省城杭州设立迁善所,"凡无业游民、讹赖、匪徒及掏摸小窃为犯,由府州暨保甲局审明并无重情者,即送该所收管,酌予衣食,勒限戒除旧习。就其质性所近,令习手艺,劝勤惩惰,勉以自新。遇有疾病,为之医药。每逢朔望,由委员按名传出,剀切开导,并延乡约宣讲圣谕广训暨刑律诸条。真心悔悟之人,随时释放,令其就所习手艺出外谋生;或令原籍家族领出,教约不准仍聚城市复蹈故辙。数载以来,市廛得安,匪类渐知感化,办理兹有成效,于地方实有裨益"。[①]

----

① 浙江巡抚刘秉璋:《奏为省城迁善公所著有成效呈请立案事》,光绪九年六月二十三日,档案号:03—5675—010,中国第一历史档案馆藏。

迁善所虽然除收押"掏摸小窃为犯"外,亦收"无业游民、讹赖"等辈,此与自新所初设时仅收窃盗的情形略有不同,但在收押窃盗、教其习艺、宣讲圣谕、悔悟保释等诸多方面,与自新所如出一辙。晚清湖南巡抚俞廉三曾指出:迁善所"延致工匠教习手艺,令其改过自新,艺成限满,察看保释,与他省之自新所章程相同"。①故两者名异而实同。鉴于乾隆和同治年间浙江曾设立自新所,因此可以说迁善所乃为自新所的复设。

光绪十一年(1885),全国范围内军流徒等犯脱逃日众,既有配所几成虚设,刑部深恐滋蔓隐患,奏令各省就地方情形妥筹安插之法,是时直隶总督复称:

> (本省)每年徒犯约有百数十名……向无口粮,饥寒交迫,往往乘间逃脱……如系游惰(窃盗再犯),应收入自新所,责令学习织带编筐等事……冬令捐给棉衣以御寒,俾无冻馁之虞。驯良者自能安心供役,游惰者渐使悔罪改善。如能学一艺,在配时已可落得工资,迨徒满还家,亦得就此糊口,不致终身废弃。设立自新所安置窃盗等犯,而徒犯亦有栖身之所,不至散漫无稽,逃者自可日少。

直隶设立自新所,安置对象是窃盗徒犯,思虑重点仍在于管束和谋生两端,这与自新所的设立初意相合。河南巡抚则复称:

> 若抢劫奸拐等案人犯,犷悍性成,不能悉受约束,虽予以口粮亦难望其守法……其因抢劫等案问拟军流徒犯,到配即收入自新所严行管束,给饭食一二年后,察其野性渐驯不致复萌,故能始行释出,与寻常军流等犯一体安顿;倘怙恶不悛,仍应在所看管,稍知悔改,再行照章办理。

河南的做法与直隶有明显差异:首先,河南自新所对"抢劫等案问拟军流等犯"皆可收押,相较自新所初只收窃盗犯而言,呈现出扩大收押范围的倾向;其次,河南自新所并非如直隶一样是对既有配所的取代,相反却成为既有配所的过滤性辅助设施,即"野性渐驯不致复萌"者释出后与寻常军流等犯一体安顿于配所,而"怙恶不悛仍应在所看管"。无论两者有何差异,在军流徒犯脱逃日众的情形之下,两省设立自新所的做法皆不失为安插徒流刑犯的一剂良方,故刑部对此深表赞赏,认为"设有专所,与其徒加看管,似不如亦责令学习手艺,则各犯

---

① 汪叔子编:《陈宝箴集》卷34《电函》,中华书局2003年版,第1620页。

勤而习劳,迁善更易"。①

除浙江、直隶、河南以外,广东亦是较早设立罪犯习艺设施的省份之一。光绪十三年(1887),两广总督张之洞鉴于传统监狱中的轻犯"拘系日久,无所事事,颓惰之习益惯,悔悟之念不萌,一旦省释,谋生无具,难保不再蹈故辙",遂在广东南海、番禺两县试办迁善所,"区分院落,各设头目,购置工具,酌募工师,责令各犯学艺自给,量能授艺,勒限学成,宽筹宿食,严禁滋事,俾其顾名思义改过迁善。将来放出,各有一艺可以资生,自然不再为非,囹圄可期渐少"。他还冀望此法能在南海、番禺试办见效后推行于全省各县。② 光绪十五年(1889),因传统监狱"疾疫易起,瘐毙常多",他又令归善、海阳、高要、茂名、合浦等五县设立迁善所,令犯人习艺。③ 此后为使迁善所顺利推行,张之洞捐出三万两养廉银,酌提一半发商生息,以作南海、番禺两县迁善所的常年经费。④ 光绪三十年(1904),时已迁任湖广总督的张之洞,仍极重视设立迁善所一事,曾通饬各属清厘庶狱,建设迁善、习艺等所,对于寻常词讼中之"屡犯不悛难以开除者",主张"选匠教习,振其懒惰之心,予以自新之路,将来学艺成就,可以自食其力"。⑤ 张之洞可谓近代倡行狱制改良的先驱,其于光绪二十七年(1901)与刘坤一合奏"江楚会奏变法三折"之第二折"恤刑狱"条,更是较早正式提出"修监羁"、"教工艺"等新式狱制主张,对晚清狱制改良影响甚为深远,以至不少中外学者均主张该折正式奏响了中国近代狱制改良的号角。⑥ 值得注意的是,该折在提"教工艺"一事时提及:"近年各省多有设立迁善所、改过所者,亦间教以工艺等事。然行之不广,且教之亦不认真。"⑦张氏虽对迁善所的实行状况不甚满意,但言语之

---

① 光绪朝《清会典事例》(二)卷746,《刑部》,《名例律》,《徒流迁徙地方》六,第240—241 页。

② 《札南、番两县勘修迁善所》,《张之洞全集》第5 册,第124 页。

③ 两广总督张之洞:《奏为广东各府厅州县监狱大半饬坏不堪饬令修理并拨费添补羁犯粥饭棉衣事》,光绪十五年十月初六日,档案号:03—7413—064,中国第一历史档案馆藏;另见《通饬各属修建监狱、迁善所片》,《张之洞全集》第2 册,第302—303 页。

④ 《批南海县禀请拨款修理监羁》、《批番禺县禀请拨款修理监羁》、《批南、番两县会禀迁善所经费不敷请筹常款》,《张之洞全集》第7 册,第91—92 页。

⑤ 《札臬司饬各属清厘庶狱建设迁善、习艺等所并严禁滥刑》,《张之洞全集》第6 册,第439 页。

⑥ 参见[日]岛田正郎:《清末之狱制改革及大清监狱则例之编纂》,《中华学术与现代文化九法学论集》,华冈出版有限公司1977 年版,第156 页;郭明:《中国监狱学史纲》,中国方正出版社,2005 年,第1 页。

⑦ 张之洞、刘坤一:《奏江督刘鄂督张会奏条陈变法第二折》,载杨凤藻辑:《皇朝经世文新编续集》卷1,《通论上》,第52—67 页。

间仍寄愿于地方官员能实心推行教习技艺一事。

有学者认为，张之洞"教工艺"等新式狱制改良主张来自于曾经驻日的黄遵宪。① 言外之意，"教工艺"的想法很可能间接取法于日本。实际上，黄遵宪设立迁善所远在张之洞之后。光绪二十三年(1897)二月，湖南按察使黄遵宪不遗余力地推行新政，其中一项重要举措即是在长沙府城内设立迁善所，以监管罪犯和流民，统归保卫总局所辖，②并订立《湖南迁善所章程》8 章 51 条，规划綦详，其主要内容有：

> 流民罪犯，各以二百名为额，楼上每房一间，住二人；楼下每房一间，住三人；此项流民与罪犯应分别各归一号，免致混杂。……所习工作，先择易为之事，如打麻绳、织草履、折纸煤、织龙须草席、打草帽边、织布、弹绵等项，既易学造，且易售卖，其余工艺甚多，俟后陆续推广，延师教习。惟多用刀斧之事，暂缓学习。③

据当时《湘报》记载，建成后的迁善所"屋宇高敞精洁，犯民衣服饮食、坐卧器具，无不周备，观者大悦"。④ 湖南迁善所承沿光绪五年(1879)浙江的做法，仍是罪犯和流民兼收，但章程已明确规定流民与罪犯"各归一号，免致混杂"。其实，在官方看来，流民极易因贫而盗、触犯法网，因而"盖欲窃案之少，莫如先治可以为窃之人"。⑤ 这一点与西方近代保安思想颇为接近。⑥ 湖南迁善所的押犯限于轻罪者，而"较重或懒习工作者"则分发正式监狱之中，这与前述河南自新所"释轻留重"的做法恰好相反。在此，迁善所与监狱形成一种互补关系。需提及的是，维新运动失败后，清政府一度以"迹近植党"为辞，要求湖南裁撤新设之保卫局，其附设之迁善所亦有覆灭之虞，但张之洞以试办数月"宵小之徒，皆

---

① 美国学者任达认为刘、张"变法第二折"中所提及的迁善所是针对黄遵宪的实践而言，亦有中国学者蹈袭此说。参见[美]任达(Douglas R. Reynolds)：《新政革命与日本：中国(1898—1912)》，江苏人民出版社 1998 年版，第 190 页；侯强：《中国近代法律教育转型与社会变迁研究》，中国社会科学出版社 2008 年版，第 111 页。

② 此局职能为巡逻侦缉、搜寻缉捕罪犯以及清查户口等。参见《湖南保卫局章程》，《湘报》(上)第 7 号，中华书局 2006 年版，第 53 页。

③ 《迁善所章程》(全)，《湘报》(下)第 148 号，光绪二十四年七月二十二日，第 1444—1448 页。

④ 《善政宜民》，《湘报》(下)第 154 号，光绪二十四年七月二十九日，第 1508 页。

⑤ 参见陈宏谋：《弭盗议详》(上)，《培远堂偶存稿》文檄卷 10，第 4 页。

⑥ 林茂荣、杨士隆：《监狱学——犯罪矫正原理与实务》，第 51 页。

为敛迹,廛市一清,商民翕然安之"为由,①予以保全。

　　全国范围内自上而下推广罪犯习艺设施,应自光绪二十八年(1902)始。是年,山西巡抚赵尔巽在上奏中指出,流徒等刑罚罪名本意全失,配所之制流弊滋多。为此,赵氏奏请"饬下各省通设罪犯习艺所,以后将命盗杂案遣军流徒各罪犯审明定拟后,即在犯事地方收所习艺,不拘本省外省。分别年限多寡,以为工役轻重。精而镂刻熔冶诸工,粗而布缕缝织之末,皆分别勤惰,严定课程"。② 该折中所倡"各省设立习艺所以安置遣军流徒各犯"一项,最终为清廷采纳,并直接加速了清末狱制转型的进程。关于此点,无论民国年间的监狱学家抑或当下学人,一般均认为"罪犯习艺所"的奏设乃是清末传统狱制向现代狱制转型的转捩点。③ 然而论者一般不察,晚清赵尔巽设立"罪犯习艺所"的创想既非向壁虚构,亦非假借于外,而与其先前设立自新所令犯人习艺迁善的实践有莫大关联。早在光绪二十三年(1897),时任安徽省按察使的赵尔巽就与布政使于荫霖会同设立"大自新所"。④ 当时,赵尔巽亦曾札令安徽各州县设立自新所,如安徽滁州即曾"奉臬司赵饬建"。⑤ 另如凤阳县、⑥全椒县⑦等县亦分别于光绪二十三年、光绪二十五年(1899)设立自新所。郑观应曾对赵氏这种举措大加赞誉,称:"皖省赵廉访于自新所创工艺学堂,处置轻犯。……若能推广章程,实心办理,则化桀骜为善良,国无游民,人无废事,将见百艺蒸蒸。民之幸,亦国之福焉!"⑧光绪

---

①　《裁撤南学会并保卫局折》,《张之洞全集》第3册,第513页。

②　《大清法规大全》,《法律部》卷10,《习艺所》,第1893—1894页。

③　关于民国学人的著述,参见赵琛:《监狱学》,法学编译社1934年版,第80页;王元增著,王淇校:《监狱学》,1924年(出版单位不详);孙雄:《监狱学》,商务印书馆1936年版,第70页。关于今人的研究,参见[日]岛田正郎:《清末の習藝所》,载人足寄場顯彰会编:《人足寄場史——我国自由刑・保安处分の源流》,1974年,东京,创文社收入;[日]岛田正郎:《罪犯習藝所与模範监狱——大清监狱则草案の编定に関联》,1980年,日本,创文社收入;[日]吉澤誠一郎:《善堂と習芸所のあいだ——清末天津における社会救済事業の変遷》,——アジア・アフリカ言語文化研究(東京外国語大学)59,2000年;[荷兰]冯客(Frank Dikotter):《近代中国的犯罪、惩罚与监狱》,第48页;李甲孚:《中国监狱法制史》,台湾商务印书馆1983年版,第173页;按,台湾学者李甲孚亦主张晚清罪犯习艺所的设立是清末狱制转型的起点,但其断言罪犯习艺所的设立源于光绪三十四年(1908)库伦办事大臣延祉的奏议,则与史实有悖。

④　冯煦主修,陈师礼总纂:《皖政辑要》,第750页。

⑤　光绪《滁州志》卷末,《遗记》,丛书,1985年影印,第1134页。

⑥　光绪《凤阳府志》,丛书,1985年影印,第1697—1698页。

⑦　民国《全椒县志》卷1,《舆地志》,丛书,1974年影印,第107页。

⑧　郑观应:《狱囚》,陈忠倚辑:《皇朝经世文三编》卷59,《刑政》,文海出版社1972年版,第887页。

二十八年(1902)和二十九年(1903),赵尔巽分别在山西和湖南暂理巡抚一职,在此期间他亦将自新所的成功经验移植到晋湘两省,①后因办理富有成效,上谕一度令赵氏"移交后任,切实办理".② 因此,赵氏后来能系统提出足以影响后世狱制走向的"罪犯习艺"主张,一个重要原因即在于其受到"自新所"实践的启发。此后,安徽、山西、湖南等数省所设之"罪犯习艺所",亦是在既有自新所的基础上简单扩充而成。③ 另需提及的是,作为清末狱制改良中最具影响力的模范地区——直隶省,在其狱制改良中也充分利用了自新所这一本土资源,如清末天津罪犯习艺所在成立以后,仍于习艺所内保留"自新监"这一名目。④ 在天津设立罪犯习艺所的影响和压力之下,直隶所属州县纷起效仿,其中定州只是将此前即已存在的三十余间自新所,简单易名为"习艺自新所",唯"应修改者酌量修改"而已,⑤就这样顺利而巧妙地完成一次"新旧对接"。

综上而言,晚清一些极富现代性的狱制理念,如张之洞的"教工艺"主张以及赵尔巽的"罪犯习艺"理论,其重要的借鉴资源之一乃是颇具本土色彩的自新所。如本书前述,自新所在设立之初,其蕴含的良法美意堪与西方新式狱制相比,而西方新式狱制在19世纪中后期始即陆续由一些出洋使臣、外交使节以及尚慕西学之改良人士,如王韬、李圭、郭嵩焘、薛福成、黄庆澄、戴鸿慈、载泽等人,通过不同方式传介至中国,⑥故而晚清之际颇不乏以中西会通的视野来比较本土自新所与外来新式狱制之人。晚清郑观应即曾言及:"近闻各直省州县多设有自新所,以处轻犯,法诚善矣! 倘更能参用西法以推广之,使军流以下皆得自

---

① 参见《山西巡抚张人骏奏为晋省各属遵设罪犯习艺所情形事》,光绪三十二年二月二十二日,档案号:03—7420—042,中国第一历史档案馆藏;《湖南巡抚端方奏为遵旨筹办罪犯习艺所情形事》,光绪三十一年六月初六日,档案号:03—7420—022,中国第一历史档案馆藏。

② 《德宗景皇帝实录》卷511,光绪二十九年正月丁丑,第748页。

③ 参见《山西巡抚张人骏奏为晋省各属遵设罪犯习艺所情形事》,光绪三十二年二月二十二日,档案号:03—7420—042,中国第一历史档案馆藏;《湖南巡抚端方奏为遵旨筹办罪犯习艺所情形事》,光绪三十一年六月初六日,档案号:03—7420—022,中国第一历史档案馆藏。

④ 《天津府凌守福彭考查日本监狱情形节略》,载甘厚慈辑:《北洋公牍类纂》,文海出版社1966年版,第388页。

⑤ 《定州设立习艺自新所呈送试办章程禀并批附清折》,载甘厚慈辑:《北洋公牍类纂》,第446页。

⑥ 参见由钟叔河先生主编、长沙岳麓书社于1985年前后出版的《走向世界丛书》。如王韬:《漫游随录》,1985年,第149页;郭嵩焘:《郭嵩焘奏稿》,1983年,第386;薛福成:《薛福成出使英法意比四国日记》,1985年,第272、803页。

新自赎,则保全必多,办理亦易,全政体而广积阴功,当亦仁人所深许也。以西例较之,中国虽法有轻重,律有宽严,而充工一端,实可补今日刑书。"①显然,郑氏已充分意识到自新所与西方新式狱制存在着某种暗合之处,并希望在自新所基础上,能更自觉地参合西法,以推广其用,"使军流以下皆得自新自赎"。与郑氏"以旧物引新物"的路数颇为相似,同时代的杨然青则更表现出以"中物接西物"的自觉,将自新所与当时西方的"习正院"相比拟,认为中国倘能在自新所的基础上"官绅能仿而行之,则凡不教之民必将渐摩而化,奋勉自新,此天下之福哉"。② 据监狱学专家许章润先生考证,此处所谓"习正院",乃为光绪年间留学西洋人士对西方"改良所"的一种迻译。③ 而"改良所",正是当时风靡欧美的新式感化监。有意思的是,20世纪初受清政府之聘来协助修律的日本学人冈田朝太郎,于光绪二十三年(1897)在参观上海监狱时,发现有二室挂着"自新所"的牌子,对之颇感兴趣,后询知获悉为"拘禁罪行稍轻者之狱舍",但不解"自新所"之含义,进而臆测"自新所或许是将欧洲的轻罪狱(Maison de Correction)意译而成"。④ 冈田氏显然不知自新所乃地道之本土设施且出现为时甚早,但其将敏感地将中国本土之自新所与欧洲之轻罪狱相勾连,则正可显示出两者之间的共通之处。

面对晚清自新所在全国各地纷纷设立,时人汤震深抱杞忧,重弹旧调,其曰:"自新所设,而监狱以外增一图圄矣! 各省近设迁善所、改过所,将来流弊必同。"⑤然而这种因噎废食的取向,并不能对当时自新所在全国蔓延之势起到丝毫阻抑作用。

同光之际的自新所、迁善所,与初创时期相比已有很大区别,而且各省的做法也不尽一致。尽管如此,这一时期的罪犯习艺设施在教习技艺、迁人为善等理念上,却与初创时期的自新所一脉相承。作为一种收押罪犯的独立行刑和矫正

① 郑观应:《狱囚》,陈忠倚辑:《皇朝经世文三编》卷59,《刑政》,第887页。
② 参见杨然青:《论泰西善堂及英国济赈人数》,陈忠倚编:《皇朝经世文三编》卷39,《礼政》,第601页。
③ 许章润:《清末对于西方狱制的接触和研究——一项法的历史与文化考察》,载《南京大学法律评论》,南京大学法学院1995年秋季号。
④ 《海外通信》"冈田朝太郎"之通信,载《大日本監獄協會雜誌》,Vol.10,No.5(108),明治三十年五月,第55页。
⑤ 汤蛰仙:《变法》,求是斋校辑:《皇朝经世文编五集》卷32,《变法》,文海出版社1987年版,第997页。

设施,自新所能在晚清突破江南一隅而散播全国,主要有三方面原因:一是传统监狱及刑罚已普遍不能适应形势所需,如前揭既有配所不能有效约束军流徒犯等,因而亟待改弦易辙;二是随着晚清外来新式狱制观念不断输入,诱引和激逼地方士贤竭力从本土资源中攫取资源,以作回应。晚清之际,时贤多以传统儒家话语,从自新所的设立者和受押者两个角度,来阐释自新所所内含的良法美意。郑观应征引曾子所言,论证设立自新所乃为一项仁政,其曰:"'上失其道,民散久矣。如得其情,则哀矜而勿喜'。哀痛恻怛,诚仁人之用心也。"①晚清时贤更多的是从被押者的处境、本性等出发,来论证自新所存在的合理性。首先,他们力图将轻罪犯的犯罪原因家庭化、社会化,以说明轻罪刑犯应当补受教化。光绪九年(1883),浙江巡抚刘秉璋对此言称:"若辈既无衣食之资,又无父兄之教,一日不诪索偷盗,即一日不能得生,邪僻之为由无恒产所致,其人虽甚可恨,其情亦殊堪怜"。②郑观应同样言及:"盖人生不幸,父母失教,既无恒产以资事畜,复无技艺以给饟,贫困无聊,流入匪类。致罹法网,横被官刑……夫莠民犯法,半迫饥寒。"清人宋邦惠亦持此论,认为鼠窃盗贼是"迫于饥寒,偶罹法网。"③这些言论,旨在淡化犯罪的个人因素,突出个人犯罪的家庭原因和社会原因,以说明失教之犯人不当承担全部罪责,以此作为减轻犯人罪行,并对其重新补行教化的内在依据。其次,他们还以儒家性本善的理论为理据,以证明轻罪刑犯可以被成功教化。前述清末浙江省南浔镇在设"洗心迁善局"一事,有"发其天良"④一语,足证天良本具人心。翰林院学士黄思永,在北京倡设迁善所,羁押"近于邪僻者",以"去其旧染之污,复其固有之善",亦是对人性本有善端笃信不疑。⑤ 光

---

① 郑观应:《狱囚》,载陈忠倚辑:《皇朝经世文三编》,第887页。
② 《浙江巡抚刘秉璋奏为省城所设迁善公所著有成效呈请立案事》,光绪九年六月二十三日,档案号:03—5675—010,中国第一历史档案馆藏。
③ 宋邦惠:《至诚开导令愚民悔悟》,载葛士浚辑:《皇朝经世文续编》卷87,《刑政》,《治狱》,第2218页。
④ 参见蒋锡绅:《洗心迁善局碑记》、《设立洗心局公呈》、《湖州府知府丁鹤年通禀》,周庆云纂修:民国《南浔志》卷2,《公署》,民国11年(1922)刊本。
⑤ 《北京工艺局创办章程》,载甘韩辑:《皇朝经世文新编续集》卷9,工艺,第749页。按,晚清士宦对窃盗尤其是对积贼秉性的看法,与乾隆时期的陈宏谋颇为不同。晚清士人一般认为窃盗仍具善端,可以去恶从善;而陈宏谋则屡屡提及:"此种积贼狗偷,几于性成。鼠窃是其长技,一息尚存,舍窃无以营生,势难望其改过自新。"因此,这种态度的差异性,也导致晚清士宦更看重自新所改造犯人的一面,而陈宏谋等早期设计者则更强调其管束犯人的一面。参见前揭,《弭盗议详》(上)。

绪十一年(1885),高邮州署将原先专羁窃犯及无赖游民的处所——"邪公所"①,易名为自新所,颇能折现官方理念的转变,即深信可用教化手段,促使犯人由"邪公"而为"新民"。王凤生曾言及:"鼠窃之辈,总由饥寒所迫,当其初犯时,羞恶之心未尽泯灭,何尝不可化诲。"②清人宋邦惠更是明确提及:"惩处之余,尤贵深其训诫。苟悔罪,虽恶人许其自新,所贵吾至诚恻怛,有以感动之耳。凡人具有天良,鲜有不可以劝化者,勿概以若辈为不屑教诲也。"③在时人眼中,自新所实施"养教兼施"的举措,可以有效防止犯人故态复萌、重罹法网,如郑观应论及自新所时所言:"拘禁而生理益穷,释放而依然赤手。欲须臾缓死,必故态复萌。若不预为代筹,罪满仍无生路。所食每日足敷其口,留其所余,于罚满发放日,按名计数发给,俾得谋生。始治以应得之罪,终予以迁善之资。"④凡此上述,时贤均借助于"教养兼施"、"性善论"、"仁政思想"等传统儒家资源,来论证自新所的合理性和合法性。除了上述两个原因,官员的频繁调任,亦是将自新所从一处散播到各地的直接原因,如前揭张之洞、赵尔巽即是。

监狱史学界一般认为晚清狱制改良的制度设计直接取法于西方,尤其是近邻日本。然而,清末狱制改良的取鉴之资并非如此单一。通过上述对自新所历史因沿的考释可看出,创设颇早而与西方新式狱制相合的自新所,虽然在嘉道时期曾呈现出黑狱化倾向,但在晚清之际又逐渐复归本意,并在狱制转型过程中,成为对接外来新式狱制的本土资源。

---

① 参见高邮档案信息网:http://www.gyda.com.cn/news/view.asp? id=532,访问时间:2008年12月11日。笔者认为,名称的更改,往往反映出某种观念的变动。与"邪公所"相为发明的是,康乾年间,闽粤漳州、潮州两府曾一度出现以"癫子营"、"癫民所"命名的同类机构,这与同时期江浙各地众多的如"迁善所"等以"善"字冠名的机构,大异其趣。邪公、癫子、癫民等极具贬义色彩的命名,显然不承认"人皆具天良",相反寓有此等劣民冥顽不化、朽木难雕之意。清代漳、潮两地,民风刁悍,素来械斗不断、恶争难止,极有可能因此而造成当地官方对儒家"性本善"观念的怀疑。关于这两地机构的名称,在晚清有无变化,尚未得材料加以揭示。关于清代漳州府漳浦县癫子营,参见《康熙漳浦县志》卷5,《建置》,康熙四十七年刻本;关于清代潮州府海阳县、潮阳县、揭阳县、惠来县、澄海县、普宁县等地的癫民所,参见周硕勋等修:《乾隆潮州府志》卷8,乾隆二十七年刻本,1960影印,第73—80页。

② 徐栋辑:《保甲书》卷2,王凤生撰:《一得偶谈》,道光二十八年李炜刻。

③ 宋邦惠:《至诚开导令愚民悔悟》,载葛士浚辑:《皇朝经世文续编》卷87,《刑政》,《治狱》,第2218页。

④ 郑观应:《狱囚》,载陈忠倚辑:《皇朝经世文三编》,第887页。

第三节　清末看守所的设立与私牢之制度性终结

光绪二十九年（1903），天津府候补直州蔡振洛在上给直隶总督袁世凯的呈报中指出："我国向不分罪人与被告人待遇，一经犯案拘押之后，则概以犯罪者视之。所异者，定罪收禁监牢，未定罪只收'班管'。"①实际上，蔡氏所言前半部分堪称确论，但后半部分所言似不完全准确。如前所述，此前的传统监狱主要收押拟罪未决之重犯，而班馆等私牢也未必尽收未定罪之嫌犯，实际尚收有拟罪未决之轻犯及干证。在蔡氏口中，"班管"被描述成只收未定罪的嫌疑犯，其实与早期的班房等私牢主要羁押未决轻犯及干证的混押状况，已有区别。蔡氏的这段报告容，或以光绪二十九年前夕的近情为观照，是时罪犯习艺所等已决监渐次设立，而如同下文将述，是时干证又被收入专门性的待质公所之中，故而当时班馆等私牢设施，呈现出只收押未定罪之嫌犯的专门化倾向，而这一设施正好可以作为新型审判厅设立后所急需的未决监的权宜设施。清末，天津的一名监狱调查员也曾指出，班房设施曾充当过收管刑事被告人之地，唯其"地多狭隘"，亟待另辟地点加以扩充。② 关于"班管"（即班馆）等私牢设施在晚清呈现出仅羁未决嫌疑犯的专门化倾向，我们从清末时人的言论中，亦可大致获得这样的认识。当时从日本警监学校毕业的涂景渝，在提及州县"班管"时，即将之与"西方拘系被告之所"相对应，尽管涂氏对昔日"班管"凌虐需索的现象印象深刻而深恶痛绝，并建议禁革"班管"、"交差"、"交官媒"等名目，但仍觉在新式裁判所、未决监未能遍设的情况下，尚须留一由"班管"改造而来的待质所，以为"文明裁判之起点"。③ 可见，清末之际，积沿已久的班馆等设施曾担负起专羁未决嫌疑犯而类似于后世看守所（或曰未决监、拘置监）的职能。当然，除了晚清班房等设施在实质上已颇为接近新式看守所，复缘于经费短绌等原因，公署内的班房等设施

---

① 《候补直州判蔡振洛上直督袁改良直隶监狱调陈并批》，载《北洋公牍类纂正续编》（第4册），第425页。

② 《调查日本监狱员高令蕴杰上列宪改良直隶监狱条陈》，载《北洋公牍类纂正续编》（第1册），第2162页。

③ 《候补直州判蔡振洛上直督袁改良直隶监狱调陈并批》，载《北洋公牍类纂正续编》（第4册），第425页。

往往理所当然地成为拘置被告人的首选地点。

不过,随着晚清狱制改革的不断推进,专羁未决嫌疑犯的看守所的设立,最终还是正式取代了这种名不正、言不顺的班馆等私牢设施。

一、清末大理院附设看守所与私牢

清末较早动议设立看守所以拘禁未决疑犯的,乃为官制改革后担负审判职能的大理院。其于光绪三十三年(1907)正月,向清廷呈奏指出,东西各国均将监狱分为未决监和已决监两种,凡是业经定罪名的人犯皆归已决监,以便执行刑罚;而未定罪名人犯,皆归未决监,使之守候质讯。大理院据此认为,对于待质人犯和人证,需要设立看守所一区,以资拘禁。① 为使看守所迅速设立,光绪三十三年四月,大理院会同军机大臣、法部,向朝廷再次奏请设立看守所。会奏认为,对于未定罪名的现审案犯,由于取保不便,故必须在大理院附设一区,"设于僻静之区,稍远尘市,未决监则必与裁判所相附丽,始于质讯之事为宜。现在大理院衙署,拟于其中附立一看守所,设所长一员,官四员,录事二员,至外省高等裁判厅以下,亦得依制设立。应设员缺若干,则候各省督抚详议。所长一人(从五品,奏补),掌羁管现审人犯,总理所中一切事宜。看守官四人(正八品,奏补),掌分任所中一切事宜。录事二人(正九品,委用),掌缮写文件。"②这份三部门联合会奏,得到了清廷的谕允,从而成为中国近代设立看守所之滥觞。

然而,由于多方原因的掣肘,在大理院附设看守所的主张,尽管自1907年便承旨允准,但直至宣统元年(1909)才正式启动,而此前有关看守所的筹设,仅就工部原有大库进行"权宜葺治"。③

宣统元年,大理院在《筹备关系立宪事宜折》中,提出要仿照"模范监狱",建立"模范看守所"。④ 宣统元年六月,御史麦秩严有鉴于各省模范监狱及罪犯习

---

① 朱寿朋编:《光绪朝东华录》,光绪三十三年,张静庐等点校,第5631—5632页。

② 军机大臣和硕庆亲王奕劻等:《奏为核议大理院官制事宜事》,光绪三十三年四月三十日,03—5095—020;附件《呈酌拟看守所官制清单》光绪三十三年四月三十日,档案号:03—5095—022;另见朱寿朋编:《光绪朝东华录》,张静庐等点校,第5674页;《德宗景皇帝实录》(八)卷572,光绪三十三年四月,第579页。

③ 《大理院奏筹备关系立宪事宜折》,载《大清法规大全》,《宪政部》卷4,《筹备立宪》1,第204页。

④ 《大理院奏筹备关系立宪事宜折》,载《大清法规大全》,《宪政部》卷4,《筹备立宪》1,第204页;另见《宣统政纪》卷11,宣统元年三月,第220页。

艺所流弊滋多,为此奏陈对策,其中有"看守所宜设"一条,称:"京师各级审判厅均附设看守所一区,应令各省府厅州县一律遵行,俾昭画一。倘财力间有未逮,准就旧有监羁量加修改,办理章程,须无失改良之宗旨,则矫正感化之作用可期其普及。"①随后,法部在议覆御史麦秩严奏折时认为,尽管此前也存在羁押未决犯的场所,但名目不一,如官店、差馆、外羁和候审所等,而且这些地方"多有胥役恫吓需索,种种凌虐",因此有必要对之加以整顿。故法部在该折中强烈要求:"除京师各级审判厅设立之看守所,责成该管官认真经理,应请旨饬下各省督抚,所有地方听讼衙门一律设立看守所一区。"法部还提出,应对被控未定罪名之人犯依法看管,禁止对其进行任何形式的虐待。而对于从前所有的外羁、差馆等私牢,均应立即裁撤。法部的这份奏折继而得到上谕的赞同。此后,对于地方各级审判厅而言,专设一区以筹建看守所,便成为继设立模范监狱后的又一项司法要务。尽管法部要求各地外羁、官店、差馆和候审所等设施一概裁撤,而另为筹设看守所,但在短期之内,尚有不少地方因经费不足而难以实现。比如,直到宣统三年(1911),吉林新城府提法司才向上司申请拨地修建看守所,在此之前于地方审判厅刚刚设立时,因"开庭在即,经费既属支绌,建筑又复需时,缓难济急,遂声请暂借府署头门内西隅原有羁押所房六间,收管现案人犯"。② 可见,清末利用原有之羁所、差馆等私牢设施权宜充当看守所的现象,确实相当普遍。

二、清末地方看守所与私牢——以广东为例

就地方而言,广东一省因历史上非定制的羁押设施名目极为繁杂,复因地理之便而接受西方狱制熏染较早,故晚清之际,其基于此前非定制的羁押设施,而着手设立看守所的工作,亦走在全国前列。

从光绪三十四年(1908)《广东调查局公牍录要初编》和宣统二年(1910)二月份广东咨议局的《编查录》的调查凡例来看,清末广东省对监狱和待质所曾做过相当细致的调查,如在监狱种类问题上,要求各地"除监狱外,有传间、待质、候保、候审、看守所者,究竟已决未决、重罪轻罪,如何分别处置,各就沿习,详细

---

① 《宣统政纪》卷16,宣统元年六月下,第315页。
② 吉林提法司:《为新城府地方审判厅请将伯都旗务承办处官地拨归厅署建看守所事给旗务处移文》,宣统三年闰六月二十日,档案号:J049—3—1677,吉林档案馆藏。

报告"。① 又如,在监狱方面就"有无私刑勒索监规"、"监房有无暗淫湫隘,坐卧处有无粪秽"等问题,在待质所方面就"是否照新章设立,抑就差馆改换名目"、"有无勒索、门头钱如何支配"、"刑事待质所、民事待质所是分设抑或合设"②等问题上,进行调查。这些调查显然成为后来广东进行监狱和看守所改良的重要参考资料。宣统二年(1910)三月,时任两广总督的袁树勋,向朝廷上呈了关于明定法官及看守所各员品级的奏折。③ 在该折中,袁氏强调设立看守所的重要性,甚而认为"全省监狱,地广事繁,先从各属收管未定罪之民刑看守所改良入手,为第一期。弊去其已甚,事简而易行,再以改良全省监狱为第二期,赓续办理,庶经济与时间均不虑其过促"。对于此前作为未定罪者的羁禁之地,他认为:各省名目不一,"曰羁,曰押,曰班管,曰饭歇,曰待质所,监狱学既未发明,而充膺此项看守所者,辄派二三丁役为之,更不徒如监狱一项,如部奏所言佐贰杂流滥竽充数已也。夫以此项未定罪之人,合计通省或较定罪者为多,而此项未定罪之惨,就此见闻,亦实较已定罪者为烈。夫已定罪者尚不宜施法外之刑,况未定罪者乎?"④可见,在广东省正式看守所未设立之前,亦由羁所、押所、班馆、饭歇、待质所等私牢设施权宜充当。

袁氏通过报刊以及由谘议局转呈而来的《协议办理事类报告书》,对羁所弊病时有耳闻,如宣统二年二月其在诘问番禺令函件中称:"昨阅省城各日报,均载有女子许有奉押在贵署候保所,又不安分,被看管家人痛打……置有新刑具,状如木椅……下可穿绳,将该女子手指捆住,先喝门房拷打,再换亲兵,又唤皂役痛打,致该女子号咷大哭,叫喊连天。"⑤又宣统二年三月,谘议局在代呈澄迈县民投词中指出:"查监狱改良既奉通饬照办,何以藐玩滥押致毙人命。符木珍系二月十七日被押,二月二十一夜即行毙命,闻仵作传言胸间有累痕,此中显

---

① 《广东调查局公牍录要初编》(下册),载桑兵主编:《清代稿钞本》(第49册),第243页。

② 以上参考《编查录》(卷上),调查凡例,六刑名,乙监狱,广东咨议局印行,宣统二年二月出版,载《清代稿钞本》(第50册),第310页。

③ 《署督部堂袁奏请明定狱官及看守所各员品级折》,《广东宪政筹备处报告书》第三期,1910年5月,见桑兵主编:《清代稿钞本》(第50册),第58页。

④ 详见署理两广总督袁树勋:《奏请明定狱官及看守所各员品级事》,宣统二年二月十八日,档案号:04—01—01—1117—041,中国第一历史档案馆藏。

⑤ 《番禺令滥刑女子许有事》,《广东谘议局协会决议办理事类报告书》,广东谘议局编,宣统二年(1910)油印本,见桑兵主编:《清代稿钞本》(第49册),第463页。

有勒索不遂,私行凌虐情弊……代呈督部堂察核施行,为官场除酷吏,即为地下除幽魂"。①

出于对羁所弊病的了解,袁氏下令清理差馆、监羁。此后,袁氏对在清理差馆、监羁以及监狱改良等方面用力甚勤的香山县大加褒扬。袁认为,中国监狱积弊由来已久,如不窥察真情,切实具报,则无从对症下药,以裨改良。而香山县令在清理差馆、监羁的过程中,"条陈各节,均有心得之处",尤其是"调查历来差馆、监羁各所勒索虐待之弊,尤为详细,毫无隐饰"。基于此,袁氏还命广东布政使司给予该县县令记大功一次,并传谕各属以示激励。② 通过前文的考述可知,广东差馆等私牢设施历来名目繁多,其弊病丛生,因此晚清之际遂成为整顿的重点对象。

当然,在当时对看守所的筹建事宜特别予以重视者,除两广总督袁树勋外,尚有其他官员,如赵尔巽在署理东三省时亦主张:"不管各属旧狱是否已经改良,一律改为看守所。其向未设狱之处,亦均添建看守所一处,以期全省狱政得到整齐划一。"③赵尔巽指出,有的地方的新式已决监是在旧有监狱基础上改造而来④,而旧有监狱主要是羁押未决犯,因而不免凿枘不合。与其这样,还不如将旧有监狱直接改为新式看守所更合事理。清末,候补直州判蔡振洛在给直隶总督袁世凯的条陈中指出,收禁被告嫌疑犯的"班管"由于役卒勒索,被告人之苦反甚于罪犯,尽管最近班管虽有改为"管收处"等名目,较以前稍为洁净,但并未能尽符外国设立拘置监(即看守所)的四大宗旨,即:"一严防逃逸及自裁者;一保存证据者;一保护被告人以虞冤枉之处;一调查状况默窥其真伪之情。"⑤实

---

① 《澄迈县滥押毙命事》,《广东谘议局协会决议办理事类报告书》,广东谘议局编,宣统二年(1910)油印本,见桑兵主编:《清代稿钞本》(第49册),第463页。

② 《署督部堂袁批香山县禀条对监狱积弊与改良问题由》,《广东宪政筹备处报告书》第四期,1910年6月。

③ 东三省总督赵尔巽、吉林巡抚陈昭常:《奏为遵章奏报吉省第六届筹备宪政情形事》,宣统三年九月二十六日,档案号:03—9303—033,中国第一历史档案馆藏;复见《奏报第六届筹备宪政情形折》,《内阁官报》1911年11月28日。按,赵氏对旧狱的定位相对而言较为准确,旧氏监狱所羁押者以未决犯者为多,与新设之看守所功能大体相合。

④ 如当时安徽有的新式模范监狱,即在旧式监狱设施的基础上改造而来。参见安徽巡抚朱家宝:《奏报省城模范监狱成立日期事》,宣统三年三月二十六日,档案号:03—7592—027,中国第一历史档案馆藏。

⑤ 《候补直州判蔡振洛上直督袁改良直隶监狱调陈并批》,载《北洋公牍类纂正续编》(第4册),第425页。类似这样的看法,亦可见《调查日本监狱员范倅炳勋上列宪改良直隶监狱条陈》,载《北洋公牍类纂正续编》(第1册),第2145页。

际上，传统意义上的班馆等设施，在管押未决嫌犯上，初始亦未尝没有防止其逃脱及保存证据的考量，唯其在有罪推定的指导思想之下，而于处遇上一般不对未决之嫌犯作不同于已决罪囚的区别对待，更不会考虑到未决犯的个人权利。

在后来的监狱改良实践中，袁氏始终强调筹设看守所的重要性。在一份规划綦详的《广东监狱改良暂行章程》中，明确将看守所划分为两种，即："凡因钱债、房屋地亩契约及损害赔偿等事被拘留者，为民事诉讼人，收民事看守所。凡有犯刑事嫌疑等候裁判罪名尚未确定者，为刑事被告人，收刑事看守所"。①

此外，该暂行章程还详细规定了不同人犯的羁押场所是否需要作业以及作业场所、监所宗旨等事项。袁氏饬令所有监狱已经改良者，均需照章执行。然后，袁氏一再申明："（从前）暂留未定罪人之所，较已定罪之监，惨酷更甚，而交差看管、勒索虐待，尤为暗无天日。"因此，袁氏饬令"各属如能就地筹款，同时将各监所均行改良，固属甚善，如有万不得已事由而碍难同时并举者，应即先将差馆、羁所、候审等所，遵照部章一律改为看守所"。然而，问题在于，是否将此前的差馆等各种私牢设施简单易名为看守所，即告功成事竣了呢？袁认为"有治法，尤贵有治人"，因而提出"择优札派监狱毕业生，如法管理，以期弊绝风清"。②

从上述资料来看，晚清之际班房等私牢设施，曾短暂地充当过专系未决嫌犯的羁押设施，因而也导致在名称上，后出之"看守所"多少承袭了此前班房等私牢的"看押"之义。然而，时人关于设立看守所的主张，大多旨在彻底杜绝"外羁"、"差馆"、"管店"、"待质所"等原有设施之流弊，冀望通过设立看守所而使未决犯免受狱卒勒诈之苦，袁树勋言及："各属收管未定罪人之所，积弊太深。被告人入所，则有所谓床铺费、送饭费、送衣费、神福费、茶水费、出所费、通门头等费，否则受种种虐待。故被留在所人，案未结而产已破，甚至鬻妻卖子，人亡家散者不知凡几。言念及此，未尝不为之恻然痛心也。本署堂恨未能亲抵该所，将一切窳败恶习扫除净尽。"③

---

① 参见《广东监狱改良暂行章程》，《广东宪政筹备处报告书》第三期，1910年5月，见桑兵主编：《清代稿钞本》（第50册），第67页。

② 参见《署督部堂袁札发监所改良暂行章程饬处查照由》，《广东宪政筹备处报告书》第三期，1910年5月，见桑兵主编：《清代稿钞本》（第50册），第66页。

③ 《署督部堂袁札各属有狱官须与看守所委员和衷共济》，《广东宪政筹备处报告书》第四期，1910年6月，参见《署督部堂袁札发监所改良暂行章程饬处查照由》，《广东宪政筹备处报告书》第三期，1910年5月，见桑兵主编：《清代稿钞本》（第50册），第79页。

第四节　待质公所的设与废
——晚清对人证管押问题的思考和制度设计

一、道同年间人证管押问题的严重性

早在雍正二年(1724)，刑部左侍郎马尔齐哈就曾指出，无辜干连证佐受尽讼累，固由于"州县之滥禁"，但根源在于"上司之掣肘"，因为重犯案件，必州县初审，转至府道臬司，以至巡抚，重重复讯，然后定案。其案内干连证佐，州县诚恐上司提解，不敢释放，而文移往返，动逾岁月，其间官或更换，案难完结，拖累不休，及至定案释放，而吏胥之需索，起解之途费，中人之产多至破家，贫者鬻子以遂逼勒，甚至身毙囹圄，往往有之。鉴于此弊，马尔齐哈主张，案内的干连证佐可以不随案件一体审转，而只将"无干保释缘由申报上司存案"即可。① 但实际上，马尔齐哈的主张此后从未得到地方的践行。

道光年间，遇到京控案件，上谕往往饬令督抚审办，而原审地方官往往以人证在逃为词，不肯解往质讯，因此京控之案有拖至三五年而尚未审结者。推原其故，"皆因原审官回护翻案，希图积压，日久致原告财产荡尽，畏累输服，或将案中要证拖累致毙，尔时愬无质对，即原审或有错谬，亦可迁就完案，是其始有意开脱，本欲轻一人之罪名，而其后无辜拖毙，反酿成数命之巨"。② 可见，有的地方官员为避免上司重审京控案件而追究其责任，不惜对相关人证进行灭口。

同治四年(1865)，给事中刘毓楠奏称："重大之案提省研鞫，全案干连人证不得不与俱提，此辈或缘事牵涉，或挟仇诬指，皆非有罪之人。一经案传，则里保追呼，胥役讹索，已不堪命。及到省严押班馆，既不能营贩自给，又无人送饭助钱。即稍有资财者，亦多被役卒克扣，肆加凌虐。羁留人犯，竟有候至数年之久不经一讯者。"③从这份奏折可知，同治初年臬司提审案件中的"无辜之民，惨作

① 刑部左侍郎马尔齐哈:《奏请早释江苏无辜干连者以安定民事》，雍正二年四月二十四日，档案号:04—01—30—0365—002，中国第一历史档案馆藏。
② 《奏请严禁积压案件拖累人证事》，道光五年四月二十七日，档案号:03—4031—035，中国第一历史档案馆藏。
③ 稽察两仓吏科给事中刘毓楠:《奏为各省株连无辜人证应迅结省释事》，同治四年六月初三日，档案号:03—5006—015，中国第一历史档案馆藏。

含冤之鬼"的情况,已经十分普遍和严重。当时干证的悲惨境遇,不仅存在于省级审判过程中,"州县官遇不甚紧要之案,凡株连人证,大半不分曲直,概押班馆,拖延积压,不为清理,其家资富厚者,转得上下其手,置身事外,而贫苦平民,役卒百般凌虐,冤莫能伸,情殊可悯"。①

道同年间,干证的悲惨境遇不能不引起一些务实官员的注意。在清代地方官看来,一为审案之需,待质干连人证不得不"与案俱来";二因在君权本位而又极其强调宗族邻里连带责任的古代法律生态下,干连人证一般非邻即亲,具有协助案件审理的当然义务。因此,在当时的法律意识下,实难寄望地方官对证人作证抱持"听其自愿"的态度。然而,地方务实官幕尚能认识到:人证皆非有罪之人,与轻罪人犯毕竟不同。一旦与人犯同押班房,经衙役盘剥勒索,往往废时失业,甚至瘐毙其中,实非其罪。因此,自道光年间开始,一些务实官幕开始将"待质平民"与"待审轻犯"相厘清,着手筹划省级"待质公所"以专系无辜干证,并援引既定的监狱之例,对之加以制度上的设计。行至光绪年间,这种专羁人证的待质公所已在各省广泛建立。

二、待质公所的建立

道光年间,两淮候补盐大使汤用中倡仿"罪囚衣粮例",设省待质公所,以专系待质之平民。②

首先,汤用中指出"暂系平民待质"是出于省级审案之必需,但其认为此前用"无例可循"的班房来羁管人证,存在着诸多弊病,其谓:

> 暂系平民待质,其所以矜恤之者,未有明文。伏思臬司为通省刑名总汇之地,凡案关疑难重大之时,若不提省平心研鞫,不足以彰公道而服人心。惟案经提省,则一案之干连人证不得不与之俱来,此辈或缘事牵涉,或挟仇

---

① 刘毓楠:《奏请饬各督抚严饬各州县不得故意迟延滋拖人证事》,同治四年,档案号:03—5070—011,中国第一历史档案馆藏。

② 实际上最早提出类似主张者,应为康熙年间的潘月山,其提出:"成狱重囚,尚有囚粮,未结囚犯,或系异乡,或系穷贫,无人送饭,又无囚粮,以致罪未定而饿毙者,恶可不悯,宜申上司量给无碍米谷(如罚谷、余粮之类)。"文静涵也提出对"万不得已者而押者","先要分别良民、贼犯,不可混押一处"。但就资料来看,当时总体上还只是个别官员的倡议,未形成全国各地的实践。参见潘月山:《未信编》之"章程十则",载刘俊文主编:《官箴书集成》(三),第91页;文静涵:《自历言》,载刘俊文主编:《官箴书集成》(六),第715页。

诬指，初非皆有罪之人。一经牵入，则胥役之追乎，里保之抑勒，久已破产亡家。迨至随同解省，皮骨仅存。羁管公廨，既不能营贩以自给，又无人为之送饭。具衣所恃者，惟官捐之数十文。而此数十文，果能入腹与否，尚未可知。惟听典守者之恣情克扣，非礼凌虐。夏则人多秽积，疫疠熏蒸；冬则严寒裂肤，冻馁交迫。①

其次，汤用中还指出，按照清朝律例规定，罪囚入狱，病则医药，死则瘗埋，孕则停刑，且例给衣粮。② 唯独对这些无罪拖累之人，仅听由地方官捐办，实在无济于事，而有失国家立法之本意。在进一步探求上述弊病原因时，汤氏认为待质人证之所以在班房之中瘐毙，"皆由愁冤困迫"而起，具体而言：

> 一由于上司遇案不速结；一由于州县官解犯不齐；一由于经费仅责之地方官捐办，向无正项开销；一由经管人员律无处分。夫审断不速结，则积压必多；提解不齐，则彼此羁候，旷日经时，案悬莫结；经费不敷，则克扣剥削，更形支绌；经营无责成，则任意收系，悉听役卒辈欺凌勒索。此其所以死之易也。③

最后，汤氏认为欲除弊病，必须做到以下几点：

> 首在，上司遇案到省，随到随审，随审随结。遇有无关紧要之人，立即释放，此清源之法也。其州县官解犯不齐，以致拖延不结者，严立参处章程。务须一案到省，即一案之人证与之俱齐，则审质较易。其次，宜于藩库中酌发款项，量省份之大小，酌定款目，以免地方官赔累。定额每名每日口粮若干，遇寒酌发絮衣若干，遇病酌发医药若干，遇有死亡酌发棺埋若干。立簿一本，派候补同通一二员，专司其事，每月具领。仍令开明清册，旧管几名，新收几名，开释几名，实存几名，有无疾病死亡，每月于院藩臬署各送一本，以凭核对。其死亡几名之内，即以记过一次，总核一年记过几次，记大过几次，或视其过之多寡，以定其责成。如记过至三次之多，即另派委员办理，仍与该管之员遇差扣委。记大过至二三次，另委员办理，仍与该管之员遇缺扣

---

① 汤用中：《暂系平民受害最酷议》，载盛康辑：《皇朝经世文编续编》卷101，《刑政》，第4678页。
② 薛允升：《读例存疑》卷48，《刑律》，《断狱》，《狱囚衣粮例文》3。
③ 汤用中：《暂系平民受害最酷议》，载盛康辑：《皇朝经世文编续编》卷101，《刑政》，第4678页。

捕。管理三年或二年无过,即奏请与以尽先优叙。官稍大,则身家重而侵渔扣剥之风可以免。赏罚重,则公道明而鼓励更速矣!

汤氏认为,能做到上述几点,则"每省每岁少死数百人,则合天下计之,每岁不少死万余人哉!"①汤氏的筹划,从探究弊病到对症求方,不可谓不详尽。从有关档案资料来看,汤氏主张在当时似乎也曾在地方得到过贯彻,如光绪年间闽浙总督文煜在接到上谕令其办理待质公所时,即称"前两淮盐课大使汤用中原议亦经发司刊刷成本,通饬遵办"。② 但总体来看,汤氏的主张在地方州县并没有产生更为广泛的影响。

光绪元年(1875)十二月,贵州巡抚黎培敬上呈《添设平民待质所请饬各直省一律举行折》,③得到朝廷的正式批准。黎氏此折拾汤氏旧说,但其影响却远迈汤氏。对于这一奏议,刑部大加肯定,并对待质公所的管理以及待质者的生活保障作了补充规定。如在待质公所管理方面,刑部制定了较为详细的功过章程:

> 各直省设立待质人证公所,每月于造册详报时,核计并无瘐毙之人,即由该督抚将该管委员记功一次,记功至四次者纪录一次。应纪录四次者,即给予加一级。其中有瘐毙者,亦于月册内核计,瘐毙不及三人者免议,三人以上者记过一次,每三人加一等,记过至四次者,即议罚俸六个月,俱依次递加。④

有意思的是,前述汤文只是对无功者惩,而未见对有功者赏。这一刑部所制定的详细功过章程中,首列"议叙"一项,明确规定了对有功者行赏。这间接昭揭出清廷在长期惩过无效之下,不得不兼采赏善罚恶举措的无奈和急切心态。黎氏认为,待质人犯"困苦无异监犯",故应"依犯人例"对待质者的基本生活予以保障。关于此点,刑部认同了黎氏所设计的方案,即参照律例中所设立的监犯日给粮米八合三勺、盐菜银五厘之数,供给待质者。刑部同意后,上谕也赞誉这一主张"用意慈祥,筹维周密",并迅速谕令"各直省督抚就地方情形看可否办理"。随后,各省督抚相继回奏本省设立待质公所的情况。

---

① 汤用中:《暂系平民受害最酷议》,载盛康辑:《皇朝经世文编续编》卷 101,《刑政》,第 4678 页。

② 兼署闽浙总督文煜:《奏为特立待质公所闽省自应一体遵办并拨款按季支销事》,光绪三年,档案号:03—5509—011,中国第一历史档案馆藏。

③ 黎培敬:《黎文肃公遗书》《奏议》3,第 243—250 页。

④ 《钦定吏部则例》卷 47,《刑部》,《审断上》,第 610 页。

光绪二年(1876)以后,待质公所即在各地纷纷设立。山西省于光绪三年(1877)在省垣西门内天平巷,买下民房一所,共三十四间,作为候审公所,将牵连人证发所收养待质,"分别男女而居,日给米麦盐菜,夏给席扇,冬与煤炭,病予医药"。至于候审公所的经费,则由"藩库生息公用项下按月支给,月底核实造报"。①

光绪三年(1877),广西巡抚在奏报中称,早在同治十三年(1874),本地即已设立待质局。当时"犯供翻异、行提人证质问,及案情重大提省审办案内轻罪人犯、干连人证同解来省者",远者千余里,近者亦数百里,跋涉艰辛,筋疲力尽;等到省城后,发县或交保守候,或派役看管,"不能力作营生,有乏亲人顾送衣食,以致多形饥困";保役又无宽大房屋容人栖宿,其所住之处,拘束拥挤,甚于牢狱,秽淫蒸熏,易染疫疠,"无例给口粮医药之费,无专责查核经理之人,难免无辜拖毙"。有鉴于此,广西省城选择宽敞通风之处,设立待质公局,以供人证栖宿,并在候补丞卒中,遴选廉正仁厚者一二员驻局,专司其事。当时,对于"提省待质要证",不发首县,皆发所收管,听候提讯。对在押人证,每名日给米一斤四两、盐菜钱十文,遇有患病,并给医菜之资,有亲属要保,即交领出调治。讯明即可开释,俾免久羁。按日由委员就旧押、新收、开释、实存人数,造具清册,详报备查。年终核明省有无病毙之人,以定委员功过。其口粮菜资、委员薪水、人役工食,均筹款支发。据称,待质局设立以来,"所管犯证仅病故一名,尚属办理有效"。该巡抚还表示,"照部议按月认真核计功过,无间初终,并通饬各地方官遇行提案证,必须按限传解,如有遗漏稽延,照例参处,以期案得连结,而免拖累"。至于待质公所的需用经费,涂宗瀛认为照前筹款,尚敷开支,不致窒碍,"司库渐充,有款可拨,再议由库拨给,按季支销,俾可经久"。②

光绪三年,闽浙总督文煜奏称,福建待质公所早于同治年间,即仿照浙省成案而设立,当时鉴于"闽省民情刁健,词讼繁多,所有提审、委审案件,牵连人证羁押待质情形,实堪矜悯",因而在省会设立候审公所,"将各案待质民人往发该所,委员专心经理,一切章程与现在贵州抚臣原奏大略相同"。尽管黎氏重拾旧议,但文煜仍认为此次"部议提解犯证迟延处分及看管委员功过章程,至周且

---

① 《晋政辑要》卷35,《刑制》,《禁狱》2,清光绪年间刻本,国家图书馆藏。

② 广西巡抚涂宗瀛:《奏报粤西设立待质公所情形事》,光绪三年正月二十五日,档案号:03—6596—009,中国第一历史档案馆藏。

密,闽省自应一体遵办"。至于待质民人所需经费问题,文煜表示遵照新章,"照监犯日给口粮盐菜之数。自光绪二年正月起,由藩库拨款,按季支销,仍随时实力稽察,不准陵虐克减"。①

光绪四年(1878),湖南巡抚崇福也奏称,湖南省早在同治十年(1871)八月间即已设立候审公所。当时考虑到"证佐之羁押待质,实为庶狱所不能免,惟此辈或由牵连作证,或被挟嫌妄攀,在本州县已受拖累之苦,若行提到省,仍行羁押官廨,顾送无人,饥寒难免,情形尤可悯恤。湘省前因京控及发审案内词证提省交保候讯,每因人地两疏,无人承保",因而将省城空闲公屋改作了候审公所,"收京控及提审发审一应人证,除情重应行收管,情轻有人取保者照旧分别发县交保外,其并非身犯罪恶因人指证牵连,或虽系被告如有可矜暨一时无人承保者,均暂交候审公所羁管,按日发给饭食,病则给予医药,案结随时省释,严禁需索留难,只因经费支绌,未能另建房屋,每年于通同州县中遴委廉明能干者一员,专司约束"。至于收管所需饭食薪工等项,原由零星凑集,暂行支用。巡抚表示"现准部咨,自应仿照黔省章程,支给口粮盐菜,以归一律"。但是"湘省存公银两多有专支,藩库别无闲款可筹",因而崇福奏请"先在厘金项下按数支发,据支发据实开报俟收来,设法筹款另建公所房屋,并俟湘省各军撤防,并厘金局裁撤,再行改归司库支发,造册报销"②。

光绪八年(1882)三月,顺天府尹周家楣奏及,府衙虽"鲜可提之款",但仍通过官员捐款而在大兴县建有候质公所,"房屋二十二间,并备活板木榻及应用桌凳器具,妥定章程。遴派明慎正印委员两员,刊给木戳矜记,住所专司其事。自七月初一日开办,所有顺天府衙门及两县无关罪名应候讯各人证,均于此栖息"。③

光绪十年(1884),两江总督曾国荃奏称:"经前督臣饬司议办去后,旋经江苏抚臣吴元炳在苏省先行设立奏报在案,又经前督臣刘坤一札饬江宁藩司会同善后局仿照办理,嗣据该藩司详明前督,臣左宗棠委员在于江宁城内中正街价买民地一方,筹款购料,兴工建造平房六进,共三十九间,作为江宁待质公所。工竣

---

① 兼署闽浙总督文煜:《奏为特立待质公所闽省自应一体遵办并拨款按季支销事》,光绪三年,档案号:03—5509—011,中国第一历史档案馆藏。

② 暂署湖南巡抚崇福:《奏为具陈湘省设立待质公所情形事》,光绪四年二月二十七日,档案号:03—5664—34,中国第一历史档案馆藏。

③ 周家楣:《建设候质公所拟请按提经费疏》(光绪八),载葛士浚辑:《皇朝经世文续编》卷87,《刑政》4,第2237—2238页。

后派发审局员试用通判蒋廷梁驻所管理。"至于所内应需常年经费,由藩司筹款发商生息,"即以每年所得息银作为各项费用,俾垂久远"。①

光绪十九年(1893)十一月,两江总督在札饬各属时指出:"至设立待质公所,安置一切案内应行质讯紧要人证及轻罪之犯,以免交差看管,致有索诈凌虐等弊,实属法良意美,江南各州县是否一律设立,并应由各该管道府直牧查明,如有未经设立者,并饬一体办理。"②

综上来看,早在道同年间,地方上即已开始筹设待质(或侯质)公所,但多数省份因藩司库帑有限而自行另为筹措。多数省份所设待质公所专系提审、委审案件中的牵连干证,且其相关制度设计,如派专人职司其事、依监狱例发放衣食等,与汤用中与黎培敬的主张基本相同。然而,广西、安徽等省份却未能领会"犯证相分"的设所意旨,仍然是人证和轻罪人犯混押,这就与先前的班房等私牢设施并无实质上的区别。

从上述地方督抚所奏来看,似乎待质公所的设立"尚属办理有效",但果真如此吗?

三、待质公所设立的效果分析

赴省待质者的人身安全及生活物资能获得保障,是汤黎两人倡设待质公所主要旨归。但是,这种设想在当时的社会和制度环境下殊难实现。

首先,在待质公所应收对象上,各省不尽一致,原初旨在收入待质人证,后来仍然原被和轻罪兼收,逐渐背离原来犯证相分的设所初衷。对此,时任山西巡抚曾国荃认为,如果不加区别,"恐刁徒讼棍闻候审有所,宿食无虞,兴讼较易,必更乐于刁告,是则名为恤民,实足以长刁风,转非息讼之道",于是,决定将"各案原告及被控钱债书役门丁等"排除在收养待质之列。③

光绪二十八年(1902),刑科给事中吴湖甲在上奏中,仍指责京城人犯与人证混押一室的弊病,其言:

---

① 江总督曾国荃:《奏为筹建江宁军民待质公所情形事》,光绪十年十一月二十八日,档案号:03—7154—061,中国第一历史档案馆藏。

② 参见《宁国府正堂林奉札为饬办待质公所给南陵县的札》,光绪十九年十一月初一日,档案号:434001—Q046—001—02237—001,安徽省档案馆藏。

③ 朱寿朋编:《光绪朝东华录》,张静庐点校,总第3649—3650页。

羁押、待质之所，素有分别。今盗贼、平民共系一室，而需索之役隶，若有传授。初则不与饮食，继与极粗粝之食，不与箸，先令有恶疾者搯之以手，乃使同牢共食，不下咽则强之，呕吐则挞之。戚友送衣食，禁不与通，或且饥寒交迫而秽臭时闻，坐卧不安而鞭笞递及，必讲通规费，始得稍松，故数天羁累，如地狱鬼在。有过犯者尚不足惜，而待质之平民，或系见证，或系事主，彼有何辜受此荼毒？大伤矜恤之仁，有累宽平之治。①

吴氏所言"羁押、待质之所，素有分别"，容或以设立待质公所的初衷理想为依据。然而，行至光绪后期，即便在京城一带，人犯和人证仍然混押一室，积习相沿，难以骤然改变。

其次，从全国范围来看，省级待质公所的设立并非意味着完全取缔地方班房。光绪八年(1882)，山西省所设立候质公所因"人证无多"暂行停止，剩余人证仍交首县阳曲县班房看管。光绪十年(1884)，因为人证数目陡增，而"阳曲县班房屋窄地潮，恐致受累"，所以才重设候审公所羁押人证。②

再次，待质公所的设立主张，使得历来"律所不著"的各州县班房拥有了合法的保护符。如黎敬培所奏，待质公所奉旨举办伊始，是为臬司提审而设，但不久各州县皆纷纷效仿。如光绪三年(1877)，川沙抚民厅厅衙门左侧原有饭歇被改建成待质公所。光绪六年(1880)，上海县于衙署大堂之左设立待质公所，以禁待审被告。光绪三十四年(1908)，上海县又于县衙东面购置民房，连同原待质公所一并，翻建成二层楼待质所和自新所。③ 又据方志记载，光绪年间，浙江上虞④、遂昌⑤，湖南慈利⑥，江苏溧阳⑦、丹阳⑧、泗阳⑨、阜宁⑩，广西陆川⑪，四

① 刑科给事中吴湖甲：《奏请恢复旧制将羁押待质平民与盗贼按罪分别管押事》，光绪二十八年，档案号：03—7227—051，中国第一历史档案馆藏。
② 《晋政辑要》卷35，《刑制》，《禁狱》2，清光绪年间刻本，国家图书馆藏。
③ 赵晓华：《晚清狱讼制度的社会考察》，第193页。
④ 唐煦春等纂修：光绪《上虞县志》县署图及卷30《建置》，第628页。
⑤ 胡寿海等纂修：光绪《遂昌县志》卷首县署图，第70—71页。
⑥ 田兴奎等纂修：民国《慈利县志》卷7《建置》第4，第206页。
⑦ 朱畯等纂修：光绪《溧阳县续志》卷1《舆地志》，《公署》，第416页。
⑧ 刘诰等纂修：光绪《丹阳县志》县署图，第21页。
⑨ 李佩恩等纂修：民国《泗阳县志》卷13《建置》，第317页。
⑩ 阮本焱等纂修：光绪《阜宁县志》县署图及卷3《建置》，《公署》，学生书局1968年版，第148页。
⑪ 民国《陆川县志》卷5《建置类》，《廨署》，成文，1967年，第80页。

川广元①、眉上②、涪陵县③，均设有待质公所。州县待质公所系在名目各异的班房等私牢基础上，因陋就简而成，这样不仅拥有了一个合法的身份，且能获官府拨给少许资费。

最后，新设的待质公所仍流弊极多。光绪三十年（1904），曾被羁押在番禺县候保所一名生员在《缧绁见闻悲愤录》一书中，入木三分地刻画了待质所里丁役勒索敲诈的种种无赖之相，其中提及：由于未满足衙役"百金之巨"（五十金通门头，四十金买床位，五元招呼茶银）的需索，唯有听从差役恣意摆弄："该差役将予锁铐粪桶之侧，蚊虫臭虫秽臭之味一并而来，是夕甚坐针毡，凄惨无极。至次日，仍不开锁。"④在普通人的眼中，所谓的待质公所与班房、监狱并无差异：差役们"票子一到，链条一套，拉了就走，拖了就跑，未曾提审，先往待质所里一送；有钱的只好坐着呆等。所以这待质所，有个外号叫'望乡台'"⑤。还有人直接提出："班房名目虽已革除，寻常案证暂押候讯外，然其弊仍与班房同，所革除者名而已。"⑥可见，待质公所设立后的效果并不理想，与班房名异实同，仍是贪官蠹役敲诈勒索的场所。

四、御史与刑部官员再次之争：是善政还是虐政？

正是有鉴于实践中的待质公所积弊累累，光绪二十一年（1895）御史杨福臻遂向朝廷奏请："凡有待质公所，立即裁除，永远不许复设。"由此引发了杨氏与刑部之间的一场激烈的唇舌之战。⑦

以杨福臻为代表的御史方，力求取缔在班房基础上因陋就简而成的候质公

---

①　谢开来等修、王克礼等纂：《广元县志》卷5《建置》、《廨署》，民国重修广元县志稿，第119页。

②　郭庆琳等纂修：民国《眉上县志》卷2《建置》、《署局》，学生书局1967年版，第197页。

③　王监清等修：《民国涪陵县续修涪州志》卷5《建置》、《廨署》，第28页。

④　佚名：《缧绁见闻悲愤录》，载《近代史资料》总64号，中国社会科学出版社1987年版，197页。

⑤　李宝嘉：《活地狱》，第2页。

⑥　韩兆藩：《考察监狱记》，第30—33页。

⑦　以下内容参看中国第一历史档案馆中的两份奏折：1.山东道监察御史杨福臻：《奏为各省添设待质公所多损人命请旨饬令裁除事》，光绪二十一年七月三十日，档案号：03—5328—069；2.刑部尚书松溎等：《奏为遵议御史杨福臻奏各省待质公所请饬裁除一折据实复奏事》，光绪二十一年八月十五日，档案号：03—7416—051。

所,其主要依据如下:

1. 待质公所有种种弊端。杨氏称,近年在班房基础上改造而来的待质公所,"惨难言状"。一切干连人证及轻罪人犯,皆拘押其中。"问官无暇,拖延审结,累月经年,饥寒交迫,病疫频生。家人不许通问,差役横加需索,百端凌虐之下,被押者多数瘐毙而亡。"

2. 以煌煌"天宪"来证明设立待质公所并无法律上的依据。杨折提及,道光十六年(1836)七月,上谕曾针对"近来外省州县设立班馆,羁押人证,甚至经年累月,随意托延,以致胥吏勒索,民冤莫伸"的现象,已作出了"著直省督抚督饬各州县,毋得设立班馆"的谕令,所以在其看来,煌煌圣训,问刑各官自当永远遵守不逾。

3. 对黎培敬设立待质公所的具体主张进行一一驳斥:(1)黎折奏及:人证羁押公廨无以谋生,原先靠官捐数十文以资助人证,而典守恣意克扣,因此宜从藩库拨款,每名准支日粮。杨氏驳道:差役贪酷之秉性,万古不移,出自官捐者有克扣,那么发从藩库者同样也有克扣。(2)黎氏奏及:派专人管理其事,旧押新收,造册详报。杨氏驳道:旧押、新收如何区别,黎氏未言其详。(3)黎氏奏及:疾病死亡需要造册详报。杨氏驳道:何以导致病亡,黎氏亦未说明。(4)黎氏奏及:以瘐毙之多寡来定委员之功过。杨氏驳道:监毙正式罪囚,本就有严厉处分,而瘐毙无辜,仅止记过,惩罚之轻,实不足以示儆。(5)黎氏奏及,待质之人直接发往待质公所,是担心无合适之人承保。杨氏驳道:黎氏所奏中有"疾病取保医调"的建议,难道未病时没有合适保人,致病时就有合适保人吗?如果真有合适保人,不如取保于未病之前,而不必等到其羁押之后酿成疾病,才来取保。杨氏认为,一经拘押,则授权差役,虽设严法,亦难杜绝弊端,如羊入虎口而戒其勿食,不啻痴人说梦,且不论听断不公致多冤抑,即使讼而得直,而被此拘押,固已倾家荡产。

4. 指出上至省府下及州县,待质公所流毒于天下。杨氏认为,黎氏之奏起初只为省级臬司提案而设立。然而,不知何时,各州县提审本地案件也纷起效仿,致使普天率土之民,遭此惨酷。

5. 以国家正式例文进一步论证并无设立待质公所的必要。杨氏指出,康熙四十五年(1706)明确定例规定:"大小问刑衙门设有监狱,除监禁重犯外,其余干连及轻罪人犯,可令地保保候审理,如有不守法的官员擅自设立仓铺所店等,私禁轻罪人犯及至淹毙者,该督抚应立即参劾,照律拟断。"他认为:例文防患甚周,故除监禁重犯外,其余皆令地保保候审理,如此则诸弊不杜自除。若设所拘押,是监之外又添一监,显与例禁仓铺所店之义相背,且"使各州县从前私押犹有顾忌,今则视为宜然,明目张胆,莫敢究诘"。

6.最后提出请求及对策。杨氏奏请刑部:将待质公所裁撤,仍遵守取保候审的成文规定;谕令各省督抚府尹,迅饬各省臬司及各州县,一有待质公所,立即裁除,永远不许设立;应提审的案件,立即审结;必须候质的,遵例取保候审,不准拘押,违者严参。①

对清廷而言,本来旨在消除班房弊端的"良法",竟变为杨氏口中的"虐政"。杨氏之奏,无疑使得清政府陷入进退维谷的两难境地。随后,上谕令刑部详议杨福臻一折。具有律例专业知识并与地方审判实务密切相连的刑部,在将杨氏奏折的主要内容例行复述一遍后,便从律例条文规定和地方审判实践的两个层面对杨折进行一一驳斥,言辞虽平缓,但意见分殊跃然纸端。其主要论述如下:

1.详细征引有关律例条文,以证明刑部当然知悉"牵连轻罪人证候保审理及狱卒凌虐罪囚,分别治罪,律例均载有明条"。刑部所提出的相关律例条文有:(1)康熙四十五年定例规定:"大小问刑衙门设有监狱,除监禁重犯外,其余干连及轻罪人犯,可令地保保候审理,如有不守法的官员擅自设立仓铺所店等,私禁轻罪人犯及至淹毙者,该督抚应立即参劾,照律拟断。"②(2)咸丰五年(1855)定例:"直省审办案件,轻罪及干连人证,交保看管,倘该书差串通需索陵虐,于陵虐罪囚本律上加一等治罪。赃重者,以枉法从重论。其押保店名目,严行禁革。"③(3)修并康熙年间两条例文而来的雍正三年(1725)定例:"督抚应题案件,有牵连人犯情罪稍轻者,准取的保,俟具题发落。其重案内有挟仇扳害者,承问官申解,督抚详审,果系诬枉,即行释放,不得令候结案。若承问官审系无辜牵连者,不必解审,即行释放,止录原供申报。"④(4)沿用明律而于乾隆五年(1740)增修之律文规定:"凡狱卒(纵肆),非理在禁陵虐殴伤罪囚者,依凡斗伤

① 《德宗景皇帝实录》(五)卷377,光绪二十一年十月,第925页。
② 薛允升:《读例存疑》卷48,《刑律》24,《断狱上》,《故禁故勘平人律附例》4。
③ 薛允升:《读例存疑》卷48,《刑律》24,《断狱上》,《故禁故勘平人律附例》7。
④ 薛允升:《读例存疑》卷48,《刑律》24,《断狱上》,《原告人事毕不放回律附例》2。

论。"①(5)雍正五年(1727)定例："犯人出监之日,提牢官、司狱细加查问,如有禁卒人等陵虐需索者,计赃治罪。"②

2. 援引黎氏奏折,重申设立待质公所的必要性。

3. 刑部认为黎氏所议的具体主张"法美意良",且其核办程序合法,并非全无法律根据,因为刑部曾"会同吏部、户部",议定州县解犯不齐处分、委员功过章程以及所需经费人证口粮从藩库发款,"均经照准",各就地方情形一体筹办,曾"奉旨允准,通行各省,遵办在案"。

4. 刑部认为"典守者恣情克扣,任意凌虐,致死亡相继,骈肩连首"现象,并非肇端于待质公所,实早已有之。杨氏认为:添设待质公所,差役需索凌虐不可思议,被押者多至痍毙,显与例禁仓铺所店相背,因而请求各省臬司及各州县将此项公所一并裁除。刑部驳道:未经添设待质公所以前,各省臬司提审案内干连轻罪人证,都应照例取保听候审理,何以贵州巡抚黎培敬在原奏内还是提及"非有罪之人,一奉羁押公廨即与罪囚无殊,典守者恣情克扣,任意凌虐,致死亡相继,骈肩连首"等语呢? 可见,当日虽无设立班馆名目,但已经不免羁押,于是待质之人被押受害,才有惨不忍睹的情况发生。刑部认为,黎培敬能洞悉情形,采择汤用中原议立此项公所,并议及提款筹办等项,"法至良,意至美"。

5. 刑部认为杨御史"取保候审"的主张不切实际。刑部认为,杨御史奏请将设立并此项公所章程一律删削,实在未能考虑臬司提审与州县传讯情形不同之处。州县传讯,近在咫尺,一乡一邑之间,虽然无亲无故,但或许能以财物相担保,而且有地保来保候审理。但"臬司远在省城,乡曲小民,相距千余里或数百里之远",提解到省后大多举目无亲,恐怕无人承保者十有八九,而且餐宿在在需钱,久住与否更难预料,有能力筹钱者很少,考虑他们"露宿枵腹以待,势必有所不能",设立公所后,既可以为其代谋栖脚之处,又能筹备每天粮食,实属利民之举。至于"疾病取保医调,死亡验明棺殓,亦体恤周至之意",不能因有"取保"

---

① 薛允升:《读例存疑》卷48,《刑律》24,《断狱上》,《陵虐罪囚律》。
② 薛允升:《读例存疑》卷48,《刑律》24,《断狱上》,《陵虐罪囚律附例》8。按,颇令人费解的是,刑部为何没有举出最能为待质公所设立提供合法性的依据,即雍正七年的关于设立外监以居现审轻犯并案内听审人证的定例。可能是因为外监本身就是现审轻犯及案内听审人证的混押地带,而待质公所设立之初,旨在使"犯证相分",故而不便列出此一定例。

两字,便以词害意。杨御史认为人皆可取财物担保以听候传讯,实属天真想法。"此至简至便"之事,巡抚黎培敬勤求民情,难道会思虑不及吗? 其多方筹划,实有"不得不然之苦衷"。与其"务取保之虚名"导致各省阳奉阴违,还不如"存公所之善举",倒可以实事求是地体恤"愚弱乡民"。

6. 对黎敬培所提具体主张逐一辩护,亦针对前述杨氏第三点逐一驳斥。刑部认为,黎氏原议派专员专司其事、凡待质之人不发省城首县这一条,是由于首县公务繁多,因此如果让首县管押,不是假手家人,即是权归书役,那样仍然与私设之班馆毫无差别。唯有派专员管理,"责任既专,事事皆可躬亲",而且"耳目切近",便于监管。何况专员会担心其考成,不敢任由差役私行克扣凌虐。此外,造册详细载明久押、新收、开释、实存各人数,待案定后可以据此立予释回,不致任意拘留。开释之人是否由于疾病死亡,也可据册考察。倘若确因操作过程不善而导致瘐毙多命或凌虐致死,如同御史所说仅至记过确不足以示惩。但是,对于此点,巡抚黎培敬岂会毫无察觉,他理当会详禀督抚指名严参,按律究治。刑部认为杨御史所称各种凌虐至于极端,多是不肖州县私立班馆、待质公所名目,"影射掩饰,以致百弊丛生",从而与仓铺所店等名异实同,理应照例一体严禁。如有犯此情弊,应即严行查办,此风方可止息。

7. 刑部最后指出,因"奉行不力日久弊生"而"即行废除"的主张,实属因噎废食之念,恐失"慎重民命之至意"。当然,刑部也明确指出,待质公所之弊仍需督抚勤加稽查,方能消除。

御史和刑部的相互辩驳可谓针锋相对,各持其理据。在两者争论不下之时,清廷最终采取了折中的措施:一方面,并没有谕令各省省级待质公所永行拆除;另一方面,"著各省臬司实力稽查,如有该御史所奏各项情弊,务当委员差役从重惩办。至各州县影射传质公所名目私立班管,实属大干例禁,著令各省督抚即日通饬所属一体严禁,以杜弊端"。①

由上可见,杨氏对黎培敬原议措施在实践中的漏洞逐一揭露,也隐约察觉到其间的一系列的隐性规则,深切时弊,但全盘否定待质公所后,而冀望借助取保候审的成文定例来解决问题,亦属不明地方底情的理想之举。杨氏尖锐的批判,

---

① 《西宁府张为各省待质公所请饬裁除事致循化厅欧阳》,光绪二十二年三月二十七日,全宗号:07,案卷:3488,页码:3—5,青海档案馆档案馆代号:463001。

引起了朝野上下强烈的反响,著名的早期维新人士郑观应在阅看此折后深表同感,①其言:"深佩侍御史之满腔仁慈,洞悉情弊,使问官之任意、胥役之勒索、差役之凌虐,几如魑魅见形,莫逃犀照。"②杨氏对现实情弊的大加挞伐并充满浓郁的理想化色彩,自然会博得早期急于革故鼎新而同样充满着理想激情的维新派人士的同情和喝彩。不过,郑氏"援西以助中"的改良思路,自不在杨氏思虑范畴之内。以杨福臻为代表的御史方,坚决反对在班房基础上设立候质公所,这无疑也代表着御史们对班房所采取的一贯"务求根绝"的态度,而地方要员及其支持者刑部则在承认"万不得已而用"班房的前提下,主张对班房进行改革,反对不符实际的严行禁革的理想态度,也部分体现出地方大员平素从基层实情出发而实事求是的精神,这与御史们谨遵定例、固守成法的思维判然有别。有清一代,御史和地方大员围绕地方实务的争论每每见诸文献,如雍正年间在"耗羡归公"的问题上,具有改革务实精神的雍正帝③与洛岷等地方大员针对底层浮征耗羡以及低薪下陋规不断的时弊,属意于"提耗到省",但一至御史参议,便竭力反对,将"盛世滋丁,永不加赋"祖宗成宪引为依据,高唱"耗羡之外必复有耗羡"的论调。不可否认,久读圣贤之书而入仕途的御史自有"慎恤民瘼"的仁爱之心,然而受八股文浸染的他们,亦不乏书生意气。固然,限于财政条件,黎氏在设立待质公所也只是对班馆因陋就简地加以改良规范,但与其空悬厉禁而致使地方阳奉阴违,莫如明定章程而尚可随时考察。

无论如何,待质公所的设立将人证与轻罪人犯相厘清,无疑是一种进步。但以待质公所取代班房羁押人证,只是想进行更为严密的制度设计,减少此前弊端,但并非是取缔对人证的强制羁押,相反却仍然强调对人证进行暂时羁押的必要性。这种强制羁押人证作证的措施,反映出传统法律中的"君权本位"、"义务本位",以及审判过程中的国家职权主义的取向,无疑也是对证人个人自由和权利的漠视。

---

① 从精神气质而言,笔者认为早期的维新人士与御史之间颇有相通之处,即对积年痼疾往往痛诋,一般均主张釜底抽薪、改弦易辙,表现出颇为激进而带有理想化色彩的士人气质。——笔者注。

② 郑观应:《盛世危言》卷14之"狱囚",上海古籍出版社2008年版,第1212页。

③ 雍正皇帝在位期间的主要改革事务有:1.监狱改革;2.耗羡归公;3.开豁贱籍;4.密奏制度等。参见郑秦:《清代法律制度研究》,第147页。

晚清之际，由于从西方所引进的平等、人权等思想与本土逐渐充盈的仁政话语两相合流，遂导致干连人证终于在新的诉讼法中被剔除出强制羁押的范畴。

尽管光绪三十三年(1907)的《各级审判厅试办章程》规定：不论何人，除另有规定外，凡于审判厅受理之民刑事案件有关系或知其情形，皆有作证之义务。① 但是，对于证人到堂作证的方式，却作出了较为严格的规定。一般情况下，证人不再被拘系到堂，而是通过告知或命令的方式，让证人到达指定地点作证即可。清末所起草的第一部诉讼法律《刑事民事诉讼法》规定，证人可由两造带至公堂为证，公堂亦可酌量知会证人到堂作证。② 《各级审判厅试办章程》规定，审判官须讯问证人时，得发传票令证人到庭。③ 《大清民事诉讼律草案》则规定，证人应到指定场所作证；如不到场，可科百圆以下的罚款，并命其赔偿损失；若证人经罚后仍不到场，再科以同前数量的罚款，可继续命其赔偿损失，还可下令拘提证人到场。④ 《大清刑事诉讼律草案》中对证人到场义务所作规定与《大清民事诉讼律草案》的规定大体相同，对证人无正当理由不到场，可科以五十圆以下的罚款；若再不到场，可再科以同前数量的罚款，并命拘提到场。⑤ 上述几部法律中，都强调官方对于证人应先以通知或发传票的方式，令其到达指定地点作证。尽管《大清民事诉讼律草案》、《大清刑事诉讼律草案》规定在特殊情况下，可以对证人进行拘提，以迫使其到指定地点作证，但这与传统审判实践中控诉甫一成立便即刻拘系证人甚至加以强制羁押的做法，已有本质之别。在清末法律中，证人只要按照传票或通知的要求到达指定地点为证，即不会被处以限制人身自由的强制措施。关于证人到场的义务，《刑事民事诉讼法》规定，公堂应先用通知的方式知会证人到堂，唯有在证人无故不到场作证时，方可以传票或其他方式加以强制拘提，而不是如同对待被告一样起先即用传票传唤到庭。这种将证人和被告人区别对待的方式，无疑说明立法者已然认识到证人在诉讼中所具有的中立地位。由此前"干连证佐"到"中立证人"之观念转变，无疑表明人

① 《各级审判厅试办章程》，第34条，中华法政学社印，广益书局，民国四年。
② 《大清刑事民事诉讼法》，第242条，修订法律馆编，成都官报书局，光绪三十二年铅印本。
③ 《各级审判厅试办章程》，第70条，广益书局，民国四年。
④ 《大清民事诉讼律草案》，修订法律馆编，宣统年间刻本。
⑤ 《大清刑事诉讼律草案》，第157条，修订法律馆编，宣统二年刻本。

证的身份地位已明显提高。

据材料可知,待质公所因实践中的弊病,至迟于光绪三十四年(1908)已被"奉旨禁革"。[①] 加上光绪三十三年(1907)人证即开始被排除出强制羁押的范畴,所以此后羁押人证意义上的待质公所不复存在。但有意思的是,"待质所"的名称却延续了较长的时间,如光绪三十四年尽管待质公所已被取缔,但御史王履康仍要求设立"妇女待质所"羁押未决女犯以取代此前官媒,可见"待质所"一词虽仍被使用,但此时的待质所已与羁押未决人犯的看守所名异实同,[②]故而法部虽出于待质公所前经"圣谕取缔"而不便再立待质一名,但也还在御史王履康奏折基础上主张设立中国历史上第一所女性看守所。[③] 光绪末年及民国初年,有些县份新建的看守所,可能是利用了以往羁押人证而当时已被废弃的待质所设施,故而方志中仍名其为"待质所"。[④] 因此,待质所与班房、卡房、饭歇等词一样,有如福柯所言,本身皆为空洞的符号,其具体语义存在着不断转换的空间。

纵观上述,我们可以看见清代私牢与晚清新式狱制之间存在着颇为复杂的关联。就监狱制度而言,新式监狱制度与传统私牢之间存在相延续的一面,如作为清代私牢之一的自新所因与西方新式狱制狱理相暗合而在晚清被基层大加利用,成为狱制转型中的本土性的资源,并在晚清由原先非法而逐渐呈现出事实合法化的趋向;当然,总体上而言,新式监狱制度与传统的法定监狱制度之间更多地呈现出断裂性的一面,前者提倡感化主义的教育刑、矫正刑法,而后者则更多彰显的是报复主义。就看守所制度而言,因传统的私牢本身即为主要羁押未决轻犯(当然也包括紧要干证)的场所,再加上晚清人证逐渐被排除出传统私

---

① 《法部奏议覆御史王履康奏请禁革官媒改设妇女待质所折》,《政治官报》1908 年 10 月 20 日。

② 清末,以待质所或候审所来指陈专羁未决嫌疑犯的未决监的,各地皆有。如当时即又有人建议:"被告人既为嫌疑之人,将来是否有罪,尚在未定,即不得目之为有罪之人,若遽置于监狱中,其终身有不磨之玷。……我若以拘留监更名为拘置所或拘留所,抑或仍沿旧日名称为'待质所',或曰'候审所'。"参见《调查日本监狱员范倖炳勋上列宪改良直隶监狱条陈》,载《北洋公牍类纂正续编》(第 1 册),第 2145 页。

③ 刘锦藻:《皇朝续文献通考》卷 247,《刑》6,《考》9928。

④ 田兴奎等纂修:民国《慈利县志》卷 7,《建置》第 4,第 206 页;杨虎等纂修:民国《宁国县志》卷 1 舆地志中《公署》,第 204—205 页。按,从志文来看,这些"待质所"皆与新式的"监狱"及"罪犯习艺所"相对应,故可以判断其实质上即为羁押未决犯的"看守所"。

牢羁押范畴,而使之更加呈现出只羁未决犯的专门化趋向,因此在未设立新式看守所之前,一般暂且由此等设施权宜充当,这是清末看守所与私牢与在制度上相延续的一面。当然,就清末法律语境而言,设立新式看守所旨在取代弊病多有的羁所、班房等私牢设施,因而又呈现出断裂性的一面。①

---

① 清末以迄民国,在制度表达层面,私牢与看守所之间固然总体上呈现出断裂,是时大多数的班房已更名为"看守所",唯于实践层面往往一脉相承,常出现如后文将述及的"看守所仍前班房旧法"的情况。从 20 世纪三四十年代直至当下,广东等一些地方的民间,仍以"监仓"等旧时私牢之称,来指涉官方口中的"看守所"或"监狱"。实际上,即便从制度层面来看,清末以迄民国,看守所亦未全然取代班房,如迟至民国二十四年(1935),安徽省高等法院派人调查无为县司法监狱事务时,仍发现"该县县政府内设有'小班房'一所,监狱人犯经过小班房收押者十居五六,凡在小班房遵罚缴款者,随时释放;无力缴纳者,则押送监所"。参见潘元旺:《国民党的乐昌县监仓旧闻》,乐昌县政协文史委员会编:《乐昌文史》(第 5 辑),1988 年,第 20 页;阳光下:《回忆进监仓的那一幕》,载《走出高墙》,海天出版社 2005 年版,第 12 页;詹伯慧、甘于恩:《广府方言》,暨南大学出版社 2012 年版,第 90 页;安徽省地方志编纂委员会编:《安徽省志·司法志》,安徽人民出版社 1997 年版,第 469—470 页。

余论一　权力竞合下清代私牢的
多元规则

——基于法律社会学意义上的观察

　　清代传统刑制及审判制度决定了"监狱不过是待质、待决之用"。① 明清之际的律文规定对所有五刑未决人犯以及案内紧要干连证佐可强制羁押。但在作为清代审判实践优先适用的例文②规定中,却出现了如下分歧:康熙四十五年(1706)明确规定将笞杖轻罪人犯及干连证佐排除出羁押范畴,而令地保保候审理,禁止一切"铺仓所店"之设;但雍正七年(1729)关于内外监的定例却规定:内监羁禁徒罪以上重罪人犯,而外监则羁押笞杖及案内听审之干连证佐。总体而言,康熙朝的定例不符律文传统,而雍正朝的定例则颇与律文传统相契合。雍正以降,这两条文彼此冲突的例文,长期共存于《大清律例》之中而未见其中之一被删除。两朝例文的内在紧张,亦即儒家恤民理想与法家务实思维之间的潜在冲突,在此后督抚无所适从的回奏中,在御史与刑部的激烈争论中,甚至在《清史稿·刑法志》模棱两可的书写中,一再得以体现。

　　然而,从州县实践层面来看,雍正以降对于笞杖轻犯及干连证佐,多数情况下既未能凛遵康熙朝定例而交保候审,亦未固守雍正朝定例而散处外监。相反,

---

① 修订法律大臣大理院正卿沈家本:《奏请实行改良监狱以资模范而宏教育事》,光绪三十四年四月十一日,档案号:03—9286—022,中国第一历史档案馆藏。

② 关于律文与例文的关系,一直存在争论。本书不想涉入宏大的争议之中。就本题而言,清廷在讨论问题时,更多的是观照例文而不是律文。关于律例关系的较为扎实的研究,参见苏亦工:《论清代律例的地位及其相互关系》(上下),《中外法学》1988 年第 5、6 期。

却出现"每有班馆、差带诸名目,胥役藉端虐诈,弊窦丛滋,虽屡经内外臣工参奏,不能革也"①的局面。这些班馆、差带等设施,无论是以康熙定例抑或雍正定例来看,皆为"例所不允"之私牢,故历朝上谕皆对之加以严行禁革。然而,因地方督抚、州县及书役早已形成多维一体的利益格局,故"笔秃唇焦"的厉禁,每每引来的是地方官"阳奉阴违"和"欺上庇下"。而在少数地方务实官幕看来,与其"空悬厉禁"而致"阳奉阴违",莫如"明定章程"而尚可"随时考察",于是从19世纪中叶始地方兴起对班房等私牢规范化、制度化的诸多举措。然而,一些地方吏役面对规范化的举措,非但不予遵守,相反通过匿报、伪饰等方式,继续私设滥押、以酷济贪,甚至出现了滋蔓难治的局面,即外监之外复有署内私牢,署内私牢之外复有署外私牢,如方志所言:"役愈惩而愈肆,馆愈创而愈奇"。②

光宣两朝,西方狱制、狱理不断引进中国,时人借"邻壁之光",益觉"地狱之暗",始向近邻日本学习狱制,并有端本澄源而与"昨日之我"决裂之想。然而,从地方实施情况来看,不仅在制度设计层面上,晚清狱制转型与清代私牢之间既有断裂性又存延续性,且在实践规则层面中,如同民国八年(1919)方志所言:"(今日)看守所,仍前班房之旧法!"③

通过本书五章的考释可以看出,清代私牢明显呈现出规则"多元化"(Pluralism)的趋向。笔者此处规则"多元化"的提法,乃是受法律多元理论的启发。自从1975年胡克尔(M.B.Hooker)出版《法律多元》一书以来,学界探讨法律多元的著作不断问世,视角不同、方法各异:如以法律管辖范围来看,则有非国家法、非官方法、人民法、地方性法、部落法等型态的划分;如以文化视角来看,则有传统法、固有法、习惯法、民间法、初民法、本地法等区分;如强调文本规则和实践规则相分,则又有"书本上的法"(或"纸面法")、"行动中的法"(或"活法")等概念。依照格里非斯(J.Griffiths)的经典表达,"所有社会的法律秩序不是一个由国家决定的单一的、系统的、统一的等级秩序的命题,相反它来源于多个社会层面,并且能够自我管理"。④ 总之,在这种"法律多元"话语膨胀之下,正统的

---

① 参见《清史稿校注》卷151,《志》126,《刑法志》3,第3994页。
② 林星章等纂修:道光《新会县志》卷14,《事略下》,第412页。
③ 李煦等纂修:民国《政和县志》卷19,《刑法》,第211—212页。
④ *Hanne Petersen*, Henrik Zahle, Aldershot: *Legal Polycen - tricity*, Aldershot Damouth Publish, 1995, p.8.

"法"的概念本身似乎越来越被挤到学术的边缘,而且似乎必须完整地被称为"国家法"、"官方法"时才能被人准确把握其意义内涵。所谓正统的"法"的普适性,也开始受到空前而严重的质疑。① 这一法律多元的研究视角,伴随着人类学、社会学方法的运用,已明显影响到中国法律史的研究之中,较为突出者如梁治平、林端、苏力②等人的研究。由上述研究所带来的一问题是,人们对"法律"概念的内涵,越来越难以准确把握,以至于人们不得不去试图寻找法律概念的"最小公分母"。本书无意亦无力卷入到关于法律概念的争议旋涡中去,而尝试以"规则"一词作为"最小公分母"。以法律社会学的观点来看,规则是在一定群体范围内维持秩序的工具,是一种社会控制方式,③既可以"通过成文的意见来表达,亦可通过特定的行为模式来表达"。④ 尽管本书所使用的"规则多元"概念是受到法律多元概念的影响,但笔者并不想在宏观层面作"文化类型意义上"的多元解析,而仅仅是结合本题的研究,尝试作一点社会学意义上的微观分析。事实上,就目前关于法律多元的研究,如同王志强所指出的,"中央政权与其他社会群体,特别是地方权力集团在形成规则过程中的冲突和互动,以及这种关系对塑造新规则的影响和意义,也就未能深入探究"。⑤

---

① ［日］千叶正士:《法律多元——从日本法律文化迈向一般理论》,中国政法大学 1997 年版,第 2—3 页。

② 梁治平:《清代习惯法:社会与国家》,中国政法大学出版社 1996 年版;林端:《儒家伦理与传统法律——一个社会学的试探》、《依违于普遍主义与特殊主义之间》,载林端:《儒家伦理与法律文化——社会学观点的探索》,中国政法大学出版社 2002 年版,第 8—10、110—115 页;王志强:《法律多元视角下的清代国家法》,北京大学出版社 2003 年版;苏力:《法律规避与法律多元》,载苏力:《法治及其本土资源》,中国政法大学出版社 2004 年版,第 56 页。

③ ［美］罗斯科·庞德(Roscoe Pound):《通过法律的社会控制》,沈宗灵译,商务印书馆 1994 年版。

④ ［日］千叶正士:《法律多元——从日本法律文化迈向一般理论》,第 150 页。按,千叶正士以此来界定"非官方法",而笔者个人觉得这一界定可以泛化为对广义"法律"本身的界定,亦即本书中的"规则"。

⑤ 王志强:《中国法律史研究的反思与法律多元的视角》,载《中国学术》第 2 卷,第 3 辑,商务印书馆 2001 年版;另见氏著《法律多元视角下的清代国家法》,北京大学出版社 2003 年版,第 13 页。按,日本学者寺田浩明以及谷井阳子等人对清代的地方法有较为详细的梳理,尤其是后者注重探讨了藩臬二司在地方立法中的作用及省例的刊发。参见［日］寺田浩明:《清代の省例》,载［日］滋贺秀三编:《中国法制史——基本史料の研究》,东京大学出版会 1993 年版,第 657—714 页;［日］谷井阳子:《清代则例省例考》,《东方学报》第 67 册,1995 年。

有鉴于上述,本余论关注点在于,清代私牢周围的规则多元与群体运作之间到底存在着怎样的关联性。透过考释,围绕清代私牢,大致有以下三重规则:

禁止性规则(上位规则):康熙四十五年和雍正七年的定例对衙役擅设私牢以羁押犯证,皆表示严行禁革,属于禁止性规则。然而两者内部仍存在分歧:康熙四十五年定例规定严禁对轻罪人犯及干连证佐实施一切形式的羁押,如铺仓所店等。而雍正七年的内外监之制却承认官方正式外监可以对轻罪人犯和案内听审人证进行散禁,外监之制在某种程度上即是对康熙四十五年定例下严禁的"铺仓所店"的制度化,雍正以后延续下来的"铺监"、"仓监"并置一起的称法(监指内监,而铺仓则是指外监),则是这次制度化下的产物。康熙年间的定例是基于御史周清源的奏议而设定,反映出康熙帝本人及御史慎恤民命的儒家情怀,而雍正年间的定例则基于刑部尚书励廷仪的奏议,则折现出雍正帝及刑部官员便捷审案的法家务实精神。①

限制性规则(中位规则):地方务实官幕一般会在康熙四十五年定例和雍正七年定例之间寻求一定的平衡,强调在人犯及干连证佐碍难承保的情况下(或无人承保,或属紧要而防止发保后逃脱,或防止地保勒诈),主张对其实行暂时管押,而出于外监资源有限,难能承押数目繁多的犯证,故而主张在万不得已之时使用衙署内的班房等设施,以实行暂时羁押,但均注意在审前和审后对衙役进行预防和监管,尤其对衙役在署外擅立私牢进行严厉打击。地方务实官幕的类似"治术",频频见于作为"服官佐幕之准绳"②的清代箴规之中,这一类对私牢

① 关于大清律例中的儒家和法家的双面性,不少学者的著作中都已提及,如步德茂、布迪和莫里斯、黄宗智。参见[美]黄宗智:《清代的法律、社会与文化:民法的表达与实践》,第102—103页;参见[美]步德茂:《顿起杀机:18世纪清朝刑科题本中所反映的官僚制及仁治思想》,陈兆肆译,载张世明等主编:《世界学者论中国传统法律文化》,第201—203页。

② 首先,此处所谓的地方务实官幕,并非是具有统一品级和统一地位的官员群体,而是从其共同的"爱民"、"教民"、"为民"等治理目标及相似的治术等层面而做出的概括。他们或为督抚,或为州县,或为幕僚,如同魏丕信所言是"治国精英"(administrative elite);其次,这类群体所作的官箴不仅具有规则性和特殊性,而且其在官员中间具有普遍的影响力。官箴由起初下级对上级的规劝,转变成上级对下级的道德训诫和经验指导,乃肇端于宋,造极于明清(参见高成元:《官箴的研究》,《天津社会科学》1985年第6期)。关于清代官箴的规则性,许多学者的研究多已涉及。据魏丕信的研究,明清官箴大体分为行为类(即主要是道德上的训诫,即黄宗智所言之"道德文化")和技术类(即主要是事务经验性的指南,即黄宗智所言之"实用文化")两种,大多为"普通从政指南",此点从清代蒋埴所撰官箴《宦海慈航》这一书名上,即可得到反映(参见[法]魏丕信(Pierre-Etienne Will):《明清时期的官箴书与中国行政文化》,《清史研究》1999年第1期;[美]黄宗智:《清代的法

既承认又加以约束的规则,可被称为限制性规则。限制性规则总体认为对轻罪人犯和干连证佐实施羁押的必要性,就此点而言实与雍正七年定例精神相合,而与康熙四十五年的定例相悖。这一点也隐约折现出官箴中的地方官幕的务实性与雍正七年定例所透出的务实思维之间的一致性。① 自 19 世纪中叶开始,对班房等私牢管理的规范化,使得禁止性规则下的班房等私牢,在地方上呈现出制度化进而合法化的趋向。而光绪年间曾受到刑部和清廷认可的待质公所的广泛设立,则是这一次制度化努力的顶峰。这是有清一代继雍正朝设立外监收编"铺仓所店"后地方私牢的第二次制度化。光绪二十一年(1895),御史杨福臻与刑部关于待质公所存废的激烈竞争,则是御史慎恤民命的儒家情怀与刑部有便案审的务实精神之间的又一次碰撞。

利用性规则(下位规则):多数地方吏役(包括督抚、州县及衙役群体),尤其是衙役通过与书吏、讼师等合谋运作,以班房等私牢为配置型资源,借助暴力济贪、分割空间、操控环境、盗案牵连、命案罗织、择肥而噬,以及选择适用或歪曲适

律、社会与文化:民法的表达与实践》,第 189—194 页)。而龚汝富将官箴界定为"凸显从政规矩的程序法则"(参见龚汝富:《略论中国古代官箴的政治智慧》,《中国人民大学学报》2006 年第 1 期)。实际上,清代许多官箴以"航"、"轨"、"规"、"须知"、"要则"、"金鉴"等词命名,在某种程度上亦反映出官箴的规则性特征(参见刘俊文主编:《官箴书集成》,黄山书社 1997 年版)。关于官箴规则的特殊性,清人汪辉祖认为官箴"可见诸施行而不流于迂滞,非为服官佐幕之准绳,即吾人涉身涉世亦随在皆当取法"。此中所言"准绳"、"取法"等词,也揭示出官箴的规则性。"流于迂滞"无疑是批评固守律例这一上位规则者,而"见诸施行而不流于迂滞"无疑指出了作为中位规则的箴规实具有自己固有特性(即其务实性的一面)(参见汪辉祖:《学治臆说》,载刘俊文主编:《官箴书集成》(五),第 266 页)。黄宗智即认为官箴书这类地方官和刑名幕友"手册"类的著作,除了有些公式性的道德化说教外,"书里还有比较实际和具体的指示"(参见[美]黄宗智:《清代的法律、社会与文化:民法的表达与实践》,上海书店出版社 2001 年版,第 4 页)。《四库全书总目提要》对官箴的规则性特征,亦有较精准的揭示:"虽篇制无多,而词简义精,固有官者之龟鉴",而对于官箴的固有特性则又指出:"其言皆切实近理,而不涉迂阔,非讲学家务为高论,可坐而不可起行者也。"笔者认为,明清之际官箴数量的激增并且有些官箴一再重印,并不仅仅与魏丕信所说的"印刷革命"有关,亦与官箴在官员处理实务中具有广泛而有效的指导性和约束性密切相关。

　① 值得一提的是,黄宗智也曾指出官箴中充满实用性的训诫与充满实用性的例文之间具有高度的相似性,但他对"道德化的律"和"高度实用的例"作简单而笼统的区分,则略显草率(参见[美]黄宗智:《清代的法律、社会与文化:民法的表达与实践》,第 206、197 页)。按,以本书的考证结果来看,明清律文出于有便案审的角度,大体承认对所有笞杖以上案犯以及干连证佐的强制羁押,而体现出律文极强的务实性,而清代例文中的康熙四十五年定例出于慎重民命,而主张将轻犯并干连证佐一概排除出羁押范畴,进而体现出此例极强的道德化特征。因此笔者认为,对清代"律文"和"例文"简单地贴加"道德化"和"实用性"的标签,是不能成立的,而必须诉诸具体的分析和判断。

用有关律例规定等诸多方式,达到逐权济私的目的。而在务实官幕规范制约下,其又通过匿报、伪饰等方式,逃脱制约而规避惩罚,最终导致"役愈逞而愈肆,馆愈创而愈奇",即:班房等署内私牢之外,复有饭歇等署外私牢。衙役群体所共享的隐性手段,虽未形诸文字,但利用私牢资源谋权济私的做法,实已形成例行化的惯例,姑且称为利用性规则。笔者对私牢周围衙役群体的考论所得,与李德(Bradly W.Reed)在研究清末巴县档案时的结论颇为相似,即"胥役所遵从的是一套纯粹的圈内的规则"。① 前述方苞在狱中对衙役无端拷犯颇为不解,当时赖有经验的老吏点拨道:"是立法以警其余,且惩后也。不如此,则人有幸心。"②此处之"立法"洵非清代律例,而是指衙役所共用而不言的利用性规则。李宝嘉在《活地狱》一书中,借衙役之口,揭露出班房之中存在对资源分等分层的"通行大例"③,此"通行大例"亦非国家正式例文,而是在实践中业已例行化的规则。清代私牢的利用性规则具有极强的生命力和持久性,晚清和民国虽设立专门用以羁押未决嫌犯的看守所,但方志却言及:"(今日)之看守所,仍前班房之旧法也"。④ 此处之"旧法"亦非作为"国家法"的上位规则,而是指吏役群体在实践中所体现出的下位规则,即利用性规则。

清朝私牢规则总体上呈现出以下特点:

1.上位规则,因中位规则、下位规则的层层抵制,其效力愈往下而愈递减:至中位规则处,法定外监之外有班房等署内私牢;至下位规则处,则又滋生出饭歇等署外私牢。这种上位规则的效力逐渐递减现象,从共时性来看,愈近州县一层,效力愈低,故而署外私牢大多见于州县一级;从历时性来看,愈近晚清,效力愈低,故而晚清之际署外私牢名目更形繁杂,这一点从咸丰年间对私牢的惩罚性规定中有"署内"和"署外"之别,即可见一斑。

2.清代私牢规则虽呈现出多元,但规则之间尚具有流通性,如中位规则即有向上位规则游移的可能。光绪年间经黎培敬所奏待质公所一折,后经刑部议覆

① Scoundrels and Civil Servants, *Clerks, Runners, and Local Administration in Late Imperial China,Doctoral Dissertation*, University of California at Los Angeles, 1994; Money and Justice: *Clerks, Runners,and the Magistrate's Court in Late Imperial China*, Modern China, Vol.21, Num.3(1995), pp. 345-382.

② 方苞:《狱中杂记》,载《方望溪集》,第 111 页。

③ 李宝嘉:《活地狱》,第 25—26 页。

④ 何横等修:民国《宣平县志》,丛书,1975 年,第 263 页。

而通行全国,中位规则呈现出向上位规则转换(即制度化)的趋向。如果晚清之际定期修例活动仍延续不辍,①此折极可能被纂入例文之中。② 有清一代,例文本身的灵活性和包容性,成为地方督抚的务实性主张被采用而纂入例文的重要原因。清代地方督抚的务实性主张,通过六部议覆而被纂入例文之中的现象比比皆是,这从薛允升的《读例存疑》一书中便可以看出。③ 对于地方督抚的上奏与上谕之间的互动,如何最终导致附载于律文之下的"条例"的形成,日本著名法制史学者滋贺秀三先生对此亦有过精到的考察。④

3. 权力竞合下的规则多元。规则内部或规则之间的对抗,深层处是利益群体的权力对抗;规则内部或规则之间的长期共存,深层处则是利益群体之间的权力妥协。而清代私牢规则多元,肇端于群体之间权力竞合,即既与群体权力对抗有关,亦与群体权力妥协有关。

规则的多元化源起于权力的多元化。开创于马克斯·韦伯的权力社会学的诸多研究已然证明,权力并不为某一人或某一类人所独擅和主宰,即便是在"生杀予夺,在彼一人"之时代。一切人都可能有所凭恃而掌握获得权力的途径,如:起于暴力的衙役、地辖权力,依恃智识的幕友、讼师权力,合于惯例的乡绅、地保权力,经由官定(或法定)的帝王、臣僚权力。多元权力之间的彼此竞争,是多元规则形成的直接原因。而权力的竞争以及规则的滋殖,又莫不与各自的利益诉求及所掌握的资源攸然相关。清朝有识之士常谈及"例"、"吏"、"利"三者之间的

---

①　同治九年以后,清朝修例活动中辍。参见薛允升:《读例存疑》,自序。

②　遗憾的是,目前尚未找到雍正三年对刑部尚书励廷仪关于设立内外监一折的朱批,也未找到对黎培敬上奏设立待质公所一折的朱批。如此一来,便无法细致分析官员奏折与例定立之间的转换关联。——笔者注

③　通过《读例存疑》来看,例文的形成最多的是来源于地方督抚的上奏和御史的上奏。至于由这两个群体所奏而设定的例文,在风格类型上有着怎样的区分,以及这两种不同风格的例文比例,对整个有清一代的例文特点(倾向于儒家理想抑或法家务实精神),这是一个特别有趣的课题。——笔者注

④　滋贺秀三的研究阐明,当地方督抚将某一类案件的处理意见上报给皇帝时,如果皇帝在上谕末尾写明:"嗣后如遇到此等案件,均照此案办理,将此传谕知之"、"嗣后以……为例"。接到这样的指示后,记载着此次案件内容和处置的文书就会被作成并发给全国内外问刑衙门,这叫作"通行"。此后,官员们在处理同样的案件时就有义务跳过已有的律例条文而引用通行。而且每过几年,这些"通行"就会被整理总结为条文公布。这实际上就是附载于律文之下的"条例"的来历。参见[日]滋贺秀三:《清代の法制》,载氏著《中国法制史论集——法典に刑罚》,创文社,2003年。

紧密关系,极精准地指出规则、权力主体以及资源之间丰富的关系意涵。① 为下文讨论之便,笔者对清人口中之"例"、"吏"、"利"这三个名词的内涵,作一定的扩充解释。此处之"例",是为规则,不独指律例,包括前文所述的三种规则。此处之"吏",是为上至帝王臣工、下及幕友胥役的官吏群体,不独指胥吏;而此处之"利",是为资源,不独为目的性的利益诉求,亦涵指手段性的各种资源。利益及资源影响着官吏群体的内部分裂及动态重组,同时又成为规则形成、维系及异变的重要前提。君主及中央官员(如康熙帝、雍正帝、刑部官员及御史)之间,虽出于政治理念(或曰法律理念)之争,从而对私牢作出不同的认知并衍生出不同的律例规则,但总体上出于弊绝风清、礼制秩序的政治考量,屡颁政令,禁止吏役侵蚀官权而擅设私牢。处在政治边缘化的吏役群体,则为了利益汲取及权力宣泄,倚私牢为利窟,滥施卑伎,无所顾忌。夹在中间而负稽查连带之责的地方官僚,由于总体上与吏役群体存在更为紧密的利益一体关联,但同时又畏于法令和君威,故往往采取对上阳奉阴违、对下百计庇护之举措。尤显突出的是,地方一些务实官僚,自觉出于天理、民瘼等政治伦理的考量,主张对私牢进行规范化管理,但受制于监禁资源有限,又不得不承认部分私牢的合法性。

规则多元既与上述因利不同而出现各级权力对抗密不可分,但同时也与权力之间的妥协攸然相关。如果没有各级权力群体之间的一定妥协,便无法产生相对稳定的多元规则。清代有关私牢"虽于例不合,但万不得已而用之"之类的话语每每出自官员口中,即足以说明权力妥协之下规则方得以滋生。康熙朝定例深有康熙和御史慎重民命的儒家仁慈理想,而雍正朝定例则寓含雍正和刑部又便案审的法家务实精神,两者之间存在着理念上的尖锐冲突。然而两者在审判实践中每现冲突时,最终是通过灵活解释条文而折中行事,即如乾隆三年(1738)御史苏霖渤所说"嗣后无保人犯,若能为之设法取得,自属万全,否则照定例散处外监"。② 又如,尽管地方务实督抚的做法与康熙定例之间存在相当的不

---

① 晚清冯桂芬即曾言及:"谈者谓今天下有大弊三:吏也,例也,利也。"而据清末徐柯所编《清稗类钞》记载,此言出自康熙年间的陆陇其,其言:"本朝大弊只三字,曰:例、吏、利。"参见冯桂芬:《省则例议》,载《校邠庐抗议》,上海书店出版社 2002 年版,第 14 页;徐柯编《清稗类钞》第 39 册,商务印书馆 1928 年版,第 4—5 页。

② 江南道监察御史苏霖渤:《奏为陈明刑部现审内有锁禁班房无保领人犯病毙事请旨敕部确议章程设法取保事》,乾隆三年,档案号:04—01—28—0001—061,中国第一历史档案馆藏。

合,但地方务实督抚没有对上位规则采取决然对立的态度,而是采取阳奉阴违的手段("奉"为"合",而"违"则为"竞"),而清廷在保证惩罚震慑力之余("竞"),亦会对地方督抚抱有相当的包容("合"),即每每督抚奉旨查奏后,面对督抚显而易见的不实之词,上谕总是以"实力为之"等例行化的语言结束而不予深究。

我们透过地方督抚的规范和吏役的隐形对抗可以看出,清代所谓的"官场共同体",并非是一个具有高度统一的目标和凝聚力的整合体,相反是一个"竞技场",这颇为类似于费埃德伯格在对现代组织行为研究后所得出的结论,即"在大量矛盾和冲突的情景下,组织的运行受到来自各个群体的影响,组织成员的行为并不是简单地制定或执行规则,而是周而复始地协商与谈判"。① 实际上,唯其上下群体之间,既有竞争又有妥协,诸种规则方可并存。(参见图余-1:清代群体权力竞合与私牢规则多元)

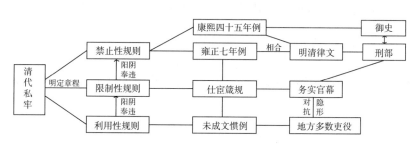

图余-1 清代群体权力竞合与私牢规则多元

总之,清代私牢规则所体现出的上位规则的效力递减性、规则之间的流通性以及群体竞合下的规则多元性,是有清一代私牢规则"活性"特征的三个具体表现。换言之,清代私牢规则的"活性"特征,必须放在规则变迁中(如前两者)和群体竞合中加以考察(如后者),如此始能获得全面的理解。

近来在中国法律史研究学界中,社会学意义上的"活法"(active law)研究越来越受到关注,但受到黄宗智关于表达与实践的简单的两分法式的研究模式的影响,②即往往带有某种目标性地探讨(或者说是证成)"实在规则"(Law in ac-

---

① [法]埃哈尔·费埃德伯格(Erhard Friedberg):《权力与规则》,张月等译,上海人民出版社2008年版,第49页。

② 关于对其研究成果的精炼总结,可参考其在重版中的代序。[美]黄宗智:《清代的法律、社会与文化——民法的表达与实践》,第2—12页。

tion)与"纸面规则"(*Law in book*)的背离关联①,实际上两者之间的关联远非如此简单。就本题研究所带来的启发有:首先,仅就清代的法律表达而言(黄宗智所言之的表达大致相当于本题中的上位规则,即国家法、官方法),实际上内部仍充满着歧义纷争,并非是一个圆满自洽的体系,如薛允升在总结有清一代的例文时,经常会有"不能划一"、"互有抵牾"等评论,足以证明此点。② 就本书来说,上位规则中即有康熙四十五年定例与雍正七年定例之间的冲突。因此,将清代上位规则(即官方法)想象成如现代法律一样是一个内在和谐的统一体(实际上现代法律亦未必如此),进而观察其在实践中的表现,这种做法不无风险。其次,实践中"例行化"(*Routinize*)的做法,本身即可视作规则之一种,尽管有时尚未成文而只能说是一种"实践意识"(相对于"文本意识"),如本书中的吏役群体的利用性规则即是。因此在一定程度上而言,黄宗智所探讨的表达和实践的关系,容或可以置换成一种规则与另一种规则之间的关系。最后,在探讨活法研究时,权力与规则的互动关联理应受到足够的重视,即规则既是权力行为的制约性因素,同时也是权力行为的结果,即规则存在如同吉登斯所言"结构化"(*Structuration*)③的过程。亦如费埃德伯格在探讨"章程规则"(*regle constitutionnelle*)与"章程的实践"(*practique constitutionnelle*)之间关系时所作出的经典表达:"'章程规则'依赖于'章程的实践',章程的实践会偏离章程性规则,与此同时,章程性规则又会维护章程的实践,在某些方面将其加以削弱,而在另外一些方面又对其进行强化,反过来也是如此。"④即如本题而言,各级群体一俟通过自己的权力营建出新的规则,那么此一新的规则立即成为其实践权力维系和强化的重要工具。

---

① 奥地利社会法学家埃利希提出与"国家制定法"相对应的"社会秩序法",即著名的"活法"概念;美国社会法学家庞德秉持法是一种社会控制方式的理念,曾将法分为"书本上的法律"和"行动中的法律";而美国现实主义法学家卢埃林则在庞德的基础上进一步发展成"纸面规则"和"实在规则"。三者虽在表述上和理论渊源上不尽相同,但实质意思大致相近。尤其是卢埃林使用"规则"一词,在一定程度上避免了卷入"法律"概念的争议旋涡之中。参见沈宗灵:《现代西方法理学》,北京大学出版社 1992 年版,第 316—317 页。

② 当然,关于清代官方法内部的冲突研究,目前主要集中在律与例关系的探讨上。但目前尚未见探讨例文之间的冲突的探讨。关于律例关系探讨的梳理,可参见苏亦工:《论清代律例的地位及其相互关系》(上下),《中国法学》1988 年第 5 期及第 6 期。

③ 关于主体行为、权力与规则的关联,吉登斯在其书的第五章《变化、进化与权力》中有详细的探讨。[英]安东尼·吉登斯(*Anthony Giddens*):《社会的构成》,李康、李猛译,生活·读书·新知三联书店 1998 年版。

④ [法]埃哈尔·费埃德伯格:《权力与规则》,第 163 页。

余论二 "有治法，尤贵有治人"

——基于法理学上的分析

在清末狱制改良中，就私牢问题，包括清廷在内的务实官幕积极谋求制度上的革故鼎新，冀望能除去以往的沉疴痼疾，但实践证明"徒法不足以自行"，如时人有感于晚清将传统官媒先革而为待质公所，又革而为看守所和官媒这种无常反复的做法，叹道："去官媒而设待质所，后以有弊病而禁革，现又改设看守所、又改官媒，另雇年老稳练之妇，若无认真督察者，则看守所依然一待质所而已，而年老稳重之妇女，则依然旧官媒也"。① 清代针对私牢之弊，每每谋求制度上的鼎革，但效果却不尽如人意，最终仍不得不再三强调"妥役"、"妥实地保族邻"、"年老稳练之妇"、"公正无私心"、"认真督察者"等"治人"方面的因素。

民国时期尚有人鉴于新式看守所之内部弊病仍类同于以往班房，故而有云：

> 宣平县监狱之设，所以拘束人之自由而促其悔过迁善也……看守所，即旧班房。看守所者，押被告人之场所也，被告人是否有罪，尚未确定，若羁押之处所不良，是未受刑罚上之制裁，已先身体上之痛苦矣。故看守所之应改良，较之监狱，尤为必要。宣邑看守所，仍前班房之旧法，湫隘嚣尘，年久失修。②

清末狱制度改良，无论是吸收传统私牢中合理价值的一面，还是扬弃以往监狱及私牢中的种种弊端，旨在求得狱制"骎骎乎日上"。然而在实践层面中所表现出来的是今昔一致的静止性态势，所谓"看守所仍前班房之旧法！"晚清地方大员及修律大臣等对制度革新过程中所出现的制度表达和司法实践背离的原

---

① 刘锦藻：《皇朝续文献通考》卷 247，《刑》6，《考》9928，"臣谨案"条。
② 何横等修：民国《宣平县志》，第 263 页。

因，未尝没有深思熟虑后的了悟，都十分强调"有治法，而尤贵有治人"。

刘锦藻在论及狱制弊病后言及："古今无不弊之法，不得其人，则良法亦成秕政。"①清末两广总督袁树勋亦称：

> 治狱全赖得人，否则纵使建筑如何得法，章程如何完善，俱属无裨实际，徒事铺张，况晚近多以狱吏为不足重轻之员，而下此从事于监狱者，又皆位置极低，薪水极薄，名称极劣，故君子则招之不来，小人则挥之不去。今欲改良监狱，非鼓励治狱官员，美其名称，高其位置，爱其精神，足其俸薪，并考其才能不可。②

在袁氏看来，新式狱制是否成功，关键在于狱吏。而狱吏是否得其人，又必须针对此前狱吏位卑③、薄俸、疲玩等境遇加以改变。

清末修律大臣沈家本在评议唐朝刑制时称："夫法之善者，仍在有用法之人。苟非其人，徒法而已……有其法者，尤贵有其人矣。大抵用法者得其人，法即严厉亦能施其仁于法之中；用法者失其人，法即宽平亦能逞其暴于法之外。以其得失之故，实莞乎宰治者之一心，为仁为暴，朕兆甚微，若空言立法，则方策具在，徒虚器耳。"④正是出于对"治人"的强调，沈氏在晚清狱制改良中，尤多措意于狱吏养成之教育，他指出："中国监狱责之典史、司狱等官，品秩卑下，何由诠擢真材？ 悍吏蠹胥，持较泰西仁暴悬如霄壤。"因而，其主张"典狱一官，统辖全监，非兼有法律、道德及军人之资格者不能胜任"。⑤ 在清末狱制改良的实践中，在对狱吏"美其名称，高其位置，爱其精神，足其俸薪，考其才能"等方面，亦切实

---

① 刘锦藻：《皇朝续文献通考》卷 247，《刑》6，《考》9928，"臣谨案"条。

② 参见《广东监狱改良暂行章程》，《广东宪政筹备处报告书》第三期，1910 年 5 月，见桑兵主编：《清代稿钞本》（第 50 册），第 67 页。

③ 从上述章程来看，袁从传统法律表达中看出从前狱吏地位之卑贱，因而主张"高其位置"。但有意思的是，袁氏从传统法律实践中却也看出了从前"狱吏之尊者，犹向者威吓主义或并施非法之刑，盖一人尊而一狱哭也"，因而提醒新式狱制转型中应该注意于因文明刑法的实施及法律之规约而给狱吏所带来的心理上的落差，因此提出"厚其俸禄"以补偿之。袁氏从名实两种角度认为晚清狱制改良前狱吏"名卑而实尊"，而在狱制改良则应当实现"名尊而实亦尊"。参见《署督部堂袁奏请明定狱官及看守所各员品级折》，《广东宪政筹备处报告书》第三期，1910 年 5 月，见桑兵主编：《清代稿钞本》（第 50 册），第 58 页。

④ 沈家本：《历代刑法考》（一）之《刑制总考》4，邓经元等点校，第 51 页。

⑤ 修订法律大臣大理院正卿沈家本：《奏请实行改良监狱以资模范而宏教育事》，光绪三十四年四月十一日，档案号：03—9286—022，中国第一历史档案馆藏。

采取了许多措施,尤为重视对监狱管理人员的专业及职业道德等方面的养成教育。① 民国八年(1919)福建《政和县志》的撰者在书及监狱内容时,曾如是感叹:

> 实行改良之监狱,设管狱员,专管监狱事务,凡在狱中人犯,似可拨云雾而见青天,然立法虽善,倘积久奉行不力,亦未免有名无实矣。是拯民水火,保全狱犯之生命,尤在有良司。本大禹下车泣罪之心,行欧阳崇常求其生之事,庶乎得之矣!②

可见,监狱立法虽善,而"尤在有良司"。实际上,晚清以迄民国初期类似于上述"为政在人"的言论举凡皆是,如有人从法律名实的角度而言及:"纵有治法,仍无治人,虽有善政,不过仅属具文,勉强令行,亦不过虚应故事,于诸务仍无实济"。③ 有人从治人与治法的位序着眼而称:"有治人,斯能有治法,事非徒托诸空言;而有治法,尤贵有治人,功乃莫隳于末路。"④亦有人以"不得治人"的后果来警示世人:"苟不得治人而但绳之以治法,则文章繁密而趋避有常,条告纷陈而依违莫是"⑤。

对"治人"的极度强调,本是中国几千年以来的传统,⑥如孔子所谓"人存政举,人亡政息",又如荀子所言"有治人,无治法"(某种程度上轻忽了"治法"因素,而变成了"治人主义")。因此晚清时贤对"治人"因素的强调可谓其来有自,光绪年间钱大受在谈及"天下之事,患无治法,尤患无治人"的切身感受后,即立刻追及"昔人所言,良不诬也"。⑦ 然而所当注意者,晚清这种"有治法,尤贵有治人"看法与传统"有治人,无治法"的看法仍有殊异,首先在其并不忽视"治法"之因素,唯更为强调治人而已。尤有进者,晚清这一类见解的提出,是在反思当时新出现的极端反传统的态度之后,而采取的折中化处理。

---

① 马自毅、王长芬:《狱务人员与清末监狱改良》,《社会科学》2009 年第 8 期。
② 李煦等纂修:民国《政和县志》卷 19,《刑法》,第 211—212 页。
③ 《谕以工代赈》,《申报》第一千四百三十五号,第一版,光绪丙子十一月十一日(1876 年 12 月 26 日)。
④ 陈忠倚辑:《清经世文三编》卷 25、卷 30,《户政二》、《户政八》,光绪年间石印本,第 500 页。
⑤ 《录耕砚农人覆议黄高峰拟稿》,《申报》第五千零九十九号,第一版,光绪十三年五月八日(1887 年 6 月 28 日)。
⑥ 关于"治人"和"治法"关系的论述,参见高积顺:《"治人"与"治法"辨析》,《河北法学》1994 年第 4 期。
⑦ 陈忠倚辑:《清经世文三编》卷 25、卷 30,《户政二》、《户政八》,光绪年间石印本,第 599 页。

晚清以降,承西方实证法学的余风所及,中国士贤初始皆迷恋"法治主义",误以为只要托付于"法制"这一工具,即可百弊立消,①故当时颇有人欲矫先前"治人主义"之枉,而转将"治法"绝对凌驾于"治人"之上,如有人在比较中西法律时提出:"荀子言,有治人,无治法,泰西学说则以治法为重。"②有人更是直接对旧说发起挑战,认为"有治人,无治法,学者多称为名言,然法之所系大也,有善法即非其人,犹不失治。"③是时,在外来"治法主义"的影响之下,"自新学说兴,首重立法,以为制法苟善,即无治人而能行之久远,终归于弗敝。"④

晚清及民国初期高唱"法治主义"的同时,对传统的"治人主义"亦不无矫枉过正之嫌,但实际上其一干制度化举措并未取得预期的理想效果,相反流弊一仍其故。于此,清末民初的士贤在反思后又开始提出一些有关"治法"与"治人"关系的折中看法,如谓:"今日论治者,动谓有治法而后有治人。夫有治人,无治法,治人固无所藉手;有治法无治人,治法徒袭其虚名"。⑤ 亦有人在兼顾传统的"治人主义"与后起之"治法主义"的基础上,提出"法以人行,人以法著,均之不可偏废"的观点。⑥

有意思的是,光绪年间有人针对"有治人,无治法"的传统看法,作出了因应其当下而别出心裁的解释,其曰:"所贵乎治人者,谓其能参活法而不泥成法也。"⑦此处带有佛教色彩的"参活法而不泥成法"一语,尤值玩味。所谓"不泥成法"者,显然并非完全抛弃"治法",而"活法"一词则突显出"治人"的重要价值。要之,中国成文法素来发达(亦即西人所言之"实证法"也)。⑧ 然而,法有时而晦,需参以文义、体系、法意、比较、目的等狭义解释方法,探究法律之规范意旨,从而"澄清法律之疑义,使法律含义明确化、正确化"。⑨ 法有时而穷,所谓律

---

① 参见高积顺:《"治人"与"治法"辨析》,《河北法学》1994 年第 4 期。

② 《铁岭县志》政绩志,民国六年(1917)铅印本,第 226 页。

③ 光绪《惠州府志》卷 14,光绪十年(1885)刊本,第 806 页。

④ 《盖平县志》卷 4《政治志》,民国十九年(1930)铅印本,第 231 页。

⑤ 《解县志》卷 10 中,民国九年(1920)石印本,第 755 页。

⑥ 《阳信县志》序,民国十五年(1926)铅印本,第 25 页。

⑦ 《严君缁僧代助元魁会书》,《申报》第三千三百八十四号,第三版,光绪八年八月二十一日(1882 年 10 月 2 日)。

⑧ 关于中国传统成文法之发达,参见梁启超《论中国成文法编制之沿革得失》一文,见《梁启超法学论文集》,范忠信选编,中国政法大学出版社 2000 年版,第 120—170 页。

⑨ 杨仁寿:《法学方法论》,中国政法大学出版社 1999 年版,第 96—128 页。

例有限而情伪万端,任何成文法都难能包罗万象而纤微靡遗,如同清朝律学家所言:"绝中山之颖,不足以备也;竭娄视之明,亦不足以悉纤微而无漏也"①,故法律出现漏洞的尴尬亦时有发生。法有时而芜,在成文法体系下,尤其是在推崇列举主义的传统立法模式之下,律与例,前例与后例,杂糅并陈,时相抵牾,一些玩法舞弊藉此依违于律例之间,其营私乱法,无事不与例违;其取巧传令,则无事不与例合。② 而况,法有时而不善。正其如此,所谓"参活法而不泥成法"者,即主张在适用"国法"的既定前提之下,诉诸"天理"(类似于西方"自然法"的考量)及"人情"(类似于西方"社会法"的考量)③等方面的广义解释,进而达到合理择用、创制法律条文或补充法律漏洞的目的。凡此上述,在在突显出"治人"的主体性的地位。

如前所揭,清代有关私牢的律例规定在当时的法律生态下时具良法美意,但其间不可避免地存在着巨大的解释空间,而直接负责私牢管理或运作的衙役人等,惯于倚违于律例之间,上下其手,缘法逐利,终至于"纵有治法,仍无治人,虽有善政,不过仅属具文"的局面的出现,是故晚清时贤所谓"有治法,尤贵有治人"确属言近旨远之论。

附表一 清代各省监押设施一览表
(据清代方志等资料整理)

1. 安徽省

地　点	时　间	监押设施	出　　处
休宁县	康熙三十二年	有狱、羁候所,有皂隶篷。	康熙《休宁县志》县治图及卷2《公署》,廖腾煃等纂修,丛书,1970年,第88、252页。

---

① 王明德:《读例佩觿》,第20页。

② 翰林院侍读孙鼎臣:《奏为敬陈因循之病用法治标用人治本事》,咸丰三年正月二十二日,档案号:04—01—02—0149—004,中国第一历史档案馆藏。

③ 将中国本土"天理、人情、国法"的观念与西方"自然法"、"社会法""实证法"作对应比较是借用张世明教授的见解,参见氏著《法律、资源及时空建构:1644—1945年的中国》(第一卷导论),广东人民出版社2012年版,第53页。

续表

地 点	时 间	监押设施	出 处
霍山县	光绪三十一年	有监狱,有西班房、东班房。	光绪《霍山县志》旧治图,何国佑等纂修,丛书,1974年,第60—61页。
南陵县	清末	有监狱、习艺所(光绪三十四年建)、自新所(后改为看守所)。	民国《南陵县志》卷10《营建》,余谊密等纂修,丛书,1970年,第139页。
宁国县	同治元年	有西监狱(名土地祠)、东监狱(名习艺所),另有女监。民国三年,建待质所(亦名头门)。	民国《宁国县志》卷1《舆地志中》,《公署》,杨虎等纂修,丛书,1975年,第204—205页。
天长县	嘉庆年间	有轩狱,有捕署。	嘉庆《备修天长县志》县治图,张宗泰撰,刘增龄民国年间增补,丛书,1970年,第31—32页。
桐城县	嘉庆十五年及道光七年	有轻号三间,重号三间,禁卒房二间(嘉庆十五年)。有内监、外监,有皂隶房、禁子房(道光七年)。	档案:03—2150—040,一档馆藏;道光《桐城续修县志》卷4,《营建志》,《桐城县衙署图》,廖大闻等纂修,丛书,1975年,第100页。
铜陵县	乾隆二十二年	有外监五间、内监九间,有捕衙,另有戒石亭(在甬道中,奉旨禁革火耗、填宅、加派,非重犯不许入狱,不许苦难驿递)。	乾隆《铜陵县志》官廨图及卷2《城池》,朱成阿等纂修,丛书,1974年,第95页。
五河县	顺治十年及光绪二十年左右	有狱房九间,后光绪年间,修禁狱数间,瓦房二间,铺以地板。有捕厅。	光绪《五河县志》,《建置》2,《公署》,赖同宴等纂修,丛书,1974年,第246、251页。
颍上县	同治九年	有监狱二间,有捕署。	光绪《颍上县志》,《县署图》及卷2《建置》,都宠锡等纂修,丛书,1975年,第137页。
旌德县	嘉庆十三年	有狱禁,有男囚、女监(名正德置女监,以别男囚),有壮快捕役舍各三间、有取供所。	嘉庆《旌德县志》卷2《建置》、《官治》,陈炳德等纂修,丛书,1975年,第155—156、162页。
歙 县	弘治十六年(清仍其旧)	有女监、散监,有皂隶厅。	民国《歙县志》卷2《营建志》、《公署》,丛书,1975年,第201页。
潜山县	嘉庆二十四年	有男女监号十间,刑禁营兵看守住屋二间	档案号:03—2149—069,一档馆藏
盱眙县	嘉庆十四年	男号六间,女号一间	档案号:03—2419—086,一档馆藏

续表

地 点	时 间	监押设施	出 处
太湖县	嘉庆十五年	男女监号各十二间,禁卒提牢人等住宿房三间。	档案号:03—2150—011,一档馆藏
建平县	嘉庆十八年	男女监六间,禁卒住房三间。	档案号:03—2151—101,一档馆藏
滁 州	嘉庆二十三年	南号五间,北号五间,提牢禁卒房一间。	档案号:03—2153—036,一档馆藏
和 州	嘉庆二十五年	男监六间,女监三间,提牢刑书住宿房一间,禁卒散役住宿房二间。	档案号:03—2154—064,一档馆藏
繁昌县	道光十年	男女监号十间,禁卒住房一间。	档案号:03—3630—013,一档馆藏

2. 浙江省

地 点	时 间	监押设施	出 处
奉化县	同治十二年	有狱禁五间,有捕署。	光绪《奉化县志》卷2《建置上》,李前泮等纂修,丛书,1975年,第118页。
孝丰县	光绪三年	有监仓,狱内有萧王殿,有差役房。	光绪《孝丰县志》卷3《建置志》、《官署》,刘浚等纂修,丛书,1975年,第210页。
宣平县	乾隆十八年	狱禁旧在仪门右,久废,现止一铺,在大门右。有班房。	乾隆《宣平县志》,陈加儒等纂修,丛书,1975年,第166页。
西安县	嘉庆十六年	有牢(位于仪门左侧)、栖徒所。	嘉庆《西安县志》县治图,姚宝煃等纂修,丛书,1970年,第94页。
黄岩县	光绪三年	有监狱三间、萧王庙、差房二处、内外班房二处。	光绪《黄岩县志》县署图,陈钟英等纂修,丛书,1975年,第86页。
义乌县	乾隆三十二年	有狱房二十五间,有班房。	嘉庆《义乌县志》卷4,《廨署》,程瑜等纂修,丛书,1970年,第100页。
归安县	光绪八年	有监房十五间,有班房。	光绪《归安县志》卷2《舆地略》2、《公廨》,陆心源等纂修,丛书,1970年,第13页。
丽水县	同治十三年	有狱,有班房三间。	同治《丽水县志》卷2《公署》,彭润章等纂修,丛书,1975年,第176页。
临安县	宣统二年	有轻监、重监,有捕衙。	宣统《临安县志》卷1《舆地志》、《公署》,彭循尧等纂修,丛书,1975年,第139页。

地 点	时 间	监押设施	出　　处
龙泉县	乾隆四十二年	有监狱十二间,有东西班房四间。	光绪《龙泉县志》卷2《建置》、《衙署》,顾国诏等纂修,丛书,1975年,第162、165页。
上虞县	光绪十七年	有监狱二间,狱内有萧王殿,有待质公所合七间、自新所三间。	光绪《上虞县志》县署图及卷30《建置》,唐煦春等纂修,丛书,1970年,第628页。
寿昌县	清末	有监狱、迁善所。	民国《寿昌县志》卷4《建置志》、《局所》,陈焕等纂修,丛书,1970年,第224。
遂昌县	光绪二十二年	有监狱、待质公所。	光绪《遂昌县志》卷首县署图,胡寿海等纂修,丛书,1970年,第70—71页。
松阳县	光绪元年	有监狱,有班房(由原土地祠、存留仓改)。	光绪《松阳县志》卷4《建置》,支恒春等纂修,丛书,1975年,第376页。
德清县	康熙十二年	有东监西监,各五间,系者,东轻西重。有号房。	康熙《德清县志》县境图及卷3《宫室论》,侯元棐等纂修,丛书,1983年,第114页。
太平县	嘉庆十五年	有狱屋九间。	嘉庆十五年刻本,光绪二十年刻本,卷3《公署》,台北温岭县同乡会影印,第86页。
桐乡县	光绪十三年	有监房十六间,设以重扉,令轻重囚异处。	光绪《桐乡县志》卷3《建置上》、《衙署》,严辰等纂修,丛书,1970年,第93页。
慈溪县	雍正八年	有狱室、羁候所,有萧曹祠。	雍正《慈溪县志》卷1《县治》,冯鸿模等纂修,丛书,1975年,第84页。
永嘉县	道光二十九年	南北监狱各五间、女监三间,后添建"后监"三间、翼房、自新所。	光绪《永嘉县志》,张宝琳等纂修,丛书,1983年,第351、352页。
永康县	清末	有狱两间,有捕厅。	光绪《永康县志》公署图及卷2《建置》、《县治》,潘树棠等纂修,丛书,1970年,第98页。

3. 福建省

地 点	时 间	监押设施	出　　处
长泰县	乾隆三十年	有牢房二座、宽羁(明末,羁轻犯);内监、外监(清初废宽羁后分设)。	乾隆《长泰县志》卷2《规制志》,张懋建等纂修,丛书,1975年,第119、134页。
长汀县	光绪五年	有福堂监、羁候所。	光绪《长汀县志》卷10《公署》,刘国光等纂修,丛书,1967年,第138页。

续表

地 点	时 间	监押设施	出 处
漳平县	道光十年	有牢狱,有皂隶亭、民壮亭。	道光《漳平县志》县署图及卷2《规制》、《公署》,林得震等纂修,丛书,1967年,第77页。
海澄县	乾隆二十七年	有牢狱,有土地祠四处(尤其多,有一处位于牢狱内)。	乾隆《海澄县志》卷首县署图,陈锳等纂修,丛书,1968年,第11页。
福鼎县	乾隆四年	有囹圄九间,有东西各一间皂班亭。	嘉庆《福鼎县志》卷8《艺文》,谭抡等纂修,丛书,1974年,第842页。
霞浦县	清季	旧式监狱,已决、未决、重罪、轻罪同牢以处,并足而立。	民国《霞浦县志》卷12《司法》,罗汝泽等纂修,丛书,1967年,第179页。
仙游县	乾隆三十六年	有监铺,有捕厅。	乾隆《仙游县志》卷首县署图,叶和侃等纂修,丛书,1975年,第73—74页。
古田县	乾隆十六年	外有监房一座,内有禁房二座,有提牢亭。	乾隆《古田县志》卷1县境之图,林咸吉等纂修,丛书,1967年,第17页。
平和县	康熙五十八年	有县狱、禁铺、回心仓、快馆、皂馆。	康熙《平和县志》卷2《建置》,昌天锦等纂修,丛书,1967年,第53页。
顺昌县	道光十二年	有囹圄,有督捕厅。	道光《顺昌县志》卷2《公所衙署》,贾懋功等纂修,丛书,1974年,第151页。
云霄厅	嘉庆二十一年	有监房四座,有号房。	嘉庆《云霄厅志》卷首公署之图,薛凝度等纂修,丛书,1967年,第28页。

4. 河南省

地 点	时 间	监押设施	出 处
安阳县	嘉庆二十四年	有监狱、捕厅、皂隶厅。	嘉庆《安阳县志》卷1县署图,武穆淳等纂修,丛书,1968年,第21—22页。
正阳县	清末	有监狱、壮役房六间、捕役房八间、皂役房六间。	民国《正阳县志》卷1《建置》、《局所学校》,魏松声等纂,丛书,1968年,第114页。
杞 县	乾隆五十三年	有监仓、马快班一座、皂房两座、督捕厅署一座。	乾隆《杞县志》《衙署图》,周玑等纂修,丛书,1976年,第30—31页。
河内县	道光五年	有监狱、马快班三间、步快班三间、东西皂班房各三间。	道光《河内县志》县署图及卷16《营建志》,袁通等纂修,丛书,1976年,第588页。
扶沟县	光绪十九年	有监狱八间、东西班房各两间,另萧曹祠在狱外。	光绪《扶沟县志》图经,张文楷等纂修,丛书,1976年,第60—61页。

地 点	时 间	监押设施	出 处
洛阳县	乾隆十年	有监仓、捕班房、民壮班房、马快班房、东西皂隶房。	乾隆《洛阳县志》图考,龚崧林等纂修,丛书,1976年,第68—69页。
项城县	康熙十七年	有监狱九间,有快班房、东西皂房。	宣统《项城县志》县署图及卷7《建置志》,施景舜等纂修,丛书,1968年,第653页。
襄城县	乾隆十一年	有男监、女监之分设,有捕衙。	乾隆《襄城县》衙署图,汪运正等纂修,丛书,1976年,第50—51页。
新蔡县	乾隆六十年	有县狱一所,有羁公所(专拘徒夫)。	乾隆《新蔡县》卷2《县治》,王增等纂修,丛书,1976年,第89页。
新野县	乾隆十九年	有图圈,有班房六间。	乾隆《新野县》县署图及卷2《建置公署》,徐金位等纂修,丛书,1976年,第103页。
伊阳县	道光十八年	有狱、快班房、西捕班房、壮班房、皂班房。	道光《伊阳县志》县署图及卷2《建置》,张道超等纂修,丛书,1976年,第140页。
内乡县	康熙三十二年	有狱房三十四间、狱神庙三间,有民壮房、皂房。	康熙《内乡县志》卷2《建置》,宝鼎望等纂修,丛书,1976年,第134页。
灵宝县	光绪二年	有西南北男监各三间,女监一间,班房共八间,狱神庙一座	光绪《灵宝县志》卷2《建置》,高锦荣等纂修,丛书,1976年,第150、152页。
卢氏县	光绪十八年	有狱二座、狱神庙一座、皂隶房二间。	光绪《卢氏县》县署图及卷3《地理》、《公署》,郭光澍等纂修,丛书,1976年,第144页。
唐 县	康熙三年	有监仓三间、快手班房三间、东西皂隶房二处、捕衙署。	乾隆《唐县》县治之图及卷2《公署》,黄文莲等纂修,丛书,1976年,第118页。
邓州志	乾隆二十年	有狱、东西皂隶班房各三间。	乾隆《邓州志》卷5《建置》,姚子琅等纂修,丛书,1976年,第168页。
通许县	乾隆三十五年	有正监三间、东房二间,北为狱神祠,禁卒房一间,有东西班房三间。	乾隆《通许县》卷2《建置》,阮龙光等纂修,丛书,1976年,第83—85页。
武陟县	道光九年	有狱、步快班、头皂班、捕衙、头快二快。	道光《武陟县志》县署图,方履钱等纂修,丛书,1976年,第230—231页。

5. 河北省

地　点	时　间	监押设施	出　　处
阜城县	雍正十二年	西瓦房五间、东土房一间、北狱神庙一间、内监一所	光绪《阜城县志》卷4《城池》、《牢狱》,陆福宜等纂修,丛书,1968年,第68—69页。
易　州	乾隆十二年	有狱、管号房、徒犯房。	乾隆《易州县志》卷3《公署》,张登高等修,学生书局1966年版,第240、241、244页。
固安县	咸丰九年	有监、捕衙、皂役房。	咸丰《固安县志》县署图及卷2《建置》,陈崇砥等纂修,丛书,1969年,第122页。
乐城县	同治十一年	有狱、东班房、西班房。	同治《乐城县志》卷1《县署》,张怀德等纂修,丛书,1976年,第60—61页。
宁津县	光绪二十六年	有狱、马快班、壮班房。	光绪《宁津县志》卷1《舆地志上》、《公署》,吴浔源等纂修,丛书,1976年,第127页。
定　县	道光二十八年	有徒犯房	民国《定县志》卷3《建置篇上》、《署廨表》,贾恩绂等纂修,丛书,1969年,第170页。
定兴县	光绪十六年	有狱、左右翼房。	光绪《定兴县志》卷2《官廨》,张主敬等纂修,集成,2006年,第80、83页。
东明县	万历三十年（清承其用,并于康熙、光绪年间几度重修）	犴狱三所:一重禁、一轻禁、一女监。狱神庙在犴狱内。民国后,改为北工厂五间、刑屋二间、西刑屋二间以及刑事看守所、民事看守所、女看守所等。	民国《东明县新志》卷5《典史公廨》,国任传藻等纂修,丛书,1968年,第159—160页。
赞皇县志	同治十三年	有犴狱、新建东西班馆四间。	光绪《赞皇县志》卷4《公署》,赵万泰等纂修,丛书,1969年,第52、54、57页。
东明县	乾隆二十一年（仍万历年间设制）	有犴狱三所:一重禁、一轻禁、一女禁。犴狱内有狱神祠,另有东西班房各一间,左右翼房各两楹。	乾隆《东明县志》,储元升等纂修,丛书,1976年,第143、144、148页。
磁　县	康熙四十三年	有监狱、狱神祠及皂隶房六间。	民国《磁县》第三章,《营建》、《县公署》,黄希文等纂辑,丛书,1968年,第45页。
完　县	雍正九年	有狱、狱神庙一间,有皂隶房二间、禁卒房一间。	雍正《直隶完县志》第2卷《公署》,朱懋德等纂修,丛书,1976年,第125页。
望都县	乾隆三十四年	修监狱南北笼各三间、女监三间、狱神庙一座。	民国《望都县志》卷3《建置志》、《署廨》,王德乾等纂修,丛书,1968年,第96页。

续表

地 点	时 间	监押设施	出 处
吴桥县	光绪元年	有狴犴狱,有班馆六间、禁卒房三间、捕役房二间。	光绪《吴桥县志》卷1《图说》、《县署图》,卷2《建置上》、《公署》,集成,2006年,第201—203页。
武强县	道光十一年	有监狱、快壮两班、听事所、号房。	道光《武强县新志》卷2《营建志》、《公署》,翟慎行等纂修,集成,2006年,第111—112页。
永年县	光绪三年	有男女监房九间、快手班房四间、民壮班房三间、捕役班房三间。	光绪《永年县志》卷5《建置》,夏治钰等纂修,丛书,1969年,第106页。
永清县	乾隆十六年	有监狱(瓦房三间)。屋内掘土二尺,添设地板,周围护墙,添设栅栏,对面留窗透风,栅栏窗楔,俱用铁片包裹。增建女监、土房一间,养病房二间,犯人有病,不致传染。	乾隆《永清县志》卷3,《建置图》第2,章学诚等纂,清乾隆四十四年刊本影印本,学生书局1968年版,第297页。
密云县	光绪二年	有监狱、班馆。	光绪《密云县志》卷2《衙署》,宗庆煦等纂修,丛书,1968年,第106页。

6. 湖南省

地 点	时 间	监押设施	出 处
晃州厅	嘉庆二十三年	有监房,有捕快房、皂壮房。	道光《晃州厅志》卷11《公署》,俞克振等纂修,丛书,1975年,第77页。
桂东县	同治五年	有监狱,有总捕厅、捕署。	同治《桂东县志》卷3《建置》、《公署》,郭歧勋等纂修,丛书,1975年,第190、192页。
耒阳县	光绪十一年	有囹圄(羁重犯之未定罪者)、羁候所、班房、公馆(羁犯之至轻者)。	光绪《耒阳县志》卷1《公署》,于学琴等纂修,丛书,1975年,第126—127页。
龙山县	同治九年	有内监、外监,有号房。	光绪《龙山县志》县署图,符为霖修等纂修,集成,2002年,第48页。
醴陵县	同治九年	有监狱、壮班所、皂班所、快班所、听事差房。	同治《醴陵县志》卷2《建置》、《衙署》,江普光等纂修,丛书,1975年,第113页。
宁远县	嘉庆十六年	有监狱、皂隶亭、皂快所。	嘉庆《宁远县志》卷3《建置》,曾钰等纂修,丛书,1975年,第274页。
邵阳县	道光年间	有狱舍,增建羁候所。	光绪《邵阳县志》卷3《建置上》,黄文琛等纂修,丛书,1975年,第65页。

续表

地 点	时 间	监押设施	出 处
石门县	同治七年	有监狱（天启五年知县怜轻苦囹圄，另置有羁候所，同治七年时已废，时间不确）。	同治《石门县志》卷3《公署》，林葆元等纂修，丛书，1975年，第247页。
东安县	光绪元年	有监狱三间，有女监，有班房（班房之名，隶卒值候之所，止也。后遂为门禁置守隶为私狱，例严禁，终不能止）。	光绪《东安县志》卷4《建置》，黄心菊等纂修，集成，2002年，第105页。
慈利县	光绪末年	改筑西下直仪门为待质所，南为狱囚习艺所。	民国《慈利县志》卷7《建置》第4，吴恭亨等纂修，丛书，1975年，第206页。

7. 湖北省

地 点	时 间	监押设施	出 处
竹山县	乾隆五十六年	有监狱，有马快、皂隶、禁卒、民壮等房。	乾隆《竹山县志》卷14《公署》，邓光芒等纂修，丛书，1975年，第223—224页。
孝感县	嘉庆二十年及光绪八年	有外监五间、内监十间、禁卒住三间（嘉庆年间）。有号房、马快班房、民壮班房、快班房、捕班房、皂班房（光绪年间）。	档案号03—1838—062，一档馆藏；光绪《孝感县志》卷2《廨署》，朱希白等纂修，丛书，1975年，第221页。
咸宁县	光绪八年前后	有县狱瓦房三间，外建屋三间，为收禁解犯之所（康熙七年建）；光绪八年后，建有监狱、候审所。	光绪《咸宁县志》卷2《公署》，钱光奎等纂修，丛书，1976年，第171—172页。
黄陂县	同治十年	有狱、班房六间。	同治《黄陂县志》卷2《治署》，刘昌绪等纂修，丛书，1976年，第187—188页。
宜城县	同治五年	有监狱四间、狱神祠二间、东西班房各三间。	同治《宜城县志》卷2《建置》，张炳钟等纂修，丛书，1975年，第229、282页。
公安县	同治十三年	有捕卡、羁所，班房五间。	同治《公安县志》卷2《营建》、《官署》，周承弻等纂修，丛书，1970年，第119—120页。
巴 县	同治五年	有狱、六楹翼房。	同治《巴县志》卷3《建置公署》，萧佩声等纂修，丛书，1975年，第183—184页。

地　点	时　间	监押设施	出　　处
当阳县	同治五年	有监狱、东西班房六间。	同治《当阳县志》卷3《建置》、《公署》,王柏心等纂修,丛书,1970年,第106、107页。
归　州	同治五年	监房三间,后增牢房三间(雍正八年奉文新建),有皂隶班房二间。	同治《归州志》卷2《官署》,余思训等纂修,成文,1975年,第163、164页。
武昌县	同治十二年	有号房、东西班房、东卡、西监、捕班房、提监房。	光绪《武昌县志》卷3《廨署》,柯逢时等纂修,丛书,1975年,第158—159页,
云梦县	道光十六年及光绪年间	有外监四间、内监四间、女监四间(道光年间);监房七间、班厅八间(光绪年间)。	档案号03—3633—003,一档馆藏;光绪《云梦县志》卷2《营建》、《公署》,吴念椿等纂修,丛书,1970年,第32页。
郧阳县	乾隆二十三年	有刑杖房六间、号房二间、东西班房。	同治《郧阳县志》卷2《公署》,王严恭等纂修,丛书,1970年,第84页。
监利县	嘉庆十九年	有监狱一座、内外监二座,各六间,女监二间。	档案号:03—1603—063,一档馆藏。
汉阳县	嘉庆二十三年	有监狱一所,共计一十七间,禁卒房三间。	档案号:03—1839—006,一档馆藏。
蕲　州	嘉庆十八年	有男监十二间,女监二间,兵役卡房四间。	档案号:03—2515—067,一档馆藏。
咸宁县	嘉庆十八年	有男女监房九间,兵役人等住房三间。	档案号:03—2515—102,一档馆藏。
竹溪县	嘉庆十九年	东西南三桄,男监每桄三间,女监一间,兵役卡房二间。	档案号:03—2152—036,一档馆藏。
公安县	嘉庆二十年	男监七间,女监二间,书役禁卒住房一间,兵役更房三间。	档案号:03—2152—051,一档馆藏。
长阳县	嘉庆二十三年	男监、女监各三间,禁卒更房一间。	档案号:03—2152—072,一档馆藏。
大冶县	嘉庆二十四	外监三间,内间二间,女监一间,兵役更房三间。	档案号:03—2154—017,一档馆藏。
来凤县	道光二年	内外监房各四间,女监一间	档案号:03—2624—027,一档馆藏。
黄梅县	道光十五年	内监十六间,女监二间,禁卒更房二间	档案号:03—3632—076,一档馆藏。

8. 甘肃省

地 点	时 间	监押设施	出　　处
泾　州	乾隆十八年	正监三间、女监二间。	乾隆《泾州志》《建置志》,张延福等纂修,丛书,1970 年,第 69 页
金　县	康熙二十六年	有监禁二间	康熙《金县志》《公署》,耿喻修等纂修,丛书,1970 年,第 23 页
静宁州	乾隆十一年	有狱一所,内有女监并狱神庙。	乾隆《静宁州志》卷 2《官署》,王烜等纂修,丛书,1970 年,第 60 页。
镇番县	道光五年	有监狱、胥役房。	道光《镇番县志》卷 3《建置考》,谢集成等纂修,丛书,1970 年,第 104 页。
肃　州	乾隆二年	监内有狱神庙一间、东号房二间、西号房二间、南号房三间、北号房二间、土房二间。	乾隆《重修肃州新志》,肃州分册,第 5 册,黄文炜等纂修,学生书局 1967 年版,第 234—235 页。
合水县	乾隆二十六年	有狱一所、班房六间。	乾隆《合水县志》卷 10《廨署》,陶奕尊等纂修,丛书,1970 年,第 56 页。
西和县	乾隆三十九年	有监狱,有班房。	乾隆《西和县志》卷 1《衙署》,邱大英等纂修,丛书,1970 年,第 76 页。
洮州厅	光绪三十三年	有监狱、班房六间。	光绪《洮州厅志》建置卷,张彦笃等纂修,丛书,1970 年,第 232、240 页。
狄道州	乾隆十年	一座狱神厅、监房三间。乾隆十年,知州捐修监房三间,女监一间,又于东隅建外监一所,以禁轻犯。	乾隆《狄道州志》卷 1《仓廒》,呼延华国等纂修,丛书,1970 年,第 103 页
岷　州	康熙四十一年	有监狱、班房三处。	《岷州志》卷 4《建置》,汪元纲等纂修,学生书局 1967 年版,第 183—193 页。

9. 江西省

地 点	时　间	监押设施	出　　处
安义县	同治十年	有司狱所,有快班公所。	同治《安义县志》卷 2《建置》,彭斗山等纂修,丛书,1975 年,第 420、422 页
丰城县	道光五年	旧有女监、新监,今止存老监、管押公所、班房。	道光《丰城县志》卷 2《衙署》,毛辉凤等纂修,丛书,1975 年,第 232 页。
宜黄县	道光五年	有内外监之分	道光《宜黄县志》县署图,札隆阿等纂修,丛书,1970 年,第 223 页。
赣　县	同治十一年	有犴狱、翼房。	同治《赣县》卷 12《公廨》,黄德浦等纂修,丛书,1975 年,第 350 页。

续表

地 点	时 间	监押设施	出　　处
萍乡县	同治十一年	有狱所,分男女监,有门役房。	同治《萍乡县志》卷2《建置》、《公廨》,锡荣等纂修,丛书,1975年,第251页。
德兴县	同治十一年	有狱禁屋三间,有东西班房。	同治《德兴县志》县治图及卷2《建置志》、《公廨》,杨重雅等纂修,丛书,1975年,第303页。

10. 江苏省

地 点	时 间	监押设施	出　　处
江浦县	光绪十七年	有禁狱,有翼房。	光绪《江浦碑乘》卷6《建置下》、《衙署》,集成,1991年,第71页。
六合县	同治六年	有监狱一所,有皂班房一所、快班房二所、发配军流犯班房一所(光绪五年建)。	光绪《六合县志》卷3《建置》,谢廷庚等纂修,集成,1991年,第55—56页。
元和县	乾隆二十六年	有监房十五间,禁班房一间,自新所、萧王堂三间,更房一间,皂隶房八间。	乾隆《元和县志》卷4《公署》,沈德潜等纂修,集成,1991年,第61—62页。
昆山县	乾隆二十二年	有监狱一所,自新所、东西皂隶房各三间。	光绪《昆新两县需修合志》监狱图、卷3,丛书,1991年,第53页。
镇洋县	光绪三年	有监狱二十余间、皂班房三间以上。	民国《镇洋县志》卷2《营建》,王祖畬等纂修,集成,1991年,第16页。
吴江县	明末(清仍明制)	有东监、西为羁管亭(罪轻者禁于此)。	乾隆《吴江县志》卷8《公署》,丁元正等纂修,集成,1991年,第398页。
溧阳县	同治三年	有西狱室十五间、外捕班房一间、民壮快班房共七间、待质公所共十间、女押公所三间。	光绪《溧阳县续志》卷1《舆地志》、《公署》,冯煦等纂修,集成,1991年,第416页。
丹阳县	光绪十一年	有监狱,有男女待质所。	光绪《丹阳县志》县署图,徐锡麟等纂修,集成,1991年,第21页。
溧水县	乾隆朝	有监狱十三间、班房二间。	乾隆《溧水县志》卷3《建置》,傅观光等纂修,集成,1991年,第286页。
高淳县	光绪五年	内监所三间七架、外监所三监七架。	民国《高淳县志》卷2《建置》、《官守》,刘春堂等纂修,集成,1991年,第18页。
仪征县	康熙五十六年	有狴狱,分别男女及罪之轻重,有班房。	道光《重修仪征县志》县署图及卷2《公署》,王检心等纂修,集成,1991年,第36页。

地　点	时　间	监押设施	出　　处
高邮州	乾隆四十七年	有东西排衙门班房各二间、军牢班房一间、监房十间、自新所三间、快班房三间、隶役值宿房三间、皂房一间。	嘉庆《高邮州志》卷1《公署》，杨宜仑等纂修，集成，1991年，第72页。
兴化县	咸丰二年	有监、皂班房、壮班房、快班房、马快班房。	咸丰《兴化县志》卷1《公署》，梁园棣等纂修，集成，1991年，第33页。
宝应县	康熙五年	有监狱一所、马快班房三间、民壮班房四间、皂班房六间。	民国《宝应县志》卷2《公署》，冯煦等纂修，集成，1991年，第20页。
泰兴县	光绪十二年	有狱室、值日班房、皂班房二处、快班房、马快房、饭歇（位于头门前照壁右，紧挨皂班房、马快房）。	光绪《泰兴县志》县署图，杨激云等纂修，集成，1991年，第20页。
安东县	光绪元年	有号房、外监、候审所、狱神堂、班房。	光绪《安东县志》县署图，金元烺等纂修，集成，1991年，第9—10页。
泗阳县	清末	有监狱、东西班房、待质公所。	民国《泗阳县》卷13《建置》，李佩恩等纂修，集成，1991年，第317页。
桃源县	雍正十一年	有监房九间（其中三间为新添）、皂役八方囊。	乾隆《重修桃源县志》卷2《营建》，眭文焕纂修，集成，1991年，第535页。
沛　县	光绪年间	有监狱二十四间、化莠所三间（光绪十五年创）。光绪三十二年，创建习艺所（按，明万历三十三年，沛县有狱、总铺，还有女铺）。	民国《沛县志》卷5《监狱》、《局所》，于书云等纂修，集成，1991年，第55、57—58页。
海　州	嘉庆十六年	有监禁一所，内有外监、内监、女监，有狱神祠。	嘉庆《海州志》卷14《建置考》，唐仲冕等纂修，集成，1991年，第259页。
睢宁县	光绪十二年	有监狱、女监、班房、自新所、差役房。	光绪《睢宁县志稿》县署图及卷6《建置》，侯绍瀛等纂修，集成，1991年，第349页。
宿迁县	同治十三年	有监狱一所，女监一所（后废），有班房八间。	同治《宿迁县志》卷13，李德溥等纂修，丛书，1974年，第916页。
宜兴县	嘉庆二年	有县监，有自新所。	嘉庆《重修宜兴县志》卷首县治图，阮升基等纂修，丛书，1970年，第19页。

续表

地 点	时 间	监押设施	出 处
阜宁县	同治二年	有监狱、自新所(同治二年设,以居羁管人犯)、待质公所(栖待质者),有班房三间。	光绪《阜宁县志》县署图及卷3《建置》、《公署》,阮本焱等纂修,学生书局1968年版,第148页。
奉贤县	雍正十年	有牢狱(县署图中为内监,无外监)、班房二处(皂班房、快班房)。	光绪《奉贤县志》县署图及卷2《建置》、《公署》,韩佩金等纂修,成文,1970年,第75页,第160页。
川沙厅	光绪五年	有内监、外监、东西班房。	光绪《川沙厅志》公署图,陈方瀛等纂修,丛书,1974年,第44—45页。
江阴县	道光十八年	有重囚监房二间,女棚屋二间,有禁卒班房三间,有自新所、萧王祠。	道光《江阴县志》卷1《建置》、《刑狱》,李兆洛等纂修,丛书,1983年,第267—268页。
青浦县	光绪二年	有内外监狱,有自新所、狱神堂、提牢房,后有罪犯习艺所(系光绪三十年创办)。	民国《青浦县志》卷3《建置》、《衙署》,张仁静等纂修,丛书,1975年,第144—145页。
赣榆县	光绪十四年	有监、东西班房各一所。	光绪《赣榆县志》卷1县署图,张謇等纂修,1970年,第38—39页。
娄 县	乾隆二十五年	有监狱,创建自新所,有皂隶舍。	乾隆《娄县志》卷2《建置》、《公署》,谢庭熏等纂修,丛书,1974年,第124页。
华亭县	乾隆五十六年	有监房、自新所。	乾隆《华亭县志》卷2《建置》,冯鼎高等纂修,丛书,1983年,第127页。
砀山县	乾隆三十二年	有禁狱、仓(与监靠近,此外别处另有两处仓房)、皂隶房。	《砀山县志》县署图卷3《建置》,清刘王瑷纂修,乾隆三十二年刊本,成文,第245页。
东台县	嘉庆二十二年	有图圄二十二楹、隶舍左右各十楹(乾隆三十三年,有监仓库狱等)。	嘉庆《东台县志》卷4《官署》,蔡复午等纂修,丛书,1970年,第586—587页。
崇明县	康熙二十年	有监房一所,有军牢班房一所,夜役班房一所	康熙《崇明县志》卷3《建置》,黄国彝等纂修,集成,1991年,第334页。
宝山县	光绪三年	有监房九间,女监房一间,提牢房一间,禁卒房一间	光绪《宝山县志》卷2《城池》、《公署》,梁蒲贵等纂修,丛书,1983年,第99页。
嘉定县	雍正二年	有监房间六间,后重建内监,权设羁候所(同治三)	光绪《嘉定县志》卷2《公廨》、《仓狱》,杨震福等纂修,集成,2001年,第51页。

11. 广西省

地 点	时 间	监押设施	出 处
迁江县	光绪六年	监狱一座六间、自新所一间。	光绪《迁江县志》卷1《建置》、《廨署》，马丕瑶等纂修，学生书局1968年版，第53页。
崇善县	清末	有监狱一座三间（其中第一间差役居住，如功名人犯罪，即押于此，亦有押在礼房者），第二、三间羁押男犯，另设栅栏于外，以押女犯及罪轻男犯。	民国《崇善县志》第二编，《政治》、《司法附监狱》，黄旭初等纂修，丛书，1975年，第112页。
富川县	光绪十六年	有监狱上下三间，有女监一间。	光绪《富川县志》卷3《营建》、《仓库监狱》，顾国诰等纂修，丛书，1967年，第32页。
新宁州	光绪二年	有监狱一所，有散禁所（乾隆七年建，为栖轻犯处，后沿用）。	光绪《新宁州志》卷1《公署》，戴焕南等纂修，丛书，1975年，第109页。
象 州	乾隆二十二年	有监狱三间，有窝铺一间、建内监（乾隆二十二年建）、班房二间。	同治《象州志》纪地，李世椿等纂修，丛书，1968年，第102、107页。
容 县	光绪二十三年前	有监狱、羁候亭。	光绪《容县志》卷7《建置志》、《公廨》，易绍真纂修，丛书，1974年，第319页。
桂 平	乾隆十二年	有监三间，旁有女监，狱中有土地神主。	民国《桂平县志》卷11《纪地》、《廨署》，黄占梅等纂修，丛书，1968年，第264页。
陆川县	光绪二十四年	有差役值宿房三间、女待质公所二间、男待质公所三间、羁候监五间（后于光绪三十二年改为羁禁监）、民壮室三间、禁卒室二间、皂隶室一间、羁禁监六间（后光绪三十二年改为罪犯习艺所）	民国《陆川县志》卷5《建置类一》、《廨署》，古济勋等纂修，丛书，1967年，第80页。
思恩县	乾隆四年	有监狱三间，另置女监一所。	民国《思恩县志》第三编，《政治》、《廨署》，梁杓等纂修，学生书局1968年版，第131页。
博白县	道光十二年	有羁候监，有五间衙役值宿处。	道光《博白县志》卷3《建置》、《廨署》，任士谦等纂修，学生书局1968年版，第157、160页。
北流县	光绪六年	有内监、东西两处皂房。	光绪《北流县志》卷3《县署图》，徐作梅等纂修，丛书，1975年，第120—121页。

续表

地 点	时 间	监押设施	出 处
藤 县	康熙十一年	有囹圄,有皂班亭一座、西快班亭一座。	同治《藤县志》卷6《建置》,边其晋等纂修,学生书局 1968 年版,第 160 页。

12. 广东省

地 点	时 间	监押设施	出 处
长宁县	道光年间	有监房、男监、女监、狱神、东西班房,此前有监仓(康熙十一年时有)。	道光《长宁县志》县署图及卷2《廨署》,高炳文等纂修,据广东中山图书馆藏抄本影印,集成,2003 年,第 168—169 页。
增城县	康熙元年	有东西两监	康熙《增城县》卷2《政治》、《县署》,陈辉璧等纂修,集成,2003 年,第 48 页。
番禺县	雍正八年	有公监("以备秋审")、外监。	同治《番禺县志》卷15《建置略》2,《公署》,李福泰等纂修,集成,2003 年,第 149 页。
保昌县	乾隆三年	有狱、羁候所。	乾隆《保昌县志》卷5《公署》,陈志仪等纂修,集成,2003 年,第 620、621 页。
佛冈县直隶军民厅	道光二十二年	分别男女各系之,女监不得纵吏卒奸淫,轻犯不得将重囤。	《佛冈县直隶军民厅》卷2《司狱司》,龚耿光等纂修,集成,2003 年,第 46 页。
英德县	道光二十三年	有监狱,其中男监四重,女监一重,有号房一间、班馆三间。	道光《英德县志》卷5《建置》、《衙署》,刘济宽等纂修,集成,2003 年,第 256—257 页。
连州	同治九年	有监狱、有监仓。	同治《连州志》卷3《州署》,觉罗祥瑞等纂修,集成,2003 年,第 618 页。
博罗县	乾隆二十八年	有监狱,其中狱堂一间、内监三间、外监三间、女监一间,有东西班房二间。	乾隆《博罗县志》卷3《建置》、《监狱》,陈裔虞等纂修,集成,2003 年,第 422、423 页。
河源县	乾隆十一年	内监四间,其中女监一间、外监二间、左右两处寄监、徒馆一间。	同治《河源县志》卷2《建置》,彭君谷等纂修,集成,2003 年,第 158—159 页。
和平县	雍正八年	有内监七间、外监三间、女监一间(清末只剩监仓两所,女仓一所)。	民国《和平县志》卷3《建置》,曾枢等纂修,集成,2003 年,第 58—59 页。
龙川县	嘉庆二十三年	有内监三间、外监三间、女铺三间、铺房二间(寄递解人犯)。	嘉庆《龙川县志》卷12《衙署》,勒殷山等纂修,集成,2003 年,第 359 页。

地 点	时 间	监押设施	出 处
新安县	嘉庆十四年	有犴狱、号房、刑杖房。	嘉庆《新安县志》卷7《廨署》,舒懋官等纂修,集成,2003年,第803页。
海丰县	乾隆十五年	有监铺、提牢房、内外班房。	乾隆《海丰县志》卷1《县署图》,于卜熊等纂修,集成,2003年,第521页
陆丰县	乾隆十年	有内监、女监共七间,外监并狱堂共六间,班房二间、民壮房二间、号房一间(按,县署图上又有"监"与"羁"之别,似指内监与外监)。	乾隆《陆丰县志》卷3《建置》、《衙署》,沈展才等纂修,集成,2003年,第33页
潮阳县	光绪十年	有县狱、号房、刑杖房、皂隶亭、班馆。	光绪《潮阳县志》卷3《廨署》,周恒重等纂修,集成,2003年,第34页。
开平县	嘉庆十四年前	有监狱前后两座,各横列三舍,有内监、外监、女监。今有前后两座间质左右回廊,羁禁轻罪人犯。	民国《开平县志》卷7《建置》、《廨署》,张启煌等纂修,集成,2003年,第322页。
赤溪县	同治八年	有监房二间、号房一间、羁所一间、女监房一间、值日差馆差房各一间、狱卒房一间。	《赤溪县志》卷3《建置》、《廨署》,王大鲁等纂修,集成,2003年,第64页。
新宁县	雍正九年	原监狱四间,后增建监狱四间,外监一所(雍正九年)。	光绪《新宁县志》卷9《建置略上》,何福海等纂修,集成,2003年,第294页。
恩平县	道光三年	有狱房七间、女监一间。	民国《恩平县志》卷6《建置》、《廨宇》,余丕承等纂修,集成,2003年,第539页。
怀集县	同治年间	有监房、羁候所。	民国《怀集县志》卷2《建置》、《公署》,周赞元等纂修,集成,2003年,第497页。
广宁县	道光四年	监房有仓男人、仓女人。	道光《广宁县志》卷5《建置》、《衙署》,黄思藻等纂修,集成,2003年,第68页。
四会县	光绪二十二年	有内监一间、外监一间、女监二间,有羁候所。	光绪《四会县志》编二上,《廨署》,陈志喆等纂修,集成,2003年,第136页。
罗定州	雍正八年	有男监三间、女监一间、羁所三间、看守所一间,拨兵五名巡守(雍正八年建)。	民国《罗定州》卷2《廨署》,周学仕修,陈树勋续修,集成,2003年,第291页。
乐昌县	同治十年	有监所、有号房。	同治《乐昌县志》卷首县署图,徐宝符等纂修,丛书,1967年,第16页。

续表

地　点	时　间	监押设施	出　处
高明县	光绪二十年	有狱舍七间,有女监一间(顺治十八年修,光绪二十二年已废)。	光绪《高明县志》卷3《建置》,邹兆麟等纂修,丛书,1974年,第139页。
仁化县	清末	有监狱、三班差房。	民国《仁化县志》卷首《公署》,谭凤仪等纂修,丛书,1974年,第54、55页。
惠来县	雍正九年	有监房、总铺一间(明万历三十三年始建,以羁轻犯)。	雍正《惠来县志》县治图及卷10《公署》,张珩美纂修,集成,2003年,第303页。
归善县	乾隆四十八年	有监狱、收管所。	乾隆《归善县志》卷7《公署》,章寿彭等纂修,成文,1974年,第79页。
普宁县	康熙四年	有内监十二间、女监一间、外羁三间、狱神祠一间。	乾隆《普宁县志》卷2《公署》,萧麟趾等纂修,成文,1974年,第134页。
平远县	嘉庆二十五年	有重狱、轻狱,另有女监。	嘉庆《平远县志》县署图及卷1《廨署》,卢兆鳌等纂修,丛书,1974年,第80页。
海阳县	康熙二十六年	有狱房,有羁留所。	光绪《海阳县志》卷18《建置略》2,卢蔚猷等纂修,丛书,1967年,第148页。
佛冈厅	嘉庆十八年	有南北监各三间、女禁一间、狱亭一间、狱神祠一间。	咸丰《佛冈厅志》卷1《衙署》,龚耿光等纂修,丛书,1974年,第97页。
新会县	乾隆四年	有监狱六间、羁所六间(深八丈一尺,宽四丈三尺)、三班公所。	道光《新会县志》卷3《公署》,林星章等纂修,丛书,1966年,第72页。
东安县	道光三年	有狱、羁房、便民房。	道光《东安县志》卷1舆图、县治图,丛书,1975年,第20—21页。
长乐县	康熙二年	有大监、羁铺,有女监。	康熙《长乐县志》卷1县署图,孙胤光等纂修,集成,2003年,第21页。
嘉应州	顺治十年	有重监和轻监二所。	光绪《嘉应州志》卷10《廨署》,吴宗焯等纂修,集成,1968年,第157页。

13. 辽宁省①

地　点	时　间	监押设施	出　处
辽阳县	清末	有封狱、三班。	民国《辽阳县志》卷3《城池》、《公廨》,裴焕星等纂修,丛书,1973年,第126页。

---

① 清时初为辽东将军(后相继改为奉天将军、盛京将军)所辖,后于清末设奉天省,民国十八年改奉天省为辽宁省。

续表

地 点	时 间	监押设施	出 处
盖平县	乾隆四年	有监狱三间、班房散带二间。	民国《盖平县》卷2《建置》、《公廨》，石秀峰等纂修，丛书，1974年，第150页。
奉化县	光绪年间	有男女监各一所，附有看押人犯房五间。	光绪《奉化县志》卷4《建置》、《公署》，陈文焯等纂修，丛书，1974年，第146页。

14. 山西省

地 点	时 间	监押设施	出 处
太 原	嘉庆十六年	有男女监房七间、兵役更房三间。	档案馆：03—2150—086，一档馆藏。
保德州	康熙七年	有男女监十间、东西皂隶房。	康熙《保德州志》州署图及卷1《沿革》，殷梦高等纂修，丛书，1976年，第106页。
陵川县	乾隆三年	有东西牢房（西牢房为重修）。	民国《陵川县》卷2《营建考》，杨谦等纂修，丛书，1976年，第282页。
辽 州	雍正十一年	有狱、东西站班房、快手房、民壮房、皂隶房。	雍正《辽州志》卷2《公署》，徐三俊等纂修，丛书，1976年，第143—144页。
稷山县	同治四年	有狱、皋陶祠。	同治《稷山县志》卷2《建置》，沈凤翔等纂修，丛书，1976年，第139页。
交城县	清初	有犴狱、轻犯监、女监（仍明景泰元年制），后增监狱一所，有皂隶值班房四间、快手值班房一间、民快值班房一间、禁卒所一间。	光绪《交城县志》卷2《建置》，夏肇庸等纂修，丛书，1976年，第174、176页。
吉 县	雍正八年	有内监一所、女监一所（新建）、外监三间。	光绪《吉县志》卷1《公署》，裴国苞等纂修，丛书，1976年，第42—43页。
长治县	雍正六年	有大监、小监、女监。	光绪《长治县》卷3《建置》、《公署》，杨笃等纂修，丛书，1976年，第501页。
安泽县	雍正十年	有重犯监房二间（八年创建）、女监（十年创建）、轻犯监。	民国《安泽县》卷3《建置》、《县治》，宋思本等纂修，丛书，1968年，第196页。

15. 山东省

地 点	时 间	监押设施	出 处
邑昌县	乾隆七年	有囹圄、禁所，有班房六间	乾隆《邑昌县志》卷3《公署》，周来邰等纂修，丛书，1976年，第103页。

续表

地　点	时　间	监押设施	出　　处
太谷县	光绪十二年	有男监、女监。	光绪《太谷县志》卷1《图考》、《县治》，王效尊等纂修，学生书局1968年版，第125页。
平阴县	嘉庆十一年	有监狱、捕班房。	嘉庆《平阴县志》卷2《城池》，喻春林等纂修，丛书，1976年，第73页。
乐陵县	乾隆二十七年	有狱舍十间、东西皂房四间、狱神庙一座。	乾隆《乐陵县志》卷1《舆地上》、《公署》，郑成中等纂修，丛书，1976年，第125页。
金乡县	同治元年	有监狱（狱内有阴鸷房）、萧曹祠、壮快房。	同治《金乡县志》卷2，李峚等纂修，丛书，1976年，第52页。
太原县	道光六年	有内狱十间、外狱四间、狱神祠一间、皂隶房东西各二间。	道光《太原县志》卷3《公署》，杨国泰等纂修，丛书，1976年，第140—141页。
郯城县	乾隆二十八年	有狱室三间，外有女监、外监共三间，有狱神庙一间。	《郯城县志》卷4《建置》、《公署》，张金城等纂修，丛书，1976年，第335页。
无棣县	清末	有狱、有羁候厂。	民国《无棣县志》卷2《建置》、《公署》，张方墀等纂修，丛书，1968年，第73页。
东阿县	道光九年	有监狱一座共屋十九间，有东西皂班房各三间	道光《东阿县志》卷5《建置》，吴怡等纂修，丛书，1976年，第201、203页。

16. 陕西省

地　点	时　间	监押设施	出　　处
泾　县	道光十四年	有监狱东西廊各三间、男监四间、女监一间。	宣统《泾县志》卷1《署局》，刘懋官等纂修，丛书，1969年，第109—110页。
清涧县	雍正八年	有内监二间、外监二间、女监一间、有狱神庙一间	道光《清涧县志》卷2《建置》、《公廨》，钟章元等纂修，丛书，1970年，第101页。
乾　州	雍正五年	拘囚之地，各分内外房，以别罪之重轻，女囚别置房，有狱神祠一间。	雍正《乾州新志》卷1《图圊》，拜斯呼朗等纂修，丛书，1976年，第62—63页。
定远厅	嘉庆二十一年	有禁房十四间，女监一间。	光绪《定远厅志》卷6《建置》、《公所》，余修凤等纂修，丛书，1969年，第294页。
陇　州	乾隆三十七年	有狱、女监、民壮班房、快手班房、皂役班房，有狱神祠。	乾隆《陇州续志》卷2《建置》、《公署》，吴炳等纂辑，丛书，1976年，第132页。

地 点	时 间	监押设施	出 处
留坝厅	道光二十年	有东西监、外监,有狱神庙、有皂班房、快班房、民班房。	道光《留坝厅志》厅署图,贺仲瑊等纂修,丛书,1969 年。
宜川县	雍正年间	有内监三间、外监三间、女监一间、禁卒房一间、班房一间。	乾隆《宜川县志》卷 1《建置》、《公署》,吴炳等纂修,丛书,1970 年,第 133—134 页。
洵阳县	康熙五十九年	有监狱,有快役班房三间、壮役班房三间、皂役班房三间。	光绪《洵阳县志》卷 4《公署》,刘德全等纂修,丛书,1969 年,第 97 页。
富平县	咸丰九年	有监狱,有三班外所。	光绪《富平县志稿》卷 2《衙署》,樊增祥等纂修,丛书,1969 年,第 162 页。
府谷县	乾隆四十八年	有监、女监、皂隶房、班房二间,有安置军流处(乾隆四十六年,知县劝建,额曰"军流得所")。	乾隆《府谷县志》卷 1《公署》,郑居中等纂修,丛书,1969 年,第 30—31 页。
吴堡县	道光二十七年	有男监、内外监各三间、女监三间,有民快、皂役石窑等八间。	道光《吴堡县志》卷 2《建置》、《衙署》,学生书局 1968 年影印本,第 85 页。
渭南县	光绪十八年	有狱、皂隶舍东西各六间。	光绪《新续渭南县志》,卷 3《县署》,严书麟等纂修,丛书,1969 年,第 250 页。
孝义厅	同治四年	有东西监房各三间,有东西班房各三间。	《孝义厅志》卷 4《营署》,李开甲等纂修,丛书,1969 年,第 150 页。
商南县	乾隆年间	监狱有东向瓦房三间、北向二间、西向二间,有狱神庙正殿三间,同治年间,加东西二厅,凡未定罪之犯,拘留厅内。	民国《商南县志》卷 3《公署》,路炳文等纂修,丛书,1976 年,第 152 页。
白河县	嘉庆六年	有男监二间、女监一间、外监三间。	嘉庆《白河县志》卷 3《公署》,严一青等纂修,丛书,1976 年,第 118 页。

17. 四川省

地 点	时 间	监押设施	出 处
彭 县	光绪四年	有监狱一所,内外卡各一,有自新所。	光绪《重修彭县志》卷 2《衙署》,集成,1992 年,第 40 页

续表

地　点	时　间	监押设施	出　　处
直隶绵州	同治十二年	监狱内,有狴狱神祠一间,有正房三间、横房三间、女监一间、外监三间、禁卒房一间。	同治《直隶绵州志》卷15《公署》,董贻清等纂修,集成,1992年,第169页。
彰明县	同治八年	有男监、女监,有监仓。	同治《彰明县志》卷14《公署》,何庆恩等纂修,集成,1992年,第374、375页。
广元县	清末	有男女监狱,后建待质所(光绪三十)。	民国《重修广元县志稿》卷5《建置》、《廨署》,谢开来等纂修,集成,1992年,第119页。
遂宁县	乾隆初年	有监狱三间、女监一间、捕卡(乾隆十年新添设三间)。	民国《遂宁县志》卷2《衙署》,王懋昭等纂修,集成,1992年,第65页。
璧山县	雍正十年	有监狱三间、禁卒房三间、左右快手民壮房各一间。	《璧山县志》卷1《城池》、《公署》,陈锦堂等纂修,集成,1992年,第261页。
永川县	同治四年	有监狱八间,分住男女。卡禁在仪门内右侧,乐善乡在差房后,上为卡房,下位自新所。	《永川县志》卷3《建置》、《廨署》,许曾荫等纂修,集成,1992,第77页。
涪陵县	清末	有监狱,有待质所(光绪六)。	民国《涪陵县续修涪州志》卷5《建置》、《廨署》,王监清等纂修,集成,1992年,第28页。
奉节县	光绪十二年	有监狱一所并狱神堂共十二间、军流所三间、大班房一间、捕快差房二间。	光绪《奉节县志》卷6《公署》,高维岳等纂修,集成,1992年,第602页。
洪雅县	嘉庆十八年	监狱一间、外监二间。	嘉庆《洪雅县志》卷1《公署》,张柱等纂修,集成,1992年,第488页。
安　县	嘉庆年间	有狱一所、女监一所、禁卒更夫房二间、东西两笼二间、萧王堂一所。	嘉庆《安县志》卷15《公署》,杨英灿等纂修,集成,1992年,第49页。
石泉县	道光十四年	有外监(墙周二十九丈二尺,高一丈一尺,厚一尺),有内监(墙周二十一丈九尺,高八尺五寸),有女监房一间。	道光《石泉县》卷2《舆地》、《公署》,赵德林等纂修,集成,1992年,第206页。
新宁县	雍正九年	有监狱三间、女监一间、外监三间。	同治《新宁县志》卷2《公署》,胡元翔等纂,集成,1992年,第651页。

续表

地 点	时 间	监押设施	出 处
万 县	同治五年	有监狱一所,内男监一间、女监一间、狱神堂一间。	同治《万县志》卷6《公署》,范泰衡等纂修,集成,1992年,第212页。
梁山县	光绪二十年	有男监五间、女监二间、班房二间。	光绪《梁山县》卷3《建置》、《公署》,朱言诗等纂修,成文,1976年,第261,267页。
双流县	清末	有监狱、有监仓。	民国《双流县志》卷1《公署》,殷鲁等纂修,丛书,1976年,第78页。
眉上县	清末	有内监、外监、待质所。	民国《眉上县》卷2《建置》、《署局》,郭庆琳等纂修,学生书局1968年版,第197页。
广安县	乾隆五十三年	有监狱、安置所、军流所,有自新所(光绪中间)。	光绪《广安州新志》,清周克堃等纂修,学生书局1968年版,第67、71页。
什邡县	雍正七年	建男监三间、女监一间,有东笼、西笼、上笼。	民国《重修什邡县志》卷2《舆地》、《公署》,曾庆奎等纂修,学生书局1967年版,第117—119页。
射洪县	光绪十年	有大监、小监。	光绪《射洪县志》卷1《县署图》,张尚湉等纂修,学生书局1971年版,第91页。
云阳县	道光九年	有监狱一所、卡房二间。	民国《云阳县志》卷2《建置》,朱世镛等纂修,学生书局1968年版,第61、63页。
越巂厅	光绪三十二年	有差房、禁监(内监、外监)。	光绪《越巂厅志》卷4《公署》,马忠良原纂,孙锵增修,成文,1968年,第270、271页。

附表二 清廷获取私牢信息一览表

信息来源	地 点	上奏主要内容	上谕基本态度	时 间
御史奏①	数省	各省督抚藩臬,不能约束胥吏,致其勾结衙役,拘拿人犯证佐,锁禁班房。	胥吏为患,有关吏治。精明督抚应自觉防范,平时加以约束抽查。一有见闻,即加惩治。	雍正八年三月

———

① 《世宗宪皇帝实录》(二)卷92,雍正八年三月,第230页。

续表

信息来源	地 点	上奏主要内容	上谕基本态度	时 间
有人奏①	江苏江宁县	韩世格家人无故将休宁县鱼商程洪度押解到关,锁在班房过夜。	寄字传谕韩世格,令其速将贪纵之家人惩治革退,以恤商民。若仍蹈前辙,必加处分。	乾隆五年三月
福建巡抚徐嗣曾②	台湾	台地棍徒,纠结杀命匪犯,私设班馆,挟嫌诬害义民。	此等蠹役,有恃无恐,扰害良善。台湾既有此弊,各省难免。著严惩。	乾隆五十三年九月
都察院③	山东荣城县	私开班馆,勒索乡保钱文。	传谕伊江阿,亲提犯证,秉公彻底究办,一经查实,即应严办示惩。	嘉庆三年十月
有人奏④	湖北安陆县	蠹役私设班馆及自新所,借严峻之法,济贪酷之私。	通谕各督抚,严饬所属,如有私设班馆,即行严办治罪,逐层根究,务得确情,以成信谳。	嘉庆四年八月
岳起⑤	江苏丹徒县	知县黎诞登在任时,专结富户缙绅,重用蠹吏,有私设班馆之事。	升署太仓州知州黎诞登著暂行革职,交费淳岳秉公质讯。	嘉庆五年八月
那彦成、百龄奏⑥	广东等县	南海、番禺等首县班馆林立。竟有女馆,遇有年少妇女,官媒竟逼令卖奸得赃,该令等置若罔闻。	南海、番禺县知县均著革职,发往伊犁效力赎罪。该管道府,交部议处,并着该督将私设班馆详情查明,据实速奏。	嘉庆十年闰六月
顺天府衙门⑦	大长亭村	今宋义忠等乡曲平民,竟敢私置锅伙住房,安设棘墙,围禁工人,毒殴陵虐。	着交刑部提犯严审,饬知地方官拆毁锅伙房屋棘墙,嗣后当留心查访,如有似此,即查拿究治。	嘉庆十二年二月

① 《高宗纯皇帝实录》(二)卷113,乾隆五年三月下,第659—660页。

② 《高宗纯皇帝实录》(十七)卷1312,乾隆五十三年九月上,第701—702页。

③ 《仁宗睿皇帝实录》(一)卷35,嘉庆三年十月,第394—395页。

④ 《仁宗睿皇帝实录》(一)卷52,嘉庆四年八月上,第633页。

⑤ 《仁宗睿皇帝实录》(一)卷72,嘉庆五年八月上,第966页。

⑥ 《仁宗睿皇帝实录》(一)卷146,嘉庆十年闰六月,第1006页;两广总督那彦成、广东巡抚百龄:《奏为特参南海番禺二县知县纵令差役另立班馆滥羁人犯致毙多命请革职事》,嘉庆十年六月十三日,档案号:03—2281—020,中国第一历史档案馆藏。

⑦ 《仁宗睿皇帝实录》(三)卷174,嘉庆十二年二月上,第280—281页。

续表

信息来源	地 点	上奏主要内容	上谕基本态度	时 间
御史杨健①	外省	外省寻常案件,即有羁押干连证佐等事。明知班房有干例禁,另行私立名目,如羁候所及自新所等名色,不一而足。	较轻案件,若须质证,地方官审明后随即释放,禁止拖累无辜。如有私设禁所,即加严惩。	嘉庆十二年十一月
初彭麟②	陕西文水县	已革知县捐升知府陈廷圭私设班馆押毙人命。	素纳现获抚篆,不可存姑息之见,当力加振作,屏除情面,严切根究。有应惩办者,不可稍事姑容。	嘉庆十五年正月
步军统领吉伦③	安徽凤阳县	查王锦等所控伊兄王兰充当凤阳关差役,因查出道书汪瑞等将所收税银以多报少,隐匿钱文,随赴道具禀,汪瑞等通该道书役、家人匿禀不办。嗣王兰历控藩司、巡抚、总督,批凤阳府审讯,反遭责处看押班房,以致在押毙命,伊嫂王张民疑夫死不明,一同来京呈告等情。	无	嘉庆十七年七月二十四日
御史高翔麟④	各衙门	各省州县传讯民人,往往擅行管押,即如湖北襄阳县周以焯设立卡房押毙多命,可见外省积习相沿,未能停革。	私设班房,本干例禁。著各督抚通饬所属,严行禁止。如有滥押,一经查出,照例严办。	嘉庆二十年八月

① 《仁宗睿皇帝实录》(三)卷187,嘉庆十二年十一月上,第471页;另见山东道监察御史杨健:《奏为剔弊而治肃吏治敬陈管见事》,嘉庆十二年十一月初六日,档案号:03—2498—024,中国第一历史档案馆藏。

② 《仁宗睿皇帝实录》(四)卷224,嘉庆十五年正月,第5—6页。陕西巡抚初彭龄:《奏参文水县知县陈廷圭私设班馆押毙人命等情事》,嘉庆十五年正月初九,档案号:03—2214—003,中国第一历史档案馆藏。

③ 《步军统领吉伦等奏报安徽颍上县民人王锦呈控伊兄于凤阳县看押班房毙命死因不明等情事》,嘉庆十七年七月二十四日,档案号:03—2223—010,中国第一历史档案馆藏。

④ 《仁宗睿皇帝实录》(五)卷309,嘉庆二十年八月,第108—109页;河南道监察御史高翔麟:《奏请严禁各省州县私设班馆事》,嘉庆二十年八月二十三日,档案号:03—1638—019,中国第一历史档案馆藏。

续表

信息来源	地 点	上奏主要内容	上谕基本态度	时 间
御史袁铣①	湖北江夏县	汉阳和江夏两地班房名目繁多,需索无度,遇有细故之事,任意牵连。行贿者释放,否则久羁行酷。	私设班馆。例有明禁。将滥押索诈之衙役按律治罪,并痛饬各属遇有控案,速加审理,不得押禁无辜,违例严惩。	嘉庆二十四年十二月
左都御史普恭等②	江苏宿迁县	查邓奎勋所控伊父邓振清于嘉庆二十一年二月间讨高广居所欠油钱,高广居触怒,率伊子店伙等将邓振清殴伤并架词将邓振清、邓奎勋具控,并串伊戚周凤山播弄,将邓振清交铜邑差役孔智严押,次年三月间,押毙班房。	(补充)惟系该民人一面之词,遽难凭信,必须严提要证到案,秉公究办,按律实拟虚坐,以成信谳。	嘉庆二十四年十一月二十八日
掌贵州道监察御史黄中模③	各省州县	奏请查禁各省州县私设之班馆。	命盗及寻常案件,应羁应保,州县应权衡轻重,不可任胥役私设班馆,更不容变换名目而设。	道光二年五月上
韩鼎晋④	闽省	地方官拘生员,押班馆,竟责子拘父,责弟拘兄,大乖伦理。	有士子牵连控案,任听差役等捏禀拖累及率请斥革衣顶者,按律究办。	道光二年十月上
步军统领衙门⑤	广西贺县	李知县因给钱太少,将伊父擅押班房,以致瘐毙。伊等历控两司督抚,委员不办。	事关知县诈脏毙命,须严行惩办,以儆官邪。如果属实,即行严参究办,不得徇庇轻纵。	道光三年十月上
引那彦成等奏⑥	偏僻州县	南海、番禺等县班馆林立。竟有女馆名目,官媒逼令年少妇女卖奸得赃。	无论繁要偏僻地方,皆不得设立班馆等所。一经访闻或被参,定将该督抚一并重惩不贷。	道光八年九月上

① 《仁宗睿皇帝实录》(五)卷365,嘉庆二十四年十二月,第827—828页。

② 都察院左都御史普恭等:《奏报江苏宿迁县民邓奎勋具控高广居欠债不还殴伤债主并串通差役押毙等情事》,嘉庆二十四年十一月二十八日,档案号:03—2257—031;附件:江苏宿迁县民邓奎勋:《为高广居欠债不还殴伤债主并串通差役押毙事呈状》,嘉庆二十四年十一月二十八日,档案号:03—2257—032,中国第一历史档案馆藏。

③ 《宣宗成皇帝实录》(一)卷35,道光二年五月上,第627页。掌贵州道监察御史黄中模:《奏请饬查各省册县私设班馆事》,道光二年五月十一日,档案号:03—4022—007,中国第一历史档案馆藏。

④ 《宣宗成皇帝实录》(一)卷42,道光二年十月上,第759—760页。

⑤ 《宣宗成皇帝实录》(一)卷60,道光三年十月上,第1051—1052页。

⑥ 《宣宗成皇帝实录》(三)卷142,道光八年九月上,第173—174页。

续表

信息来源	地 点	上奏主要内容	上谕基本态度	时 间
有人上奏①	安徽怀远县	该县偏信积匪出身之衙役。其无赖之子伾常与差役交往，商同讹诈，以致该处私设班房，管押多人。	如果属实，殊为大干法纪，著蒋攸铦严切查明。据实具奏，不可稍有隐饰，倘或查奏不实，别经发觉，惟该督是问。	道光八年十二月上
都察院左都御史那清安②	山西绛县	生员王佩印砸碑。夏知县到任，事隔一年，忽将伊父拿去，掌责锁押……半年之久，快头张平复凌辱抑勒，以致将伊父押毙。	如果属实，大干法纪，必须彻底根究，方成信谳。	道光九年九月初四日
御史邵正笏③		南塘通判吴、会同署山阴县知县杨时雍、会稽县知县张霄，带领差役多人……将伊亲族邻友等二三十人。并拿到案。锁押班馆。日夜熬审。	所奏情形。是否属实。著孙尔准确切访查。提讯人证。据实具奏。	道光十年七月
御史梁萼涵④	山东海阳县	知县信用债主为门丁，执法诈赃。凡民间结讼，必牵引殷实之家到案，锁押班房，以刑济私。	著该省督抚秉公审办，据实具奏。	道光十年十二月上
都察院⑤	丰润县	有锁押班房等事。	如果属实，大干法纪，必须严行究办。著琦善秉公严审，逐层根究，务得实情，以成信谳。	道光十一年五月
有人陈奏⑥	闽省汀州等县	近日书吏舞弊，以汀州、龙岩、漳州、泉州等地为甚。其设土地堂等名目，遇有应讯之人先行拘押，百般勒索。	书役执法营私，最为地方之害，必应严行惩办。土地堂各名目，罔法横行，该官受其欺朦甚有意纵容，殊属大干法纪。按律严行查办。	道光十一年六月

---

① 《宣宗成皇帝实录》(三)卷148，道光八年十二月上，第272—273页。

② 都察院左都御史那清安：《奏为讯问山西绛县武童王鼎瑞具控知县押毙伊父王炳言事》，道光九年九月初四日，档案号：03—3745—033，中国第一历史档案馆藏。附件：山西绛县武童王鼎瑞：《为伊父王炳言押毙班房事呈状》，道光九年，档案号：03—3745—034，中国第一历史档案馆藏；《山西巡抚徐圻奏为审拟绛县武童王鼎新京控伊父王炳言被押致毙案事》，道光十年二月十三日，档案号：03—3749—011，中国第一历史档案馆藏。

③ 《宣宗成皇帝实录》(三)卷171，道光十年七月，第657页。

④ 《宣宗成皇帝实录》(三)卷189，第863—864页。

⑤ 《宣宗成皇帝实录》(三)卷189，道光十一年五月下，第994—995页。

⑥ 《宣宗成皇帝实录》(三)卷191，道光十一年六月下，第1017—1018页。

续表

信息来源	地 点	上奏主要内容	上谕基本态度	时 间
有人奏①	福建	讼师恶棍与差役勾结,捏造情节,诬告人命,谓之合虎药。	土地堂乃神祠,大小衙门皆有,为听审递呈者息足之地,滥押者严惩。	道光十二年九月上
有人奏②	广东南海县	惠福一所,系典吏衙署,今占为班房,典吏反赁民房居住,此外设立多处班房,滥施酷刑,需索无度。	私设班馆,有干例禁。粤东狱讼繁兴,此风尤甚。着该督抚等严密访查,拆毁私所,严惩蠹役和贪官,不得徇纵。	道光十四年四月
有人奏③	湖南湘潭县	知县灵秀曾娶捕快之妻为妾。凡命案呈报,羁延时日。忽将保甲和地主到案,责押班房,诈银息事。	该员贪污酷虐,劣迹累累,着赛尚阿等提集案卷人证,秉公查讯,如果属实,即着据实惩,毋稍瞻徇,以儆贪墨。	道光十四年七月
保昌④	吉林	佐领诬陷良民,并将其执同知衙门差房,即系私设班房。	种种刁健,殊属可恶,巴彦保着交部议处。	道光十四年十一月
有人奏⑤	湖南邵阳县	私立卡房多所,层层勒索,若不遂意,以酷刑凌磨至毙。	邵阳如此,他县想亦不少。确切查明,严行禁革。如有似此,据实查办,毋稍轻纵,以除积弊。	道光十五年四月
都察院⑥	湖南澧州	知州谢希闵任胥役苛索,私设班馆,滥押无辜,动辄百人,朘削以致民艰。	有无虚捏,著于讯案时一并查提究办。	道光十六年正月
御史董宗远⑦	各省	近来各州县擅立班馆,羁押人证经年累月,任胥役勒索,奏请饬禁各省班馆。	严禁之以靖闾阎。著各直省督抚饬其所属不得设班馆。州县官词讼速审速结,否则严惩。	道光十六年七月上

---

① 《宣宗成皇帝实录》(四)卷219,道光十二年九月上,第271—272页。

② 《宣宗成皇帝实录》(四)卷251,道光十四年四月,第805—806页。

③ 《宣宗成皇帝实录》(四)卷254,道光十四年七月,第873—874页。

④ 《宣宗成皇帝实录》(四)卷260,道光十四年十一月,第970页。

⑤ 《宣宗成皇帝实录》(五)卷265,道光十五年四月,第69—70页;湖广总督讷尔经额、湖南巡抚吴荣光:《奏为查明邵阳县及各属实无私设班馆事》,道光十五年七月二十四日,档案号:03—2642—036,中国第一历史档案馆藏。

⑥ 《宣宗成皇帝实录》(五)卷277,道光十六年正月,第269页。

⑦ 《宣宗成皇帝实录》(五)卷285,道光十六年七月上,第408页。

续表

信息来源	地 点	上奏主要内容	上谕基本态度	时 间
都察院①	山西五台县	边藩南系原告尸亲,拖累经年,未获释放。阳曲县班馆被押殒命者,已有七人。	如果属实,立将该县拿审严办,以儆官邪。	道光十八年闰四月
御使御史苏都礼②	顺天府	大长亭村有恶棍东霸天,带领多人捏充王府庄头,通串棍匪县役,在关帝庙内私立班房,滥行拷打。	匪徒结党扰害闾阎,实属藐法,必应从严惩办。	道光十八年十二月
有人奏③	湖北襄阳县	县役丁正顺与匪徒相为表里。私立班馆,禁押良民。	如果属实,必应从严惩办。着周天爵严行审讯,据实具奏,务期水落石出,毋得稍有瞻徇回护,致令不实不尽。	道光十九年三月
左都御史奎照等④	辽阳州	辽阳州捕头李宗成擅立班馆,挟嫌捏禀,滥捕无辜。所立班馆,名曰老虎班。	喜恩寻奏,讯明李宗成虽无私设班馆非刑毙命等情,唯拖累无辜等,控属子虚。著部议处。	道光二十二年九
刘韵珂⑤	建安县	建安县知县杨景濂擅设班馆,私禁生员	分别议处察议,下部议。	道光二十六年五月
有人奏⑥	陕西白水县	知县徐良槐累次向部民借银,后因未遂其意,辄藉部民族人自缢身死案,将该民父子拘押班房诈赃。	著琦善按照所奏各情,逐款详查,据实具奏,毋许稍有不实不尽。	道光三十年十二月

---

① 《宣宗成皇帝实录》(五)卷309,道光十八年闰四月,第813—814页。

② 《宣宗成皇帝实录》(五)卷317,道光十八年十二月,第955页;兵部尚书兼管顺天府尹卓秉恬、曾望颜:《奏为遵旨拿货扰害居民私立班房滥刑拷打恶棍杜元瑞等请交刑部审讯事》,道光十八年十二月二十七日,档案号:03—3797—029,中国第一历史档案馆藏。

③ 《宣宗成皇帝实录》(五)卷320,道光十九年三月,第1013页。

④ 《宣宗成皇帝实录》(六)卷381,道光二十二年九下,第870页;左都御史奎照等:《奏为奉天民人盛立业李化一分别控告李宗成擅立班馆私押索赃非刑毙命并擅用官物等事》,道光二十二年九月二十二日,档案号:03—3810—046,中国第一历史档案馆藏。奉天辽阳州民盛立业:《为擅立班馆私押索赃非刑毙命等事呈状》,道光二十二年,档案号:03—3810—047(为3810—046附件),中国第一历史档案馆藏。

⑤ 《宣宗成皇帝实录》(七)卷429,道光二十六年五月,第374页。

⑥ 《文宗显皇帝实录》(一)卷23,道光三十年十二月上,第340页。

续表

信息来源	地　点	上奏主要内容	上谕基本态度	时　间
有人奏①	江西铅山县	俞舜钦在任时,贪贿庇差,私设班馆,滥押无辜,非刑拷打。	若如所奏,种种扰累贪酷,大干法纪,逐一查访有案可据者,提省秉公讯办,毋得稍有不实不尽。	咸丰元年闰八月
御史来仪②	直隶易州	知州李同文,性耽安逸,不理公事,私设班房,牵连无辜。	李同文著即撤职,交谭延襄提省讯究,如果属实,即着严行惩办,以儆官邪。	咸丰九年三月
有人奏③	山东东平所	守御千总谢延恩,将民人私押班馆,滥行毙命。尸亲曹氏到处控告,该千总辗转行贿以致冤久未伸。	似此侵渔贪暴,任性乖张,且案关人命,亟应从严讯办。着崇恩提省严讯,按律定拟具奏。	咸丰九年五月
有人奏④	河南商城县	知县任正训性情贪酷,纵役害民。至词讼无论生监职员,擅押班馆,许以钱文,方准取保。	该县知县贪酷纵役,亟应严行查办,以警官邪。将该员先行撤任,严密访查。如有贪污劣迹,即从严惩办。	咸丰十一年七月
给事中刘毓楠⑤	奉天	马贼充斥,皆由地方官废弛,于拿获抢劫重犯,仅交押班馆,并不治罪。锦县滥收悍贼,久系班房。	着恩合等严饬各官,力求整顿,不准再蹈前辙,将各属所获案犯,赶紧讯结,按章治罪。不知振作之员,从严惩办。	同治四年十月
都察院左都御史史全庆等⑥	山东某县	刘仁山率众将黄抢押,旋经府主发县看管,刘仁山等贿通县衙将黄收入县衙东边私设班馆之内,镣铐填笼,百般凌虐。后黄取保后,其子及工人备车迎,途中遭刘仁山劫掠,黄子与工人又被捉去私押。被押之地,乃县役私租侯姓民房,圆门封锁,形如牢狱。	无(待查)	同治四年九月初八日

① 《文宗显皇帝实录》(一)卷41,咸丰元年闰八月,第573页。

② 《文宗显皇帝实录》(五)卷278,咸丰九年三月上,第81—82页。

③ 《文宗显皇帝实录》(五)卷2814,咸丰九年五月中下,第158页。

④ 《文宗显皇帝实录》(五)卷356,咸丰十一年七月,第1250页。

⑤ 《穆宗毅皇帝实录》(四)卷158,同治四年十月下,第677页。

⑥ 左都御史史全庆等:《奏为直隶生员黄跃鳞控东光县县役私设班馆等情应严究事》,同治四年九月初八日,档案号:03—5078—051,中国第一历史档案馆藏。

续表

信息来源	地　点	上奏主要内容	上谕基本态度	时　间
户部尚书罗淳衍①	各州县	奏州县擅用非刑,请旨饬下直省督抚禁止州县妄设刑械及私设班馆等弊,务期刑罚得中,庶百姓不至无所措手足,由是而祥和可召,沴戾渐弥。	私立班馆,例有明禁。著各督抚严饬所属,严禁妄设班馆,不得以刻为能残害民命。	同治四年十一月
左都御史史全庆等②	山东东昌冠县	捕总刘春林其舅赵大力欠钱,张兴邦弟讨欠,坚抗不还,因而口角,并无别情,伊舅架捏虚词,禀明县主,票差头快总役许德、捕总刘春林等拘张兴邦弟进城,并无讯究,严押入班房,私刑吊打,勒钱三百千文。	捕总私刑勒诈,已属不法,复敢打死班房……显有庇纵情弊。若不从严究办,何以儆贪蠹而重人命。	同治五年十二月初五日
有人奏③	直隶乐亭县	知县王霖,嗜好甚深。信任门丁与库吏表里为奸,凡有词讼,皆有罚款,听信差役设立班房。	似此信任门丁书吏,假公济私者不足以膺民社,著李鸿章按所奏各节,确切查明,据实具奏。	同治十三年七月
给事中崔穆④	各省地方	蠹役为害,擅立班房,私动刑拷。捕役通贼,唆令诬攀良民,株连甚累。	著各直省督抚,严加查禁,扰累闾阎之蠹役,按律从重治罪。如地方官包庇,一经查出,即著指名严参以除积蠹。	光绪四年二月
有人奏⑤	江西都昌县	犯证到案,管押班房,任意刑拷。	如果属实,殊属大干法纪,著李文敏按照所陈各节,确切查明,据实具奏。	光绪六年三月

① 《穆宗毅皇帝实录》(四)卷160,同治四年十一月下,第717—718页;户部尚书罗淳衍:《奏请严禁各州县妄设刑械私立班馆等弊事》,同治四年十一月十八日,档案号:03—5087—005,中国第一历史档案馆藏。

② 都察院左都御史史全庆等:《奏为山东民人张兴邦京控捕总刘春林攒殴勒诈恨其上控将伊弟私刑锁拷打死班房等事》,同治五年十二月初五日,档案号:03—5021—067,中国第一历史档案馆藏;附件:山东东昌冠县民人张兴邦:《为虎踞朦弊攒殴勒诈身弟锁押打死班房等事呈状》,同治五年十二月初五日,档案号:03—5021—068,中国第一历史档案馆藏。

③ 《穆宗毅皇帝实录》(七)卷369,同治十三年七月下,第884页。

④ 《德宗景皇帝实录》(二)卷68,光绪四年二月下,第47—48页。

⑤ 《德宗景皇帝实录》(二)卷111,光绪六年三月,第635—636页。

续表

信息来源	地 点	上奏主要内容	上谕基本态度	时 间
御史李郁华①	湖南州县	湖南新化县设立东班房等私牢数处。衙役拷索,无辜而亡者不少。	著湖南巡抚查明,如有前项各弊,即饬严行禁革,并通行各属,一体查禁,以重民瘼。	光绪七年八月
通政使司②	奉天承德县	遇有呈控事件,门丁吏勾结匪徒,诬良诳诈,署东有外监,可容百人,冬时冻馁,时时有倒毙之人。	私押班馆,久干例禁,著查明,遇有控案,务当照例迅速审结,毋稍拖累。	光绪八年六月
有人奏③	福建长汀县	钦奉上谕有人奏长汀县署内,私设班馆,勒索凌虐,差役供给府县,凉棚器用等费,着严饬该府县裁革供给,禁止班馆私押等因。钦此。	无	光绪八年十一月初四日
有人奏④	承德县	有私设班馆之弊。	班房诸弊,著查明禁革。	光绪十年正月
有人奏⑤	顺天房山县	知县杨增,卑鄙贪婪。于班馆之外,巧立押人名目,任听家丁需索钱文。	严行审讯,据实具奏,务期水落石出,毋得稍有瞻徇回护,致令不实不尽。	光绪十七年八月
御史杨福臻⑥	各州县	御史杨福臻奏请各待质公所,一律裁除。	如有该御史所奏各项情弊,务将委员和差役从严惩办。各州县影射待质公所名目而私立班馆者,实属大干例禁。	光绪二十一年八月
山东道监察御史孙赋谦⑦	湖南新华县	知县滥设班馆,离署里许,名曰迁善所,凡勇丁勾到乡民,经过团练首领审讯后,送县过堂,概行收押入内,并勒索规费,而县署囹圄为之一空。	无	光绪二十一年十月初三日

---

① 《德宗景皇帝实录》(二)卷134,光绪七年八月上,第939—940页。

② 《德宗景皇帝实录》(三)卷147,光绪八年六月上,第81—82页。

③ 闽浙总督何璟等:《奏为遵旨查明长汀县署内并无私设班馆勒虐差役等情事》,光绪八年十一月初四日,档案号:03—7410—090,中国第一历史档案馆藏。

④ 《德宗景皇帝实录》(三)卷177,光绪十年正月,第474页。

⑤ 《德宗景皇帝实录》(四)卷300,光绪十七年八月,第975页。

⑥ 《德宗景皇帝实录》(五)卷374,光绪二十一年八月,第898页。

⑦ 山东道监察御史孙赋谦:《奏为特参湖南新华县知县周至德违例加赋滥设班馆请旨查办事》,光绪二十一年十月初三日,档案号:03—5331—017,中国第一历史档案馆藏。

续表

信息来源	地 点	上奏主要内容	上谕基本态度	时 间
有人奏①	奉天海城县	知县米童苛派骚扰，私设班馆。	确切查明，据实具奏，毋稍徇隐。	光绪二十四年五月
慈禧懿旨②	内外问刑衙门	近闻内外问刑衙门，往往案延不结，甚有设待质各所，以避班馆名目，滥押无辜。丁役需索。	著刑部都察院及各省督抚详定清讼章程，严覆官吏功过，所有月报各册，务须实力奉行。	光绪二十四年九月

附表三　乾隆五十六年至五十九年各省督抚汇奏本地有无私设班馆一览表

浙江巡抚③	福崧	兹届具奏之期，按察使顾长绂详本年浙省各属实无在外私设班馆，私置刑具等弊病。臣复查无异。伏思府县差役藉端索诈，最为闾阎之害，必须严切稽查，方免小民受累，臣惟有谨遵圣训，时刻留心，务期有犯即惩，断不敢稍任玩视。
福建巡抚④	浦霖	臣查差役设立班馆，勒贿殃民，最为地方之害，闽省自前抚臣徐嗣曾奏明惩创之后，迄今已阅三年，诚恐该差役等故智复萌或尚有瞒官舞弊情事，臣到任以来，即留心访察，遇有差役诈赃之案，无不尽法重惩，现在内地各属奸蠹稍知畏惧，即台湾地方经水师提督臣奎林及道府等遇事严惩，亦尚敛迹，兹据藩臬两司转据各府州属结报，闽省班馆一项及囤房、土地堂之名异而实同者，俱已禁绝。伏思此等积弊，防闲一有稍疏，即故辙复蹈，臣惟有谨遵圣谕，督率司道等官随时随事，实力稽查，严行禁革，如有怙恶不畏法之徒，敢于作奸舞弊，除该役着从重究结外，并将纵容之州县失察之上司，一并分别严参，断不敢稍存姑息。朱批：以实行之，毋久而懈。

---

① 《德宗景皇帝实录》(六)卷420，光绪二十四年五月下，第504页。

② 《德宗景皇帝实录》(六)卷429，光绪二十四年九月上，第653页。

③ 《奏报查明浙省差役并无私设班馆事》，乾隆五十六年十一月十九日，档案号：03—0362—047，中国第一历史档案馆藏。

④ 《奏为禁革差役并无私设班馆事》，乾隆五十六年十一月初七日，档案号：03—0362—048，中国第一历史档案馆藏。

湖南巡抚①	姜晟	伏查民间犯事到官,据其罪重轻,分别监禁、保释。故应禁不禁及不应禁而禁,律有处分专条,至例载竹板等项刑具尺寸俱有定制,用刑官任意多用,上司不行察参,均有处分,若蠹役私设班馆、刑具,显以朦官拷禁,逞其需索殃民之伎俩,岂容防禁不严,致滋流弊。臣于莅任后,即遍饬州县,随时严密访查,不可视为具文,兹据臬司恩长详称现在各属并无私设班馆、刑具等弊,循例请奏前来。臣复查楚南刁健成风,如有前项情弊,更足以生事端。除督率司道等官严查力禁,毋稍纵弛。
署理江西巡② 抚	姚棻	兹据按察使司马驹转据各道府,查明乾隆五十六年分江西各属问刑衙门,实无胥役私设班房,擅置刑具索诈殃民情弊详结。臣复查无异,除严饬再行随时查察,臣仍留心体访,如有阳奉阴违,立即严行究办,不敢稍有轻纵。
贵州巡抚③	额勒春	兹届乾隆五十六年年底,据署贵州按察使、贵西道张继辛准据各道府覆称,查明所属各衙门差役,皆系凛遵法纪,并无私设班房,擅置刑具。臣复查无异。除饬永行严禁,有犯必惩,毋得阳奉阴违,始勤终怠。朱批:毋为虚言!
陕西巡抚④	秦承恩	臣到任后即将上项情形札饬各州县,书之座隅,俾触目惊心,知所防范。并以衙役之敢于滋事,皆由讼案之不能迅速所致。按日调查堂宪底簿,毋许有拖延未结之案,务使一切自理词讼,随到随审,不令原被人证守候公庭,则差役等自无所逞其刁难讹诈之术,仍责令该管道府,就近留心访察,有藉端需索之事,立即亲提究办,以示惩儆。
河南巡抚⑤	穆和蔺	伏查获犯私拷,已干例禁,乃竟敢私设班馆,擅置刑具,以隶役之贱,侵官长之权,肆恶殃民,诚不可不为禁绝。臣凛遵谕旨,严饬革除,兹届年底据署按察使等查无前项弊端。臣仍时时留心查察,地方官胆敢纵容衙役私设班馆、私置刑具者,立即从严察办,并于属员逢见时,勤加告诫,谆切提撕,务使各知谨凛严加。朱批:以实为之。
云南巡抚⑥	谭尚忠	与前乾隆五十六年正月同。

---

① 《奏报查明本省差役并无私设班馆事》,乾隆五十六年十一月十五日,档案号:03—0362—053,中国第一历史档案馆藏。

② 《奏报查明本省差役并无私设班馆事》,乾隆五十六年十一月二十四日,档案号:03—0362—058,中国第一历史档案馆藏。

③ 《奏报查明黔省差役并无私设班馆事》,乾隆五十六年十一月十六日,档案号:03—0362—059,中国第一历史档案馆藏。

④ 《汇奏查明本省差役并无私设班馆事》,乾隆五十六年十二月初五日,档案号:03—0362—062,中国第一历史档案馆藏。

⑤ 《奏报查明本省差役并无私建班馆事》,乾隆五十六年十一月十七日档案号:03—0362—066,中国第一历史档案馆藏。

⑥ 《奏报查明滇省差役并无私设班馆事》,乾隆五十六年十二月二十六日,档案号:03—0363—009,中国第一历史档案馆藏。

续表

广西巡抚①	陈用敷	与前乾隆五十六年正月初十同)
直隶总督②	梁肯堂	兹据按察使阿精阿呈称行据各道府厅州县复称并无设立班馆之名目,一切刑具均系官为置备,差役并无私置等弊。呈请具奏前来。臣查班馆等项目以及差役擅置刑具于吏治民生均有关系。直隶自钦奉谕旨之后,严行查禁,尚无此弊端。第蠹役作奸,最为可恶。查察稍疏,易致滋弊。臣惟有董率所属,实力实心严行查禁,不敢日久生懈,以仰副我皇上惩除奸蠹以安良善之至意。
护理山东巡抚③	江兰	据署按察使阿林阿详称东省问刑衙门,向止于公廨之旁有差役二三间,只许吏役值班总事,不许拘押人犯。此外并无设立班馆及私置刑具等情。臣复查无异。诚恐差役等希图饱索,渐且仍旧私置班馆刑具,该管官漫步查禁,甚或畏避处分,查出不即究办情事。臣仍留心密察。如有阳奉阴违者,严参究办。
山东巡抚④	吉庆	与江兰五十六年相同。
陕甘总督⑤	勒保	(与五十六年同)
湖北巡抚⑥	福宁	查湖北各属所有旧设班房业于奉旨之后,一概拆毁,并将冗役裁汰,慎选承充,业经前督抚奏明在案。臣于上年到任后,仍恐有阳奉阴违之事,于附近等处即亲自密行询访,其稍远各属,严檄该管道府实行稽查,有犯必惩,毋稍疏懈。兹据臬司孙曰秉查明,并无私设班房,擅置刑具等弊,详请具奏前来。臣复核无异,惟是差役人等最为奸诈,仍恐因班房已经拆毁,竟行私押在家,已致良民受害。臣仍一并时刻留心,不敢略有怠忽,以冀仰副圣主惩蠹安民谆谆告诫之圣意。

---

① 《奏报查明本省差役并无私设班馆事》,乾隆五十六年十二月初十日,档案号:03—0363—005,中国第一历史档案馆藏。

② 《汇奏查明直省差役并无私设班房事》,乾隆五十六年十二月初三日,档案号:03—0362—045,中国第一历史档案馆藏。

③ 《奏报查明本省差役并无私设班房事》,乾隆五十六年十二月初八日,档案号:03—0362—057,中国第一历史档案馆藏。

④ 《奏报查无差役私设班房事》,乾隆五十七年十二月初七日,档案号:03—0363—078,中国第一历史档案馆藏。

⑤ 《汇奏本年并无私藏鸟枪设立班馆等事》,乾隆五十七年十月初二日,档案号:03—0363—041,中国第一历史档案馆藏。

⑥ 《奏报查明本省差役并未设立班房事》,乾隆五十六年十一月初八日,档案号:03—0362—034,中国第一历史档案馆藏。

贵州巡抚①	冯光熊	伏查差役私行拷逼,肆虐良民,实为地方之害,臣于到任后,通行饬禁并于接见属员之时,谆谆以稽查差役严切告诫。地方官尚知儆惕,现在并无私立班馆、擅置刑具等弊,据按察使姜闻阳查明详请汇奏,惟有凛遵谕旨,督率司道等时时防范,刻刻留心,如有阳奉阴违者,即将那后,分别参究,断不敢稍存姑息。
河南巡抚②	穆和蔺	伏查到官人犯,有罪者分别羁禁,无罪者交保候传,不应听差役私押(班房),况竟敢私设班馆,擅置刑具,以隶役之贱,侵官长之权,肆恶殃民,莫此为甚。臣凛遵谕旨,实力严禁,兹届年奏,据按察使陈文纬查无前项弊端,具详前来。虽访察无异,仍于属员进见时,勤加告诫,时切提撕,如有纵容失察者,立即从严究办,俾各知谨遵约束。
广东巡抚③	郭世勋	与前同。
江苏巡抚④	奇丰额	兹届乾隆五十七年年终汇奏之期,据江苏按察使汪志伊详称行据各道府州查明各属实无差役私设班馆、擅置刑具。臣查差役私设班馆、擅置刑具,最为地方之害。臣时刻留心查访,每遇提审案件时,必于正案讯明之后,向各犯根究其到案时,系在何处,看管有无私拷逼索情事,金供应禁人犯及时拿禁,例不应禁人犯,俱系自觅饭店居住,出具店保,并无私禁私拷情事。臣仍恪遵圣谕,留心稽查,倘有前项情弊,立即从严究办。朱批:以实妥为,勿久而懈。
广西巡抚⑤	陈用敷	查蠹役殃民,最为吏治之害。臣钦遵谕旨,不时加意稽察,实力严禁,即一切案内应质人证,亦节次通饬各属随到随审,立即释宁,毋许交差滥押,致滋拖累。兹据藩臬两司查明并无任听蠹役设立班馆,私置刑具情弊。臣复核无异,仍饬实力严查禁革,倘有不肖地方官阳奉阴违,一经觉察,立即严参究办。

---

① 《奏报查无私设班馆事》,乾隆五十七年十月十九日,档案号:03—0363—049,中国第一历史档案馆藏。

② 《奏报查无差役私立班馆事》,乾隆五十七年十一月十八日,档案号:03—0363—056,中国第一历史档案馆藏。

③ 《汇奏本省差役并无私设班馆事》,乾隆五十七年十月十九日,档案号:03—0363—058,中国第一历史档案馆藏。

④ 《奏报查无差役私设班馆及私铸鸟枪事》,乾隆五十七年十一月十三日,03—0363—060,中国第一历史档案馆藏。

⑤ 《奏报查无差役私设班馆事》,乾隆五十七年十一月初四日,档案号:03—0363—080,中国第一历史档案馆藏。

续表

湖北巡抚①	福宁	伏查湖北省各属所有旧设班房,经前督抚臣遵旨,概行拆毁,并将冗役裁汰,慎选承充。臣于五十五年到任后,第查禁令稍弛,各属或有阳奉阴违,纵役非刑滋弊,不时亲加密访,并饬该管道府,一体实力稽查,无得稍有疏懈。兹据臬司孙曰秉查明各属并无私设班房、擅置刑具等弊。臣复查无异,惟是楚省差役向多狡黠,仍恐故智复萌,或有私押私拷之事,臣惟有时刻留心察访,有犯必惩,务须除蠹安良。朱批:以实为之。
安徽巡抚②	朱珪	伏查班馆一项,最为民害,禁革宜严,臣节经通饬严查禁革,不得阳奉阴违,兹届年终据两司查明所属各府州县,并无擅设班馆、私置刑具等弊。臣逐加访察,安河各府州县,尚无纵役设立班馆、私置刑具等事,再严饬各属实力奉行,永远禁革,毋得日久弊生,一有访闻告发,即行参究。朱批:妥实为之,毋懈。
陕西巡抚③	秦承恩	与前同。
江西巡抚④	陈淮	兹据按察使司马驹转据各道府查明乾隆五十七年分江西各属问刑衙门,实无胥役私设班房,擅置刑具,索诈殃民情弊。臣查衙门蠹役勾党盘踞,倚势欺民,甚至私设班馆,擅置刑具,遇有承拘人犯,恣意恐吓勒索,殊堪痛恨,现令江西各属据称并无前项情弊。第恐日久玩生,或致阳奉阴违,臣惟有时刻留心察访。
直隶总督⑤	梁肯堂	兹据按察使方受畴呈称行据各府厅州县复称并无设立班馆名目。一切刑具,均系官为置备,差役亦无私置等弊,臣查班馆等项目以及差役擅置刑具。于吏治民生,均有关系,直隶自钦承谕旨之后,严行查禁,尚无此等弊端,第查稍疏,易致滋弊。臣惟有董率所属实力实心,严行查禁,不敢日久生懈。

① 《奏报查无差役私设班馆事》,乾隆五十七年十一月二十五日,档案号:03—0363—081,中国第一历史档案馆藏。

② 《奏报本省差役并无私设班馆事》,乾隆五十七年十一月二十八日,档案号:03—0363—087,中国第一历史档案馆藏。

③ 《奏报查明差役并无私设班馆事》,乾隆五十七年十二月初四日,档案号:03—0363—091,中国第一历史档案馆藏。

④ 《奏报查明差役并无私设班馆事》,乾隆五十七年十一月二十六日,档案号:03—0363—093,中国第一历史档案馆藏。

⑤ 《奏报查禁差役私设班馆事》,乾隆五十七年十二月十六日,档案号:03—0363—094,中国第一历史档案馆藏。

续表

闽浙总督①	伍拉纳	臣查差役设立班馆,勒诈殃民,最为地方之害,频年以来,虽节经严行查禁,诚恐该差役等故智复萌,或有瞒官舞弊情事。臣随时留心访察,遇有差役诈赃之案,无不尽法究办,现在内地各吏役咸知儆惕,而台湾地方经该镇道等遇事严惩,亦尚畏法。兹据藩臬两司转据各府州县结报,闽省班馆一项及囤房、土地庙之名异而实同,俱已禁绝。臣仍凛遵圣谕,实力稽查,如敢阳奉阴违,复蹈前辙,除该役等从重究办外,即将纵容之州县,失察之上司,分别严参,断不敢日久懈忽。
山西巡抚②	蒋兆奎	历经前任抚臣檄饬各属严行查禁,并任调任抚臣长麟剀切通行道府州,实力查访在案。兹臣查察,除汾阳县班房滥押人犯,已经抚臣长麟恭折奏参革除在案,此外据司道各府查明所属实无私设班馆,肆恶殃民情事。
湖南巡抚③	姜晟	伏查衙蠹实为地方之害,而私设班馆刑具,尤属肆虐殃民,不容不严行防禁。臣每于所属详办各案供,随时查察,遇有关涉蠹役之事,必严饬确审究办,重示惩创,并于接见属员之时,即饬以约束蠹役,竣立防闲,务使知所儆惕,不敢阳奉阴违,兹据臬司恩长查明现在并无设立班馆、私置刑具等弊。臣复查无异,仍不时督率司道等官严查力禁,毋使致日久玩生,稍有纵弛。
云南巡抚④	谭尚忠	伏查滇省,地处边隅,民情淳朴,各属厅州,讼简少,差役无多,是以约束较易。臣与督臣平日留心查访,有犯必惩,并无前项私设班馆、擅置刑具、扰害良善情弊。兹届应奏之期,据按察使贺长庐查明具详前来。臣覆加确查无异,但恐日久玩生,断不敢目现无弊,稍存懈息,惟有钦遵谕旨,随时严饬问刑衙门,务班馆等项名目实力稽查,永行禁革,倘有任令蠹役作奸舞弊,一经发觉或访闻确实,即将纵容之地方官及失察之上司,一并严参,分别从重治罪。朱批:勿久而懈。
广东巡抚⑤	郭世勋	同前。

---

① 《奏报禁革差役私设班馆事》,乾隆五十七年十月二十七日,档案号:03—0363—100,中国第一历史档案馆藏。

② 《奏为遵旨查明复陈本省实无私设班馆肆恶殃民情事》,宫中-朱批-内政,职官(包),乾隆五十七年十二月十八日,档案号:04—01—12—0241—120,中国第一历史档案馆藏;另见:《奏报查明差役并无私设班馆事》,乾隆五十七年十二月十八日,档案号:03—0363—102,中国第一历史档案馆藏。

③ 《奏为查明湖南省乾隆五十七年分各属并无设立班馆私置刑具事》,宫中-朱批-法律,乾隆五十七年十一月二十六日,档案号:04—01—08—0003—003,中国第一历史档案馆藏;《奏报查明差役并无私设班馆事》,乾隆五十七年十一月二十六日,档案号:03—0363—103,中国第一历史档案馆藏。

④ 《奏报查明滇省各衙并无蠹役私设班馆事》,乾隆五十七年十二月二十七日,档案号:03—1445—002,中国第一历史档案馆藏。

⑤ 《奏报查明本省无有蠹役私设班馆事》,乾隆五十八年十月十四日,档案号:03—1445—018,中国第一历史档案馆藏。

续表

山西巡抚①	蒋兆奎	历经前任抚臣檄饬各属严行查禁在案。臣莅任后剀切通行司道府州,实力查访,并于属员谒见时严词晓谕,前据藩臬两司并各该道府等查明五十八年分各属实无私设班馆、擅立刑具、肆恶殃民情事,臣仍凛遵谕旨,留心查察,不敢视为具文。
河南巡抚②	穆和蔺	伏查各衙到官人犯,有罪者分别羁禁,无罪者交保候传,俱不应任役私押,况敢私设班馆擅置刑具,以隶役之贱,侵官长之权,肆恶殃民,莫此为甚。臣凛遵谕旨,严饬革除,兹届年底据署按察使等查无前项弊端。臣仍时时留心查察,地方官胆敢纵容衙役私设班馆、私置刑者,立即从严察办,并于属员逢见时,勤加告诫,谆切提撕,务使各知谨凛严加。
直隶总督③	梁肯堂	兹据按察使索诺木札挚呈称行据各府厅州县复称,并无设立班房名目,一切刑具均系官为备置,差役亦无私置等弊。臣查班馆等项名目以及差役擅置刑具,于吏治民生均有关系。直隶钦承谕旨之后,严行查禁,并无此等弊端。第查稍疏致有流弊。臣惟有董率所属实力实心,严行查禁,不敢日久生懈。朱批:勿久而懈。
浙江巡抚④	吉庆	兹届具奏之期,据按察使田凤仪详称本年浙省各属并无在外私设班馆,擅置刑具等弊。臣伏思府县差役私设班馆、刑吓索诈,最为闾阎之害,而地方官若不严行查禁,易启拖累舞弊之端,臣凛遵训谕,到任后檄饬严行禁革,时刻留心,因公前赴各州县之便,亲往稽查,有犯必惩,断不敢空言无实,稍任弛懈。朱批:仍应留心。
湖广总督⑤	毕沅	伏查班房一项,蠹役藉以病民,最为地方之害,仰蒙皇上剔弊安良至周至备。臣制楚六年,钦遵谕旨确查严禁,实力遵行,本年两并抚篆,责任益重。督同司道察访严查,现据该司道等复称通省大小各衙门,并无差役私设班房等项情弊。除仍督率该司道等不时留心严禁,务期有犯必惩,以绝弊端而除奸蠹。

———————————

① 《奏报查明本省并无蠹役私设班馆事》,乾隆五十八年十一月初六日,档案号:03—1445—019,中国第一历史档案馆藏。

② 《奏报查明本省并无蠹役私设班馆事》,乾隆五十八年十一月十二日,档案号:03—1445—021,中国第一历史档案馆藏。

③ 《奏报查明本省并无蠹役私立班馆事》,乾隆五十八年十一月二十七日,档案号:03—1445—022,中国第一历史档案馆藏。

④ 《奏报查明本省并无蠹役私立班馆事》,乾隆五十八年十一月十四日,档案号:03—1445—024,中国第一历史档案馆藏。

⑤ 《奏报查明湖北本省并无蠹役私设班馆事》,乾隆五十八年十一月十六日,档案号:03—1445—026,中国第一历史档案馆藏。

山东巡抚①	福宁	臣到任后,业经密札饬查去后,兹据按察使罗煃详称东省问刑衙门,向于公廨之旁建有差房二三间,以资各役栖止,不许拘押人犯。此外,并无设立班馆及私置刑具。臣查奸胥蠹役蔑法累民,最为地方之害,现在虽据该臬司查明并无前项情弊,但院司衙门若仅于年底通饬查复,诚恐日久玩生,难保无复蹈故辙。臣惟有尽心访察,遇案严惩,断不敢因业经陈奏,自蹈掩饬之咎。朱批:实力为之。
安徽巡抚②	朱珪	伏查班馆一项,最为民害,禁革宜严。臣节经通饬严查禁革,不得阳奉阴违。兹届年终,据两司查明所属各府州县,并无擅设班馆、私置刑具等弊。臣逐加访查安河各府州县,尚无纵役设立班馆、私置刑具等事,再严饬各属实力奉行,永远禁革,毋得日久弊生,一有访闻告发,即行严究。朱批:仍应留心。
广西巡抚③	陈用敷	查蠹役殃民,最为吏治之害。臣钦遵谕旨,不时加意稽查,实力查禁,即一切案内应质人证,臣亦节次通饬各属,随到随审,立即释宁,毋许交差滥押,致滋拖累。兹据藩臬两司,查明各属并无任听差役设立班馆和私置刑具等弊。臣复核无异,仍实力稽查禁革,倘有不肖地方官阳奉阴违,一经发觉,立即严参究办。朱批:勿久而懈。
江西巡抚④	陈淮	兹据按察使司马驹转据各道府查明乾隆五十八年分江西各属并无胥役私设班房、擅置刑具情弊。臣查衙门蠹役私设班馆、擅置刑具、恣意扰害,实堪痛恨,现查各属虽尚无前项情弊,臣仍时刻留心察访,不敢稍有玩忽。
福建巡抚⑤	浦霖	臣查差馆敲诈殃民,最为地方之害。频年以来,虽节次严加查禁,诚恐该差役等或尚有瞒官舞弊情事。臣随时留心访察,遇有差役诈索之案,无不尽法惩治,现在内地各属吏役稍知儆惕,即台湾地方经该镇道等遇事严惩,亦尚畏法。兹据藩臬两司转据各府属结报,兹据藩臬两司转据各府州县结报,闽省班馆一项及囤房土地庙之名异而实同,俱已禁绝。臣仍凛遵圣谕,实力稽查,如敢阳奉阴违,复蹈前辙,除该役等从重究办外,即将纵容之州县,失察之上司,分别严参,断不敢日久懈忽。

---

① 《奏报查明本省并无蠹役私设班馆事》,乾隆五十八年十一月二十八日,档案号:03—1445—027,中国第一历史档案馆藏。

② 《奏报查明本省并无差役私设班馆事》,乾隆五十八年十一月二十八日,档案号:03—1445—028,中国第一历史档案馆藏。

③ 《奏报查明本省各属并无差役私设班馆事》,乾隆五十八年十一月初八日,档案号:03—1445—029,中国第一历史档案馆藏。

④ 《奏报查明本省并无蠹役私设班馆事》,乾隆五十八年十一月二十二日,档案号:03—1445—030,中国第一历史档案馆藏。

⑤ 《奏为禁革差役私设班馆事》,乾隆五十八年十一月十五日,档案号:03—1445—031,中国第一历史档案馆藏。

续表

陕西巡抚①	秦承恩	同前五十七年奏
贵州巡抚②	冯光熊	兹届乾隆五十八年分据署按察使正堪富什浑准据各道府复称查明所属各衙门差役并无私设班房、擅置刑具之事。臣惟有凛遵圣谕，督率司道严密防范，时加访察，勿致衙蠹稍有违犯，以安善良。倘奉行不力，仍有私设殃民，立即将官役从重参究，断不敢稍存姑息。
暂护云南巡抚③	费淳	伏查滇省地处边际，民情淳朴，各府州县狱讼简少，差役无多，兹以约束较易。臣在藩司任内，业经留心查访，并无前项私设班馆、擅置刑具等弊。兹届应奏之期，据署按察使杨以缓查明。臣复查无异。再严饬各属随时实力稽查，有犯必惩，务期弊绝风清，不使衙门蠹役稍有作奸犯科，倘敢丝毫懈怠，一经发觉，或被访闻，即将纵容之地方官及失察之上司一并严参，分别从重治罪。
两广总督长麟④	广东巡抚朱珪	兹据按察使吴俊转据广州、南雄等十府并罗定等三州申称，各州县向遇户婚田土等项细事，并无将原被人等滥行管押，其有案关紧要未经审定人犯，均系官设外监暂行羁禁，审明分别禁释，差役人等无敢私设班房刑具，非法拷诈情事，取具各结。臣等以班馆实为民害，诚恐阳奉阴违，不敢以现在结复，遽加深信。惟有督率司道府州随时留心稽察。如有违例私设班馆，拷诈害民，一经访闻，或被告发，除将该役等尽法惩治外，并将纵容之州县、失察之上司，严行参处。朱批：实力为之，外省欺诈之习可恶。

---

①　《奏报查明本省并无差役私设班馆事》，乾隆五十八年十二月初八日，档案号：03—1445—033，中国第一历史档案馆藏。

②　《奏报查明本省并无差役私设班馆事》，乾隆五十八年十二月初八日，档案号：03—1445—033，中国第一历史档案馆藏。

③　《奏报查明本省并无蠹役私设班馆事》，乾隆五十八年十二月二十二日，档案号：03—1446—009，中国第一历史档案馆藏。

④　《奏报查明各属差役并无私设班馆事》，乾隆五十九年九月二十六日，档案号：03—0364—057，中国第一历史档案馆藏。

参 考 文 献

档案类（以下不特别标注馆藏者为中国第一历史档案馆所藏，以下不包括附表中所使用档案资料）

1. 户部尚书海望等：《奏为遵议掌京畿道事监察御史傅色纳请定官媒禁止棍媒买卖人口一折事》，乾隆三年五月十八日，档案号：04—01—01—0024—008。

2. 江南道监察御史苏霖渤：《奏为陈明刑部现审内有锁禁班房无保领人犯病毙事请旨敕部确议章程设法取保事》，乾隆三年，档案号：04—01—28—0001—061。

3. 云南巡抚张允随：《奏请严窃盗再犯之条事》，乾隆五年九月二十六日，档案号：03—1195—004。

4. 云南道监察御史邹一桂：《奏报刑部南北两监宜分别收禁人犯事》，乾隆七年六月初九日，档案号：03—1378—002。

5. 湖北巡抚陈宏谋：《奏为据实奏明地方摒除疲玩习气清理陈年积案等情形事》，乾隆十二年十二月二十一日，04—01—11—0003—001，宫中—朱批—综合。

6.《奏为苏郡长元吴三县创建自新所拘羁旧匪所需口粮请将岁收赃赎银两拨充事》，乾隆十三年三月初八日，档案号：04—01—28—0001—015。

7. 广东按察使吴谦铋：《奏请厘正军流道里远近事》，乾隆十三年十一月初七日，档案号：04—01—26—0002—034。

8. 署理两江总督鄂容安：《奏陈承审参案迟延之由事》，乾隆十八年六月，档案号：03—0086—064。

9. 署理湖南巡抚范时绥：《复奏承审参案事》，乾隆十八年七月二十四日，档案号：03—1384—016。

10. 广西巡抚熊学鹏：《奏为军流人犯由司即行解往巡抚衙门复审敬陈管见事》，乾隆二十六年九月初七日，档案号：04—01—01—0250—017。

11. 盛京刑部侍郎朝铨：《奏为防止山海关外至威远堡往来押解犯人脱逃事》，乾隆二十六年九月十六日，档案号：04—01—01—0248—044。

12. 山西巡抚彰宝：《奏为查明首邑代办赔垫事》，乾隆三十一年八月二十八日，档案号：03—0346—031。

13. 山西道监察御史刘锡嘏：《奏请定轻犯发城取保之例事》，乾隆四十一年三月十四日，档案号:03—1199—007。

14.两广总督吉庆等:《奏为特参英德县知县陈寅滥押毙命讳匿不报请旨革审事》,嘉庆四年六月初六日,档案号:03—1477—023。

15.两广总督那彦成、广东巡抚百龄:《奏为特参南海番禺二县知县纵令差役另立班馆滥羁人犯致毙命事请革职事》,嘉庆十年六月十三日,档案号:03—2281—020。

16.学士管理吏部事务庆桂:《奏为议处两广总督倭什布、孙玉庭等失察南海县私设班馆事》,嘉庆十年七月初二日,档案号:03—1496—046。

17.山东道监察御史杨健:《奏为剔弊而治肃清吏治敬摅管见事》,嘉庆十二年十一月初六日,档案号:03—2498—024。

18.江西巡抚先福:《奏为清厘词讼积案情形事》,嘉庆十五年十二月初四日,04—01—02—0142—028,宫中—朱批—内政。

19.山西道监察御史夏修恕:《奏为清理刑狱以省拖累特上条陈事》,嘉庆十八年四月二十四日,档案号:03—2225—039。

20.河南道监察御史高翔麟:《奏请严禁各省州县私设班馆事》,嘉庆二十年八月二十三日,03—1638—019。

21.都察院左都御史庆溥等:《呈为悬案拖累事》,嘉庆二十年十二月初九日,档案号:03—2243—009。

22.监察御史袁铣:《奏请饬禁江夏汉阳两县违例押禁事》,嘉庆二十四年十二月十三日,档案号:03—2415—037。

23.山东巡抚钱臻:《奏为查明德州革生辛迈迁候审期间居住客店并未严押闷牢事》,嘉庆二十五年六月十一日,档案号:03—2263—008。附件:《呈候审期间并未严押闷牢供单》,档案号:03—2263—009。

24.广西巡抚:《奏为严缉匪徒在广西边界地带设立卡房派拨兵役巡逻事》,嘉庆二十五年,档案号:04—01—01—0597—019。

25.贵州道监察御史黄中模:《奏请饬查各省州县私设班馆事》,道光二年五月十一日,档案号:03—4022—007。

26.《奏请严禁积压案件拖累人证事》,道光五年四月二十七日,档案号:03—4031—035。

27.安徽巡抚张师诚:《奏为特参安徽巢县代理知县万年淳失察差役私押人证请旨革职》,道光五年十月十五日,档案号:03—4032—049。

28.江西巡抚韩文琦奏:《为查讯崇义县民李心适京控案内该县班房押毙多命邱佑助窝匪来缉等大概情形事》,道光八年十二月初二日,档案号:03—3740—034。

29.江西巡抚韩文琦:《江西巡抚奏为遵旨审拟崇义县民人李心适呈控邱佑助挟嫌率众将伊叔李官廉等枪伤等案事》,道光九年四月二十三日,档案号:03—3743—050。

30.都察院左都御史那清安:《奏为讯问山西绛县武童王鼎瑞具控知县押毙伊父王炳言事》,道光九年九月初四日,档案号:03—3745—033。附件:《山西绛县武童王鼎瑞为伊父王炳言押毙班房事呈状》,道光九年,档案号:03—3745—034。

31.福建道监察御史王玮庆:《奏为州县衙门白役顶充滥给牌票扰累良民请旨严行裁革

事》,道光十年五月初七日,档案号:03—2598—011。

32.湖南武冈州民刘尊贤呈状:《呈为具控武冈州贪利连尾减税揹契串诈吏目私设班卡身父被刑禁毙命等事》,道光十二年七月初六日,档案号:03—3768—008。

33.陈乐山:《呈恤刑疏》,《军机处档·月折包》,第2437箱,82包,68050号,道光十四年五月,台北"故宫博物院"藏。

34.安徽巡抚张师诚:《奏为查革州县积弊事》,道光六年二月初三日,档案号:03—2849—002。

35.京畿道监察御史宋劭谷:《奏为请严禁地方官衙蠹积弊以清讼狱而清闾阎事仰祈圣鉴事》,道光十一年十二月十九日,档案号:03—2618—056。

36.安徽巡抚邓廷桢:《奏为遵旨审明发遣充军犯陈乐山疏称太湖县捕役潘玉等诬窃私拷各案依律定拟事》,道光十四年十月初八日,档案号:04—01—01—0759—004。

湖广总督讷尔经额等:《奏为查明邵阳县及各属实无私设事》,道光十五年七月二十四日,档案号:03—2642—036。

37.兵部尚书兼管顺天府尹卓秉恬、曾望颜:《奏为遵旨拿货扰害居民私立班房滥刑拷打恶棍杜元瑞等请交刑部审讯事》,道光十八年十二月二十七日,档案号:03—3797—029。

38.都察院左都御史奎照等:《奏为奉天民人盛立业李化一分别控告李宗成擅立班馆私押索赃非刑毙命并擅用官物等事》,道光二十二年九月二十二日,档案号:03—3810—046。

39.湖南巡抚吴其浚:《奏为洪崖洞为逸匪必由之路亟应设立卡房事》,道光二十三年六月十五日,档案号:04—01—01—0814—014。

40.都察院左都御史全庆等:《奏为山东民人张兴邦京控捕总刘春林攒殴勒诈恨其上控将伊弟私刑锁拷打死班房等事》,同治五年十二月初五日,档案号:03—5021—067;附件:《山东东昌冠县民人张兴邦为虎踞朦弊攒殴勒诈身弟锁押打死班房等事呈状》,同治五年十二月初五日,档案号:03—5021—068。

41.《为派役传唤黄天盛具告杨通和卖后另售案人证事票》,咸丰二年十月二十二日,档案号:清6—04—01748,巴县档案馆代码451001。

42.《为赵施氏告赵应尧差役拘唤人证事拘票》,咸丰六年八月二十二日,档案号:清6—04—04790,巴县档案馆代码451001。

43.闵上云:《为甘愿与陈氏离异将其交原差发交官媒择户另嫁事结状》,咸丰十年六月十九日档案号:清6—04—05658,巴县档案馆代码451001。

44.曾世全:《为凭官媒领欧氏为室事领状》,咸丰十年闰三月十五日,档案号:清6—04—05635,巴县档案馆代码451001。

45.廖正广:《为甘与廖王氏离异发交官媒择嫁不得阻滞翻滋事结状》,咸丰十一年六月初一日,档案号:清6—04—05767,巴县档案馆代码451001。

46.四川总督部堂谕:《为严禁各属差役豢养白役诬枉揹诈百姓以抑制蠹风事饬南部县札》,光绪六年闰七月十二日,南部县衙档案号451242。

47.河南道监察御史李郁华:《奏为湖南州县勒索陋规设立私牢请旨严禁事》,光绪七年八月十四日,档案号:03—5668—004。

48. 闽浙总督何璟:《奏为遵旨查明长汀县署内并无私设班馆勒虐差役等情事》,光绪八年十一月初四日,档案号:03—7410—090。

49.《宁国府正堂林奉札为饬办待质公所给南陵县的札》,光绪十九年十一月初一日,档案号:434001—Q046—001—02237—001,安徽省档案馆藏。

50. 总头役马兴等:《为拟将监犯冶犁儿从监提出押入卡房同各案人犯一并管押事》,光绪二十一年三月二十三日,青海档案馆代号:463001。

51. 山东道监察御史杨福臻:《奏为各省添设待质公所多损人命请旨饬令裁除事》,光绪二十一年七月三十日,档案号:03—5328—069。

52. 刑部尚书松溎等:《奏为遵议御史杨福臻奏各省待质公所请饬裁除一折据实复奏事》,光绪二十一年八月十五日,档案号:03—7416—051。

53.《西宁府张为各省待质公所请饬裁除事致循化厅欧阳》,光绪二十二年三月二十七日,全宗号:07,案卷:3488,青海档案馆档案馆代号:463001。

54. 科给事中吴湖甲:《奏为司坊练局缉羁累无辜请饬申明章法以便商民事》,光绪二十八年三月初四日,档案号:03—7221—042。

55. 修律大臣沈家本:《奏为调查日本裁判监狱情形事》,光绪三十三年四月十一日,档案号:03—5619—008。

56. 修订法律大臣大理院正卿沈家本:《奏请实行改良监狱以资模范而宏教育事》,光绪三十四年四月十一日,档案号:03—9286—022。

57.《教务教案档》,台湾"中央"研究院近代史研究所编,精华印书馆股份有限公司承印,1974年。

58. 佚名辑:《清末筹备立宪档案史料》,文海出版社1980年版。

59.《明清史料》,中华书局1987年版。

60.《清代乾嘉道巴县档案选编》,四川大学出版社1996年版。

61.《清皋署珍藏档案》,全国图书馆文献缩微复制中心2004年版。

律例典章类(含律解、实录)

1. 吴坛:《大清律例通考》,光绪十二年刻本。

2. 薛允升:《读例存疑》,翰茂斋,光绪三十一年刻本。

3. 修订法律馆编:《大清刑事民事诉讼法》,成都官报书局,光绪三十二年铅印本。

4. 修订法律馆编:《大清民事诉讼律草案》,修订法律馆编,宣统年间刻本。

5. 修订法律馆编:《大清刑事诉讼律草案》,修订法律馆编,宣统二年刻本。

6. 修订法律馆编:《各级审判厅试办章程》,中华法政学社印,广益书局民国四年版。

7. 徐松辑:《宋会要稿辑》,中华书局1957年版。

8. 朱寿朋编:《光绪朝东华录》,张静庐点校,中华书局1958年版。

9.《钦定吏部则例》,成文出版社1961年版。

10.《大清法规大全》,考正出版社1972年版。

11.《清实录》,中华书局1986年复印本。

12.《福建省例》，大通书局 1987 年版。

13. 光绪朝《清会典事例》，中华书局 1990 年影印本。

14. 刘海年、杨一凡主编：《中国珍稀法律典籍集成乙编》（第 1 册），科学出版社 1994 年版。

15. 薛允升：《唐明律合编》，怀效锋点校，法律出版社 1999 年版。

16. 刘锦藻：《皇朝续文献通考》，浙江古籍出版社 2000 年影印本。

17. 长孙无忌：《唐律疏议》，刘俊文点校，法律出版社 1999 年版。

18. 雷梦麟：《读律琐言》，怀效锋、李俊点校，法律出版社 2000 年版。

19. 沈之奇：《大清律辑注》，怀效锋等点校，法律出版社 2000 年版。

20. 王明德：《读例佩觿》，何勤华等点校，法律出版社 2001 年版。

21. 杨一凡、田涛主编：《中国珍稀法律典籍续编》（第 7 册），黑龙江出版社 2002 年版。

22. 祝庆祺等编：《刑案汇览》，北京古籍出版社 2003 年版。

23.《光绪会典》，线装书局 2006 年版。

官箴文集类（含《衙役职事》、《偏途论》）

1. 李渔：《资政新书》，清康熙年间刻本。

2. 李之芳：《李文襄公奏议》，康熙年间刻本。

3. 陈宏谋：《培远堂偶存稿》，光绪年间刻本。

4. 韩兆藩：《考察监狱记》，商务印书馆光绪三十年排印。

5. 朱宏祚：《清忠堂抚粤告示》，江苏周厚垍家藏本。

6. 方苞：《方望溪集》，大连图书供应社刊行，民国二十四年版。

7. 徐宗干：《斯未信斋杂录》，台湾银行经济研究室 1960 年版。

8. 丁日昌：《抚吴公牍》，华文书局 1969 年版。

9. 杨凤藻辑：《皇朝经世文新编续集》，文海出版社 1972 年版。

10. 贺长龄辑：《皇朝经世文编》，文海出版社 1973 年版。

11. 徐文弼：《吏治悬镜》，广文书局有限公司 1976 年版。

12. 葛士浚辑：《皇朝经世文续编》，文海出版社 1979 年版。

13. 盛康辑：《皇朝经世文编续编》，文海出版社 1979 年版。

14. 张集馨：《道咸宦海见闻录》，中华书局 1981 年版。

15. 张廷骧辑：《入幕须知五种》，文海出版社 1982 年版。

16.《新竹县采访册》，大通书局 1984 年版。

17. 沈家本：《历代刑法考》，邓经元等点校，中华书局 1985 年版。

18. 刘俊文主编：《官箴书集成》（全十册），黄山书社 1997 年版。

19. 李慈铭：《越缦堂读书记》，上海书店出版社 2000 年版。

20. 徐珂：《清稗类钞》，中华书局 2000 年版。

21. 沈家本：《寄簃文存》，上海古籍出版社 2002 年版。

22. 凌燽：《西江视臬纪事》，上海古籍出版社 2002 年版。

23. 甘厚慈辑:《北洋公牍类纂正续编》,全国图书馆文献缩微复制中心,2004 年版。

24. 白曾焯:《庚辛提牢笔记》,薛梅卿等点注,中国政法大学出版社 2007 年版。

25. 桑兵主编:《清代稿钞本》(第 49、50 册),广东人民出版社 2007 年版。

26. 庄有恭等:《偏途论》、《衙役职事》,载庄建平编:《近代史资料文库》第 10 卷,上海书店出版社 2009 年版。

方志类(不含附表所涉方志)

1. 严辰:光绪《桐乡县志》卷 2,光绪十三年刻本。

2. 林星章等纂修:道光《新会县志》,中国地方志丛书系列(下略为"丛书",此系列由成文出版社影印),成文出版社 1966 年版。

3. 卢蔚猷等纂修:光绪《海阳县志》,丛书,1967 年。

4. 郭庆琳等纂修:民国《眉上县志》,学生书局 1967 年版。

5. 刘国光等纂修:光绪《长汀县志》,丛书,1968 版。

6. 张方墀等纂修:民国《无棣县志》,丛书,1968 年版。

7. 阮本焱等纂修:光绪《阜宁县志》,学生书局 1968 年版。

8. 张主敬等纂修:光绪《定兴县志》,丛书,1969 年版。

9. 汪兆柯等纂修:道光《东安县志》,丛书,1970 年版。

10. 丁炳烺等纂修:民国《太和县志》丛书,1970 年版。

11. 周承弼等纂修:同治《公安县志》,丛书,1970 年版。

12. 唐煦春等纂修:光绪《上虞县志》丛书,1970 年版。

13. 胡寿海等纂修:光绪《遂昌县志》丛书,1970 年版。

14. 田兴奎等纂修:民国《慈利县志》,丛书,1970 年版。

15. 谢崇俊修:嘉庆《翁源县志》,丛书,1974 年版。

16. 何横等修:民国《宣平县志》,丛书,1975 年版。

17. 张懋建等纂修:乾隆《长泰县志》,丛书,1975 年版。

18. 储元升等纂修:乾隆《东明县志》,丛书,1976 年版。

19. 张宝琳等纂修:光绪《永嘉县志》,丛书,1980 年版。

20. 叶滋森等纂修:光绪《靖江县志》丛书,1983 年版。

21. 方崇鼎等纂修:嘉庆《休宁县志》丛书,1985 年版。

22. 王监清等修:《民国涪陵县续修涪州志》,中国地方志集成系列(下略为"集成",此系列由江苏古籍出版社、上海古籍出版社、巴蜀书社联合影印),1990 年。

23. 朱畯等纂修:光绪《溧阳县续志》,集成,1991 年版。

24. 刘诰等纂修:光绪《丹阳县志》,集成,1995 年版。

25. 欧阳璨等纂修:万历《琼州府志》,日本藏中国罕见地方志丛刊,书目文献出版社 1996 年版。

26. 徐道选等纂修:道光《丰城县志》,集成,1996 年版。

27. 刘士骥等纂修:康熙《翁源县志》,日本藏中国罕见地方志丛刊,书目文献出版社 1996

年版。

28. 吴裕仁纂修:嘉庆《惠安县志》,集成,2000 年版。

29. 黄世崇纂修:光绪《利川县志》,集成,2001 年版。

30. 黄菊修等纂修:光绪《东安县志》,集成,2002 年版。

31. 曾枢等纂修:民国《和平县志》,集成,2003 年版。

32. 李佩恩等纂修:民国《泗阳县志》,集成,2008 年版。

报纸类

1.《政治官报》(1907—1911),北京政治官报局编印,中国人民大学图书馆旧报刊室藏。

2.《申报》,《申报》影印组编,上海书店出版社 1983 年版。

3.《时事采新汇选》(第 7 册),北京图书馆出版社 2003 年版。

4.《湘报》,中华书局 2006 年版。

论文类

1. 张伟仁:《清季地方司法》,《食货月刊》1971 年第 6 期。

2. [日]岛田正郎:《清末の習藝所》,载人足寄場顯彰会编:《人足寄場史——我国自由刑·保安处分の源流》,创文社,1974 年版。

3. [日]岛田正郎:《清末之狱制改革及大清监狱则例之编纂》,载张其昀监修:《中华学术与现代文化》第 9 册《法学论集》,华冈出版有限公司 1977 年版。

4. [日]岛田正郎:《罪犯習藝所与模范监狱——六清监狱则草案の编定に関联》,创文社 1980 年版。

5. [日]滨岛敦俊:《明末东南沿海诸省の牢狱》,载《东アジア史における国家と农民——西嶋定生博士还历记念》,山川出版社 1984 年版。

6. 高成元:《官箴的研究》,《天津社会科学》1985 年第 6 期。

7. 李金波:《"狱神庙"辨》,《上海师范大学学报》1987 年第 2 期。

8. 王致忠:《"歇家"考》,《青海社会科学》1987 年第 2 期。

9. 李乔:《清代长随小考》,《阜阳师院学报》(社科版)1987 年第 3 期。

10. [日]可见弘明:《清末の班館に関する留书》,《史学》五八-三·四,1989 年。

11. 胡晨:《关于"狱神庙"的性质——读〈红楼梦〉札记》,《红楼梦学刊》1989 年第 3 期。

12. 庄吉发:《清代捕快和私刑》,《历史月刊》(台北)1990 年第 25 期。

13. *Luk. Bwend Hung-kay, Illegal Detention in the local Government of Qing China*, in Bernard Hung-kay Luk, ed, Contacts between Cultures, Vol.4 , Eastern Asia: History and Social Sciences, Lewiston, N.Y.: Edwin Mellen Press, 1992.

14. 吴吉远:《试论清代吏、役的作用和地位》,《清史研究》1993 年第 3 期。

15. 郑秦:《论中国古代行政》,《行政法学研究》1994 年第 1 期。

16. 高积顺:《"治人"与"治法"辨析》,《河北法学》1994 年第 4 期。

17. 许章润:《清末对于西方狱制的接触和研究———项法的历史与文化考察》,《南京大学法律评论》1995 年秋季号。

18. *Bradly W.Reed*，*Money and Justice:Clerks，Runners，and the Magistrate's Court in late Imperial China*，Modern China，Vol 21，Num 3(1995)。

19. 吴吉远：《试论明清时期的守巡道制度》，《社会科学辑刊》1996 年第 1 期。

20. 童世骏：《现代社会中理性与非理性之界限的相对性与绝对性》，《哲学研究》1996 年第 7 期。

21. 游子安：《明末清初功过格的盛行及善书所反映的江南社会》，《中国史研究》1997 年第 4 期。

22. 方川：《中国历史上的官媒制度》，《文史知识》1997 年第 1 期。

23. 徐忠明：《"刑治主义"与中国古代法律观念》，《比较法研究》1999 年第 3、4 期。

24. [法]魏丕信(*Pierre-Etienne Will*)：《明清时期的官箴书与中国行政文化》，《清史研究》1999 年第 1 期。

25. [日]吉澤誠一郎：《善堂と習芸所のあいだ――清末天津における社会救済事業の変遷》，―― アジア・アフリカ言語文化研究(東京外国語大学)59，2000 年。

26. 陈瑞华：《超期羁押问题的法律分析》，《人民检察》2000 年第 9 期。

27. 蒋铁初：《中国古代证人制度研究》，《河南省政法管理干部学院学报》2001 年第 6 期。

28. 赵晓华：《晚清的积案问题》，《清史研究》2001 年第 1 期。

29. 柏桦：《明州州县监狱》，《中国史研究》2002 年第 4 期。

30. [日]太田出：《"自新所"的诞生》，《史学杂志》2002 年第 111 期第 4 号。

31. 庄吉发：《故宫档案与清朝法制史研究》，《法制史研究》(台北)2003 年第 4 期。

32. [日]滋贺秀三：《清代の法制》，载氏著《中国法制史论集――法典に刑罚》，创文社 2003 年版。

33. 陆平舟：《官僚、幕友、胥吏――清代地方政府的三维体系》，《南开学报》(哲学社会科学版)2005 年第 5 期。

34. 李贵连、胡震：《清代发审局研究》，《比较法研究》2006 年第 4 期。

35. 李国荣：《雍正的务实作风》，《领导科学》2006 年第 6 期。

36. 张友好、张春利：《论我国古代证人之作证责任》，《中国刑事法杂志》2006 年第 4 期。

37. 龚汝富：《略论中国古代官箴的政治智慧》，《中国人民大学学报》2006 年第 1 期。

38. 张世明：《清代班房考释》，《清史研究》2006 年第 3 期。

39. 娜鹤雅：《清末"就地正法"操作程序之考察》，《清史研究》2007 年第 3 期。

40. 张笑川：《张尔田与清史稿纂修》，《清史研究》2007 年第 2 期。

41. 肖世杰：《清末监狱改良思想及其现代性》，《河北法学》2007 年第 7 期。

42. 郭东旭等：《宋代"干证人"法制境遇透视》，《河北大学学报》(哲学社会科学版)2008 年第 2 期。

43. 胡铁球：《"歇家"介入司法领域的原因与方式》，《社会科学》2008 年第 5 期。

44. [美]步德茂：《顿起杀机:18 世纪清朝刑科题本中所反映的官僚制及仁治思想》，陈兆肆译，载张世明等主编：《世界学者论中国传统法律文化》，法律出版社 2009 年版。

45. 张世明、冯永明：《"包世臣正义"的成本：晚清发审局的法律经济学考察》，《清史研究》2009 年第 4 期。

46. 陈兆肆：《近三十年清代监狱史研究述评》，《史林》2009 年第 5 期。

47. 黄道诚：《宋代与中国古代取保候审制度的形成》，《河北学刊》2009 年第 3 期。

48. 马自毅、王长芬：《狱务人员与清末监狱改良》，《社会科学》2009 年第 8 期。

49. 胡震：《最后的"青天"——清代京控制度研究》，《中国农业大学学报》（社会科学版）2009 年第 2 期。

50. 陈兆肆：《清代自新所考释——兼论晚清狱制转型的本土性》，《历史研究》2010 年第 3 期。

51. 胡铁球：《明代仓场中的歇家职能及其演化——以南京仓场为例》，《史学月刊》2012 年第 2 期。

52. ［日］太田出：《明清时代"歇家"考——以诉讼为中心》，载《日本学者中国法论著选译》，中国政法大学出版社 2012 年版。

著述类

1. 王元增讲述：《朝阳大学法律讲义·监狱学》，李祖荫等校勘，1927 年（出版地不详）。

2. 赵琛：《监狱学》，上海法学编译社 1934 年版。

3. 孙雄：《监狱学》，商务印书馆 1936 年版。

4. 张其昀等编：《中国政治思想与制度史论集》（二），中华文化出版事业委员会 1955 年版。

5. 缪全吉：《明代胥吏》，嘉新文化水泥基金会 1969 年版。

6. 陶希圣：《清代州县衙门刑事审判制度及程序》，食货出版社有限公司出版 1972 年版。

7. 林纪东：《监狱学》，三民书局 1977 年版。

8. 戴炎辉：《清代台湾之乡治》，联经出版事业公司 1979 年版。

9. ［瑞士］索绪尔（F. D. Saussure）等编：《普通语言学教程》，高名凯译，商务印书馆 1980 年。

10. 李甲孚：《中国监狱法制史》，商务印书馆 1984 年版。

11. 薛梅卿：《中国监狱史》，群众出版社 1986 年版。

12. ［德］马克斯·韦伯（Max Weber）：《新教伦理与资本主义精神》，于晓等译，生活·读书·新知三联书店 1987 年版。

13. 郑秦：《清代司法审判制度研究》，湖南教育出版社 1988 年版。

14. ［美］德克·布迪（Derk Bodde）、克拉伦斯·莫里斯（Clarence Morris）：《中华帝国的法律》，朱勇译，江苏人民出版社 1991 年版。

15. 许章润：《监狱学》，中国人民公安大学出版社 1991 年版。

16. 那思陆：《清代中央司法审判制度》，文史哲出版社 1992 年版。

17. 王云海主编：《宋代司法制度》，河南大学出版社 1992 年版。

18. *Michael Dutton, Policing and Punishment in China：From Patriarchy to the People*, Mel-

bourne：Cambridge University Press，1992.

19. ［美］罗斯科·庞德（*Roscoe Pound*）:《通过法律的社会控制》,沈宗灵译,商务印书馆1994 年版。

20. ［美］布莱克（*Donald J.Black*）:《法律的运作行为》,唐越、苏力译,中国政法大学出版社 1994 年版。

21. *Bradly W.Reed，Scoundrels and Civil Servants：Clerks，Runners，and Local Administration in Late Imperial China*，doctoral dissertation，University of California at Los Angeles，1994.

22. 高道蕴等主编:《美国学者论中国法律传统》,中国政法大学出版社 1994 年版。

23. 郭东旭:《宋代法制研究》,河南大学出版社 1997 年版。

24. ［日］千叶正士:《法律多元——从日本法律文化迈向一般理论》,中国政法大学出版社 1997 年版。

25. ［英］安东尼·吉登斯（*Anthony Giddens*）:《社会的构成——结构化理论大纲》,李康、李猛译,王铭铭校,生活·读书·新知三联书店 1998 年版。

26. ［美］任达（*Douglas R. Reynolds*）:《新政革命与日本——中国,1898—1912》,李仲贤译,江苏人民出版社 1998 版。

27. 吴吉远:《清代地方政府的司法职能研究》,中国社会科学出版社 1998 年版。

28. ［法］米歇尔·福柯（*Michel Foucault*）:《知识考古学》,谢强等译,生活·读书·新知三联书店 1999 年版。

29. ［法］米歇尔·福柯（*Michel Foucault*）:《规训与惩罚》,刘北成、杨远婴译,生活·读书·新知三联书店 1999 年版。

30. 赵尔巽等:《清史稿校注》,台北"国史馆"校注,商务印书馆 1999 年版。

31. *Bradly W.Reed，Talons and Teeth：County Clerks and Runners in the Qing Dynasty*，Stanford University Press，2000.

32. 张建智:《中国神秘的狱神庙》,生活·读书·新知三联书店 2000 年版。

33. 郑秦:《清代法律制度研究》,中国政法大学出版社 2000 年版。

34. 赵晓华:《晚清狱讼制度的社会考察》,中国人民大学出版社 2001 年版。

35. ［法］米歇尔·福柯（*Michel Foucault*）:《词与物》,莫伟民译,生活·读书·新知三联书店 2001 年版。

36. 黄宗智:《清代的法律、社会与文化:民法的表达与实践》,上海书店出版社 2001 年版。

37. ［日］织田万:《清国行政法》,中国政法大学出版社 2003 年版。

38. 吴思:《血酬定律——中国历史中的生存游戏》,中国工人出版社 2003 版年。

39. 瞿同祖:《清代地方政府》,范忠信等译,法律出版社 2003 年版。

40. 赵世瑜:《吏与中国传统社会》,浙江人民出版社 2004 年版。

41. 钱穆:《中国历代政治得失》,生活·读书·新知三联书店 2005 年版。

42. 党江舟:《清代讼师文化——古代律师现象解读》,北京大学出版社 2005 年版。

43. ［日］夫马进:《中国善会善堂史研究》,伍跃、杨文信、张学锋译,商务印书馆 2005

年版。

44. 瞿同祖:《中国法律与中国社会》,中华书局 2005 年版。

45. [法]埃哈尔·费埃德伯格(Erhard Friedberg):《权力与规则》,张月等译,上海人民出版社 2005 年版。

46. 隋光伟:《当代羁押制度研究报告》,长春出版社 2005 年版。

47. 蔡枢衡:《中国刑法史》,中国法制出版社 2005 年版。

48. 郭明:《中国监狱学史纲——清末以来的中国监狱学述论》,中国方正出版社 2005 年版。

49. 马志冰等编:《中国监狱文化的传统与现代文明》,法律出版社 2006 年版。

50. 那思陆:《清代州县衙门审判制度》,中国政法大学 2006 年版。

51. [荷兰]冯客(Frank Dikotter):《近代中国的犯罪、惩罚与监狱》,徐有威等译,江苏人民出版社 2008 年版。

52. [美]步德茂(Thomas Buoye):《过失杀人、市场与道德经济》,张世明、刘亚丛、陈兆肆译,社会科学文献出版社 2008 年版。

53. 肖世杰:《清末监狱改良》,法律出版社 2009 年版。

54. 李艳君:《从冕宁县档案看清代民事诉讼制度》,云南出版社 2009 年版。

55. 魏光奇:《有法与无法:清代的州县制度及其运作》,商务印书馆 2010 年版。

56. [美]梅莉莎·麦柯丽(Melissa Macauley):《社会权力与法律文化:中华帝国晚期的讼师》,北京大学出版社 2012 年版。

57. 张世明:《法律、资源与时空建构:1644—1945 年的中国》(五卷本),广东人民出版社 2012 年版。

58. 蔡东洲等:《清代南部县衙档案研究》,中华书局 2012 年版。

59. 王学泰:《监狱琐记》,生活·读书·新知三联书店 2013 年版。

60. 吴佩林:《清代县域民事纠纷与法律秩序考察》,中华书局 2013 年版。

61. [加]卜正民(Timothy Brook)等:《杀千刀:中西视野下的凌迟处死》,张光润等译,商务印书馆 2013 年版。

后　记

　　从初涉此题到本书行将出版,前后历十余年。古人云"十年磨一剑,霜刃未曾试",以喻成事于艰后的踌躇满志与一鸣惊人。此书之成,确然凝聚我多年心力,困苦亦自知。然以一鸣惊人自视,则吾岂敢。书之付梓,本如剑之出鞘,利钝与否,唯待他人评骘。

　　回望来时,研学途中,良师益友,嘉惠我者实多:成崇德师、张世明师,传我清史知识,授我治学之要,奖掖于困厄,提携于平时,铭感无既,终生难忘;清史所里几位硕学高德,戴逸先生、李文海先生、王思治先生,我虽未获亲炙,但耳濡目染之余,其渊雅高尚,令我辈后学,有仰止之叹,亦不免临渊之想。陈先松、梁仁志、袁剑、王大任、于之伦诸君,与我情谊多年,时相切磋砥砺,常有意外收获。近年来,我时获机缘,几度去港访学,得聆梁其姿、梁元生、叶汉明诸先生高论,如沐春风,获益良多。

　　2010 年金秋时节,我来到风景如画的钱塘之畔,供职于骎骎日上的杭州师范大学。而我所在的人文学院,同事关系友善,学术氛围渐浓,能在这样的环境下工作,人生一幸。2010 年至 2015 年间,我在做本项研究时,先后获教育部人文社科基金项目、杭州师范大学科研启动经费的资助,而于出版之际,又受到杭州师范大学人文振兴计划(中国古代史特色学科建设项目)及省优势专业配套项目的支持,十分感谢其间予我以帮助的诸多机构及师友。

　　多年求学,北往南来,行行止止,对父母未有菽水之奉,却每贻其忧。即至如今,父母顾我复我者亦多。内子刘俊容我深居简出,免我家务之劳。小儿旻喆虽只四岁,但语语天真,可爱懂事,每见我伏案静久时,便不忘提醒我多出门多运动。藉此要感谢家人无尽之爱,让我有点闲时,读点闲书,作点闲想。

　　本书之成,得师友指点帮助者实多,然未敢言已符师友之望。不足处,尚祈方家赐正。

　　　　　　　　　　　　　　　　　　　　乙未年白露

　　　　　　　　　　　　　　　　陈兆肆　识于翠苑

责任编辑:赵圣涛
封面设计:肖　辉
责任校对:吕　飞

图书在版编目(CIP)数据

清代私牢研究/陈兆肆 著. -北京:人民出版社,2015.10
ISBN 978 - 7 - 01 - 015195 - 3

Ⅰ.①清…　Ⅱ.①陈…　Ⅲ.①监狱制度-研究-中国-清代　Ⅳ.①D929.45

中国版本图书馆 CIP 数据核字(2015)第 211557 号

清代私牢研究

QINGDAI SILAO YANJIU

陈兆肆　著

人民出版社 出版发行
(100706　北京市东城区隆福寺街99号)

北京龙之冉印务有限公司印刷　新华书店经销

2015 年 10 月第 1 版　2015 年 10 月北京第 1 次印刷
开本:710 毫米×1000 毫米 1/16　印张:20.25
字数:300 千字　印数:0,001-3,500 册

ISBN 978 - 7 - 01 - 015195 - 3　定价:60.00 元

邮购地址 100706　北京市东城区隆福寺街99号
人民东方图书销售中心　电话 (010)65250042　65289539